DUMONT *Dokumente:*

eine Sammlung von Originaltexten,
Dokumenten und grundsätzlichen Arbeiten
zur Kunstgeschichte, Archäologie,
Pädagogik, Musikgeschichte
und Kulturtheorie

Rudolf Arnheim

Anschauliches Denken

Zur Einheit von Bild und Begriff

Aus dem Amerikanischen übersetzt vom Verfasser

Die Deutsche Bibliothek – CIP-Einheitsaufnahme

Arnheim, Rudolf:
Anschauliches Denken : zur Einheit von Bild und Begriff /
Rudolf Arnheim. Aus dem Amerikan. übers. vom Verf. – Köln :
DuMont, 1996
  (DuMont-Dokumente : Reihe Kunstgeschichte, Wissenschaft)
  Einheitssacht.: Visual thinking <dt.>
  ISBN 3-7701-3724-8

© 1969 The Regents of the University of California
© der deutschen Ausgabe 1972 Verlag DuMont Schauberg, Köln
© 7. Auflage 1996 DuMont Buchverlag, Köln
Published by arrangement with the University of California Press
Alle Rechte vorbehalten
Druck und buchbinderische Verarbeitung: Boss-Druck, Kleve

Printed in Germany   ISBN 3-7701-3724-8

Inhalt

Vorwort 9

1 Frühe Regungen 13
   Schauen vom Denken getrennt 13
   Mißtrauen gegen die Sinne 15
   Platon in zweierlei Ansicht 18
   Aristoteles von unten und von oben her 20

2 Die Intelligenz des Sehens (I) 24
   Wahrnehmung als Erkenntnis 24
   Was heißt Wahrnehmung? 25
   In die Ferne schweifen 27
   Die Sinne sind verschieden 28
   Das Sehen ist wählerisch 29
   Die Fixation löst ein Problem 33
   Tiefenwahrnehmung 36
   Formen sind Begriffe 37
   Wahrnehmung braucht Zeit 39
   Maschinen lesen Figuren 40
   Das Unvollständige ergänzen 42

3 Die Intelligenz des Sehens (II) 45
   Die Umgebung wird abgezogen 45
   Helligkeit und Form an sich 47
   Drei Einstellungen 50
   Die Umstände einbegriffen 53
   Abstrahierte Form 54
   Verzerrung dringt auf Abstraktion 58
   Beständigkeit und Wechsel 59

INHALT

4 Im Zueinander 61

Beziehungen brauchen Struktur 61
Paarung wirkt auf die Partner 66
Wählen durch Sehen 71
Vergleichendes Sehen 72
Was sieht gleich aus? 75
Die Seele und der Schnellrechner 77

5 Die Vergangenheit im Jetzigen 84

Kräfte im Gedächtnisfeld 85
Die Ergänzung von Wahrnehmungen 88
Das Innere ist sichtbar 90
Sichtbare Lücken 91
Das Wiedererkennen 93

6 Die Gedankenbilder 99

Wie sehen Gedächtnisbilder aus? 100
Kann man ohne Bilder denken? 101
Bilder von Einzelnem und von Allgemeinem 104
Andeuten und Aufleuchten 108
Wie abstrakt kann ein Bild sein? 110

7 Begriffe nehmen Gestalt an 116

Abstrakte Gebärden 116
Ein Bilderbeispiel 118
Versuche mit Zeichnungen 120
Die Denkarbeit wird sichtbar 129

8 Bilder, Symbole und Zeichen 134

Drei Funktionen von Abbildern 134
Wie Abbilder ihren Zweck erfüllen 138
Was Warenzeichen besagen 141
Erfahrungen und Ideen 145
Zwei Abstraktionsskalen 148

9 Was Abstraktion nicht ist 150

    Eine schädliche Zweiteilung 150
    Beruht Abstraktion auf Verallgemeinerung? 153
    Im Anfang war das Allgemeine 159
    Teilmenge und Abstraktion 164

10 Was Abstraktion ist 167

    Typen und Behälter 168
    Statische und dynamische Begriffe 171
    Begriffe sind Höhepunkte 175
    Über Verallgemeinerung 179

11 Auf festem Boden 181

    Abstraktion als Abkehr 181
    Die Extraktion von Prinzipien 184
    Gegen den Strich 186
    Ins Klassifizieren vernarrt 191
    Lebensnahes Denken 194

12 Das Denken mit reinen Formen 199

    Lebendige Zahlen 199
    Die Wahrnehmung von Mengen 202
    Zahlen als anschauliche Formen 203
    Sinnlose Formen sind hinderlich 206
    Geometrie durch Augenschein 211

13 Wörter am rechten Platz 214

    Kann man in Worten denken? 215
    Wörter als Abbilder 217
    Worte deuten auf Wahrnehmungen 219
    Intuitives und intellektuelles Erkennen 220
    Der Nutzen der Sprache 225
    Die Bildvorstellungen logischer Bindeglieder 226
    Überschätzte Sprache 228
    Der Einfluß der linearen Form 232
    Wortbegriffe und Sinnesbegriffe 236

INHALT

14 Das Denken in der Kunst 239
    Denken in Kinderzeichnungen 239
    Persönliche Probleme anschaulich durchdacht 245
    Denkmechanismen im Zeichnen 248
    Abstrakte Formen in der darstellenden Kunst 252

15 Modelle für die Gedankenwelt 258
    Formen der Kosmologie 258
    Das Unanschauliche wird anschaulich 263
    Modelle haben ihre Grenzen 265
    Figur und Grund 267
    Das Unendliche und die Kugel 270
    Wie weit die Einbildungskraft reicht 273

16 Erzieherisches Schauen 277
    Vom Zweck der Kunst 277
    Bilder sind Aussagen 279
    Normalbilder in der Kunst 281
    Sehen und Begreifen 284
    Was macht Abbildungen lehrreich? 287
    Anschauungsmittel haben ihre Probleme 290
    Auf den Funktionswert kommt es an 294
    Zu guter Letzt 296

Anmerkungen 297
Literatur 305
Index 316

Vorwort

Als dieses Buch im Jahr 1969 in seiner englischen Originalausgabe erschien, galt noch als allgemeine Annahme, daß die Sinneswahrnehmung und das Denken getrennte Gebiete seien. Wahrnehmung, so meinte man, sei auf das mehr oder weniger mechanische Auffangen dessen beschränkt, was die Sinnesorgane von der Außenwelt projizieren. Denken dagegen wurde als innere Tätigkeit angesehen, die mit abstrakten Begriffen hantiert. Zwar ging man davon aus, daß das Denken als Material für seine Überlegungen brauchte, was die Sinne über die Welt zu berichten hatten, aber die beiden seelischen Tätigkeiten wurden eben als voneinander getrennte, verschiedene Spezialgebiete verstanden. Denken war das Fach der Denkpsychologen und beruhte auf dem Gehirnschaltwerk, mit dem die Philosophen, die Logiker, die Wissenschaftler und Mathematiker ihre Arbeit tun. Die Trennung war theoretisch und praktisch.

Nun wußte ich aber von dem, was ich über Kunst, Kunstgeschichte und Künstler gelernt hatte, daß es beim künstlerischen Schaffen darum geht, mit der Welt, in der wir leben, fertig zu werden, sie voll zu erleben, zu verstehen, zu beschreiben und darzustellen. Ich wußte auch, daß, wenn einer malt, dichtet, komponiert oder tanzt, er oder sie immer mit den Sinnen denkt. Was man erdenkt, ist untrennbar von dem, was man erschaut.

Kunst ist keine Sonderklause für Besessene und Sonderlinge. Sie ist kein Privileg der Elite, der Hochgebildeten und der Spezialisten. Sie ist nicht nur für die Erwachsenen da, sondern auch für die Kinder. Was die Lehrer und die Kunstfreunde brauchten, war daher eine theoretische Grundlage, die das weite Gebiet des anschaulichen Denkens zusammenfassen und unterbauen würde. Um dies wirklich gründlich zu tun, wäre aber ein Spezialwissen auf allen einschlägigen Erkenntnisgebieten notwendig. Dieser Idealforderung konnte ich nicht Genüge leisten, aber zu warten, bis jemand sie erfüllen konnte, war auch nicht angebracht, denn der Bedarf für eine solche Grundlage war allzu dringlich. Und so tat ich denn, was ich mit meiner Erfahrung in der Psychologie und in den Künsten eben konnte.

Die Notwendigkeit, dies zu tun, lag mir um so mehr am Herzen, als es vielen Wissenschaftlern in der Psychologie immer noch unbehaglich ist, zu hören, daß alles wirklich produktive Denken sich über die Grenzen zwischen Wahrnehmung und Denken hinwegsetzt; und dies, obwohl inzwischen der neue Aufschwung zur kognitiven Psychologie Abhilfe zu bringen beginnt. Und das Mißtrauen vieler Künstler gegen alles Rationale hat nun auch sein Gegenstück in den recht populären Versuchen, Begriffe als solche für die Kunst zu erobern. So kann denn mein Unternehmen auf einen verständnisvolleren Empfang rechnen, als ursprünglich zu hoffen war.

Meine eigne Ausbildung ist dafür verantwortlich, daß ich mich im folgenden hauptsächlich mit visuellen Wahrnehmungen und Gedächtnisbildern befasse. Doch ist das anschauliche Denken ebensosehr auf die Musik und den Tastsinn anwendbar, und manches dazu habe ich in meinen Aufsatzbänden im einzelnen behandelt. Was dieses Buch aber besonders zeitgemäß macht, ist, daß der Aberglaube von der Priorität der Sprache immer noch so vielen Gebieten Scheuklappen auferlegt. Mir selbst ist eine Leidenschaft für die Sprache ein unentbehrlicher Antrieb für mein Werk, und ich weiß nur zu gut, wie sie mein Denken und Schauen formen hilft. Aber zu glauben, daß die Sprache allein unser Weltbild formt, ist eine überholte Verzerrung des Tatbestandes, gegen die mein Buch vielerlei einzuwenden hat.

Dieses Vorwort ist nach wie vor der Ort, einer inzwischen verstorbenen Freundin und Helferin meinen Dank auszusprechen: Meiner Fachkollegin Frau Dr. Alice B. Sheldon von der George-Washington-Universität bin ich zu mehr Dank verpflichtet, als man selbst guten Freunden schuldig sein sollte. Dr. Sheldon hat alle meine vielen und oft langatmigen Sätze durchgesehen; sie hat hier und da das Tatsachenmaterial nachgeprüft, Aufbau und Logik verbessert und den Verfasser in dem Glauben unterstützt, daß trotz aller Mühsal letzten Endes doch etwas Vernünftiges bei der Arbeit herausschaute. Auch wäre die ursprüngliche Fassung dieses Buches kaum zustande gekommen, wenn ein Stipendium des United States Office of Education es mir nicht ermöglicht hätte, meine Kenntnisse in der einschlägigen Fachliteratur zu vervollkommnen.

Die hier vorliegende deutsche Ausgabe, von mir übersetzt und von meinem treuen Verleger in Köln herausgebracht, erschien in den deutschsprachigen Ländern zuerst im Jahr 1972. Inzwischen hat das Buch, zu meiner Freude, vielerlei praktische Anwendungen gefunden.

Obwohl es nach wie vor mehr auf die reine Theorie angelegt ist – anders, als ich es heute wohl täte –, haben sich, zum Beispiel in akademischen Kursen zur Verbesserung des Prosastils, die Hinweise auf die Sinneserfahrungen als nützlich erwiesen. Im Schulunterricht wird das Sprachstudium durch Abbildungen aller Art verlebendigt. Musiker wenden meine Wahrnehmungsprinzipien auf ihre Tonstrukturen an. Ähnliches geschieht in anderen Fächern. Und so ist es mir besonders lieb, daß dieses Buch, das eine Zeitlang vergriffen war, nun wieder seine Wirkung tun kann.

Ann Arbor, Michigan, 1996 R. A.

1 Frühe Regungen

Die Vernunft, sagt Schopenhauer, ist weiblicher Natur: sie kann nur geben, nachdem sie empfangen hat. Ohne Kenntnis dessen, was im Raum und in der Zeit vor sich geht, kann das Gehirn nicht arbeiten. Wenn aber die rein sinnesmäßige Abspiegelung der Außenweltsdinge und -vorgänge den Geist in ihrem Rohzustande erreichte, würde sie ihm wenig nützen. Das endlose Schauspiel immer neuer Einzelerlebnisse würde uns vielleicht anregen, aber gewiß nichts lehren. Was wir über ein Einzelding erfahren, ist nur dann von Nutzen, wenn wir das Allgemeine im Besonderen erfassen.

Offenbar muß also der Geist, um sich in der Welt zurechtzufinden, zwei Funktionen erfüllen. Er muß Erfahrungsmaterial sammeln, und er muß es verarbeiten. Theoretisch sind diese beiden Funktionen säuberlich voneinander getrennt, aber sind sie es auch im tatsächlichen Betrieb? Teilen sie den Prozeßverlauf in zwei einander ausschließende Gebiete, so wie sich etwa das Arbeitsgebiet des Holzfällers von dem des Holzhändlers und des Tischlers unterscheidet oder die Funktion der Seidenraupe von der des Webers und des Schneiders? Eine solche vernünftige Arbeitsteilung würde es uns leichter machen zu verstehen, wie der menschliche Geist funktioniert. Jedenfalls scheint es zunächst so.

Und doch würde, wie weiter unten zu zeigen sein wird, das Zusammenwirken von Wahrnehmung und Denken ganz unverständlich bleiben, wenn eine solche Teilung wirklich bestände. Meine Behauptung wird dahin gehen, daß Wahrnehmungsinhalte nur deshalb für das Denken verwendbar sind, weil die Wahrnehmung Typen und nicht bloß Einzelfälle von Gegebenheiten sammelt; und umgekehrt, daß der Geist nichts zum Denken hätte, wenn das Sinnesmaterial nicht in ihm verbliebe.

Schauen vom Denken getrennt

Nichtsdestoweniger haben wir mit einer weitverbreiteten Philosophie zu rechnen, die auf dieser Teilung besteht. Zwar leugnet niemand, daß die sinnlichen Rohmaterialien vonnöten sind. Die Sensualisten haben nachdrücklich darauf hingewiesen, daß nichts im Intellekt ist, was nicht vorher in den Sinnen war. Auch sie aber hielten das Einsammeln von Sinnesmaterial für ungelernte Arbeit unentbehrlich, aber von niedrigem

Niveau. Den 'höheren' Erkenntnisorganen des Geistes war es vorbehalten, Begriffe zu formen, Wissen aufzubauen, zu verbinden, abzugrenzen und logisch zu erschließen; und alles dies war angeblich nur möglich, wenn man sich von den wahrnehmbaren Einzeldingen unabhängig machte. Von mittelalterlichen Denkern wie Duns Scotus übernahmen die Rationalisten des 17. und 18. Jahrhunderts die Ansicht, daß die Sinnesbotschaften verworren und unbestimmt sind und daß Vernunft benötigt wird, um sie zu klären. Alexander Baumgarten, dem das neue Denkgebiet der Ästhetik seinen Namen verdankt, hatte zwar behauptet, daß das Wahrnehmen, ebenso wie das Denken, einen Zustand der Vollkommenheit erreichen könne. Und doch hielt auch er ironischerweise an dem überkommenen Glauben fest, daß die Wahrnehmung von den zwei Erkenntniskräften die niedrigere ist, weil ihr nämlich angeblich die Klarheit mangelt, die allein durch die höhere Seelentätigkeit des Denkens erzielt werden kann.

Diese Ansicht herrschte nicht nur auf psychologischem Gebiet. Sie war auch verantwortlich für den traditionellen Ausschluß der bildenden Künste aus den sieben freien Künsten des Mittelalters. Die freien Künste, so benannt, weil sie allein eines freien Mannes würdig waren, hatten mit Sprache und Mathematik zu tun. Grammatik, Dialektik und Rhetorik waren die Künste des Wortes; Arithmetik, Geometrie, Astronomie und Musik beruhten auf Mathematik. Die Malerei und die Bildhauerei gehörten zu den mechanischen Künsten der Handarbeit und des Handwerks. Die hohe Wertschätzung der Musik und die Mißachtung der bildenden Künste kamen natürlich von Platon her, der im ›Staat‹ die Musik für die Erziehung der Jünglinge empfohlen hatte, weil diese den Menschen an der mathematischen Ordnung und Harmonie des Kosmos jenseits der Sinne teilnehmen lasse; wogegen die Künste, und besonders die Malerei, mit Vorsicht zu behandeln seien, weil sie die Abhängigkeit von der irreleitenden bloßen Erscheinung der Dinge bestärkten.

Auch heute noch herrscht dies Vorurteil in der Bewertung von Wahrnehmen und Denken. An Beispielen dafür mangelt es weder in der Philosophie noch in der Psychologie. So ziemlich unser gesamtes Erziehungssystem beruht nach wie vor auf Wort und Zahl. Gewiß lernen die Kleinsten in unseren Kindergärten, anschauliche Formen zu betrachten und mit ihnen umzugehen; sie erfinden auch selber solche Formen auf dem Papier oder in Knetmaterial und denken dabei wahrnehmungsmäßig. Aber schon in den Vorschuljahren beginnen die Sinne ihren Rang als Erziehungsorgane zu verlieren. Immer mehr behandelt man die Künste als bloß manuelle Geschicklichkeit, als Unterhaltung und Erholung. Je nachdrücklicher die Hauptfächer sich auf Sprache und Zahlen konzentrieren, um so weniger sieht man ihre Verwandtschaft mit den Künsten, und der Kunstunterricht wird zum bloßen Anhängsel. Immer weniger Wochenstunden lassen sich von den Fächern, auf die es nach allgemeiner Ansicht hauptsächlich ankommt, absparen. In den Oberklassen der amerikanischen Mittelschulen, in denen der Wettbewerb um die Zulassung zu den besseren Universitäten seinen Höhepunkt erreicht, ist man nur selten gewillt, dem Kunstunterricht das Mindestmaß von Zeit zuzubilligen, das er braucht, um fruchtbar zu werden. Noch seltener rechtfertigt man im Erziehungswesen den Kunstunterricht damit, daß man bewußt anerkennt, wie unentbehrlich er für die Gesamtentwicklung von Verstand und Einbildungskraft ist. Diese pädagogische Flaute hält auch noch in den Colleges an, wo Kunst allzu häufig als ein Sonder- und Spezialgebiet niederen Ranges gilt, obwohl man allerdings Schülern in respektableren Hauptfächern anempfiehlt, ein paar Freistunden wöchentlich zur Entspannung mit Malen oder Modellieren zu verbringen. Unter die Künste, auf die sich die Titel des Bakkalaureus (bachelor of arts) und des Magister (master of arts) dem Wortsinne nach beziehen, rechnet man die schöpferische Ausbildung von Auge und Hand im allgemeinen noch nicht; sie gilt nur selten als ein legitimer Zweig der Hochschulerziehung.

Die Künste werden vernachlässigt, weil sie auf der Sinneswahrnehmung fußen, und Wahrnehmung wird gering geachtet, weil sie angeblich kein Denken verlangt. In der Tat muß man zugeben, daß die Fachleute und Leiter des Erziehungswesens gar kein Recht haben, den Künsten eine wichtige Stellung im Lehrplan einzuräumen, solange sie nicht davon überzeugt sind, daß der Kunstunterricht das wirksamste Mittel zur Entwicklung der Sinneserfahrung darstellt und daß ohne Anschauungsvermögen keinerlei produktives Denken auf irgendeinem Gebiet möglich ist. Die Vernachlässigung der Künste ist das sichtbarste Symptom einer viel weiter verbreiteten Unterdrückung des Wahrnehmungsmäßigen in der akademischen Ausbildung. Was wir brauchen, um diesen Schaden abzustellen, ist nicht mehr Ästhetik oder mehr esoterische Traktate über Kunsterziehung; wir müssen überzeugend darlegen, wie fundamental wichtig anschauliches Denken ganz im allgemeinen ist. Sobald dies theoretisch klar ist, kann man auch praktisch darangehen, die heillose Spaltung zu überbrücken, ohne die eine gesunde Schulung des Denkvermögens unmöglich ist.

Die Historiker können uns Auskunft darüber geben, wie diese seltsame Trennung ursprünglich zustande kam und wie sie sich durch die Jahrhunderte erhalten hat. Auf der hebräischen Seite unserer Tradition haben wir schon zu Beginn das Verbot von Bildnissen aller Art und die Zerstörung einer Bildhauerarbeit, jenes goldenen Kalbes, von dem wir lesen, daß Moses es mit Feuer zerschmelzte, zu Pulver zermalmte, es aufs Wasser stäubte und es den Kindern Israel zu trinken gab. Damit beginnt eine lange Geschichte der Bilderfeindschaft und Bilderstürmerei. Wollte man die theoretischen Aspekte dieser Haltung durch die verschiedenen Epochen unserer Kultur verfolgen, so müßte man fast die gesamte Geschichte der europäischen Philosophie durchgehen. Ich will mich hier darauf beschränken, mit ein paar Beispielen anzudeuten, wie sich das Problem in den Schriften der altgriechischen Denker widerspiegelt.

Mißtrauen gegen die Sinne

Auf frühen Denkstufen hält der menschliche Geist psychische Erscheinungen oft für physische Dinge oder Ereignisse. Daher findet sich die Spaltung, von der hier die Rede ist, bei den frühen Denkern nicht im Seelenleben, sondern in der Außenwelt. Die Pythagoräer sahen einen grundsätzlichen Unterschied zwischen himmlischer und irdischer Existenz. Die Sternbahnen waren unwandelbar, abzuleiten aus der gesetzmäßigen Wiederkehr des Gleichen. Himmelskörper von schöner Einfachheit der Form bewegten sich in geometrisch makellosen Kurven. Es war eine von fundamentalen Zahlenverhältnissen regierte Welt. Die sublunarische Welt hingegen, in der die Sterblichen lebten, war der unordentliche Schauplatz unvorhersehbarer Veränderungen. War es die Formvollkommenheit der Weltkörper und die Zuverlässigkeit astronomischer und mathematischer Beobachtungen, die den Pythagoräern die Idee einer Zweiteilung der himmlischen und der irdischen Sphäre eingaben? Waren sie noch von der Vorstellung beherrscht, die sich im Denken der Naturvölker so allgemein findet, daß alles Geschehen in Natur und Menschenleben von individuellen Ursachen bestimmt ist und nicht von allgemeinen Gesetzen? Aber die griechischen Philosophen des 6. Jahrhunderts lebten ja gewiß nicht im geistigen Naturzustand, und der Begriff einer gesetzmäßigen Ordnung war ihnen von der Astronomie her geläufig.

Auch kann man nicht behaupten, daß die Sinnenwelt sich unvermeidlich als ein Schauplatz der Unordnung und Unberechenbarkeit darstellt. Die chinesischen Philosophen der taoistischen und der Jin-Jang Schulen zum Beispiel sahen die Sinnenwelt, ungefähr zur gleichen Zeit wie die Griechen und vielleicht in einer ähnlichen Entwicklungsphase ihrer Kultur, als den Ausdruck der Wechselwirkung kosmischer Kräfte, denen die Himmelskörper und die Jahreszeiten, aber auch die geringsten Dinge und Begebenheiten auf Erden, unterstanden. Falsches Verhalten konnte Mißklang und Zwietracht verursachen, doch war das neugeborene Kind dem Tao am nächsten, und, verborgen hinter dem linkischen Gehaben der Sterblichen, waltete das Gesetz des Alls. In seinem Buch über den Tao Te King schreibt Arthur Waley:

»Der Stellmacher, der Tischler, der Schlächter, der Bogenschütze und der Schwimmer erreichen ihre Geschicklichkeit weder durch Tatsachenwissen über ihre Kunst, noch durch energische Übung ihrer Muskeln oder äußeren Sinne; sondern sie bedienen sich der inneren Verwandtschaft, die, jenseits äußerlicher Unterschiede und Verschiedenheiten, den Urstoff ihrer selbst mit dem Urstoff des Materials, in dem sie arbeiten, vereinigt.«

Aber selbst im Abendland erhielt sich die Spaltung der physischen Welt in zwei qualitativ verschiedene Reiche nicht auf die Dauer. Die Zeit kam, in der die augenscheinliche Verschiedenheit zwischen der errechenbaren Ordnung der Sternenwelt und dem unendlich vielfältigen Geschehen auf Erden dem Beobachter selbst zugeschrieben wurde, d. h. den menschlichen Sinnen, von denen die Beobachtungen stammten. Vielleicht war der Augenschein trügerisch. Hatte nicht Parmenides, der eleatische Philosoph, versichert, daß es in der Welt keine Veränderung und keine Bewegung gibt, obwohl doch jedermann das Gegenteil sah? Dies bedeutete, daß die Wahrnehmung ein irreführender Schein war. Parmenides bestand auf der grundsätzlichen Scheidung von

Wahrnehmung und Vernunft. Nur die Vernunft konnte die Sinne korrigieren und die Wahrheit ermitteln:

»*Denn es ist unmöglich, daß dies zwingend erwiesen wird: es sei Nichtseiendes; vielmehr halte du von diesem Wege der Forschung den Gedanken fern, und es soll dich nicht vielerfahrene Gewohnheit auf diesen Weg zwingen, walten zu lassen das blicklose Auge und das dröhnende Gehör und die Zunge, nein mit dem Denken bring zur Entscheidung die streitreiche Prüfung, die von mir genannt wurde.*«

Beispiele dafür, daß die Wahrnehmung einen irreführen kann, waren leicht zu finden. Ein ins Wasser getauchter Stock schien in der Mitte geknickt; ein Gegenstand in der Ferne sah klein aus; für einen Gelbsüchtigen war alles gelb. Demokritos hatte darauf hingewiesen, daß Honig manchen Menschen bitter schmeckt und manchen süß und daß es daher Bitterkeit und Süßigkeit als solche nicht gebe. Wärme, Kälte oder Farbigkeit existierten nur dem Herkommen nach, denn in Wirklichkeit gebe es nichts als die Atome und den leeren Raum. Die Sophisten bezogen sich auf die Unverläßlichkeit der Sinne zur Begründung ihrer philosophischen Skepsis. Doch wurde damit zugleich auch der Begriff einer einheitlichen, durchgehend auf Naturgesetz und Ordnung gegründeten physischen Welt gefestigt. Die Wirrsal des irdischen Geschehens konnte nun einem subjektiven Beobachtungsfehler zur Last gelegt werden.

Ohne Zweifel hat die abendländische Kultur großen Gewinn aus der Unterscheidung zwischen der objektiven Welt an sich und ihrer Wahrnehmung gezogen. Es ergab sich daraus die Unterscheidung von Physischem und Psychischem. Es war der Anfang der Psychologie. Die Psychologie, die sich hieraus entwickelte, hat uns denn auch davor gewarnt, die Welt, die wir wahrnehmen, naiv für die 'wirkliche' Welt zu halten; doch riskieren wir dabei, unsere Vertrautheit mit der Welt, in der wir zuhause sind, zu unterhöhlen. Schließlich waren ja die ersten großen Psychologen des Abendlandes die Sophisten.

Die griechischen Denker waren feinsinnig genug, die Sinneswahrnehmung nicht einfach zu verdammen. Man konnte sich ihrer einsichtig oder uneinsichtig bedienen, sagten sie. Die Vernunft ließ einen wissen, wie man die Sinnesbotschaften zu bewerten habe. »Schlimme Zeugen sind den Menschen Augen und Ohren«, sagte Heraklit, »sofern sie Barbarenseelen haben.« So wurde die Trennung, die man in der physischen Welt überbrückt hatte, nun in den Bereich des Seelischen überführt. Ebenso wie man vorher behauptet hatte, daß Ordnung und Wahrheit jenseits des irdischen Menschenlebens weilen, so hieß es nun, sie befänden sich in der Topographie des Geistes, jenseits der Sinneserkenntnis. Sinneswahrnehmung und Denken wurden zu Gegenspielern, die einander nötig hatten, jedoch grundsätzlich voneinander verschieden waren.

Dabei übersahen die griechischen Philosophen keineswegs die Probleme, die sich aus dieser Scheidung ergaben. Sie waren nicht gewillt, die Vernunft auf Kosten der Sinne zu preisen. Am direktesten scheint sich Demokrit mit dieser Zwangslage auseinandergesetzt zu haben. Er schied zwar die 'Dunkelheit' der Sinneserkenntnis von der 'Helligkeit' echten Verstandeswissens, doch ließ er auch die Sinne verächtlich zum Verstande sagen: »Armer Verstand, von uns nahmst du die Beweisstücke und willst uns damit niederwerfen? Ein Fall wird dir der Niederwurf.«

Platon in zweierlei Ansicht

In Platons Dialogen drückt sich eine zweideutige Haltung in zwei ganz verschiedenen Arten des Vorgehens aus, die unbehaglich nebeneinander bestehen. Einerseits werden die objektiv existierenden beständigen Wesenheiten mit logischen Methoden angegangen. Der weise Mensch überblickt und verbindet weit auseinanderliegende Formen (Ideen) von Dingen und erfaßt intuitiv das ihnen innewohnende Allgemeine. Wenn er diese Formen versammelt hat, unterscheidet er sie auch voneinander und definiert den besonderen Charakter einer jeden. Allerdings ist zu bemerken, daß für dies Verfahren bloße Geschicklichkeit im Hantieren mit Begriffen nicht ausreicht. Das Allgemeine wird bei Platon nicht durch Induktion erlangt, die darin bestünde, daß man zunächst die allen Gattungen eigenen Merkmale zusammenbrächte und danach dann diese Merkmale zu einem neuen Ganzen verbände. Vielmehr muß man die Totalität jenes Allgemeinen in jeder besonderen Form erschauen, so wie man in einem verschwommenen Bild eine Figur entdeckt. Auch bezieht sich dies Verfahren ausschließlich auf Allgemeinformen, nicht auf die von den Sinnen wahrgenommenen Einzelfälle. Die Frage, wie es zur Kenntnis dieser Formen kommt, bleibt noch offen, da Sinneswahrnehmungen uns irreführen können.

Platons Versuch, mittels logischer Denkoperationen zu stabilen Allgemeinheiten zu gelangen, wird nun ergänzt durch seinen tief eingewurzelten Glauben an die Weisheit unmittelbarer Schau – ein Glaube, der zu dem ersteren Verfahren vielleicht im Widerspruch steht. Dieses zweite Verfahren findet in der bekannten ›Parabel von der Höhle‹ seinen Ausdruck. Die Gefangenen, die vorher nichts als die flüchtigen Schatten auf der Höhlenwand gesehen hatten, werden nun »von ihren Banden gelöst und von ihrem Unverstand geheilt«. Man läßt sie das wahrhaft Wirkliche schauen, von dessen Glanz sie geblendet sind wie von einem starken Licht. Erst allmählich gewöhnen sie sich daran und nehmen sie es an.

Platon meint diese Einweihungsgeschichte nicht nur bildlich. Ganz konkret behandelt er das Erfassen der Wirklichkeit durch unmittelbare Schau in der Anamnesedoktrin. Im ›Menon‹ demonstriert Sokrates, daß alles Forschen und Lernen nur Wiedererkennen ist. Die Seele, die unsterblich und schon viele Male neugeboren ist,

»hat alle bestehenden Dinge in dieser Welt und auch in der Unterwelt gesehen und kennt sie alle; und es ist nicht zu verwundern, daß sie sich alles, was sie je über die Tugend oder alles Sonstige wußte, ins Gedächtnis zurückrufen kann. Denn da alles in der Natur von gleicher Art ist und die Seele alle Dinge erlernt hat, fällt es ihr nicht *schwer, mittels einer einzigen Erinnerung alle anderen hervorzurufen oder, wie die Leute sagen, zu erlernen«.*

Platon spricht hier nicht von dem, was er im allgemeinen unter erfahrungsmäßigem Wissen versteht. Er spricht vom 'Erschauen der Wahrheit', dem großen Sein, um das es bei aller wirklichen Erkenntnis gehe: »... farblos und ohne Gestalt und ungreifbar; und nur der Lenker der Seele, der Geist, vermag es zu schauen, denn nur um dieses große Sein bemüht sich das wahre Wissen«. Und im ›Phädon‹ spricht Sokrates bezeichnenderweise von Blindheit – man »verliert das Auge seines Geistes« –, wenn er davor warnt, den Sinnen zu trauen. Es handelt sich darum, *eine* Art der Wahrnehmung aufzugeben, um eine andere zu ermöglichen.

Man trägt kaum zum besseren Verständnis von Platons Einstellung bei, wenn man die 'Widersprüche' zwischen den beiden Vorgehensweisen zu beseitigen sucht. Der moderne Leser kann versuchen, die unbehagliche Situation zu umgehen, indem er sie auf den Unterschied zwischen Platon selbst und seinem Hauptsprecher, Sokrates, schiebt; oder indem er annimmt, daß Platons Meinungen sich im Laufe seines Lebens geändert haben; oder daß er die 'unmittelbare Schau' nicht wörtlich, sondern nur bildlich meinte. Alle solchen Versuche, den griechischen Philosophen in das säuberliche Entweder-Oder einer modernen Denkart zu zwängen, können unser Verständnis für diese komplexe Gestalt nur vernebeln. Er war eben beeindruckt von der Leistungsfähigkeit logischer Operationen, deren Möglichkeiten ihm gerade erst aufgingen, und er hatte sich zum Mißtrauen gegen die Sinne durchgerungen; zugleich aber stand er immer unter dem Einfluß des Urerlebnisses, wonach der Mensch durch Sehen erkennt.

Wir brauchen hier nicht entscheiden zu wollen, bis zu welchem Grade die Spaltung in Platons Weltsicht noch pythagoräisch, das heißt: ontologisch, war und wieweit schon psychologisch im Sinne des Sophisten Protagoras. War Platon der Ansicht, daß die den Sinnen zugänglichen Einzeldinge an sich 'unvollkommen', also unbeständig und unzuverlässig sind und daher verantwortlich für die schlechte Qualität der Bilder, die wir durch die Sinne empfangen? Oder glaubte er, daß die Beständigkeit der objektiv existierenden Urformen bis ganz zu den Einzeldingen hinunterreicht und daß die bedauerliche Verzerrung des Wirklichen erst in der Wahrnehmung stattfindet? Wie dem auch sei, wir müssen feststellen, daß die platonische Philosophie ein tiefes Mißtrauen gegen die gewöhnliche Sinneswahrnehmung zur Folge gehabt hat. Platon ging so weit, daß er die Sinneseindrücke ganz und gar von der Hierarchie ausschloß, die von den umfassendsten Allgemeinheiten zum greifbar Besonderen führt. Die Verästelung logischer Differenzierung endete für ihn bei den Gattungen. Die Sinneswahrnehmungen waren ein trüber Widerschein, jenseits des Wirklichkeitsgebäudes. Wollte man aus der Wahrnehmung Nutzen ziehen, so mußte man den Mathematikern nacheifern, die sichtbare Formen verwenden und über sie nachsinnen, obwohl »ihr Denken sich nicht auf diese bezieht, sondern auf die Ideen, denen sie ähneln«. Wahrhaftes Schauen ist an einer Stelle im ›Staat‹ beschrieben, wo es die Haltung versinnbildlichen soll, die der Menschengeist dem Höchsten Gut gegenüber einzunehmen hat. Die Seele ist wie das Auge:

»... *wenn sie fest gerichtet ist auf das, worauf das Licht der Wahrheit und des Seienden fällt, dann erfaßt und erkennt sie es und scheint im Besitze der Vernunft zu sein; wenn aber auf das mit Finsternis Gemischte, das Entstehende und Vergehende, dann fällt sie dem bloßen Meinen anheim, wird stumpfsichtig, wirft die Meinungen herüber und hinüber und macht nunmehr den Eindruck, als sei sie aller Vernunft bar.*«

Aristoteles von unten und von oben her

Eine ähnliche verwickelte Einstellung zur Sinneserfahrung finden wir im Denken des Aristoteles. Einerseits ist er es, der den Begriff der Induktion einführt – im modernen Sinne eines durch die Summierung von Einzelfällen erzielten Wissens. Es gibt Tiere, sagt er, die im Gedächtnis behalten können, was ihre Sinne wahrgenommen haben, und einige Gattungen dieser Tiere besitzen die Fähigkeit, Sinneserfahrungen, die häufig auftreten, zu 'systematisieren'. Dies Systematisieren, sagt er, funktioniert wie das Stoppen eines fluchtartigen Rückzuges in einer Schlacht: erst widersteht ein einziger Mann, dann ein anderer, und so fort, bis die ursprüngliche Formation wiederhergestellt ist. Die Induktion also, die »mittels Aufzählung aller Einzelfälle vor sich geht«, erschließt uns die höheren Genera durch Abstraktion. Die Abstraktion filtert die Sonderattribute der Einzelfälle aus und schafft auf diese Weise höhere Begriffe, die ärmer an Inhalt, aber weiter an Umfang sind. Dies klingt gewiß vertraut und modern. Abstraktion wird als ein Verfahren beschrieben, das den Abstand von der unmittelbaren Erfahrung immer mehr vergrößert. Sie liefert die entleerten Verallgemeinerungen, denen wir die moderne Wissenschaftsmethode verdanken. Es sind Verallgemeinerungen, die sich auf die einer Gruppe von Einzelfällen gemeinsamen Merkmale beschränken und alles übrige beiseitelassen. Sie sind das ganze Gegenteil der Platonischen Allgemeinheiten, die um so voller und reicher sind, je höher ihr Platz in der Pyramide der Formen (Ideen) ist.

Jedoch wäre es durchaus irreführend, in Aristoteles nichts weiter als den Vorfahren der modernen wissenschaftlichen Abstraktion zu sehen. Schon sein eigentümliches Beispiel von der Flucht auf dem Schlachtfeld ist bezeichnend. Es beschreibt ja die Induktion als die Wiederherstellung einer 'ursprünglichen Formation', das heißt, als einen Zugang zu einer vorherbestehenden Wesenheit, zu der sich die Einzelfälle verhalten wie die Teile zum Ganzen. Allerdings war Aristoteles der erste Denker, der erkannte, daß die Substanz nur in den Einzeldingen existiert. Damit legte er den Grund für unsere Erkenntnis, daß es kein anderes Dasein gibt als das individuelle. Doch war der Einzelfall keineswegs seiner einzigartigen Besonderheit überantwortet, aus der ihn nur eine Verallgemeinerung erlösen konnte. Unmittelbar nach der Beschreibung des Induktionsverfahrens hat Aristoteles den folgenden bemerkenswerten Satz:

»Wenn einer von einer Anzahl logisch ununterscheidbarer Fälle sich eingestellt hat, so ist das früheste Universale damit in der Seele gegenwärtig; denn obzwar sich der Wahrnehmungsakt auf das Besondere bezieht, ist dennoch der Inhalt universal – ist er 'Mensch', zum Beispiel, und nicht 'der Mann Callias'.«

Das heißt also, daß die Wahrnehmung eines Einzelobjekts im modernen Sinne nicht existiere. »Die Wahrnehmung ist eine Fähigkeit«, sagt Aristoteles an einer anderen Stelle, »die sich auf 'ein Solches' und nicht auf 'dieses Besondere' bezieht.« Wir nehmen in den Einzelobjekten immer Dingarten wahr, allgemeine Qualitäten, nicht Einzigartiges. Obwohl also unter gewissen Bedingungen Vorgänge nur dann verstanden werden können, wenn ihr wiederholtes Auftreten eine induktive Verallgemeinerung möglich macht, gibt es doch auch Fälle, in denen ein einziger Wahrnehmungsakt zur Erforschung ausreicht, weil »im Sehen das Allgemeine aufgerufen worden ist«. Wir sehen den Sinn dessen, was wir zu verstehen versuchen, »zur gleichen Zeit in jedem Einzelfall, und wir begreifen intuitiv, daß es in allen Fällen so sein muß«. Das ist die Weisheit des *universale in re*, wie es im Mittelalter genannt wurde, des im Einzelobjekt selbst gegebenen Allgemeinen – eine Weisheit, die das theoretische Denken unserer Zeit in seinem Bemühen um Wesensschau wiederzuerobern versucht.

Mit Recht wird Aristoteles das Verdienst zuerkannt, das abendländische Denken von der Notwendigkeit empirischer Forschung überzeugt zu haben. Aber diese seine Forderung wird nur dann ins rechte Licht gesetzt, wenn man zugleich daran erinnert, daß er das Vorgehen 'von unten her' als nur die eine Seite der Aufgabe ansah; ebenso unentbehrlich war das symmetrische Gegenspiel, das Vorgehen 'von oben her'. Zur Vervollständigung der Abstraktion bedurfte es der Definition, die jeden Begriff deduktiv durch Ableitung von dem nächst höheren Genus bestimmte und ihn dann weiter durch die *differentia specifica*, das ihn unterscheidende Sondermerkmal, einengte. In der Tat bezieht sich Aristoteles, wenn er vom Denken spricht, auf den Syllogismus, das heißt, auf die Kunst, mittels Befragung eines allgemeineren Begriffes eine Aussage über einen Einzelfall zu machen. Das war also wiederum ein deduktives Verfahren. Bezeichnenderweise wurde im 19. Jahrhundert der Syllogismus beschuldigt, daß er auf einem Zirkelschluß beruhe, indem er etwas als eine neue Erkenntnis präsentiere, das in Wirklichkeit schon im Vordersatz enthalten sei. Diese Anschuldigung setzte voraus, daß der Vordersatz durch Induktion zustandegekommen sei, nämlich durch das gewissenhafte Sammeln aller einschlägigen Einzelfälle, von denen denn in der Tat die Aussage des Untersatzes einer wäre. Wir können uns aber darauf verlassen, daß der Scharfsinn des Aristoteles diesen Schönheitsfehler selber entdeckt hätte. Das Problem stellte sich ihm wahrscheinlich deshalb nicht, weil für ihn das Allgemeine – das, was über eine Mehrzahl von Fällen ausgesagt werden kann – eben nicht notwendigerweise von allen diesen Einzelfällen induktiv abgeleitet war. So nimmt Aristoteles etwa einen Arzt zum Beispiel und sagt von ihm, daß »wenn er die Theorie hat ohne die Erfahrung und wenn er den allgemeinen Begriff erkennt, ohne die unter diesen gehörenden

Einzelfälle zu erfassen, er häufig keine Heilung erzielen wird«. Bei allem Respekt für die Induktion war ihm das Allgemeine »das, was immer und überall ist«; und das von ihm verwendete Wort *kath'holou* (katholisch = allumfassend) war von einer Wurzel abgeleitet, die auf Ganzheit verwies und nicht auf eine Summe von Einzelheiten.

Das war natürlich noch ganz platonisch; aber Aristoteles ging noch über Platon hinaus, indem er auf eine aktivere Beziehung zwischen den 'Ideen' und den Wahrnehmungsdingen, dem Allgemeinen und dem Besonderen, drang. Nach der platonischen Auffassung existierten die unwandelbaren Formen und die Sinneserscheinungen recht starr nebeneinander. Nach Aristoteles dagegen konnte ein Wahrnehmungsding nur dadurch zustandekommen, daß sich ein Universales in dem Medium oder der Substanz abdrückte, welche an sich formlos und träge war, außer daß ihr der Wunsch nach Formung innewohnte. Dieser Zeugungsprozeß, durch den eine mögliche Form tatsächliches Dasein erlangte, hieß bei Aristoteles die Entelechie, ein Wort, das auf das Erlangen eines Zustandes der Vollkommenheit hinweist. Diese Vorstellung gab der ontologischen Stellung der Universalien eine ganz neue Lebenskraft. Sie waren nun schöpferisch. Die Welt der materiellen Dinge war geschaffen, wie der Bildhauer einem rohen Material Form aufprägt, und die Wahrnehmungsgegenstände enthielten die Universalien nicht nur in der Sicht des Beobachters, sondern, geadelt durch ihre Herkunft, verkörperten sie sie tatsächlich.

Nicht daß die Würde, die Aristoteles der Sinnenwelt verlieh, bei Platon einfach abwesend gewesen wäre. Das 'starre Nebeneinanderbestehen' von transzendentalen Formen und Sinneserscheinung bei Platon war ja doch eine Beziehung zwischen Urbild und Abbild, so unvollkommen auch das letztere sein mochte. Diese Beziehung wurde von Aristoteles bis zu einem gewissen Grade durch eine genetische ersetzt – womit er den Abbildcharakter des Wahrgenommenen nicht einfach leugnete, ihn aber doch weniger ausschließlich machte. Der Sohn ist die Schöpfung des Vaters, nicht nur sein Abbild.

Für Aristoteles waren die Universalien nicht nur die unentbehrliche Vorbedingung für das Dasein des Einzeldinges und machten geradezu den Charakter des Dinges aus. Es lag darin auch eine Ablehnung und ein Vermeiden der willkürlichen Wahl von Begriffsmerkmalen, wie sie zur Verallgemeinerung benutzt werden kann, wenn man das Induktionsverfahren im streng mechanischen Sinne versteht und anwendet. Streng genommen, konnte ja jedes gemeinsame Merkmal, ob es nun wesentlich war oder nicht, zum Zwecke der Verallgemeinerung benutzt werden, solange es sich in irgendeiner beliebigen Ähnlichkeit entdecken ließ. Für Aristoteles hingegen war das im Einzelnen beschlossene Allgemeine eine objektive Tatsache. Die Eigenschaften, die ein Ding mit anderen seiner Art gemeinsam hatte, waren keine beiläufige Ähnlichkeit, sondern sein eigentliches Wesen. Was das Einzelding an Allgemeinem enthielt, war die ihm von seiner Gattung aufgeprägte Form. Dies Allgemeine war daher nicht als das zu definieren, was ein Individuum mit anderen teilte, sondern was gehaltvoll an ihm war. Im aristotelischen Sinne ist die Substanz zu verstehen als das, was an einem Dinge substantiell ist. Dasein war also nicht einfach, wie man es uns heutzutage lehrt, die Eigenschaft eines jeden existierenden Dinges, sondern bestand nur in seiner Wesenheit. Ein Ding existierte nur bis zu dem Grade, bis zu dem seine Rohsubstanz von der Gattung geprägt war. Seine anderen, zufälligen Eigenarten waren nichts als Unreinlichkeiten, eine unvermeidliche Beiwirkung des Rohmaterials. Die Form verlor etwas von ihrer Reinheit, wenn sie sich verkörperte; aber die dabei entstehenden Unreinheiten gehörten nicht zum Sein des Dinges. Sie waren nicht substantiell.

Diese vornehme Anschauung ist als eine Metaphysik für uns nicht mehr verwendbar. Aber das ihr zugrundeliegende Erlebnis und Bekenntnis geht uns unmittelbar an. Aristoteles lehrt uns, daß ein Ding für uns durch sein wahres und beharrendes Wesen wirklich ist, nicht durch das, was an ihm bloß zufällig und wandelbar ist. Sein Allgemeincharakter wird in ihm unmittelbar als sein Wesen wahrgenommen und nicht erst indirekt durch ein Zusammensuchen der den Exemplaren seiner Gattung gemeinsamen Merkmale abgeleitet. Und wenn wir wahrnehmungsmäßig verallgemeinern wollen, so können wir das nur erreichen, indem wir feststellen, was im Wesen der Vergleichsobjekte ähnlich oder gemeinsam ist. Auf Zufälligkeiten läßt sich keine Gattung gründen.

Obwohl also die griechischen Philosophen die Trennung von Wahrnehmen und Denken aufbrachten, verwendeten sie diese Doktrin doch keineswegs mit der Starrheit, die im europäischen Denken der letzten Jahrhunderte für sie charakteristisch wurde. Die Griechen lernten, den Sinnen zu mißtrauen, doch vergaßen sie niemals, daß die unmittelbare Schau die erste und letzte Quelle alles Wissens ist. Sie verfeinerten die Denkmethoden, aber sie waren auch davon überzeugt, daß, wie Aristoteles sagt, die Seele niemals ohne ein Vorstellungsbild denkt.

2 Die Intelligenz des Sehens (I)

Wahrnehmung als Erkenntnis

Es mag so aussehen, als ob die Überschrift dieses Kapitels einen offenbaren Widerspruch enthält. Kann es denn Intelligenz im Sehen geben? Ist nicht Intelligenz eine Sache des Denkens? Und fängt das Denken nicht erst an, wo das Werk der Sinne endet? Eben diese Annahmen sollen im folgenden zur Debatte gestellt werden. Was hier behauptet wird, ist, daß die Erkenntnisfunktionen, die man das Denken nennt, nicht den Seelenprozessen über und außerhalb der Wahrnehmung vorbehalten, sondern wesentliche Bestandteile der Wahrnehmung selbst sind. Es handelt sich dabei um Funktionen wie aktives Erforschen, Wählen, Erfassen des Wesentlichen, Vereinfachen, Abstrahieren, Analyse und Synthese, Ergänzen, Korrigieren, Vergleichen, Aufgaben lösen, Kombinieren, Unterscheiden, in Zusammenhang bringen. Auf Funktionen dieser Art hat keine der Seelenkräfte ein Vorrecht; sie sind vielmehr die Art und Weise, wie die menschliche und die tierische Psyche alles Erkenntnismaterial behandelt. In dieser Beziehung besteht kein grundsätzlicher Unterschied zwischen dem, was vor sich geht, wenn einer die Welt direkt ansieht oder wenn er mit geschlossenen Augen dasitzt und 'denkt'.

Unter 'Erkennen' möchte ich im folgenden alle seelischen Tätigkeiten verstehen, die beim Empfangen, Bewahren und Verarbeiten von Tatsachenmaterial im Spiel sind, also die Sinneswahrnehmung, das Gedächtnis, das Denken und das Lernen. Diese Terminologie ist nicht unbedingt im Einklang mit der, an die manche Psychologen gewöhnt sind und die zum Beispiel alle Sinnestätigkeit vom Erkennen ausschließen möchte. Gerade dies aber muß ich hier vermeiden, da ich die Trennung zwischen Wahrnehmen und Denken aus dem Wege räumen will. Aus demselben Grund spreche ich vom 'Denken' in der Wahrnehmung. Es scheint keine Denkprozesse zu geben, die nicht wenigstens im Prinzip in der Wahrnehmung anzutreffen sind. Anschauen ist anschauliches Denken.

Die herkömmliche Scheidung von Sehen und Denken hat ihre guten Gründe. Für ein klar verständliches theoretisches Modell wäre es gewiß vorteilhaft, wenn man die vom Gesichtssinn empfangene Information von der Verarbeitung dieser Information deutlich unterscheiden könnte. Die Außenwelt deponiert ihr Abbild in der Seele, und dies Abbild dient nun als Rohmaterial, das untersucht, ausgesondert, umgeformt und aufbewahrt werden muß. Man ist versucht zu behaupten, daß im Organismus eine passive Empfängnistätigkeit ergänzt wird von einem unabhängig davon funktionierenden Verarbeitungsmechanismus.

Elementare Erfahrungstatsachen scheinen eine solche Ansicht zu bestätigen. Exstirpiert man ein menschliches oder tierisches Auge, so kann man auf dem Augenhintergrund ein kleines, aber vollständiges und getreues Abbild der Außenwelt sehen, auf die das Auge gerichtet ist. Dies optische Abbild ist nun aber nicht das physische Gegenstück von dem, was die Gesichtswahrnehmung zum Erkennen beiträgt. Das seelische Bild der Außenwelt unterscheidet sich in wesentlicher Hinsicht von der Projektion auf der Retina. Worauf sind diese Unterschiede zurückzuführen? Es scheint sich von selber zu verstehen, daß man Vorgänge dafür verantwortlich macht, die stattfinden, nachdem das Sehen sein Werk getan hat.

Nun besteht aber im elementaren Wahrnehmungsakt selbst schon ein Unterschied zwischen passivem Empfangen und aktivem Auffassen. Öffne ich meine Augen, so sehe ich um mich eine mir vorgegebene Welt: den bewölkten Himmel, den leicht bewegten See, die Dünen und den Wind, der über sie hinstreicht, das Fenster, mein Arbeitszimmer, meinen Körper – all dies ähnelt dem Projektionsbild auf dem Augenhintergrund darin, daß es mir gegeben ist. Es ist von selber da, ohne daß ich irgend etwas mir Bewußtes zu seinem Zustandekommen beigetragen habe. Aber ist Wahrnehmung nicht mehr als dieses bloße Bewußtsein von der gegebenen Welt? Ist dies Bewußtsein auch nur das Wesentliche der Wahrnehmung? Doch gewiß nicht. Die mir gegebene Welt ist nur der Schauplatz, auf der die bezeichnendste Tätigkeit der Wahrnehmung vor sich geht. Durch diese Welt wandert mein Blick, gesteuert von meiner Aufmerksamkeit. Er richtet den engen Kegel des deutlichsten Sehens bald hier, bald dort hin, er folgt dem Flug einer fernen Möwe, er tastet die Form eines Baumstammes ab. Diese höchst aktive Tätigkeit ist Sehen im eigentlichen Sinne. Sie mag sich auf einen engen Ausschnitt der sichtbaren Welt beziehen oder auf den Gesamtraum, in dem alle eben sichtbaren Dinge ihren Platz haben. Manches ist dem Blick unmittelbar faßbar, anderes setzt sich uns erst allmählich zusammen und auseinander; alles aber unterliegt ständiger Bestätigung, ständiger Nachprüfung. Es wechselt, es vervollständigt sich, korrigiert und vertieft sich und gewinnt an Verständlichkeit.

Was heißt Wahrnehmung?

Unterscheidet sich die hier vertretene Ansicht wirklich von dem, was man sowieso als selbstverständlich annimmt? Es mag so manchem einleuchten, daß die oben aufgezählten Erkennensfunktionen auch für die Wahrnehmung gelten. Und doch mag er darauf bestehen, daß das Denken, von dem das Wahrnehmungsmaterial verarbeitet wird, selber nichts mit Wahrnehmung zu tun hat. Das Denken, so sagt man da, besteht in intellektuellen Operationen, die am Material des Erkennens ausgeführt werden. Dies Material verliert seinen Wahrnehmungscharakter in dem Augenblick, in dem das Denken die Rohprodukte der Wahrnehmung in Begriffe umwandelt. Man ist der Ansicht, daß die Abstraktheit dieser Begriffe sie irgendwie völlig ihres Wahrnehmungscharakters entkleidet, sie von diesem befreit und sie dadurch für intellektuelle Behandlung geeignet macht. Zwar gibt man zu, daß Wahrnehmung und Denken praktisch in Wechselwirkung stehen, obwohl man sie im Interesse theoretischer Sauberkeit getrennt erforscht. Nun beeinflussen unsere Gedanken gewiß, was wir sehen, und umgekehrt. Aber ist es wirklich so selbstverständlich, daß zwei seelische Funktionen in Wechselwirkung treten können, wenn sie angeblich so verschieden voneinander sind?

Ich will dies hier an einem Beispiel illustrieren, von dem später noch näher die Rede sein wird. Wie groß jemand einen Gegenstand sieht, ist im allgemeinen nicht direkt von der relativen Größe der Netzhautabbildung abhängig. Die optische Projektion eines aus der Ferne gesehenen Autos ist kleiner als die eines Briefkastens direkt vor uns; und doch sehen wir ein Auto von normaler Größe. Man kann dies wie Helmholtz im 19. Jahrhundert erklären, indem man behauptet, daß das unrichtige Abbild auf Grund der dem Beobachter zugänglichen Erfahrungen durch ein unbewußtes Urteil korrigiert wird. Hier kommt nun alles darauf an, ob man mit dieser Erklärung sagen will, daß das Wahrnehmungsbild genauso größenmäßig verändert ist wie die Netzhautprojektion und daß dies irreführende Wahrnehmungsmaterial nun auf Grund besseren Wissens richtiggestellt, das heißt, umerklärt wird; oder aber, ob die Theorie dahin zu verstehen ist, daß die gegebene Wahrnehmungssituation selbst in sich Faktoren enthält, die dem Abbild des Autos eine andere relative Größe zuweisen als die der Netzhautprojektion entsprechende. Im letzteren Fall ist die kognitive Errungenschaft in der Wahrnehmung selbst zustandegekommen; im ersteren kam es dazu erst, nachdem die Wahrnehmung ihren fehlerhaften Bericht abgeliefert hatte.

Es ist nicht leicht, den Unterschied sprachlich scharf zu fassen, weil der Ausdruck 'Wahrnehmung', ebenso wie das englische Wort *perception*, nicht von jedermann im gleichen Sinne gebraucht wird. Manche Autoren verwenden den Begriff sehr eng als das, und nur das, was die Sinne in dem Augenblick empfangen, wenn sie von der physischen Außenwelt gereizt werden. Für unsere Zwecke hier ist diese Definition zu begrenzt, schon weil sie die Bildvorstellungen ausschließt, die jemand hat, wenn er, etwa mit geschlossenen Augen, an etwas denkt, das nicht gegenwärtig ist. Andere wieder erweitern den Begriff derart, daß er alles Wissen einschließt, das einer auf irgendeine Weise über ein Ding der Außenwelt erlangen kann. Zum Beispiel kann sich in der amerikanischen Psychologie der sprachlich unschöne Fachausdruck *person perception* auf die Gesamtheit der komplizierten Prozesse beziehen, mittels derer ein Mensch einen anderen kennenlernt, also nicht nur auf das, was er sieht und hört und riecht, sondern auch auf das, was er über die Lebensgrundsätze, Gewohnheiten, Besitztümer und Handlungen des anderen indirekt aus Indizien ableitet. Manche dieser Erkenntnismethoden mag man durchaus nicht für wahrnehmungsmäßig halten, und doch schmuggelt man sie unter den Begriff der Wahrnehmung oder Perzeption. Wenn jemand also den Begriff im weitesten Sinne verwendet, so kann er wahrheitsgetreu behaupten, daß für ihn das Denken durchaus zur Wahrnehmung gehört, und damit das ganze Problem des anschaulichen Denkens für sich und andere vernebeln.

Weiterhin möchte ich zur Taktik der folgenden Untersuchung noch bemerken, daß im Prinzip wenig darauf ankommt, ob die hier zur Untersuchung stehenden Erkenntnisprozesse bewußt oder unbewußt, willentlich oder automatisch, im Großhirn oder als bloße Reflexe, vor sich gehen. Auch mögen sie der Initiative eines Individuums entstammen oder aber auf die Struktur eines Sinnesorgans und damit auf die biologische Stammesentwicklung zurückzuführen sein. Es geht mir hier nicht nur um die biologisch späten Errungenschaften eines verfeinerten Menschengeistes, sondern ganz im allgemeinen um die des Organismus, welcher Auskunft über Außenwelt und Innenwelt braucht – um Fähigkeiten also, die in den Urbedingungen des tierischen Lebens ihren Anfang haben und keineswegs ein Bewußtsein oder auch nur ein Gehirn voraussetzen.

Von Intelligenz zu sprechen, wenn von einfachen biologischen Reaktionen die Rede ist, hat natürlich seine Gefahren, selbst wenn man sich auf keine scharfe Definition des Intelligenzbegriffes festlegt. Immerhin ist es wohl erlaubt zu sagen, daß ein Organismus sich intelligenter verhält, wenn er Informationen über seine Umgebung benutzen kann, als wenn er gänzlich unempfindlich dafür ist. In diesem einfachsten Sinne besteht schon eine Gemeinsamkeit zwischen dem angeborenen Tropismus, der ein Insekt das Licht aufsuchen oder vermeiden läßt, und der Wachsamkeit, mit der ein menschliches Wesen die Ereignisse in seiner Umwelt verfolgt. Diese Wachsamkeit eines aufmerksamen Menschengeistes ist nur eben der entwicklungsmäßig späteste Ausdruck des Kampfes ums Dasein, der in den Urtierchen Reaktionen auf Umweltsveränderungen erweckt hat.

In die Ferne schweifen

In diesem Sinne also kann jede Sinnesreaktion als intelligent bezeichnet werden. Sobald wir mehr ins Einzelne gehen, treffen wir auf Verhaltensweisen, in denen die verschiedenen Wahrnehmungsgebiete sich voneinander unterscheiden. Da ist zum Beispiel die Fähigkeit zu erfahren, was in der Ferne vor sich geht. Das Hören, das Sehen und der Geruch sind Fernsinne. Jean Piaget schreibt, daß

»*die Gesamtentwicklung der Seelentätigkeit, von der Wahrnehmung und der Gewohnheit bis zur Vorstellung und zum Gedächtnis, sowie auch die höheren Operationen des Verstandes und des formalen Denkens, als eine Funktion des sich allmählich vergrößernden Austauschabstandes anzusehen ist, d. h. des Ausbalancierens zwischen dem Einbeziehen (Assimilation) immer weiter entfernter Dinge in das eigene Handeln und der Anpassung (Akkommodation) dieses Handelns an jene Dinge.*«

Es ist nicht zu weit hergeholt, die Fernwahrnehmungen der Sinne zu dem, was wir die Weitsicht eines gescheiten Menschen nennen, in Beziehung zu setzen.

Die Entfernungssinne zeigen die wahrgenommenen Dinge nicht nur in einem ausgedehnten Raumzusammenhang, sie befreien den Beobachter auch von der direkten Aufschlagkraft des sinnlichen Eindrucks. Wenn der Beobachter über die unmittelbare Einwirkung auf ihn selbst und sein Verhalten hinausgehen kann, ist er in einer besseren Lage, das Benehmen der sich ihm darstellenden Dinge objektiv zu betrachten. Sein Augenmerk wird auf das Daseiende gelenkt, zum Unterschied von dem, was ihm selbst angetan wird und was er selbst tut. Insbesondere das Sehen ist, wie Hans Jonas dargelegt hat, das Muster und vielleicht der Ursprung der *teoria*, das heißt, des freien Schauens, der Versenkung.

Die Sinne sind verschieden

Die Intelligenz des Verhaltens in einem Sinnesgebiet hängt davon ab, wie feingliedrig die Gegebenheiten in ihm sind. Diese Gegebenheiten müssen reich an qualitativen Abschattungen sein; aber das allein genügt noch nicht. Eigentlich besitzen alle Sinne eine solche Reizfülle. Außerdem aber müssen sich diese Qualitäten zu artikulierten Formen organisieren lassen, sonst findet das Denken keinen Halt.

Geruch und Geschmack zum Beispiel sind nuancenreiche Sinne, doch ergibt ihre Reizfülle – zum mindesten für den Menschen – nur eine sehr dürftige Ordnung. Daher kann man in Gerüchen und Geschmackserlebnissen zwar schwelgen, doch denken kann man in ihnen kaum. Im Sehen und Hören lassen sich mit Formen, Farben, Bewegungen, Tönen sehr bestimmte und komplizierte Raum- und Zeitformen organisieren. Diese zwei Sinne dienen daher der Intelligenz am besten. Der Tast- und Muskelsinn kann das Sehen ergänzen, doch kann er selbst es mit dem Sehen nicht aufnehmen, vor allem weil er kein Fernsinn ist. Das Tastgefühl muß, da es auf direkten Kontakt angewiesen ist, alle Formen Stück für Stück abtasten. Nur mühselig kann es eine Vorstellung von dem dreidimensionalen Gesamtraum schaffen, den das Auge in einem Zuge durchmißt. Und es ist gänzlich aller der unendlichen Größen- und Ansichtsveränderungen beraubt, all der Überschneidungen und perspektivischen Kurzschlüsse, die unsere Gesichtserlebnisse so vielfältig bereichern und die nur deshalb möglich sind, weil die Seherlebnisse durch die optische Projektion entferntliegender Dinge zustandekommen.

Im Reich des Hörbaren läßt sich jedem Ton in bezug auf mehrere Dimensionen eine bestimmte Stelle und Funktion im Gesamtsystem anweisen. Daher ist die Musik eine der machtvollsten Anwendungsformen menschlicher Intelligenz. Obwohl also die Musik ein Denken höchster Qualität ermöglicht, handelt es sich dabei doch vorwiegend um ein Denken über und innerhalb der musikalischen Formenwelt. Sie kann sich auf die Körperwelt des menschlichen Daseins nur mittelbar und kaum ohne die Hilfe der anderen Sinne beziehen, und zwar deshalb, weil akustische Information nur wenig über diese Welt aussagt. Von einem Vogel gibt sie uns kaum mehr als den Gesang. Von den meisten Dingen gibt sie uns nur die Geräusche. Gewiß gehören auch die Sprachgeräusche dazu, aber diese werden ja erst durch ihren Bezug auf andere Wahrnehmungsarten sinnvoll. In dieser Hinsicht ist Musik also kaum ein Denken über die Welt. Der große Vorzug des Sehens besteht darin, daß es nicht nur ein hochstrukturiertes Medium darstellt, sondern daß seine Formenwelt unerschöpflich reiche Auskunft über die Dinge und Ereignisse der Außenwelt gibt. Der Gesichtssinn ist daher der Hauptbereich des Denkens.

Was das Sehen zu bieten hat, steht dem Geist nicht nur zur Verfügung, sondern ist unentbehrlich für ihn. Wenn die Wahrnehmung nur passiver Informationsempfang wäre, würde es dem menschlichen Geist vermutlich nichts ausmachen, wenn er gelegentlich eine Weile ohne solchen Zufluß bliebe, ja er würde vielleicht sogar dankbar dafür sein, ab und zu in Ruhe gelassen zu werden. Die psychologischen Experimente über Reizverminderung haben aber das Gegenteil gezeigt. Wenn die Seh-, Hör-, Tast- und Muskelsinneswahrnehmungen auf ein formloses Mindestniveau herabgesetzt werden – nichts weiter als eine gleichförmige Beleuchtung für die Augen und ein Summen für die Ohren –, so werden die seelischen Funktionen empfindlich gestört. Es ist ein Zustand, der den Gleichmut, die Denkfähigkeit und auch das Sozialverhalten der Versuchsperson stark beeinträchtigt. Während der monotonen Versuchsstunden versucht der am Denken gehinderte Mensch den Verlust der Wahrnehmungsreize von außen durch Erinnerungsbilder und Phantasievorstellungen zu ersetzen, die bald so eindringlich und unkontrollierbar werden, daß sie ihm wie Eindrücke von außen her erscheinen. Es kann dabei zu regelrechten Halluzinationen kommen; und in der Tat wird aus Irrenanstalten berichtet, daß in einer kahlen, anregungsarmen Umgebung Geisteskranke eher halluzinieren. Die sich bei den Experimenten ergebenden Zwangsvorstellungen sind so überzeugend, daß einige Versuchspersonen nachher bekennen, es sei ihnen jetzt leichter, an übernatürliche Erscheinungen zu glauben. Diese verzweifelten Anstrengungen des Seelenlebens, die fehlenden Sinneserlebnisse zu ersetzen, weisen darauf hin, daß die Sinnestätigkeit nicht dem bloßen Reizempfang dient, sondern eine unentbehrliche Vorbedingung für das Funktionieren des Geistes ganz im allgemeinen ist. Die Tätigkeit des Nervensystems setzt ununterbrochene Reaktionen auf die Umwelt voraus.

Das Sehen ist wählerisch

Man kann sich von der Sinnestätigkeit nur dann ein zutreffendes Bild machen, wenn man im Auge behält, daß die Sinne sich nicht als unabhängige und selbstgenügsame Informationswerkzeuge entwickelt haben, sondern als biologisch wertvolle Vorkehrungen für den Kampf ums Dasein. Daher zielen und konzentrieren sich denn die Sinne von Anfang an auf diejenigen Kennzeichen der Gegenwart, die das Leben befördern oder hindern. Die Wahrnehmung ist also zielstrebig und selektiv. Wie schon er-

DIE INTELLIGENZ DES SEHENS (I)

wähnt, wird das Sehen als eine höchst aktive Beschäftigung erlebt. An anderer Stelle habe ich dies folgendermaßen formuliert:

»Wir greifen im Anschauen nach den Objekten. Wie mit einem unsichtbaren Finger fahren wir durch den Raum, gehen wir zu entfernten Orten, wo sich Dinge befinden, berühren sie, erhaschen sie, ertasten ihre Oberfläche, umfahren ihre Umrisse, erforschen ihre Struktur. Es ist ein höchst aktives Verhalten. Von diesem Erlebnis beeinflußt, beschrieben frühe Denker den physikalischen Sehvorgang in entsprechender Weise. So behauptet Platon im ›Timaios‹, daß das sanfte Feuer der menschlichen Körperwärme als ein stetiger und dichter Strom durch die Augen nach außen fließt. Auf diese Weise entsteht eine materielle Brücke zwischen dem Betrachter und dem betrachteten Ding, und über diese Brücke fließen die Lichtimpulse von dem Ding zum Auge und so weiter zur Seele.«

Diese Vorstellung entstammte der unmittelbaren Erfahrung. Als man dann aber fand, daß der optische Aufzeichnungsvorgang im Auge wesentlich passiv ist, übertrug man dies auf den psychophysischen Sehprozeß als ganzen. Doch war der Übergang langsam und voller Zögern. Um das Jahr 500 schreibt der römische Philosoph Boethius: »Das Sehen ist allen Sterblichen eigen; ob es aber auf Bildern beruht, die zum Auge kommen, oder von Strahlen herrührt, die das Auge nach dem Gegenstand ausschickt, ist den Wissenden zweifelhaft, obwohl der gemeine Mann nicht ahnt, daß solche Zweifel bestehen.« Und tausend Jahre später notierte Leonardo da Vinci eine Widerlegung

»derjenigen Mathematiker, die behaupten, das Auge habe keine über seine eigenen Grenzen hinausreichende Geisteskraft, weil sonst eine beträchtliche Verminderung der Sehkraft unvermeidlich wäre. Selbst wenn das Auge so groß wäre wie die Erde, sagen sie, würde es sich in der Betrachtung der Sterne notwendig selbst aufzehren, woraus sie schließen, daß das Auge empfängt, aber nichts von sich aussendet«.

Leonardo hatte allerlei Belege dafür anzuführen, daß dem nicht so sei:

»... so bezeugen die Landleute, daß die Schlange, die sie das Nachtgespenst nennen, die Nachtigall anzieht wie der Magnet das Eisen, so daß diese mit Trauertönen ihrem Tode zustrebt ... Vom Straußenvogel und von der Spinne hören wir, daß sie ihre Eier ausbrüten, indem sie sie anstarren.«

Ganz zu schweigen von den Jungfrauen, »von denen man sagt, daß ihre Augen die Macht besitzen, die Liebe der Jünglinge an sich zu ziehen«.

Aktives Auswählen ist ein Grundzug des Sehens wie jeder anderen Intelligenzbetätigung. Vor allem konzentriert es sich auf Veränderungen in der Umgebung. Der Organismus, auf dessen Bedürfnisse das Sehen zugeschnitten ist, hat natürlich ein größeres Interesse an dem, was sich bewegt, als an dem, was gleich bleibt. Wenn etwas auftaucht oder verschwindet, den Platz wechselt oder seine Form, Größe, Farbe oder

Helligkeit ändert, so mag das für den Zustand des ausschauhaltenden Menschen oder Tiers Folgen haben. Es mag bedeuten, daß ein Feind herankommt, daß eine Gelegenheit verpaßt wird, daß eine Anforderung zu erfüllen, ein Zeichen zu beantworten ist. Die primitivsten Sehorgane, die lichtempfindlichen Flecke oder Nervenfasern, zum Beispiel, in Muscheln, beschränken die Information auf bloße Helligkeitsveränderungen und lassen das Tier sich in seine Schale zurückziehen, sobald ein Schatten das Sonnenlicht unterbricht. Unbewegliche Partien der Umgebung zu betrachten, ist mehr ein Luxus, allenfalls nützlich, um die Schauplätze künftiger Ereignisse auszukundschaften oder um den Hintergrund, auf dem sich Ereignisse abspielen, kennenzulernen.

Unveränderlichkeit kennzeichnet bewegungslose Dinge, aber auch Vorgänge, die in endloser und gleichförmiger Wiederholung derselben Tätigkeit bestehen. Die Psychologie der Sättigung und Anpassung lehrt uns, daß selbst sehr primitive Tiere zu reagieren aufhören, wenn ein bestimmter Reiz sie immer von neuem trifft. Ebenso schwinden die konstanten Faktoren eines Sehfeldes, zum Beispiel die besondere Farbe des immer anwesenden Sonnenlichts, aus dem Bewußtsein, und dasselbe läßt sich an einem ständigen Geräusch oder Geruch beobachten. Wird jemand gezwungen, eine bestimmte Figur anzustarren, so tut der Gesichtssinn sein Möglichstes, um Abwechslung in die Figur zu bringen: die Gruppierung der Teile organisiert sich um, oder eine reversible Figur kippt von einer Ansicht in die andere. Eine Farbe scheint bei ständiger Betrachtung auszubleichen; und wenn man beim Fixieren die ruckartigen Mikrobewegungen des Auges ausschaltet, die sonst immer vorhanden sind, wird die Figur nach kurzer Zeit unsichtbar. Dies Reagieren auf Monotonie findet sich durchgängig, sowohl in bewußten Ausweichmaßnahmen wie auch in dem rein physiologischen Abklingen der von einer statischen Reizsituation im Gehirn erzeugten Impulse. Was sich hier ausdrückt, ist eine Elementarform von intelligentem Widerwillen gegen Aufmerksamkeit um jeden Preis. Bemerkt und beantwortet wird nur, was sich lohnt. Man läßt sich nicht gern langweilen.

Diese selektive Bevorzugung dessen, was sich verändert, ist von praktischem Nutzen, hat aber auch ihre Nachteile. Sie erschwert es einem, die konstanten Faktoren im Leben genügend zu berücksichtigen. Diese Schwäche macht sich bemerkbar, wenn ein Denker oder Wissenschaftler Faktoren zu untersuchen hat, die jenseits offensichtlicher Veränderungen liegen. An physischen, aber auch an psychologischen und sozialen Tatbeständen, werden solche Konstanten am leichtesten übersehen und häufig am schwersten verstanden. Die Eigenarten der Wahrnehmung helfen dem Wissen nicht nur, sie hindern es auch.

Die Augen bewegen sich in ihren Höhlen, und diese selektiven Fixationsverschiebungen werden durch die Kopfbewegungen und überhaupt alle Körperbewegungen weiter bereichert. Selbst die innerhalb des Augapfels stattfindenden Aufzeichnungsvorgänge sind selektiv. So hatte man zum Beispiel schon seit Beginn des vorigen Jahrhunderts gute Gründe anzunehmen, daß die Netzhaut beim Farbensehen nicht jede einzelne Farbschattierung mit einem besonders auf sie geeichten Empfänger registriert, sondern sich dabei auf einige wenige Grundfarben oder -farbbereiche beschränkt, aus welchen sich alle anderen ableiten. Diese inzwischen experimentell und anatomisch bestätigte Annahme bedeutet für uns hier, daß die Photochemie des Auges sich einer Art von Abstraktion bedient, die uns an Eigenarten des bewußten Farbensehens erinnert. Dort nämlich fassen wir Mischfarben als Variationen und Kombinationen von Grundfarben auf. Die Physiologie des Sehens löst also mittels einer genialen Vereinfachung eine Aufgabe, die sonst eine unmöglich große Anzahl von Rezeptortypen erfordern würde. Man darf wohl behaupten, daß das Sehen dem von ihm verarbeiteten Reizmaterial schon rein physiologisch eine begriffliche Ordnung auferlegt.

Was von der Farbe bekannt ist, mag auch für die Form gelten. Es sieht jetzt so aus, als ob das blitzschnelle Reagieren auf jede Bewegung im Gesichtsfeld bei Mensch und Tier durch Strukturprozesse möglich gemacht wird, die schon auf dem Netzhautniveau zu einer automatischen Unterscheidung von Bewegtem und Unbewegtem führen. Man hatte uns immer gelehrt, daß die Einzelorgane der Retina keiner solchen Unterscheidung fähig sind. Angeblich konnten sie nur punktförmige Farb- und Helligkeitswerte aufzeichnen, so daß es dem Gehirn überlassen bleiben mußte, durch Errechnung von Veränderungen in ausgedehnten Reizfeldern das Vorhandensein von Bewegung indirekt abzuleiten. Wir wissen heute, daß zum Beispiel die Netzhaut des Froschauges mindestens vier Typen von Empfangsorganen enthält, von denen jeder nur auf eine bestimmte Reizart reagiert. Einer dieser Typen sind die sogenannten Käferempfänger, die unmittelbar und ausschließlich auf kleine krabbelnde Formen ansprechen, wofür Frösche natürlich besonderes Interesse haben. Andere Empfängertypen wiederum reagieren nur auf Kanten, die sich bewegen oder auf die das Auge während einer Bewegung stößt, oder nur auf ein- oder aussetzende Beleuchtung. Zu diesem Zweck müssen natürlich in der Retina große Gruppen von Empfangsorganen mannschaftsartig zusammenarbeiten, denn nur auf diese Weise lassen sich ausgedehnte Formen und ihre Bewegungen identifizieren. Das bedeutet also, daß wir es selbst auf dem Netzhautniveau nicht einfach mit dem Registrieren punktförmiger Elemente zu tun haben. Ein unter dem Titel ›Was das Froschauge dem Froschhirn mitteilt‹ veröffentlichter Forschungsbericht von Lettvin, Maturana, McCulloch und Pitts kommt zu dem folgenden Schluß:

»*Die Vorgänge haben also viel mehr den Charakter von Wahrnehmungen als von Empfindungen, falls diese Unterscheidung heutzutage noch einen Sinn hat. Das heißt, sie lassen sich am besten als komplizierte Abstraktionen des Sehbildes beschreiben.*«

Es versteht sich allerdings, daß, wie bei jeder Vorwahl, auch diese zwar den Verarbeitungsprozeß reduziert, ihn aber andererseits auf das beschränkt, was nach der Vorwahl übrig bleibt. Wenn ein Frosch mitten unter toten, unbeweglichen, aber durchaus eßbaren Fliegen Hungers stirbt, erinnert er uns an einen Menschen, dessen geistige Scheuklappen ihn daran hindern, von unvorhergesehenen Gelegenheiten Gebrauch zu machen. Auch die Wirtschaftlichkeit hat ihren Preis.

Immerhin ist eingebaute Selektivität durchaus nützlich, denn sie spart nicht nur Energie, sondern verengert auch die Wahl, was natürlich die Reaktionen schneller und zuverlässiger macht. Daher sind bei relativ einfachen Lebewesen, deren Bedürfnisse und Umgebung sich wenig ändern, die Grundmechanismen der Nahrungsbeschaffung, Fortpflanzung und Verteidigung auf normierte Reaktionen beschränkt, die auf ebenso normierte Signale eingestellt sind. Eindrucksvolle Beispiele von solch hochselektivem Verhalten findet man in den Berichten von Ethologen wie Konrad Lorenz und N. Tinbergen. Da Tiere uns nicht mitteilen können, was sie sehen, können wir nicht mit Sicherheit entscheiden, bis zu welchem Grade die Selektion in der Wahrnehmung selbst stattfindet oder wieweit sie erst in der Reaktion auf das Wahrgenommene vor sich geht. Doch kann jedenfalls niemand auf einen Reiz antworten, den er nicht in der Wahrnehmung identifiziert hat; und vermutlich werden diese Auslöser nicht durch Sonderkategorien bestimmter Netzhautorgane identifiziert, wie es bei den Käferempfängern der Frösche der Fall ist, sondern durch spezifische, auf bestimmte Zeichen im Sehfeld eingestellte Reaktionen des Nervensystems. Das Reagieren auf diese Zeichen oder Auslöser ist der Gattung durch Zuchtwahl angeboren. Am gelben Schnabel der Silbermöwe hat sich an der Spitze des Unterkiefers ein roter Fleck entwickelt. Der Anblick dieses Flecks bringt das eben ausgeschlüpfte Küken dazu, an der Spitze des elterlichen Schnabels zu picken. Wenn der rote Fleck verdeckt wird, pickt das Küken nicht; und wenn es nicht pickt, wird es nicht gefüttert. Zeichen dieser Art genügen zwei wesentlichen Voraussetzungen: ihre ausgesprochene Farbe und einfache Form machen sie deutlich erkennbar, und sie unterscheiden sich ausreichend von dem, was sonst häufig um sie herum zu sehen ist.

Was diese Tiere sehen, muß also auf diese sehr selektiven Reaktionen abgestellt sein. Wahrscheinlich sind ihre Sehfelder hierarchisch gegliedert, in dem Sinne, daß gewisse wahrnehmbare Gegebenheiten hervorstechen, weil sie sich auf bestimmte Bedürfnisse beziehen. Das Tier könnte aber nicht auf diese ansprechen, wenn sie nicht auch sehmäßig hervorgehoben wären. Wir haben es hier mit einem frühen Beispiel von Abstraktion zu tun, insofern als das Tier auf einen Typ oder eine Kategorie wesentlicher Signalzeichen eingestellt ist – zum Beispiel, auf alle richtig placierten roten Flecken –, nur daß die Abstraktion von der Gattung ausgeführt wird, nicht vom Individuum; sie ist angeboren.

Die Fixation löst ein Problem

Solange solche Mechanismen durch Vererbung eingebaut sind, beziehen sie sich automatisch auf die ganze Gattung. Auf höheren biologischen Stufen hängt die Wahl des Anreizes und die Reaktion auf ihn immer mehr vom Einzelnen ab. Die Augenbewegungen, mit deren Hilfe die Sehziele ausgewählt werden, liegen zwischen den Automatismen und den vorsätzlichen Reaktionen. Sie müssen die Augen derart leiten, daß die zu betrachtende Stelle des Gesichtsfelds in den engen Bezirk der höchsten Sehschärfe zu liegen kommt. Diese Sehschärfe fällt so steil ab, daß sie sich schon bei zehn Grad Abweichung von der Fixationsachse, wo sie am größten ist, auf ein Fünftel vermindert. Da die Sphäre der höchsten Netzhautempfindlichkeit so begrenzt ist, kann und muß das Auge eine bestimmte Stelle des Feldes heraussondern, die dadurch isoliert, dominant und zentral wird. Das heißt also, daß immer nur je ein Ding an die Reihe kommt und daß man das Hauptzielobjekt aus seiner Umgebung heraussondern muß. Ein Gegenstand mag ausgesucht werden, weil er sich klar vom übrigen Sehfelde abhebt oder weil er einem Bedürfnis des Beobachters zugeordnet ist, oder auch aus beiden Gründen zugleich. Auf Frühstufen des Organischen bestimmt der Reiz die Reaktion. Wenn ein helles Licht im Sehfeld auftritt, wendet der Säugling sich ihm zu, als ob eine äußere Macht ihn dorthin lenkte, so wie eine Pflanze sich zum Licht wendet oder eine Katze auf die leiseste Bewegung reagiert. Wir haben hier den Urtyp einer kognitiven Reaktion, die sich dem Zielobjekt bedingungslos hingibt. Die Reaktion ist vom Reiz, statt vom Willen der Person bestimmt.

Wie kommen nun die Fixationsbewegungen der Augen zustande? Ein Fixationsakt kann als ein Übergang von einem Spannungszustand zu einer Spannungsverringerung beschrieben werden. Das Reizobjekt kommt exzentrisch ins Sehfeld und setzt damit dem Zentrum des Sehfeldes einen neuen und diesem ungelegenen Brennpunkt entgegen. Dieser Zwiespalt zwischen der sich eindrängenden Außenwelt und der Ordnung der inneren Welt erzeugt eine Spannung, die dadurch beseitigt wird, daß eine passende Augenbewegung die beiden Zentren zur Deckung bringt und damit die innere Ordnung an die äußere anpaßt. Das Hauptstück der äußeren Ordnung hat nun in der inneren die ihm zukommende zentrale Stellung erworben.

Wir sehen hier an einem elementaren Fall noch eine andere Erkenntnistätigkeit am Werk, nämlich das Problemlösen. Alles Problemlösen erfordert ein Umstrukturieren der gegebenen Problemsituation. Bei den Fixationsbewegungen handelt es sich um ein Umstrukturieren der einfachsten Art. Eine bloße Verlegung des Situationsschwerpunktes löst das Problem, ohne daß eine Umorganisation der Situation selbst nötig wäre.

Wir werden es hier bald mit Problemlösungen zu tun haben, die viel kompliziertere Umstrukturierungen verlangen. Schon dies einfache Beispiel aber zeigt, daß das Problemlösen keineswegs als dasjenige Erkenntnisniveau zu behandeln ist, auf dem Wahrnehmung und Denken sich voneinander scheiden. Eine solche Trennung würde, wie schon weiter oben bemerkt, dem Theoretiker angenehm sein. Man ist versucht zu behaupten, daß die Wahrnehmung es mit dem direkten Erforschen des von außenher Gegebenen zu tun hat, während das Denken bei der grundsätzlich anderen Aufgabe anfängt, eine gegebene Ordnung derart zu verändern, daß sie die Erfordernisse der Problemlösung erfüllt. In der Tat hat Köhler intelligentes Verhalten so definiert, doch war er offenbar nicht willens, es schon in den elementaren Wahrnehmungsmechanismen anzuerkennen. Er sagt, daß man nicht von intelligentem Verhalten spricht, wenn ein Mensch oder Tier sein Ziel auf dem direkten Wege erreicht, den sein Wahrnehmungsfeld unmittelbar vorschreibt. Hingegen wird man von Intelligenz sprechen, wenn die Umstände den sich anschaulich darbietenden Zugang sperren und der betreffende Mensch oder das Tier auf einen Umweg verfällt und dadurch der Schwierigkeit Herr wird. Der Fixationsmechanismus leitet sich nun aber direkt aus der Organisation des Nervensystems ab. Und dennoch würde ich sagen, daß die Verlagerung des Aufmerksamkeitszentrums, auf diesem elementaren Niveau, dieselbe Art von Umstrukturierung darstellt, die in Köhlers Beispielen zu der Einsicht führt, daß sich das Ziel auf einem Umweg erreichen läßt. In beiden Fällen sind die Einzelbeziehungen innerhalb der gegebenen Wahrnehmungsstruktur auf eine Weise umgeformt, die zur Lösung des Problems führt.

Das einfache Beispiel der Fixationsbewegungen weist auch noch auf einen anderen Punkt von allgemeiner Bedeutung hin. Es zeigt nämlich, daß die Suche nach dem Ziel in einem Sehfeld vor sich geht, das auch selbst eine Ordnung besitzt. Wenn der Lichtreiz in den Sehbereich des Säuglings eintritt, gibt er diesem eine bestimmte, objektive Struktur. Das derart entstehende Feld hat ein Zentrum, in bezug auf welches die Aufmerksamkeit des Kindes exzentrisch gerichtet ist. Diese Unstimmigkeit erzeugt, wie schon gesagt, die Spannung, auf die das Kind damit reagiert, daß es seine Augenstellung der von außen gegebenen Situation anpaßt. Eine solche Wechselwirkung zwischen der Feldstruktur und den Bedürfnissen und Interessen des Betrachters ist ganz allgemein charakteristisch für die Psychologie der Aufmerksamkeit. William James allerdings leugnet dies in seinen Ausführungen über die Aufmerksamkeit; er behauptet im Gegenteil, daß ohne selektives Interesse seitens des Beobachters seine Sehwelt gänzlich formlos sein würde. Dagegen ist zu sagen, daß wirklich chaotische oder sonstwie unstrukturierte Situationen keineswegs häufig sind, und wenn sie auftreten, machen sie es der gerichteten Aufmerksamkeit so gut wie unmöglich, am Zielobjekt festzuhalten. Wenn das Sehfeld gleichförmig ist, etwa in vollständiger Dunkelheit, oder wenn man nichts als ein sich wiederholendes Muster, wie zum Beispiel ein Schachbrett, sieht, wandert der Blick ziellos umher und versucht, der Formlosigkeit irgendeine Form abzugewinnen. Eine solche Sachlage ist aber für Erkenntnisvorgänge nicht typisch.

Ich habe darauf hingewiesen, daß die Wahl eines Zielobjekts schon auf dem Netzhautniveau wünschenswert und möglich ist. Da die Sehschärfe auf ein enges Gebiet beschränkt ist, muß aus dem Gesamtbereich eine Auswahl getroffen werden. Diese Beschränkung ist durchaus kein Nachteil, sondern sie schützt die Seele davor, mit mehr Information überschwemmt zu werden, als sie zur Zeit verwenden kann oder will. Sie begünstigt das intelligente Verfahren, auf ein bestimmtes Thema zu zielen und alles Nebensächliche beiseitezulassen.

DIE INTELLIGENZ DES SEHENS (I)

Tiefenwahrnehmung

Selektion findet auch in der Tiefenausdehnung statt. In jedem Augenblick ist die Wahrnehmung immer nur innerhalb eines begrenzten Gebiets scharf. Diese Begrenzung stammt von den Augenlinsen her, und die Gesichtserkenntnis zieht daraus denselben Vorteil wie der Photograph oder Maler, der die Aufmerksamkeit des Betrachters auf einen bestimmten Abstandsbereich lenken kann, indem er ihm die größte Schärfe gibt. Die Akkomodation der Augenlinsen ist ein elementares Beispiel selektiver Aufmerksamkeit. Es leistet dem Beobachter, der sich auf die Geschehnisse in einer bestimmten Entfernung konzentrieren will, wahrnehmungsmäßigen Beistand.

Außerdem hilft die Tiefenausdehnung der Erkenntnis noch in ganz anderer Weise. Sie macht nämlich die Erscheinungsgröße der Sehdinge veränderlich und paßt sie damit den Bedürfnissen des Beobachters an. Dies ist dadurch möglich, daß der Sehgegenstand nicht 'persönlich' ins Auge eintritt, obwohl dies in der Frühzeit der Wahrnehmungstheorie angenommen wurde. Demokrit zum Beispiel war der Ansicht, daß beim Wahrnehmen sich von der Außenseite des zu betrachtenden Gegenstandes eine Art Abziehbild ablöst, das durch die Pupille ins Auge dringt – was natürlich die schwierige Frage aufbrachte, wie denn ein großes Ding genügend zusammenschrumpfen könne, um dies Kunststück zu vollbringen. Wir wissen heute, daß das Auge nicht einen Teil des Gegenstandes selbst, sondern ein Äquivalent von ihm empfängt. Die Größe des Projektionsbildes hängt davon ab, wie weit der physische Gegenstand vom Auge entfernt ist. Der Beobachter ist also in der Lage, den geeigneten Abstand zu wählen und dadurch das Abbild so groß oder klein zu machen, wie es ihm am nützlichsten ist. Um bequem sichtbar zu sein, muß der betreffende Teil des Sehfeldes groß genug werden, um genug Einzelheiten erkennbar zu machen, und klein genug, um in den Sehbereich zu passen. Ferner bestimmt die Größe des Objekts auch, wieviel von der Umgebung zugleich mit ihm wahrnehmbar wird. Je kleiner die Abbildung, um so mehr sieht man von dem, was drum herum ist, das heißt also, um so mehr wird das Ding im Zusammenhang begriffen. Umgekehrt kommt mit zunehmender Vergrößerung des Gegenstandes die Umgebung außer Sicht. Was am geeignetsten ist, hängt von den Erfordernissen der Erkennensaufgabe ab. Wieviel Einzelheiten gehören zur Sache? Wie groß muß der Abstand sein, damit die umfassenderen Strukturformen sich abzeichnen, die sonst in den Einzelheiten untergehen? Wieviel vom Zusammenhang ist wesentlich für das Verständnis des Themas?

Auch hier wieder ist eine sachdienliche Auswahl auf dem elementaren Wahrnehmungsniveau ein wichtiger und charakteristischer Teil der Erkenntnismethode als ganzer. Den Bereich eines Problems richtig zu bestimmen, heißt schon beinahe, die Lösung haben. Diese Taktik des Denkens kann bereits im Elementarsten gestört werden, wenn der wahrnehmungsmäßige Bereich des Untersuchungsgegenstandes ungünstig gewählt ist. Praktisch, zum Beispiel, kann eine Lehrbuchabbildung oder ein Fernsehbild einfach dadurch unlesbar werden, daß die zu zeigenden Dinge zu groß oder zu klein sind oder zu eng oder zu weit im Rahmen stehen. Da alles Nachdenken über eine Sache damit anfängt, wie sie wahrgenommen wird, kann ein unzweckmäßiges Abbild den ganzen davon abgeleiteten Gedankenzug zum Entgleisen bringen.

Formen sind Begriffe

Die Formwahrnehmung enthält die Anfänge der Begriffsbildung. Während das optische Projektionsbild auf dem Augenhintergrund eine mechanisch getreue Abbildung seines physischen Gegenstücks ist, darf man die ihr entsprechende Wahrnehmung nicht so ansehen. Formwahrnehmung ist das Erfassen von Struktureigenschaften, die im Reizmaterial gefunden oder ihm auferlegt werden. Nur selten entspricht das Rohmaterial genau der Form, die es in der Wahrnehmung annimmt. Das rein optische Abbild des Vollmondes ist gewiß rund, aber die meisten anderen Dinge, die wir als rund sehen, sind es nicht im buchstäblichen Sinne. Sie sind nur Annäherungen. Dennoch hält der Beschauer sie nicht nur vergleichsweise für rund, sondern er sieht die Rundheit wirklich an ihnen. Die Wahrnehmung paßt ihrem Rohmaterial Schablonen von relativ einfacher Form an, und diese nenne ich Anschauungsbegriffe oder Wahrnehmungskategorien. Anschauungsbegriffe sind allerdings nur im relativen Sinne einfach, denn wenn eine vielgliedrige Reizstruktur von einem auf Feinheiten eingestellten Betrachter aufgefaßt wird, kann sich eine recht komplexe Form ergeben, welche nur eben unter den gegebenen Bedingungen die einfachst mögliche ist. Worauf es hier ankommt, ist, daß ein Gegenstand nur insofern wahrgenommen wird, als sein Wahrnehmungsbild einer organisierten Form einpaßbar ist. Daneben ist auch zumeist eine gewisse Menge von visuellem 'Geräusch' vorhanden, das die wahrgenommene Form mit mehr oder weniger unbestimmten Einzelheiten und Abschattierungen begleitet und abwandelt; doch trägt dies zum anschaulichen Verständnis wenig bei.

Nun meine ich hier gewiß nicht, daß das Seelenleben und also auch das Gehirn einen bestimmten Vorrat von vorgebildeten Formen enthält, die sich durch Vererbung fortpflanzen und sozusagen in Erwartung des Reizmaterials auf der Lauer liegen. Es gibt allerdings angeborene Reaktionen auf bestimmte Formen, Farben oder Bewegungen, zum Beispiel die oben erwähnten Auslöser, die im instinktiven Verhalten von Tieren eine so bedeutende Rolle spielen. Diese Mechanismen aber bieten uns keine Erklärung des Formwahrnehmens, sondern setzen dieses vielmehr voraus. Der rote Fleck am Unterkiefer der Möwe muß erst aufgefaßt werden, bevor eine Reaktion auf ihn möglich ist. Das gilt auch zum Beispiel für diejenigen Archetypen Jungs, die angeblich an bestimmte geometrische Figuren gebunden sind.

Die physiologischen Entdeckungen über den Gesichtssinn der Frösche besagen zwar, daß gewisse festgelegte Organisationseinheiten schon auf dem Netzhautniveau bestehen. Wenn die kleinste Reizeinheit nicht punktförmig ist, sondern eine ausgedehnte Form, etwa die eines Käfers oder einer sich bewegenden Kante, so muß eine große

DIE INTELLIGENZ DES SEHENS (I)

Gruppe von Empfangsorganen zusammenarbeiten, um den Reiz zu identifizieren und alle zuständigen einzelnen Nervenfasern zu mobilisieren. Ein Punkt kann nicht über einen ausgedehnten Gegenstand berichten. Das bedeutet also, daß schon weit unterhalb des Gehirnniveaus Reaktionen auf Form und nicht nur auf Elementarelemente zu verzeichnen sind. Tätigkeitsreaktionen auf Formen aber setzen nicht notwendig eine entsprechende bewußte Wahrnehmung voraus; und selbst in den höheren Wirbeltieren dürften Vorrichtungen dieser Art viel zu starr sein, um mehr als eine stenographische Abkürzung der Reizaufnahme zu bewerkstelligen. Formwahrnehmungen sind so vielfältig und biegsam, daß man sich die entscheidenden Mechanismen besser als Feldprozesse im Gehirn vorstellt, die das Reizmaterial im Sinne der einfachst möglichen Struktur organisieren.

Sehformen dieser Art haben nun zwei Eigenschaften, die es ihnen möglich macht, als Anschauungsbegriffe zu fungieren: sie haben Allgemeinheitscharakter und sie lassen sich leicht identifizieren. Genau genommen, bezieht sich eine Wahrnehmung nie auf eine individuelle Sonderform, sondern auf Formtypen. Ein solcher Formtyp mag nur einen einzigen Gegenstand bezeichnen oder aber unendlich viele. Selbst das Abbild eines bestimmten Menschen ist nur eine Sondergruppierung bestimmter allgemeiner Qualitäten, d. h., es bezieht sich auf eine Art Mensch. Grundsätzlich besteht daher kein Unterschied zwischen Wahrnehmung und Begriff, was der biologischen Funktion aller Wahrnehmung auch durchaus angemessen ist. Um nützlich zu sein, muß die Wahrnehmung uns über Geschehens*arten* unterrichten, sonst könnte ja der Organismus nichts von der Erfahrung lernen. Wenn ein Wahrnehmungsgegenstand einfach strukturiert ist und sich klar von seiner Umgebung abhebt, ist er entsprechend leicht erkennbar. Auch hier wieder können uns die biologischen Auslöser als Beispiel dienen. Sie sind in der Regel einfache, ausgesprochene Farben, Formen und Bewegungen, die sich in der Stammesentwicklung als Signalzeichen herausgebildet haben und auf deren prägnante Sonderart die instinktiven Reaktionen der Tiere zuverlässig eingestellt werden konnten. Alles Erkennen setzt also eine erkennbare Form voraus; und ebenso kann man ein Ding nicht als bekannt wiedererkennen oder Ausschau nach ihm halten oder auf es reagieren, wenn sein Aussehen nicht klar definiert ist.

Ich beschreibe also die Formwahrnehmung als ein Erfassen allgemeiner Struktureigenschaften. Diese Theorie stammt aus der Gestaltpsychologie. Es gibt auch andere Theorien, vor allem die traditionelle Ansicht, daß der Gesichtssinn die Reizelemente mechanisch registriert und daß diese dann auf Grund früherer Erfahrungen vom Betrachter zu den richtigen Formen zusammengefaßt werden. Ich brauche hier nicht nochmals darauf einzugehen, warum eine solche Auffassung unzureichend ist, aber eine ihrer Konsequenzen ist für uns hier von Belang. Wenn die herkömmliche Theorie zuträfe, würde die Formwahrnehmung eine entschieden minderwertige Erkenntnisart sein. Sie würde auf das automatische Sammeln des eintreffenden Reizmaterials beschränkt sein. Wenn hingegen die hier vertretene Ansicht richtig ist, operiert die Formwahrnehmung auf einem sehr hohen Niveau der Begriffsbildung.

Wahrnehmung braucht Zeit

Viele theoretischen Auseinandersetzungen über Formwahrnehmung klingen dieser Tage so, als ob der Hauptunterschied darin besteht, daß sie nach Meinung mancher Forscher spontan und ohne alle Vorbereitung zustandekommt, während andere behaupten, daß sie auf allmählich sich vervollkommnende Lernerlebnisse angewiesen ist. Darum handelt es sich aber in Wirklichkeit gar nicht, denn für die Eigenart der hier beschriebenen Erkenntnisprozesse macht es wenig aus, ob sie langsam oder geschwinde zustandekommen. Die meisten organischen Fähigkeiten erfordern Lernen und biologisches Reifen. Worauf alles ankommt, ist, was man unter Lernen versteht. Wie erklären sich anfängliche Unzulänglichkeiten im Sehen? Beruhen sie auf einem Mangel an ähnlichen, früheren Erfahrungen, mit dem der sich neu einstellende Reiz verglichen werden könnte? Oder braucht die Wahrnehmung deshalb Zeit, sich zu vervollkommnen, weil man lernen muß, Strukturformen zu erfassen? Die Entwicklung der Wahrnehmungsfähigkeit in diesem letzteren Sinne ist von deutschen Psychologen als die sogenannte Aktualgenese erforscht worden. Da der Wahrnehmungsvorgang typisch sehr schnell vor sich geht und schwer festzulegen ist, untersuchten sie ihn in verlangsamter Form, indem sie etwa die Darbietungszeit für die Reizfigur auf den Bruchteil einer Sekunde verkürzten. Auf diese Weise konnten die Versuchspersonen die Figuren nur allmählich und bei mehrmaliger Darbietung erfassen. Unter solchen Umständen beginnt die Wahrnehmung im allgemeinen mit einem verschwommenen, undifferenzierten Ganzen, das sich allmählich ändert und ausbildet. Die folgende, von Gottfried Hausmann formulierte Zusammenfassung zeigt, wie wenig diese Prozesse mit dem mechanischen Registrieren von Einzelreizen zu tun haben.

»*Die Versuchssituation machte allen Versuchspersonen deutlich, daß das, was wir populär 'Wahrnehmungserkenntnisse' nennen, keine einfache und unmittelbare rein sensuelle Wiederspiegelung ist, sondern etwas, das in einem Prozeß von mannigfach wechselwirkend verschlungenen, seligierenden, abstrahierenden und selbstproduktiven, gestaltenden 'Akten' erst entsteht; in einem Prozeß, der entweder organisch oder kompliziert, zwiespältig und oft zickzackartig verläuft und die Möglichkeit in sich schließt, daß die 'Phantasie' dem Gegebenen entschwebt, der aber, wenn er organisch verläuft, durch eine Folge auseinander hervorgehender, je eigengesetzlicher, spezifischer Phasen- und Qualitätenbereiche zum einstellungsgeforderten Ziele führt.*«

Ähnlich wies schon von Ehrenfels in der frühesten Beschreibung des Gestaltprinzips auf die 'Anstrengung' hin, die erfordert wird, um eine Gestalt auszuformen. Die Gestaltpsychologen haben zwar gezeigt, daß die Fähigkeit, Formen wahrzunehmen, nicht einfach auf der wiederholten Darbietung der Reize beruht, aber sie haben keinerlei Grund zu behaupten, daß Wahrnehmungsgestalten sich spontan und automatisch einstellen.

Das gilt nicht nur für die Form, sondern ebenso auch für die Farbe. Ich erwähnte schon, daß die auf den unendlich vielen Wellenlängen des Lichts beruhenden Farbschattierungen mittels einiger, weniger Typen von Empfangsorganen registriert werden, von denen jeder nur auf einen besonderen Farbbereich anspricht, und daß die Einzelmischungen durch die Kombination dieser Grundtypen zustandekommen. In der Wahrnehmung nun beruht das Farbenerlebnis ebenfalls auf wenigen elementaren Farbwerten, die allerdings den Empfangsorgantypen in der Netzhaut nicht entsprechen. So wie Gegenstände als mehr oder weniger komplizierte Variationen und Verbindungen einfacher Grundformen gesehen werden, so erscheinen Farbstrukturen psychologisch als Variationen der reinen Grundtypen von Gelb, Rot und Blau. Einige dieser Mischungen sind prägnant genug, um als eigenständige Wahrnehmungsbegriffe aufgefaßt zu werden, zum Beispiel das Orange, Grün oder Violett. In der Farborganisation etwa eines Gemäldes dienen diese Sekundärbegriffe als Übergangsglieder zwischen den Primärfarben, auf denen das System ruht. Es handelt sich hier also um einen hierarchischen Aufbau, ähnlich dem in der traditionellen Logik, wo ebenfalls eine Mehrzahl von Unterbegriffen sich von einigen wenigen Grundbegriffen ableitet, was zu einer Ordnung führt, in der das Wesen jedes Einzelelements durch seine Stellung im Ganzen bestimmt ist.

Die Begreifbarkeit bestimmter Formen und Farben hängt, wie durch die Forschung belegt wird, auch von der Gattung, den Kulturbedingungen und der Erfahrung des Betrachters ab. Was dem einen rational zugänglich ist, bleibt dem anderen irrational, d. h. er kann es nicht fassen, verstehen, vergleichen oder in der Erinnerung bewahren. Es gibt in dieser Beziehung Unterschiede zwischen Tierarten, zwischen Tier und Mensch und auch zwischen verschiedenen Menschengruppen. Eine Ratte scheint einen Kreis nicht von einem Quadrat unterscheiden zu können. Für manche Menschen ist ein Fünfeck eine visuell durchaus faßbare Figur, während es anderen als ein rundliches und irgendwie winkliges Ding erscheint. Kinder gewisser Altersstufen können bestimmte Farben nicht identifizieren, deren Charakter für den Erwachsenen ganz klar ist. Manche Kulturen machen keinen Unterschied zwischen Blau und Grün. Innerhalb gewisser Grenzen lassen sich diese Kategorien durch Überprüfung verfeinern.

Maschinen lesen Figuren

Vielleicht läßt sich der besondere Charakter der Formwahrnehmung am ehesten klarmachen, wenn man sie mit den kürzlich entwickelten Apparaturen zur Identifizierung von Figuren beschreibt. Es handelt sich dabei um Maschinen, die Buchstaben, Zahlen und ähnliche Formen lesen können, und zwar nicht nur in deren Normfassungen, sondern in weiter Variationsbreite, wie sie sich zum Beispiel ergibt, wenn verschiedene Menschen die gleiche Zahl schreiben oder wenn verschiedene Drucktypen verwendet werden. Die Maschine muß also die invarianten Eigenschaften einer *3* oder eines *B* herausgreifen, in welcher besonderen Form sie auch immer gegeben sind. Die Maschine fängt das zunächst ebenso an wie das Auge: sie zerteilt die kontinuierliche Figur in ein

Mosaik von Einzelstückchen und registriert jedes mit einer besonderen Photozelle. Diese Digitalrechenoperation verwandelt die Figur in ein aus getrennten Elementen zusammengesetztes Muster, wobei jedes Element nur als das Dasein oder Nichtdasein einer einzigen optischen Qualität registriert wird. Keinerlei Struktur wird von dem Mosaik bewahrt oder aufgezeigt, außer daß die Elemente nicht zufallsmäßig verstreut sind, sondern ihren Platz in Beziehung zu ihren Nachbarn beibehalten.

Man kann nun versuchen, ein solches Mosaik in Formen zu übersetzen, indem man etwa alle aneinandergrenzenden Impulse stetig verbindet oder unvollständige Linien zu vollständigen ergänzt. Die Maschine faßt alle ähnlichen Elemente zusammen und grenzt sie von unähnlichen ab. Sie liefert dadurch eine Rohform, die sie dann, auf entsprechenden Befehl, auch säubern kann, indem sie kleine Unebenheiten oder isolierte Teilchen ausscheidet oder leicht unregelmäßige Linien gerade macht. Dies ist ein rein mechanisches und blindes Zusammenstücken von Teilchen, das nur auf der Gleichheit oder Ungleichheit aneinander angrenzender Elemente beruht. Die daraus entstehende Form ist sozusagen eine Überraschung, wie sie etwa ein Kind erlebt, wenn es die numerierten Punkte auf einer Vorlage in der richtigen Reihenfolge mit einer Linie verbindet und damit plötzlich den Umriß eines Hasen produziert.

Bei dem eben beschriebenen Verfahren kommt die Form durch eine Analyse der Figur zustande. Man kann die Maschine aber auch mit Schablonen von Ganz- oder Teilformen ausstatten und sie feststellen lassen, welche zu der Figur passen. Diese Art der Verschlüsselung beruht auf Formanalogie. Der Leitbegriff ist hier starr als eine ganz bestimmte Figur festgelegt; zum Beispiel, der Begriff des Buchstaben *A* ist mit einer *A*-Schablone von ganz bestimmter Form, Größe und Proportion identifiziert. Dies Verfahren funktioniert gut, solange es sich um das Lesen einer normierten Formenserie handelt, zum Beispiel um Zahlen, die in der gleichen Drucktype und -größe gedruckt sind. Die Engstirnigkeit des Verfahrens läßt sich mildern, indem man die Maschine die Fläche ausmessen läßt, die die gegebene Form mit einer bestimmten Schablone gemein hat. Auf diese Weise können gewisse Abweichungen von der Norm mit einbezogen werden.

Die Wahrnehmungsbegriffe, mit denen die Maschine arbeitet, können intelligenter gemacht werden, wenn man sie nicht auf eine Einzelform beschränkt, sondern auf den gesamten Variationsbereich gewisser Dimensionen anwendbar macht. Eine dieser Dimensionen ist die absolute Größe, eine andere die Proportion, d. h., das Verhältnis zwischen horizontaler und vertikaler Ausdehnung. Wenn Drehungen in der Fläche berücksichtigt werden, kann die Maschine auch etwa einen Rhombus als ein geneigtes und gedrehtes Quadrat erkennen. Winkelveränderungen oder das Biegen oder Zerren von Formen sind schwieriger zu behandelnde Abwandlungen. Kann die Maschine aber auch damit fertig werden, so ist sie fähig, die topologischen Grundeigenschaften der Figur herauszufinden, zum Beispiel das Kreuzen oder Aufeinandertreffen von Linien oder das gegenseitige Verhältnis zweier Formen, die einander umschließen – alles Struktureigenschaften, die von den Verzerrungen und Variationen unberührt bleiben.

Indem die Maschine die Variabilität einer Figur in bezug auf bestimmte Dimensionen in Betracht zieht, kann sie sich also auf die Struktureigenschaften konzentrieren, die einer ganzen Gruppe verschiedener Einzelformen eigen sind. Solche Struktureigenschaften können sich auf den Charakter der Gesamtform beziehen, zum Beispiel auf ihre Symmetrie oder Asymmetrie, wodurch Buchstaben wie *A, H, W* sich von *B, G* oder *R* unterscheiden, oder auch ein Profilumriß von einer Frontalansicht.

Solange es einem um nichts Besseres geht als um bloße Identifizierung, kann eine Maschine oder ein Lebewesen die Aufgabe erfüllen, auch wenn sie oder es für den wahren Charakter des Objekts gänzlich blind ist. Man kann ja einen Menschen einfach durch den Ring, den er am Finger trägt, oder durch seinen Namen identifizieren. Ratten, zum Beispiel, scheinen in Experimenten gewisse Figuren nur daran zu erkennen, daß sie an einer gewissen Stelle eine Ecke haben. Eine Abtastmaschine kann einen engen Schlitz über eine Figur gleiten lassen und sie dadurch in eine Reihe von Schichten verschiedener Länge zerlegen, und sie kann diese Abfolge identifizieren, ohne im geringsten davon Kenntnis zu nehmen, daß die Figur den Schattenriß eines menschlichen Profils darstellt. Eine durch Hirnverletzung entstandene Agnosie kann dazu führen, daß der Kranke ein Viereck nur dadurch erkennen kann, daß er die Ecken abzählt. Im allgemeinen aber ist es praktisch notwendig, die visuelle Gesamtstruktur eines Gegenstandes zu begreifen, den man benutzen will; und Wissenschaftler und Künstler sind darauf angewiesen, den anschaulichen Charakter eines Dinges erkennen zu können.

Im Prinzip läßt sich die Technik des Figurenlesens auf die vielfältigsten und wildesten Formen anwenden, aber natürlich vereinfacht sich die Aufgabe mit der Einfachheit der Figur. Chinesische Schriftzeichen sind ein schwierigeres Problem als römische Buchstaben. Doch neigen die Figuren in der Praxis zur Einfachheit. Unsere Zahlen und Buchstaben, zum Beispiel, sind historisch aus der Suche nach einer Gruppe von Figuren hervorgegangen, die einfach genug sein sollten, um sich ohne Mühe darstellen, wahrnehmen und in der Erinnerung speichern zu lassen, und die sich zugleich so deutlich wie möglich voneinander unterscheiden sollten. In der Natur wird das Bedürfnis nach einfachen Formen auf zweierlei Weise befriedigt. Einmal kommen sie in der Stammesentwicklung als Signalzeichen für Lebewesen zustande, die sehen können. Aber ganz unabhängig vom Sehen erzeugt schon die in der physischen Welt vorherrschende Tendenz zur Spannungsverminderung die unter den gegebenen Bedingungen einfachst möglichen Formen und hilft dadurch beiläufig auch dem Gesichtssinn. Dennoch dürfen wir nicht vergessen, daß die meisten Naturformen viel komplizierter sind als Buchstaben, Zahlen und andre vom Auge für das Auge erfundene Zeichen.

Das Unvollständige ergänzen

Ein Faktor, der das Sehen unter natürlichen Bedingungen so verwickelt macht, ist das Überschneiden, wodurch ein Gegenstand einen anderen, hinter ihm liegenden unvollständig erscheinen läßt. In vielen Fällen dieser Art begnügt sich das Sehen nicht mit der tatsächlich abgebildeten Teilform, sondern ergänzt den Gegenstand. Ein hinter einem Blumentopf stehender Kasten wird als eine vollständige, aber teilweise verdeckte Würfelform gesehen. Dies bedeutet, daß die Organisationsprozesse in der Wahrnehmung sich nicht auf das beschränken, was auf der Netzhaut abgebildet wird, sondern unsichtbare Fortsetzungen als Teile des Sichtbaren behandeln. Ebenso werden Gegenstände häufig als rundherum vollständig gesehen, obwohl uns nur ein Teil ihrer Vorderseite optisch zugänglich ist. Was hier vor sich geht, ist nicht, daß der Beschauer das Fragment, das er tatsächlich zu sehen bekommt, durch ein von außerhalb des Sehbereiches herstammendes Wissen ergänzt. Vielmehr wird etwa ein zylinderförmiger Topf als vollständig *gesehen;* ein als unvollständig gesehener Zylinder sieht ganz anders aus. Auch hier wieder ergänzen unsichtbare Teile des Gegenstandes die sichtbaren und erzielen auf diese Weise ein vollständiges Sehding. Die Unterscheidung von Vollständigem und Unvollständigem und die Ergänzungen finden in der Wahrnehmung selbst statt.

Was ein solcher Prozeß erkenntnismäßig leistet, besteht also darin, daß die sich darbietende Form nicht als eine Ganzheit anerkannt, sondern als ein bloßer Teil eines größeren und besser strukturierten Ganzen gesehen wird. Beispiele ähnlicher Art finden sich in wissenschaftlichen Problemsituationen und -lösungen sehr häufig.

Ein besonders eindrucksvolles Beispiel von gescheitem Umstrukturieren mittels Ergänzung haben wir in dem Wahrnehmungsphänomen der Transparenz. Angenommen, ein Muster besteht aus drei Formen, einer roten, einer blauen und zwischen ihnen einer violetten (Abb. 1). Sind die Formen derart beschaffen, daß sich eine einfachere Ge-

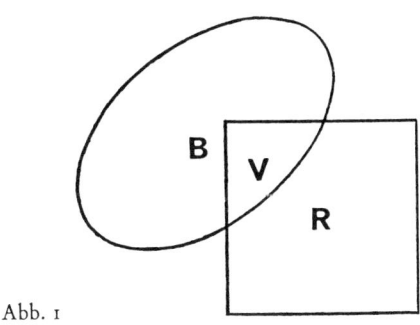

Abb. 1

samtstruktur ergibt, wenn man statt drei aneinander grenzende Formen zwei einander überschneidende sieht – etwa ein Oval und ein Quadrat –, so ergibt sich die folgende Problemsituation: Die Farben legen eine Ordnung nahe, die aus drei benachbarten Flächen besteht. Die Formen begünstigen das Bild einer Überschneidung. Wie kann dieser Konflikt befriedigend beigelegt werden? Wenn Farbe und Helligkeit des Mittel-

DIE INTELLIGENZ DES SEHENS (I)

stücks einigermaßen geeignet sind, d. h., wenn sie eine ungefähre Mischung der beiden Außenwerte darstellen, so wird, im vorliegenden Falle, das einheitliche Violett sich in seine Komponenten Blau und Rot aufspalten. Es wird als zwei übereinanderliegende Farben gesehen werden – ein Transparenzeffekt. Die Wahrnehmung entdeckt und benutzt die besondere Beziehung zwischen den drei Farben – $V = B + R$ – und strukturiert die Mittelfarbe so um, daß statt einer einzigen Farbe eine Verbindung von zweien gesehen wird. Diese gescheite Lösung paßt die Farbenordnung der Formordnung an. In solchen Fällen stellt sich die Lösung des Problems unmittelbar ein, und zweifellos vollzieht sich die intelligente Umformung der unzweckmäßigen Reizstruktur in der Wahrnehmung selbst und nicht etwa erst in einer sekundären Verarbeitung des Wahrnehmungsprodukts.

Unter natürlichen Bedingungen hat der Gesichtssinn immer mehr als einen oder zwei Gegenstände gleichzeitig zu bearbeiten. Meistens ist das Sehfeld übervoll und läßt sich nicht wirklich durchorganisieren. Daher konzentriert man sich in typischen Lebenssituationen auf Teilgebiete und Einzelgegenstände oder auf einige Hauptgliederungen, und der Rest bleibt unbestimmt. Das heißt, die Formwahrnehmung funktioniert hier nur teilweise.

In Kunstwerken, zum Beispiel in Gemälden, übt der Gesichtssinn seine Organisationsfähigkeit am vollständigsten aus. Wenn sich etwa ein Landschaftsmaler für ein bestimmtes Motiv entscheidet, begnügt er sich nicht damit, aus dem, was er vorfindet, eine Auswahl zu treffen oder es umzugruppieren; er muß den gesamten visuellen Bestand so umstrukturieren, daß er zu einer Ordnung führt, die der Künstler entdeckt, erfunden und geklärt hat. Und so wie die Erfindung und Ausarbeitung eines solchen Bildes oft zeitraubend und mühsam ist, so kommt auch die Wahrnehmung des Werks nicht unmittelbar zustande. Zumeist fängt der Betrachter irgendwo an, versucht die Hauptstruktur zu finden und sich daran zu orientieren; er sucht nach Akzenten, experimentiert mit einem vorläufigen Formschema, um zu sehen, ob es dem Ganzen angemessen ist, und so weiter. Wenn die Suche erfolgreich ist, sieht er das Werk sich bequem in eine ihm angemessene Struktur fügen, die dem Betrachter zugleich auch den inneren Sinn vermittelt.

Kein Seherlebnis zeigt so deutlich wie das Ringen mit einem Kunstwerk, daß es bei den anscheinend so einfachen Vorgängen des Sehens oder Betrachtens immer um ein aktives Formschaffen geht. Wenn man Kunstbetrachtung zu lehren oder zu lernen versucht, erlebt man immer wieder, wie jemand ein neues Gebilde zuerst recht hilflos durchstöbert und dann plötzlich den Schlüssel zu einer Form findet, die noch kurz zuvor wie eine bloße Anhäufung von Stücken aussah. Solche Erlebnisse zeigen am klarsten und eindrucksvollsten das aktive Forschen und die anschauliche Ordnung, um die es sich bei allem Sehen handelt.

3 Die Intelligenz des Sehens (II)

Das Sehen, so habe ich zu zeigen versucht, ist kein passives Aufzeichnen von Reizmaterial, sondern eine aktive Betätigung der Seele. Formwahrnehmung besteht in der Anwendung von Formkategorien, die wegen ihrer Einfachheit und Allgemeinheit als Anschauungsbegriffe bezeichnet werden können. Im folgenden nun möchte ich einen etwas komplizierteren Wahrnehmungsmechanismus besprechen.

Die Größe einer Netzhautprojektion hängt, wie schon erwähnt, vom Abstand zwischen dem physischen Reizobjekt und dem Beobachter ab. In bezug auf die Gegenstandswelt selbst also verzerrt die Tiefendimension die Tatsachen. Ein Ding, dessen Größe objektiv unverändert bleibt, wird dem Auge so übermittelt, als ob es sich während einer Bewegung verkleinere oder vergrößere. Dasselbe gilt für die Form. Die projizierte Form eines Gegenstandes hängt von seiner Stellung zum Beobachter ab. Noch andere solche Scheinveränderungen muß die Wahrnehmung berücksichtigen. Die objektive Helligkeit und Farbe eines Objekts ist zum Teil durch die Helligkeit und Farbe der Lichtquelle bestimmt und auch durch den Ort des Objekts relativ zu Lichtquelle und Betrachter.

Die Umgebung wird abgezogen

Hier trifft unser Denken auf ein erstes, elementares Beispiel eines Erkenntnisproblems, mit dem wir geplagt sind, weil alles in der Welt in einem Zusammenhang erscheint und von diesem beeinflußt wird. Wenn das Abbild eines Dinges sich verändert, so muß der Betrachter wissen, ob die Veränderung von dem Ding selbst oder von seiner Umgebung herstammt, denn sonst versteht er weder das Ding noch die Umgebung. Obwohl die zwei so gänzlich miteinander verwoben zu sein scheinen, kann man dennoch versuchen, sie auseinanderzuzupfen, etwa indem man den Gegenstand unter verschiedenen Umständen beobachtet oder feststellt, welche Wirkung die gleichen Umstände auf verschiedene Gegenstände haben.

Das Beobachtungsobjekt muß also von seiner Umgebung abstrahiert werden. Dies kann auf zweierlei ganz verschiedene Weise geschehen. Dem Betrachter mag daran liegen, den Zusammenhang abzuschälen, um zu dem Ding zu gelangen, wie es an sich ist und sich an sich benimmt, als ob es in völliger Isoliertheit existierte. Andrerseits aber kann er sich auch über die Natur des Dinges zu unterrichten versuchen, indem er alle Veränderungen zur Kenntnis nimmt, die es unter dem Einfluß seines Ortes und seiner Funktion im größeren Zusammenhang durchmacht. In beiden Fällen hebt die Abstraktion den Gegenstand aus seinem Zusammenhang heraus, aber in dem letzteren scheidet sie die Umwelteinwirkungen nicht aus, sondern behandelt sie als einen unentbehrlichen Teil der Sachlage. Die beiden Verfahren dienen verschiedenen Zwecken, doch müssen beide den Gegenstand und seine Umgebung auseinanderhalten.

Die Wahrnehmungspsychologie geht heutzutage im allgemeinen davon aus, daß die Abstraktion nach dem ersteren Verfahren vor sich geht und es auf das dadurch erzielbare Ergebnis abgesehen hat. Die Einwirkungen des Zusammenhanges sollen ausgeschaltet werden. Daher sehen Mensch und Tier ein Ding trotz aller Netzhautverzerrungen und anderweitiger Umgebungseinflüsse als konstant, oder doch als ziemlich konstant: das Ding besitzt und bewahrt seine eigene, unwandelbare Größe, Form, Helligkeit und Farbe. Hierüber scheinen sich die Fachleute einig zu sein, obwohl man darüber streitet, wie das Kunststück zustandekommt. Und doch ist diese Ansicht beschränkt und einseitig.

Eingestandenermaßen ist es von der größten praktischen Wichtigkeit, daß konstante Dinge auch als konstant gesehen werden und daß Veränderungen ihnen nur dann zugeschrieben werden, wenn es der Sachlage entspricht. Dies ist sehr einleuchtend etwa in bezug auf die Größe. Wir können uns in der Welt nur zurechtfinden, wenn die Dinge bleiben, was sie sind. Es ist daher für alle Lebewesen wichtig, daß sie die wahre und konstante Größe der sie umgebenden Dinge von den unendlich vielen irreführenden Projektionsgrößen abstrahieren können. Doch läßt sich dies Erfordernis auf mehr als eine Weise befriedigen.

Die meisten psychologischen Diskussionen nehmen ihren Ausgang von dem, was auch ich eben die »unendlich vielen irreführenden Projektionsgrößen« genannt habe. Dies ist aber eine stückhafte Beschreibung, nach der es so aussieht, als ob jedes physische Objekt in der Wahrnehmungswelt als eine chaotische Vielheit einzelner und unabhängiger Abbilder gegeben ist, jedes von anderer Größe. Wenn dem so wäre, wenn also die Wahrnehmung tatsächlich aus einem solchen Wirrwarr von Einzelgegebenheiten abzuleiten wäre, wie könnte sie eine konstante Größe daraus abstrahieren? Errechnet die Seele vielleicht den Durchschnittswert aller dieser Projektionen und verläßt sich auf diesen? Das kann nicht so sein, denn sonst würden wir einen Block Schreibpapier ungefähr ebenso groß sehen wie etwa ein Haus, da ja die beiden im Durchschnitt etwa ebensoviel Platz im Sehfelde einnehmen. Überhaupt würde es bei allen Dingen unserer Umgebung auf so ziemlich die gleiche Größe herauskommen, da wir, wie schon erwähnt, jeden Gegenstand aus einem Abstande zu betrachten suchen, der ihn bequem sichtbar macht, nicht zu groß und nicht zu klein.

Die Wahrnehmungsgröße muß sich also auf den Wahrnehmungsabstand beziehen. Wie groß oder klein die Netzhautprojektion eines Dinges auch immer sein mag, wir werden es als relativ groß sehen, wenn es uns als räumlich weit entfernt erscheint, und umgekehrt. Nun suchen wir aber in unserem Bewußtsein vergeblich nach einem Vorgang, mittels dessen wir eine solche Anpassung der Projektionsgröße an den Abstand ausdrücklich durchführen, und deshalb müssen wir uns mit bloßen Annahmen über die Mechanismen zufriedengeben, denen wir die sogenannte Größenkonstanz verdanken. Hier war es nun Helmholtz, der behauptete, daß der Effekt durch »unbewußte Urteile« zustandekommt. Die ursprüngliche Wahrnehmung enthält nach seiner Ansicht alle die Projektionsverzerrungen, aber die Urteilskraft greift ein und bringt alles ins Reine. Diese Theorie ist in dreierlei Hinsicht angegriffen worden. Erstens nahm Helmholtz an, daß diese Korrekturen im wesentlichen aus einem Wissen stammen, das der Betrachter in der Vergangenheit angesammelt hat und das er nun in die Wahrnehmungssituation importiert. Diese Annahme scheint mir unhaltbar, ist aber andernorts ausreichend besprochen worden. Zweitens hat man Helmholtz vorgeworfen, daß er an Primärwahrnehmungen glaubte, von denen niemand je etwas gemerkt hat. Dieser Einwand klingt uns heute wenig überzeugend, weil wir wissen, wieviele Wahrnehmungsvorgänge sich unterhalb der Bewußtseinsschwelle abspielen. Das Rechnen mit Raumwerten, das zum Ausgleich der Netzhautverzerrungen nötig ist, kann vom Nervensystem durchaus geleistet werden; es unterscheidet sich wenig von den unzähligen neurologischen Mechanismen, die dauernd ohne unser Wissen und ohne unsere Beihilfe am Werk sind, um den Organismus im Gange zu halten.

Drittens schien es unstatthaft, daß Helmholtz von 'Urteilen' geredet hatte. Durfte man annehmen, daß die höchsten Geisteskräfte in die Elementarwahrnehmung verwickelt sind? Tatsächlich wollte Helmholtz die Wahrnehmung keineswegs intellektualisieren. Stattdessen war er überzeugt von dem, was auch ich hier zu betonen versuche, nämlich daß die Vorgänge, die wir im logischen Denken beobachten, in der Wahrnehmung gleichfalls vor sich gehen. Er sähe nur einen oberflächlichen Unterschied, sagte er, zwischen den 'Schlußfolgerungen' der Logiker und den induktiven Schlüssen, deren Ergebnisse sich uns in unseren Auffassungen der Empfindungswelt darbieten.

Helligkeit und Form an sich

Die Erkenntnisprozesse, die vollzogen werden müssen, damit wir zu einem sachgemäßen Weltbild gelangen, sind allerdings furchterregend umständlich. Die Eigenschaften jedes Sehfeldteils müssen dauernd in Beziehung zu den entsprechenden Eigenschaften des ganzen Sehfeldes aufgefaßt werden. Die wahrgenommene Helligkeit eines Stückes Papier ist durch ihren Ort auf der Helligkeitsskala bestimmt, die von der hellsten zu der dunkelsten Stelle im Gesamtfeld reicht. Empfangen wird nicht ein absoluter, sondern ein relativer Wert. Auch hier gilt wieder, was ich schon bei Gelegenheit der Formwahrnehmung sagte: es kommt nicht viel darauf an, bis zu welchem Grade diese komplizierte Organisationsaufgabe spontan und schon im ersten Lebensstadium etwa von angeborenen Mechanismen bewältigt wird. Vermutlich braucht es seine Zeit, bevor man Dinge beziehungsmäßig sehen lernt. Wichtig ist, daß der Erkenntnisprozeß, der die sogenannten Konstanzphänomene zuwegebringt, eine Intelligenz höchsten Grades erfordert, denn er muß jedes Einzelobjekt in bezug auf einen komplizierten Gesamtzusammenhang bewerten; und ebenso wichtig ist, daß dies im Wahrnehmungsprozeß selbst vollbracht wird.

Die Leistung ist erstaunlich genug, wenn ein einheitlicher Helligkeitsbereich für das ganze Sehfeld gilt und die Helligkeit jedes Einzelobjekts bestimmt, wo auch immer es sich im Felde befindet. Häufig aber wandelt sich diese Helligkeitsskala im Sinne eines räumlichen Gradienten ab, so daß die gleiche Menge von reflektiertem Licht in einer Ecke als ein relativ helles Ding in dunkler Umgebung und in einer anderen Ecke als ein ziemlich dunkles Ding in heller Umgebung gesehen wird. Eine solche Situation ergibt sich zum Beispiel, wenn ein Raum an einer Seite von einem Fenster oder einer Lampe hell beleuchtet ist und die Beleuchtungsstärke sich mit zunehmendem Abstand von der Lichtquelle vermindert. Die Wahrnehmung hat hier mit einer Relativität zweiten Grades fertigzuwerden.

Auch die Größe bestimmt sich in der Wahrnehmung durch ihren Ort auf einer Skala, in diesem Falle einer Abstandsskala. Je weiter weg ein Gegenstand gesehen wird, um so mehr ist seine Größe wert. Dabei bestimmt die Ausdehnung des Abstandsgradienten den Größenwert jedes Ortes. Diese Ausdehnung stimmt nicht notwendig mit der objektiven und physischen überein. Experimente haben ergeben, daß Versuchspersonen die Größe von Gegenständen so sahen, als ob der Horizont nur fünfzehn bis neunzig Meter entfernt sei. Ob die Aussage richtig ist oder nicht, hat allerdings nichts mit der Intelligenz der Wahrnehmungsleistung zu tun. Hier ist auch anzumerken, daß nicht nur der Abstand die Größe bestimmt, sondern auch die Größe den Abstand. Keine Eigenschaft der zweidimensionalen Netzhautprojektion entspricht dem Tiefenabstand direkt. Abgebildet wird nur ein Gradient abnehmender Größen, und Größe ist andererseits einer der Faktoren, von denen die Tiefenwahrnehmung abhängt. Diese Art von indirekter Feststellung ist ein gescheiter Kunstgriff, der auch auf höherem Erkenntnisniveau verwendet wird, um ein der Messung unzugängliches Phänomen mittels einer ihm zugeordneten Variablen zu bestimmen, zum Beispiel wenn in der Physik die Temperatur an der Länge einer Quecksilbersäule gemessen wird.

Zu dem Netzhautabbild eines Gegenstandes trägt also nicht nur das physische Ding selbst bei, sondern auch seine Umgebung, von welcher der Betrachter selbst ein wesentlicher Bestandteil ist. Diese beiden Komponenten, die das Abbild in sich vereint, können in der Wahrnehmung auseinandergehalten werden, weil und soweit die Umgebung und der Gegenstand selbst organisierte Ganze sind und nicht bloße Anhäufungen von Einzelstücken. Nur weil die Helligkeits- oder Farbwerte einer bestimmten Situation als eine gesetzmäßige Reihenfolge wahrgenommen werden können, kann der Helligkeit oder Farbe eines Gegenstandes ein bestimmter Platz auf dieser Skala angewiesen werden, und ebenso steht es mit den Raumgradienten. Nur wenn und weil ein Objekt selbst eine verständliche Form hat, kann man diese von Verformungen unterscheiden, die ein auch wieder selbst gut organisiertes perspektivisches System ihr auferlegt. Je weniger greifbar die Organisation des Dinges und der Umgebungsfaktoren an sich, um so weniger klar lassen sie sich wahrnehmungsmäßig voneinander unterscheiden. Das heißt also, daß die Wahrnehmung Dinge nur deshalb von ihrer Umgebung abstrahieren kann, weil alle Form als organisierte Struktur erfaßt wird und nicht als ein Mosaik von Elementen.

Wie schon gesagt, kann man das Ergebnis einer wahrnehmungsmäßigen Abstraktion auf zweierlei Weise beschreiben. Bis jetzt habe ich die Konstanzerscheinungen so besprochen, als ob die Wahrnehmung den Gegenstand von 'Verunreinigungen' befreit, die aus dem Umgebungszusammenhang stammen; als ob sie ihn also isoliert. Danach wäre der Gegenstand auf seine Invarianten reduziert. Die Umgebungseinflüsse kommen außer Sicht, und Konstanz bedeutet Unveränderlichkeit der Erscheinung. All die Vielfalt von Formen, Größen, Helligkeiten und Farbigkeiten im Netzhautbild wird demnach in der Wahrnehmung durch ein erstarrtes, unveränderliches Ding ersetzt.

Jede Theorie muß natürlich Rücksicht darauf nehmen, daß der Organismus zunächst einmal alle die Abwandlungen des Reizobjekts registriert, denn was man nicht empfängt, kann man auch nicht verarbeiten. Jedoch werden, wenn man den Lehrbüchern der Psychologie Glauben schenken will, alle diese Abwandlungen in der bewußten Wahrnehmung so vollständig wie möglich ignoriert, und zwar im Interesse einer von stabilen Dingen bevölkerten Welt. Demgegenüber möchte ich behaupten, daß diese gewiß unentbehrliche Stabilität mit einer viel reicheren Sinneserfahrung vereinbar ist, als der starre Konstanzbegriff uns weismachen will. Ich will das vorerst am Beispiel der Größenwahrnehmung zeigen.

Zunächst einmal ist die Vielfalt der projektiven Gegenstandsgrößen kein in Raum und Zeit regellos verstreutes Sammelsurium von Einzelexemplaren. Vielmehr vollzieht sich, wenn Gegenstand und Beobachter sich im Raum umherbewegen, in der Netzhautabbildung eine allmähliche und vollkommen gesetzmäßige Abwandlung der Größe, so daß die Stetigkeit dieses Vorganges die Identität des Objekts trotz der Größenveränderung unversehrt bewahrt. James J. Gibson hat dies besonders betont, und William H. Ittelson hat, einer Anregung Kurt Koffkas folgend, darauf hingewiesen, daß in der praktischen Seherfahrung »Kontinuität die Regel ist, während üblicherweise die Konstanzerscheinungen an bloßen Stichproben untersucht werden, die zu Versuchszwecken aus dem Erfahrungszusammenhang einzeln herausgepickt sind«. Mit anderen Worten, der Sehvorgang nimmt seinen Ausgang nicht von einer verwirrenden Ausstreuung von Zufallsbeispielen, sondern von durchaus gesetzmäßigen Verwandlungsvorgängen. Dazu kommt noch, daß die Größenveränderungen eines jeden Gegenstandes nicht nur in sich durchorganisiert sind, sondern ebenso gesetzmäßig auch mit anderen, ähnlichen Veränderungen in Beziehung stehen, die zur gleichen Zeit anderswo im Bildfeld vor sich gehen. So verändern sich zum Beispiel alle gegenständlichen Komponenten einer Umgebung im Gleichklang, wenn der Beobachter sich von einem Ort zum anderen bewegt. Der Raumzusammenhang als ganzer unterliegt hier also einer einheitlichen und konsequenten Größenabwandlung.

Die Identität eines Gegenstandes braucht nicht aus einer Zufallsverteilung von Einzelerscheinungen extrapoliert zu werden. Vielmehr läßt sich der Dauercharakter eines jeden Dinges aus den regelmäßigen Wahrnehmungsgradienten ableiten, die sich dem Sehraum auferlegen und denen das Ding gehorcht. Nun ist es gewiß wahr, daß unter gewöhnlichen Lebensumständen diese Abwandlungen der Größe, Form, Farbe usw. unbeobachtet bleiben. Die Dinge erscheinen im allgemeinen als konstant. Es wäre aber irreführend, diesen Mangel an bewußter Beobachtung als ein allgemeines Merkmal aller Wahrnehmung zu beschreiben. Vielmehr handelt es sich hier, meiner Meinung nach, um eine Einzelanwendung einer viel allgemeineren Erkenntnisregel, wonach die Allgemeinheit von Begriffen nur so weit differenziert wird, als die Sachlage es verlangt. Das heißt, Begriffe bleiben so allgemein, wie die Anwendungsbedingungen es gestatten. Ein Ding als unveränderlich sehen, heißt, es auf dem höchsten Allgemeinheitsniveau zu abstrahieren, und dies Niveau eignet sich für alle die vielen praktischen Situationen, in denen das Sehen dazu dient, den physischen Umgang mit den Dingen zu überwachen. In der physischen Welt existieren die aus der Umgebung stammenden Wahrnehmungsabwandlungen entweder überhaupt nicht, oder sie sind unwesentlich. Wenn es nun aber für jemanden wichtig ist, die perspektivischen Größenunterschiede zu sehen – für einen Maler zum Beispiel –, so kann er sich von dem höchsten Allgemeinheitsniveau durchaus freimachen und seine Wahrnehmung zweckmäßig nuancieren.

Drei Einstellungen

Die Experimente über die Konstanzerscheinungen sind nicht so eindeutig ausgefallen, wie man es nach den üblichen Darstellungen in der Psychologie vermuten würde. Zwar deutet das Durchschnittsergebnis für eine große Zahl von Versuchspersonen auf ziemlich starke Konstanz hin; im Einzelfall aber trifft man auf alle Schattierungen von vollständiger oder sogar überkompensierter Konstanz bis zu fast gänzlicher Abwesenheit. Auch kann man die Ergebnisse wesentlich verändern, wenn man die Versuchsperson ihre Einstellung ändern läßt. Es scheint da drei Verhaltensweisen zu geben. Einer dieser Beobachtertypen nimmt die Umgebungseinflüsse als Eigenschaften des Gegenstandes selbst wahr. Er sieht annähernd das, was die Kamera aufzeichnet, entweder weil er in beengter, unintelligenter Sicht auf eine Einzelstelle hinstarrt oder weil er sich bewußt zwingt, den Zusammenhang außer acht zu lassen und sich auf die örtliche Wirkung zu konzentrieren. Realistische Malerei kann eine solche Einstellung erfordern. Der Lernende muß sich dazu im Reduzieren üben, das heißt, er muß einen Farbwert so sehen, wie er durch das Guckloch eines Reduktionsschirms erscheinen würde, oder die Größe und Form eines Objekts so, wie sie in der Flächenprojektion herauskommen würden. Ein solches Training fällt den meisten Menschen schwer, weil es unnatürlich ist, vom Zusammenhang abzusehen. Bringt man es aber zu einer solchen reduktiven Einstellung, so sieht man ein Ding seinen Charakter ändern, wenn sich seine Umgebung verändert. Die Impressionisten versuchten, die Lokalfarben durch von der Umgebung induzierte Werte zu ersetzen, so daß sich ein und derselbe Gegenstand, zum Beispiel die Kathedrale von Reims, ganz verschieden darstellte, je nach der Richtung, Stärke und Farbe des Sonnenlichtes. Unter gewissen Bedingungen erschwert eine solche Reduktion die Identifizierung der dargestellten Dinge. Ein Beispiel aus einem recht anderen Erkenntnisgebiet mag dies veranschaulichen. Wenn jemand das Benehmen eines Menschen unter verschiedenen sozialen Bedingungen beobachtet, wird es ihm zuweilen nicht gelingen, den Charakter des Betreffenden als solchen zu erkennen, weil dessen Benehmen dauernd wechselt. Der Beobachter kann die 'Eigenfarbe' nicht von den Einflüssen trennen, die auf sie ausgeübt werden.

Hier handelt es sich also darum, daß einer unfähig oder abgeneigt sein kann, den Charakter eines Objekts als das Produkt zweier voneinander trennbarer Anteile zu sehen. Von dieser Einstellung sind zwei andere zu unterscheiden, die beide die Trennung anerkennen. Eine von ihnen habe ich bereits erwähnt. Ihr geht es darum, alle Umwelteinflüsse zu entfernen, um den Sondergegenstand in reiner und unbeeinträchtigter Gestalt zu erhalten. Der sich aus dieser Sicht ergebende Gegenstand bleibt konstant, außer wenn er selbst Änderungen an sich hervorruft, etwa sich biegt oder zusammenschrumpft. Ein solcher Betrachter nimmt zwar den Raumort oder die Beleuchtung wahr, benutzt sie aber nur, um den Umwelteinfluß vom Gegenstand als solchen zu subtrahieren. Dies ist die 'praktische' Einstellung des täglichen Lebens. Die Hausfrau kümmert sich nur deshalb um das grüne Licht, das die Gemüseauslage im Laden beleben soll, weil es wichtig für sie ist zu wissen, daß die Salat- und Kohlköpfe 'an sich' ziemlich kränklich aussehen. Ähnlich liegt auch dem Wissenschaftler daran, die Natur eines Gegenstandes an sich zu bestimmen, um sie von den Umweltsbedingungen zu unterscheiden.

Hier ist übrigens bemerkenswert, daß in allen diesen Fällen die Abstraktion des Dinges 'an sich' durch keine Einzelerscheinung praktisch realisierbar ist. Kein Gegenstand kann seine Lokalfarbe ohne die Hilfe einer Beleuchtung zeigen, die auch ihrerseits eine Eigenfarbe hat. Ebenso hat physikalisch nichts ein Eigengewicht ohne Beziehung auf eine bestimmte Schwerkraftsituation. Nur in der menschlichen Vorstellung kann es eine Welt geben, in der dies Wechselspiel ausgeschaltet ist, zum Beispiel in Lehrbuchabbildungen, Formeln oder Beschreibungen; nur so kann der Wissenschaftler die in der Umwelt wirkenden Kräfte abgesondert von den einem bestimmten Gegenstand innewohnenden zeigen. Aber auch in einer Kinderzeichnung leuchten die Bäume im schönsten Grün, ohne alle sichtbare Beziehung zu der Sonne, die anderswo im Bilde ihre Strahlen aussendet. Vollständige, durch Ausschaltung der Wechselwirkung erzielte Konstanz ist charakteristisch für gewisse Kunststile, manche aus frühen, manche aus späten Perioden, in denen es um die unwandelbaren Dinge als solche geht. Sie findet

DIE INTELLIGENZ DES SEHENS (II)

sich auch in jeder aufs Absolute eingestellten Wissenschaftsrichtung. Wechselwirkung wird dort als das Aufeinandertreffen getrennter und unbeeinträchtigter Ganzheiten behandelt.

Es gibt aber noch eine andere Weise, dem Unterschied zwischen Gegenstand und Umwelt Genüge zu tun, und zwar diesmal ohne die Wirkung der Umgebung auszuschalten. Im Gegenteil, diese dritte Einstellung würdigt und genießt die endlosen, oft tiefgreifenden und rätselhaften Beeinflussungen, denen ein Ding ausgesetzt ist, wenn seine Situation sich ändert. In der Wahrnehmung liefert uns die ästhetische Haltung das beste Beispiel. Die wechselnde Erscheinung einer Landschaft oder eines Gebäudes am Morgen, am Abend, bei Lampenlicht, und je nach Wetter und Jahreszeit ist auf zweierlei Weise nützlich. Sie beschenkt uns mit einer Fülle von Seherlebnissen, und sie untersucht die Natur des Gegenstandes, indem sie ihn verschiedenen Umständen aussetzt. So gibt uns zum Beispiel ein Mann als der Gebieter seines Heims, umgeben von dem ihm unterworfenen Mobiliar, eine ganz andere Vorstellung von der Menschheit als das von einem Hochhausfenster aus betrachtete Gekrabbel auf einer Großstadtstraße. Oder man sieht in einem Film einen fahrenden Wagen oder eine Menschengruppe in dauernd wechselnder Beleuchtung, einmal hell beschienen und dann plötzlich in Dunkelheit getaucht. Ein solcher Wechsel der Umstände ist nicht nur künstlerisch willkommen. So wie man die Mondgebirge nur sieht, wenn das Sonnenlicht seitlich einfällt und Schatten wirft, so hält der Wissenschaftler dauernd Ausschau nach neuen Umständen, nicht weil alles Neue an sich sammelnswert wäre, sondern weil es häufig neue Einsichten vermittelt.

Was unterscheidet diese dritte Verhaltensweise von der erstgenannten? In der ersteren Sicht verbergen die Umwelteinflüsse die Identität des Gegenstands in einem Mummenschanz unaufhörlicher Veränderungen. In der letzteren dagegen enthüllt das Ding seinen Sondercharakter in der Vielfalt seiner Erscheinungen. Das Bleibende des Dinges, seine unbeeinträchtigte Identität wird in der Einstellung der dritten Art ebenso sicher erkannt wie in der zweiten, aber sie führt zu Begriffen, die von denen der traditionellen Logik grundsätzlich abweichen. Ein Begriff im herkömmlichen Sinne ist einer, von dem alles außer seinen Invarianten subtrahiert ist und der uns ein makelloses Gedankending von hochgradiger Allgemeinheit darbietet. Ein solcher Begriff ist durchaus nützlich, denn er läßt sich mühelos definieren, klassifizieren, erlernen und anwenden. Das Ding sieht jedesmal gleich aus. Ironischerweise allerdings läßt einen diese höchst praktische Verhaltungsweise ohne eine handgreifliche Erfahrungsbasis, weil nämlich die 'wahre' Größe, Form oder Farbe, die man wahrnimmt, niemals im strengen Sinne von den Augen bestätigt werden. Auch macht die Starrheit solcher Konstanz den Menschen leicht unempfindlich für die Einsichten, die sich ihm durch Sonderumstände eröffnen könnten, und hindern ihn daran, sich so zu verhalten, wie es dem besonderen Sachverhalt entspräche. Eine sehr verbreitete Art von unintelligentem Verhalten beruht gerade auf einem solchen Mißbrauch des Konstanzprinzips, nämlich auf der Annahme, daß was bisher richtig war, auch weiterhin richtig sein muß.

Die Umstände einbegriffen

Die sich aus der dritten Einstellung ergebende Begriffsform eignet sich am besten für das produktive Denken. Ein solcher Begriff unterdrückt die Besonderheiten der Spielarten nicht, über die er als übergeordnete Gattung präsidiert, sondern umfaßt sie alle und behält sie in Evidenz. Er trägt nicht nur zu einer erfreulichen Bereicherung des Lebens bei, sondern sichert dem Künstler und dem Wissenschaftler auch ständige Fühlung mit dem tatsächlichen Gesamtbestand des ihn interessierenden Gegenstandes. Ein Schauender und Denkender, dessen Begriffe auf die von der traditionellen Logik vorgesehene Form beschränkt sind, setzt sich der Gefahr aus, in einer Welt starrer Denkgerüste zu operieren.

Natürlich wäre es unmöglich, eine große Vielfalt von Erscheinungen unter ein Dach zu bringen, ohne sie durch eine Ordnung zusammenzuhalten. Hierbei kommt uns aber zu Hilfe, daß in der Wahrnehmung, wie schon gesagt, die verschiedenen Erscheinungsweisen eines Dinges nicht eine verwirrend unordentliche Menge bilden, sondern in geregelter Abfolge auftreten. Es sind allmähliche Verformungen, nicht wild verstreute Ansammlungen von Einzelfällen.

Wir haben hier ein brauchbares Modell für die Art von Ordnung, in der sich alle die möglichen Abwandlungen eines Begriffes organisieren – nicht nur in der Wahrnehmung, sondern ganz allgemein im produktiven Denken. Nehmen wir ein Beispiel aus der Literatur: Shakespeares Antonius zeigt sich uns widerspruchsvoll als disziplinierter Krieger und willenloser Liebhaber. Dieser Widerspruch aber besteht nur an der Oberfläche, solange man nämlich 'Objekt' und Umwelteinflüsse nicht auseinanderhält. Shakespeare versetzt uns in die Gegenwart eines Mannes, dessen Identität nicht ein Flickwerk ist, sondern sich in einer wohlgeordneten Abfolge von Umständen entfaltet. Indem wir Antonius den Mächten ausgesetzt sehen, die in Cäsar und Kleopatra verkörpert sind, enthüllt er sich uns nach und nach durch seine Reaktionen, so daß sich mit seinem Tode zugleich auch die Offenbarung vollendet. Und dennoch sehen wir Antonius niemals 'an sich'.

In der Malerei gibt, wie ich schon sagte, der Impressionismus ein Beispiel von dem, was entsteht, wenn die Konstanz weitgehend aufgegeben wird. Man sieht da die Eigenfarben und -helligkeiten verformt durch die im Gesamtfeld vorherrschenden Farb- und Helligkeitsfaktoren. Doch heißt das nicht, daß der Maler die erstgenannte Verhaltensweise annimmt, daß er also vom Zusammenhang ganz absieht und sich zwingt, jede Bildstelle als einen unabhängigen Farbfleck festzunageln. Niemals könnte er mit dem mechanischen Abbildungsverfahren der Farbenphotographie ein malerisch sinnvolles Bild erzielen. Zwar mußten die Impressionisten sich von dem Konstanzeffekt des 'praktischen' Sehens befreien, doch nicht um jedes Farbfleckchen mechanisch richtig abzubilden. Vielmehr ermöglichte diese Befreiung es einem Maler wie Cézanne, den Eigencharakter eines Berges oder Baums als eine gesetzlich geordnete, aber reiche Modulation von Farbwerten darzustellen, die sich aus dem Wechselspiel von Ding und

Welt ableiteten. Zu verkennen, daß hier Umwelteinflüsse am Werk sind, wäre einer solchen Sehweise ebenso fremd wie die einfache Ausschaltung dieser Einflüsse zugunsten einer gleichförmigen und vielleicht formelhaften Dingdarstellung.

Den Unterschied, den ich hier meine, beschreibt der Kunsthistoriker Kurt Badt an einer Stelle, an der er den Naturalismus der Impressionisten mit dem Realismus der Symbolisten, etwa dem von Gauguin oder Maurice Denis, vergleicht:

»*Die Symbolisten stellten die Welt von einzelnen Dingen her dar, bauten sie um einzelne Gestalten, setzten sie zusammen aus Objekten, lateinisch: res. Sie waren ihrer Intention nach Realisten, ganz abgesehen davon, welche Bedeutung sie den Dingen zumaßen. Die Impressionisten gingen von Gesamteindrücken aus, von einem Zusammenhang der Dinge, in den diese hineingewachsen waren, den sie durch ihr natürliches Wachstum gebildet hatten. So malten sie Landschaften, so auch ihre Stilleben und Porträts, bei denen sie die Natürlichkeit, die Ungezwungenheit, das Zufällige einer Haltung oder Stellung betonten. Das Zufällige aber war für sie identisch mit dem Natürlichen, das darin die ihm zugrundeliegende Gesetzmäßigkeit verhüllt und bloß seine unwillkürliche Gewachsenheit zeigt. Die Impressionisten waren in ihrer Auffassung der Welt und in der Intention ihrer Kunst, die diese zeigen sollte, Naturalisten (das Wort Natur – von nasci – in seinem ursprünglichen Sinne genommen: das Geboren-werdende, das Werden-wollende, das, was wächst). Tatsächlich bestand also ein tiefer Unterschied zwischen den beiden Kunstrichtungen. Aber zwischen diesen beiden Auffassungen von Wirklichkeit besteht kein Rang- und kein Wertunterschied. Sie sind zwei gleich 'gute' Aspekte des Gleichen. Denn dieses, die Wirklichkeit der Welt, ist für die menschliche Auffassung sowohl Zusammenhang als auch Vereinzelung, weil beide nur in wechselseitiger Bezogenheit gedacht und vorgestellt werden können.*«

Abstrahierte Form

Die Abstraktionsweise, die wir in der Wahrnehmung am Werke sehen, kann sich in mehr als einer Weise von der in der traditionellen Logik üblichen unterscheiden. Es handelt sich hier typisch nicht darum, in einer Anzahl von Einzelexemplaren gemeinsame Merkmale aufzufinden. Noch ist, wie ich schon sagte, die 'wirkliche' Größe oder Helligkeit oder Farbe eines wahrgenommenen Gegenstandes in seiner 'tatsächlichen' Erscheinung realisierbar. Die Wahrnehmung deutet vielmehr auf eine andere Art der Abstraktion hin, auf einen viel raffinierteren Denkvorgang. Dies läßt sich am Sehen von Gegenstandsformen im dreidimensionalen Raum besonders einleuchtend zeigen.

Solange sich zwischen Ding und Beobachter nur der Abstand ändert, wird nur die Abbildungsgröße des Dinges beeinflußt: es schrumpft oder wächst, bleibt aber sonst gleich. Wenn dagegen der Winkel, aus dem das Ding angesehen wird, sich ändert, wird die Form angegriffen. Die sich daraus ergebenden Verformungen sind im allgemeinen von höherer Ordnung als die in der Euklidischen Geometrie vorgesehenen, also als die bloße Parallelverschiebung, Drehung oder Spiegelung im Raum. Richtungswechsel bringt uns ins Gebiet der projektiven Geometrie. Er verändert die Winkel und die Längenverhältnisse des betrachteten Gegenstands und hat Einfluß auf alle seine Proportionen. Die daraus entstehende Verzerrung ist schon durchgreifend genug, wenn es sich um ein bloß flächenhaftes Ding handelt, wie zum Beispiel ein Bild an der Wand. Viel komplizierter wird die Sachlage, wenn die sich verändernden Projektionen eines dreidimensionalen Körpers etwa bei einem Würfel dazu führen, daß die Anzahl der für den Beobachter sichtbaren Seitenflächen wechselt. Das flache Wandbild bewahrt wenigstens seine Viereckigkeit als eine Invariante in allen perspektivischen Verformungen. Ein achteckiges dreidimensionales Ding wie der Würfel aber bildet sich auf der Netzhaut als ein flaches viereckiges oder sechseckiges ab. Trotz solcher Abwandlungen sieht man viele dieser Projektivansichten als einen Körper von konstanter Gestalt, und so ist es auch, wenn ein Würfel sich dreht oder der Beobachter sich an ihm vorbeibewegt. Hier haben wir es also mit einer noch viel radikaleren Art der Abstraktion zu tun, bei der nämlich die abstrahierten Merkmale gar nicht in den Sonderexemplaren, denen sie entnommen werden, enthalten sind. Keine Projektion des Würfels *ist* ein Würfel oder enthält einen als einen Teil ihrer Merkmale. (Dabei ist zu sagen, daß die Würfelprojektionen wenigstens die Gradlinigkeit der Kanten als Invariante beibehalten; in weniger einfachen Körpern ändert die Projektion sogar die Kantenformen.)

Wie unter solchen Umständen eine Abstraktion überhaupt möglich sein kann, läßt sich zunächst gar nicht vorstellen. Doch verringert sich die Schwierigkeit, wenn man sich daran erinnert, daß auch hier wieder die verschiedenen Projektionen des Körpers nicht willkürlich in Raum und Zeit verstreut sind, sondern als gesetzmäßige Abfolgen einer allmählichen Änderung auftreten. Der Phänomenologe Aron Gurwitsch ist der Meinung, daß die »Harmonie und Übereinstimmung« der Ansichten innerhalb einer solchen perspektivischen Abfolge ausreichen, um die wahrgenommene Konstanz der Form zu erklären. Er weist auf das Gestaltprinzip der »guten Fortsetzung« hin, welches Teilelemente zu einem einheitlichen Ganzen verbindet. Darüber hinaus macht er die wichtige Beobachtung, daß die Einzelansicht eines Gegenstandes *renvois* enthält, Hinweise also, die über die gegebene Ansicht hinaus auf die benachbarten, folgenden hindeuten. Das besagt, daß Unvollständigkeit eine Eigenschaft jeder Einzelansicht sein soll, was denn auch für manche Ansichten zutrifft, aber nicht für alle. Ein Dreiviertelprofil deutet allerdings auf eine Fortsetzung der Form über die sichtbaren Begrenzungen hinaus, aber ein reines Profil oder eine Frontansicht tun dies viel weniger. Gewisse Skulpturstile machen von den *renvois* ausgiebigen Gebrauch, um den Eindruck stetiger Rundheit zu vermitteln; siehe Michelangelos Bemerkung, daß jede Figur »schlangenartig«, d. h. spiralig gedreht sein müsse. Andre Stile aber, zumal die archaischen, sehen darauf, daß jede Figur aus unabhängigen, in sich vollständigen Teilansichten zusammengesetzt werde. Ähnliche Unterschiede gibt es in der Malerei, etwa zwischen den reinen Profilen und Frontalansichten in den Fresken der alten Ägypter und den Windungen eines Tintoretto.

Solche perspektivischen Hinweise beschränken sich aber darauf, die Erscheinung des Gegenstandes dynamischer zu machen, indem sie auf Fortsetzung über die gegebene Ansicht hinaus drängen. Sie fördern eine zusammenhängende Folge von Ansichten, reichen aber nicht aus, um die invariante Form des dreidimensionalen Körpers aus dieser zu entnehmen. Zwar sind die Aspekte, die in der Erscheinung aufeinander folgen, so miteinander verschmolzen, daß sie als Zustände eines einzigen Dinges gesehen werden, doch sieht man die Form des Dinges nicht notwendig als invariant oder so, wie es dem physischen Gegenstand tatsächlich entspricht. Das erhellt zum Beispiel aus den von Hans Wallach und D. N. O'Connell am Swarthmore College durchgeführten Experimenten über die sogenannte kinetische Tiefenwirkung. Wenn man den Schatten eines sich drehenden Körpers auf einen davorstehenden Bildschirm projiziert, wird dieser in manchen Fällen 'richtig' als das Bild eines rotierenden starren Körpers gesehen. Aber wenn zum Beispiel ein rechteckiger Quader um eine senkrechte Achse gedreht wird, so sehen die Versuchspersonen auf dem Schirm ein dunkles, flaches Rechteck, das sich periodisch ausdehnt und wieder verkürzt. Hier bewahrt die gesetzmäßige Abfolge der Projektionsansichten zwar die Identität des Sehgegenstandes, läßt ihn aber proteusartige Verwandlungen durchmachen. Das ist also keine Konstanz, denn die Form des projizierten Dinges ist ja nicht beibehalten.

Formkonstanz ergibt sich, wenn die verschiedenen Ansichten eines Körpers als Abwandlungen oder Verzerrungen einer einfacheren Form gesehen werden können. Die zweidimensionalen Projektionen des Würfels werden als Würfel gesehen, weil dieser dreidimensionale Körper die einfachste, symmetrischste, regelmäßigste Form ist, auf die sie sich alle zurückführen lassen. Dieser Effekt ist besonders zwingend in der zeitlichen Abfolge, die eine allmähliche Verformung der zugrundeliegenden invarianten Form darbietet. Von der Veränderung eines Unveränderlichen zu sprechen, ist hier kein Widerspruch. Die wahrgenommene Form bleibt konstant, obwohl die Verzerrungen, denen sie ausgesetzt ist, sich ändern.

Wie kann man nun aber eine Abstraktion ausführen, ohne aus allen zuständigen Einzelfällen gemeinsame Merkmale herauszuziehen? Es ist möglich, wenn Eigenschaften der Sonderfälle als Abweichungen oder Verformungen einer in ihnen sichtbaren Grundstruktur gesehen werden. In der Raumwahrnehmung erfüllt nicht jede Projektion diese Bedingung. Die Quadratfläche, die ein Würfel genau von vorn bietet, erscheint nicht als eine Erscheinungsform des Würfels; sie enthält keine *renvois*. Wenn allerdings eine solche Einzelansicht in eine Abfolge eingefügt erscheint, nimmt sie an dem Verformungscharakter des Ganzen durch den Gesamtzusammenhang und durch ihre Beziehungen zu den Nachbarphasen teil. Ebenso mag das Benehmen eines Menschen in einer besonderen Situation nicht als eine Verzerrung einer einfacheren, zugrundeliegenden Charakterstruktur erscheinen; auch hier wieder wird die Beziehung auf andere Situationen benötigt, um die vorliegende, besondere im richtigen Licht zu zeigen. Man sieht: der Mann 'also solcher' ist ja gar nicht 'so'!

Es versteht sich, daß eine solche Art der Abstraktion einen höchst komplizierten Erkenntnisakt darstellt. Sie setzt eine geistige Einstellung voraus, die sich nicht auf die in einem bestimmten Augenblick dargebotene Einzelansicht beschränkt, sondern das Momentane als eine unabtrennliche Einzelphase eines größeren Ganzen sehen kann, das sich als eine Abfolge entfaltet. William Hogarth hat angemerkt, daß »in der gewöhnlichen Weise, einen undurchsichtigen Gegenstand zu betrachten, der dem Auge zugewendete Teil der Oberfläche die Aufmerksamkeit allein mit Beschlag belegt, während die Gegenseite, ja jede andere Seite, für den Augenblick unbeachtet bleibt; daher denn die kleinste Bewegung, die wir ausführen, um eine andere Ansicht des Dinges zu erkunden, unseren ersten Begriff verstört, weil zwischen den beiden Anschauungen keine Beziehung besteht, wie eine vollständige Kenntnis des Ganzen sie uns natürlich gegeben hätte, wenn wir es vorher von der anderen Seite her betrachtet hätten«. Allerdings findet sich dieses Hindernis nicht so sehr in der 'gewöhnlichen Weise' als vielmehr bei Malern, denen es anerzogen worden ist, ihre Aufmerksamkeit auf das zu beschränken, was sich ihren Augen in einer Einzelansicht darbietet. Obwohl aber die Fähigkeit, sich klar zu machen, daß ein Ding viele Seiten hat, und jede Teilansicht als in dieses Ganze gehörig zu sehen, allgemein verbreitet ist, müssen wir doch bedenken, wieviel echte Intelligenz sie voraussetzt – eine Intelligenz, die häufig auf höheren Niveaus geistigen Verhaltens nicht ihresgleichen hat.

Das Beharren der Form kann, so wie das der Größe, Farbe usw., auch wieder auf zweierlei Weise wahrgenommen werden. Eine Tischfläche wird als rechteckig gesehen, wobei der Durchschnittsmensch sich der perspektivischen Abweichungen, von denen er abstrahiert, nicht bewußt ist. Und das ist eben deshalb wieder so, weil die ursprüngliche Allgemeinheit des Anschauungsbegriffs sich nur so weit differenziert, wie der Betrachter es braucht. Im täglichen Leben ist es zweckmäßig, einen Tisch als ein selbständiges Ding zu sehen und die perspektivischen Eigenschaften des Abbildes nur als Zeichen dafür zu benutzen, in welcher Raumlage sich der Gegenstand zum Betrachter befindet. Dies praktische Verhalten spiegelt sich auf frühen Entwicklungsstufen der Kunst wider, wo die objektive Dauerform der Dinge so getreu abgebildet wird, wie das Darstellungsmaterial es eben gestattet. Ein Würfel wird zu einem einfachen Quadrat oder erhält die schrägen, aber parallelen Kanten der sogenannten isometrischen Perspektive.

Eine mehr aufs Komplexe eingestellte Wahrnehmung bemerkt und genießt die bezaubernde und aufschlußreiche Vielfalt der sich unendlich wandelnden Projektivform. Der anschauliche Begriff des Würfels schließt hier die ganze Vielfalt seiner Erscheinungen in sich ein, die Verkürzungen, Neigungen, Symmetrien und Asymmetrien, die teilweisen Verdeckungen und die Entfaltungen, die frontale Flachheit und die ausgesprochene Körperlichkeit. Auch diese reichere Anschauung spiegelt sich in der Kunst wider, sei es in der naturgetreuen Abbildung perspektivischer Wirkungen oder in der freieren Deutung von Tisch- oder Stuhlformen oder Gebäuden, zum Beispiel in der kubistischen Malerei. Die Lebenserfahrungen, die sich in dieser Art Gegenstandsabbildung ausdrücken, haben zu tun mit Charakterabwandlungen, wie die Umstände sie enthüllen, mit den Reizen des flüchtigen Augenblicks, oder mit Verzerrungen unter Druck.

Verzerrung dringt auf Abstraktion

Zwei zusätzliche Beobachtungen mögen dazu dienen, einige Eigenschaften der Abstraktion in etwas weiterem Sinne zu illustrieren. Zunächst ist zu sagen, daß die projektiven Verzerrungen die Entdeckung der Grundformen, auf die sie zurückführbar sind, nicht nur zulassen, sondern sie sogar aktiv verlangen. Die Projektion bewirkt nicht nur statische Abweichung, sondern dynamische Verzerrung, und diese wird als spannungsgeladen gesehen, wobei die Spannung auf die einfachere Grundform hin gerichtet ist. Die Projektion sieht aus wie eine verbogene Form. Allgemeiner gesagt, heißt das, daß eine Abstraktion nicht einfach an einem ihr vielleicht widerstrebenden Objekt vorgenommen wird, sondern nahegelegt wird von dem Objekt selbst, das von sich aus auf sie drängt. Ein Rhombus sieht wie ein schiefes Rechteck aus, und wenn man das Rechteck aus ihm herausabstrahiert, so erfüllt man damit ein wahrnehmbares Verlangen des Objekts, das zurechtgeschoben werden will. Wobei natürlich zu sagen ist, daß etwa ein Künstler ein Bedürfnis nach Spannung, Verzerrung oder Drama befriedigen kann, indem er das potentielle Rechteck in seiner rhombischen Zwangslage beläßt.

Zweitens ist zu bemerken, daß die Verzerrungen nicht nur negativ als eine die wahre Form des Dinges beeinträchtigende Störung wahrgenommen werden, sondern auch positiv als die Wirkung eines bestimmten Zustandes, der sich der eigentlichen Form des Dinges auferlegt. Die Wirkung ergibt sich etwa folgerichtig aus der Raumlage des Gegenstandes in Beziehung auf den Betrachter. Die perspektivische Verzerrung einer kubischen Form wird als eine geometrisch einfache Verschiebung oder Konvergenz gesehen, und die Gesetzmäßigkeit dieser auferlegten Veränderung erlaubt es der Wahrnehmung, die Formeigenschaften des Gegenstandes von den perspektivisch verursachten zu unterscheiden. In ähnlicher Weise werden manchmal auch Verzerrungen, die dem Gegenstande selbst anhaften, als sinnvoll verstanden. Die Abweichung von der idealen Symmetrie in der Form eines Baumes wird etwa nicht einfach als eine zufällige Unvollkommenheit gesehen, sondern als die sichtbare Wirkung von Umweltfaktoren. Man 'liest' die Beeinträchtigung der Symmetrie als das Werk eines fremden Eindringlings, und die lesbar gesetzmäßige Form des Eingriffs erlaubt es, diese von der ebenso gesetzmäßig angelegten und 'gemeinten' Symmetrie des Baums zu unterscheiden. Ebenso mag ein verderbter Mensch uns als unmenschenhaft erscheinen. Um ihn zu verstehen, müssen wir ihn erst einmal nicht als eine fremdartige Mißgestalt, sondern als eine Verzerrung der uns geläufigen Menschennatur sehen. Die Abstraktion, die darin besteht, daß man das Normbild des Menschen in dieser Verkappung aufspürt, läßt sich leichter bewerkstelligen, wenn die Verzerrung positiv als die Wirkung von bestimmbaren Eingriffen, zum Beispiel von Sozialfaktoren wie Entbehrung und Demütigung, gesehen werden kann.

Die Abstraktion, die hier vollzogen werden muß, kann also nicht einfach darin bestehen, daß man in dem verderbten Exemplar die menschliche Natur als ein invariantes Ding entdeckt und herausarbeitet. Alle Eigenschaften der Menschennatur – Liebesfähigkeit, Mitleid, Hoffnung, Hingabe – mögen ja gänzlich verderbt sein. Man kann sie nicht einfach heil herauspicken. Statt dessen muß es einem gelingen, das Verhalten dieses Menschen als eine Verzerrung der menschlichen Grundform zu verstehen. Und auch hier wieder ist die Verzerrung kein statisches Wahrnehmungsding. Das Drängen auf Korrektur, d. h., die Forderung, etwas zur Verbesserung des Zustandes zu tun, ist, so kann man wohl sagen, ein sichtbarer Bestandteil des Mißstandes selber.

Beständigkeit und Wechsel

Es ist mir hoffentlich gelungen klarzumachen, daß es eine bewunderungswürdige Errungenschaft des Erkenntnisvermögens ist, ein Ding von seinen Erscheinungsweisen zu unterscheiden. Und doch waren die Beispiele, die ich anführte, nur von der allereinfachsten Art. Je verzwickter die Form des Dinges, um so schwieriger ist es für die Wahrnehmung, diese herauszusondern, und dasselbe gilt für die Umwelteinflüsse, wenn sie weniger einfach sind als die von mir angeführten. Eine höchst einschneidende Komplikation muß hier zumindest erwähnt werden. Wahrnehmungsgegenstände sind ja nicht immer unveränderlich: sie biegen, verdrücken, krümmen sich, sie schwellen an und schrumpfen ein, sie beginnen zu leuchten oder sich zu verfärben. Dies erschwert die Aufgabe der Wahrnehmung in mehr als einer Weise. Oft muß man zunächst einmal die physischen Eigenveränderungen als Abweichungen von der Normgestalt sehen, etwa wenn man verzwickte Hand- und Fingerbewegungen als Variationen über das regelmäßig sternförmige Gebilde zu erkennen hat, das unseren Augen als Hand vertraut ist. Oder man mag ein Ding als ein vor sich gehendes Geschehen zu betrachten haben, sowie uns etwa ein Zeitrafferfilm den Augenblickszustand einer Pflanze als eine Phase des Wachstumsprozesses enthüllt oder wie wir eine Blase wachsen und explodieren sehen.

Selbstverständlich sind diese objektiven Veränderungen manchmal nicht leicht von den bloß umstandsmäßigen visuell zu unterscheiden. Obwohl jedermann diese Wahrnehmungsabstraktionen tagtäglich ohne Umstände vollzieht, erweisen sie sich als erstaunlich komplex, wenn sie theoretisch in ihre Bestandteile zerlegt werden.

Die Bemühungen unseres Sehens liefern uns ein Weltbild, in dem Verharren und Veränderung als Gegenspieler ewig zusammenwirken. Manchmal werden Veränderungen als nur beiläufige Begleiterscheinungen eines unveränderlichen Soseins erkannt; dann wieder enthüllt sich Konstanz als eine bloße vorübergehende Phase einer Wandlung. Wilhelm Windelband bemerkt in seiner Geschichte der Philosophie: »Die Tatsache der Verwandlung der Erfahrungsdinge ineinander ist der Stachel für die ersten philosophischen Überlegungen gewesen.« Die Gesichtswahrnehmung lieferte den Philosophen, die nach dem Beständigen Ausschau hielten, augenscheinliche Hinweise auf die *arché,* den Weltstoff, der all der veränderlichen Materie zugrunde liegt, der alle Veränderungen erleidet, dem alle einzelnen Dinge entspringen und in den sie sich wieder zurückverwandeln. Die Wahrnehmung lieferte aber andrerseits auch den sichtbaren Beweis dafür, daß alle Dinge sich im Flusse ständiger Veränderung befinden. Zu keiner dieser Ansichten hätte es kommen können, wenn die Sinne nicht intelligent genug wären, um das Bleibende im Wandel und die Beweglichkeit im Unbeweglichen zu entdecken.

4 Im Zueinander

Ein Ding im Raume sehen heißt, es in seinem Zusammenhang sehen. Im vorigen Kapitel habe ich darauf hingewiesen, eine wie vielfältige Aufgabe der Gesichtssinn bewältigt, wenn immer er die Größe, Form, Raumlage, Farbe, Helligkeit oder Bewegung eines Gegenstandes bestimmt. Ein Ding sehen heißt, die ihm zugehörigen Eigenschaften von denjenigen unterscheiden, die ihm von der Umgebung und dem Betrachter auferlegt werden.

Beziehungen brauchen Struktur

Allgemeiner kann man sagen, daß alles Sehen darauf herauskommt, Beziehungen zu sehen; und die Beziehungen in der Wahrnehmung sind keineswegs einfach. Man mag das nicht erwarten, denn die von der herkömmlichen psychologischen Theorie beschriebenen Beziehungsmechanismen klingen oft recht elementar. Wie lauteten doch die alten Assoziationsgesetze? Im Seelischen, oder auch nur im Nervensystem, verbinden sich Elemente, wenn sie häufig genug zusammen vorkommen; oder wenn sie einander ähneln. Es wird dabei vorausgesetzt, daß Beziehungen Einzelstücke miteinander verbinden und daß die Verbindung die Stücke nicht verändert.

Kein so einfacher Sachverhalt war an den Beispielen zu beobachten, die ich bereits angeführt habe. Es zeigte sich vielmehr, daß die Erscheinungsweise eines Dinges im Gesichtsfeld von seinem Ort und seiner Funktion in der Gesamtstruktur des Feldes abhängt und von deren Einfluß oft durchgreifend verändert wird. Wenn ein visuelles Element aus seinem Zusammenhang herausgenommen wird, erscheint es als ein anderes Ding. Ähnlich verwickelte Situationen ergeben sich in der Wahrnehmung, wenn Einzelgegenstände zueinander in Beziehung gesetzt, d. h., zu einer übergreifenden Form zusammengefaßt werden.

Wie entsteht ein Sehobjekt aus den von der Netzhautprojektion gelieferten Elementen? Wie setzt sich ein Bild aus seinen Teilen zusammen? Die einfachste Regel dafür ist die der Ähnlichkeit, die allerdings eine der ältesten Formulierungen der Assoziationstheorie bestätigt: Dinge, die einander ähneln, werden vom Gesichtssinn zusammengefaßt. Was wir als einfarbig sehen, kommt aus Einzelelementen zustande, deren Helligkeit und Farbe genügend gleich sind, so daß sie miteinander verschmelzen. Wir sehen etwa einen gleichförmig blauen Himmel. Gleichmäßigkeit ist das elementarste Ergebnis von Wahrnehmungsbeziehungen. Es zeigt sich auch, daß, wenn ein Häufchen von Einzelstücken vor einem ausreichend anderssaussehenden Hintergrund und in genügendem Abstand vom nächsten Häufchen erscheint, es als eine geschlossene Einheit gesehen wird. Hier ergibt sich die Verbindung zwischen den Elementen einer Gruppe aus der Ähnlichkeit des Raumortes. Diese primitivsten Verbindungsarten sind aber nur dann wirksam, wenn sie vor stärkeren Strukturfaktoren durch Isolierung oder Abstand geschützt sind. Manche Sternbilder des Nachthimmels sind kaum mehr als ein Häufchen Lichtpunkte, ein Glitzerfeld, von zufälliger Form und nicht leicht im Gedächtnis zu behalten. Sie verdanken ihre Einheit nur der Leere um sie herum. Andere haben eine viel geschlossenere Einheit und eine deutliche Eigenform, weil ihre Einzelelemente eine Ordnung aufweisen. Die sieben hellsten Sterne des Großen Bären sieht man als ein Viereck mit einem Stiel an einer der Ecken. Hier gehen die visuellen Beziehungen weit über bloße Ähnlichkeit hinaus. Wir sehen in der Tat eine Konstellation, in der jeder Einzelteil seine bestimmte und besondere Rolle hat. Und da ihre Form sinnlich begreifbar ist, kann eine solche Konstellation nun auch mit ähnlich aussehenden bekannten Gegenständen verglichen werden, etwa mit einem geschwänzten Tier, einer Karre, einer Schöpfkelle oder einem Pflug. Weiter ausgreifende Strukturbeziehungen verbinden diese Konstellation mit anderen, benachbarten: zwei ihrer Sterne deuten auf den Polarstern, und der Schwanz führt uns zu Arkturus, dem Bärenhüter.

In den meisten Beispielen, mit denen man zeigen will, daß Ähnlichkeit Wahrnehmungsbeziehungen schafft, beruht die Wirkung nicht auf bloßer Ähnlichkeit. Streut man ein paar weiße und schwarze Spielmarken wahllos über eine Fläche, so gruppieren sie sich nur andeutungsweise nach ihrer Farbe: die schwarzen heben sich von den weißen ab; die Fläche ist nur eben gesprenkelt. Sobald die weißen Marken aber eine gerade Linie oder einen Kreis bilden, sondern sie sich von den schwarzen sofort und prägnant. Das heißt, daß Ähnlichkeit nur dann wirksame Verbindungen schafft, wenn die Formstruktur des Ganzen einen entsprechenden Zusammenhang vorschreibt. Und für unsere Untersuchung besagt das, daß die Wahrnehmung visueller Figuren typisch auf Erkenntnisvorgängen beruht, die viel höheren Ranges sind als eine bloße Verknüpfung durch Ähnlichkeit. Sie erfordern mehr Intelligenz.

Man braucht sich nur die Rolle von Ähnlichkeiten im Kunstwerk anzusehen. Künstler benutzen sie häufig, um »Gleichklänge« zu erzielen, wie Picasso sie genannt hat. »Bilder sind Gedichte«, sagte er zu Françoise Gilot, »und sie sind immer in Versen mit plastischen Reimen geschrieben, nie in Prosa. Plastische Reime sind Formen, die aufeinander reimen oder die Gleichklänge hervorrufen, entweder untereinander oder mit dem sie umgebenden Raum.« Wenn ein Beschauer solche Gleichklänge in einem Bild entdeckt, weisen sie ihn auf Verbindungen hin, die oft für die Gesamtstruktur

Abb. 2 Henri Matisse, Tabac Royal, 1943. Sammlung Albert D. Lasker © VG Bild-Kunst, Bonn 1996/Succession H. Matisse

bedeutend sind. Auf Matisses *Tabac Royal,* zum Beispiel, sieht man eine Frau in eckiger Haltung auf einem ebenso eckigen Stuhl sitzen, und rechts sitzt eine birnenförmige Mandoline auf einem gerundeten Stuhl (Abb. 2). Diese witzige Parallele ist wesentlich sowohl für die formale Bildgestaltung wie auch für den Sinn der Darstellung. Der Beschauer wird veranlaßt, zwei Motive aufeinander zu beziehen, weil sie im Bilde dominieren und weil sie an einander symmetrisch entsprechende Orte gesetzt sind. Gewiß enthält ein solches Werk außerdem noch viele andere Ähnlichkeiten, die aber, wenn der Beschauer ihnen eine ebenso große Wichtigkeit zumäße, falsche Verbindungen schaffen und dadurch die Struktur des Ganzen zerstören würden. Studenten lassen sich häufig dazu verführen, Kompositionen zu analysieren, indem sie wahllos auf Ähnlichkeiten der Form, Farbe oder Raumlage Jagd machen, ohne das relative Gewicht einer solchen Beziehung im Ganzen zu berücksichtigen. Da jedes einigermaßen vielfältige Sehmuster unendlich viele mögliche Beziehungen enthält, ist die Erkenntnisaufgabe, einer jeden von ihnen ihren angemessenen Platz in der Hierarchie des Ganzen

IM ZUEINANDER

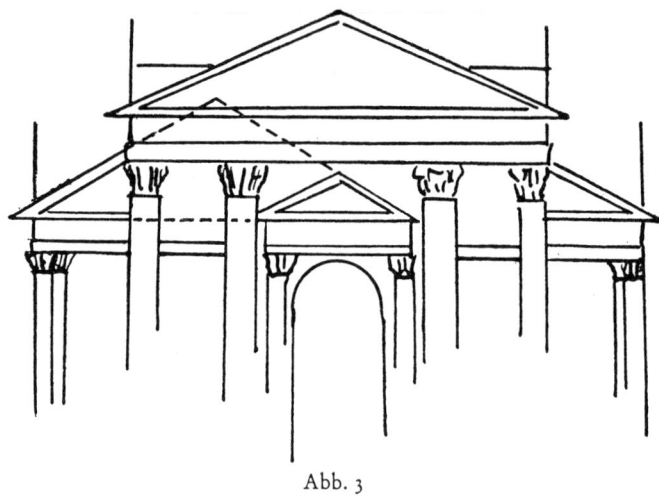

Abb. 3

zuzuweisen, recht delikat. Zum Beispiel behauptete in einem meiner Seminare ein junger Kunsthistoriker, daß man die in Abb. 3 punktiert angegebenen Ergänzungen berücksichtigen müsse, wenn man Palladios Fassade für *Il Redentore* in Venedig Genüge tun wolle. Stückhaft gesehen, ist diese Beziehung zwar vorhanden, doch muß man sie zumindest als untergeordnet behandeln, wenn man nicht die Gesamtsymmetrie der zwei einander überschneidenden Giebel zerstören will.

Die Hierarchie einer Kompositionsordnung bestimmt, welche Elemente in einer Formation zusammenzusehen und welche beziehungslos sind. Eine romanische Fassade, wie die der Kathedrale San Rufino in Assisi (Abb. 4), mag sich etwa in erster Annäherung in drei Hauptschichten gliedern, das Erdgeschoß, den Oberstock und den dreieckigen Giebel. Jede dieser Hauptkomponenten enthält ihrerseits eine Unterteilung: eine Gruppe von drei Türen im Erdgeschoß, drei Fenster im Oberstock und der ihnen entsprechende Winkel des Daches. Türen und Fenster sind auch noch wieder unterteilt, und so kann man die Struktur bis zu den kleinsten Einzelheiten weiter verfolgen. Eine solche Schichtung von Strukturniveaus verlangt gewisse Beziehungen zwischen Teilen und verbietet andere. Man kann nicht zur Einheit des Ganzen gelangen, wenn man kurzschlußartig die Ähnlichkeit etwa zwischen einer Hauptform und einer recht untergeordneten registriert. Nur ein schrittweiser Abstieg von Niveau zu Niveau kann von der einen zur andern führen und auch das nur indirekt auf einem Instanzenweg, der den hierarchisch verschiedenen Elementen erlaubt, ihre Ähnlichkeit in gebührenden Grenzen geltend zu machen.

Bei Problemlösungen allerdings, ob sie nun im Wahrnehmungsgebiet oder anderswo unternommen werden, muß man häufig nach der Gleichheit von Elementen suchen, deren Beziehung von der Struktur der gegebenen Gesamtsituation verborgen wird.

Abb. 4 Kathedrale San Rufino in Assisi

Beispiele dafür bieten die bekannten Experimente, in denen ein Mensch oder Tier in einem größeren Figuralzusammenhang eine bestimmte Form aufspüren muß. Das Muster ist dabei so organisiert, daß es wesentliche Zusammenhänge innerhalb der in ihm enthaltenen Figur aufbricht und andrerseits Teile der Figur mit Teilen der sie umgebenden Formen paradox zu Einheiten verschweißt. Solche Wahrnehmungsbeziehungen werden manchmal durch funktionelle Bindungen, die in der Vergangenheit erlernt worden sind, noch weiter gefestigt. Auch diese Bindungen gehören zu dem Sehbild, mit dem der Problemlöser arbeitet. So hat zum Beispiel Wolfgang Köhler gezeigt, daß es einem Schimpansen nicht gelingen mag, in einem Ast am Baum den Stock zu sehen, den er braucht, um etwas Eßbares zu sich heranzuziehen. Hier ist wahrscheinlich die rein sichtbare, dem Objekt innewohnende Beziehung noch dadurch verstärkt, daß das Tier von seinen Kletterübungen her weiß, wie Äste fest am Baum sitzen, während der Stock ja als loses Einzelobjekt benötigt wird. Dies Erfahrungswissen ist aber zum Sehbild nicht bloß hinzugefügt, sondern wird zu einer unmittelbaren Eigenschaft des Bildes selbst. Sieht man den Ast am Baum als ein potentielles Werkzeug, so *sieht* man etwas anderes, als wenn man ihn als einen Teil des Baumes sieht.

Wie kommt nun eine solche Relationsänderung zustande? Es genügt nicht, daß das Tier die Problemsituation einfach betrachtet, denn das bloße Wahrnehmen dessen, was da vor ihm ist, setzt die Lösungsfaktoren nicht schon ins Werk. Auch kommt die Lösung nicht durch Denkoperationen zustande, die jenseits der sinnlichen Überprüfung der Lage vor sich gehen. Vielmehr muß es zu einer Wechselwirkung zwischen der Zielvorstellung (»Ich brauche etwas Stockartiges!«) und der den Augen gegebenen Sachlage kommen. Unter dem Druck der Zielvorstellung strukturiert sich die Problemsituation um und produziert etwas, was man formelhaft so ausdrücken kann: Ast minus Baum gleich Stock.

Weiter unten wird zu zeigen sein, wie sehr so ein bescheidener Fall von anschaulichem Denken den Problemlösungen ähnelt, die zu großen wissenschaftlichen Entdeckungen führen. Aber hier möge schon wenigstens ein Beispiel stehen. Unserer Wahrnehmung nach sind die materiellen Gegenstände dieser Welt von einem Streben nach unten besessen, und zwar durch eine ihnen innewohnende Kraft, die wir als ihr Gewicht empfinden. Es ist schwierig, sie statt dessen als von der Erde angezogen zu empfinden, denn keine Sinneserfahrung legt eine solche Auslegung nahe. (Michotte versuchte in seinen Experimenten über die Wahrnehmung der Kausalität vergeblich, eine Anordnung von Formen in Bewegung herzustellen, die so aussah, als ob ein Ding von einem anderen angezogen werde.) Und doch ist es möglich, die Sinneserfahrung eines aktiv nach unten drückenden und fallenden Gewichts in die ebenso anschauliche Erfahrung eines Dinges zu verwandeln, das passiv nach unten gezogen wird. Um diese Umstrukturierung zu bewerkstelligen, muß man die Zielvorstellung von Anziehung mit der gegebenen Situation in anschauliche Verbindung bringen. Diese wahrnehmungsmäßige Umformung einer alltäglichen Erfahrung führte zu Newtons Behauptung, daß Gewicht eine Wirkung der Schwerkraft sei; kein Schüler kann die Theorie wirklich verstehen, ohne diese Umformung in seiner eigenen Sinnesvorstellung zu vollziehen.

Die Paarung wirkt auf die Partner

Die Beziehungen zwischen Dingen des Wahrnehmungsfeldes sind selten oder nie so einfach, wie die traditionellen Assoziationsmodelle uns weismachen wollen. Bloße Ähnlichkeit, so sagten wir schon, führt zu einem festen Band nur dann, wenn die Gesamtstruktur der Situation im selben Sinne wirkt; und die Verbindung läßt die Partner nicht unberührt, sondern modifiziert sie oft sehr gründlich. Das gilt nicht nur für die Ähnlichkeit, sondern auch für den Kontrast, was sich gut an Farbbeziehungen zeigen läßt. Aneinandergrenzende Farbflächen haben eine Neigung, sich aufeinander zu beziehen. Sind sie ähnlich, so drängen sie auf gegenseitige Anpassung, d. h. sie versuchen, den Unterschied zu verringern oder zu beseitigen. In einem solchen Fall sieht man etwa eine einfarbige Fläche statt zweier ähnlich gefärbter. Ist Anpassung nicht möglich, so verändern sich die beiden Farben in Richtung auf die einfachste Beziehung, die ihre Verschiedenheit zuläßt. Was wir gewöhnlich den Farbkontrast nennen, ist ein Streben nach der Komplementärbeziehung. Gegenfarben ergänzen einander zum 'ganzen' weißen Licht und schließen einander zugleich so vollständig wie möglich aus. Wie bei der Anpassung, so verändern die Partner auch hier ihr Aussehen um der Verbindung willen, wobei sie manchmal bemerkenswerterweise ihre eigene Einfachheit opfern, wenn das die Beziehung zwischen ihnen einfacher macht. Im Drängen nach Kontrast kann etwa ein reines Rot neben reinem Gelb bläulich werden, während das Gelb seinerseits grünlich wird, wodurch sich das fehlende Blau in die Komplementärbeziehung einführt. Die Reinheit, die einer optimalen Beziehung zwischen den beiden Farben im Wege ist, wird aufgegeben, um Ergänzung und prägnanten Gegensatz zu verwirklichen.

Durch Zusammenstellung kann man eine bestimmte Qualität heraussondern, hervorheben und verschärfen. In zwei berühmten Haiku-Dreizeilern beschreibt der japanische Dichter Bashō, wie die Stille durch den Gegensatz eines Geräusches gesteigert wird. Der Inhalt des einen läßt sich etwa folgendermaßen wiedergeben:

Alter Teich:
Frosch hüpft hinein
Wasser-Laut.

Das Gedicht deutet an, wie die Natur des Teiches durch die momentane Unterbrechung seiner ständigen Lautlosigkeit den Sinnen aufgezeigt wird. Das andere Haiku geht etwa so:

Stille:
In die Felsen bohren sich
Zikadenstimmen.

Wie stark das Aussehen eines komplexen Sehmusters sich durch die Anwesenheit eines zweiten solchen Musters verändern kann, haben unveröffentlichte Experimente einer Schülerin von mir, Frl. Anne Gaelen Brooke, gezeigt. Die Versuchspersonen hatten ihre Eindrücke von zwei Gemälden recht verschiedenen Stils zu beschreiben, die nebeneinander exponiert wurden. Darauf wurde eines der Bilder durch ein neues ersetzt und die Veränderungen, die sich dadurch in dem beibehaltenen Bild ergaben, protokolliert. Diese Veränderungen können sehr bedeutend sein, und sie führen oft zu Verzerrungen, weil ja die zwei Kunstwerke nicht füreinander gemacht worden sind. In einem der Versuche wurde Rembrandts *Polnischer Reiter*, der auf einem weißen Pferd an einem Hintergrund von braunen Felsen vorbeireitet, mit Jean Dubuffets *Landschaft mit Rebhuhn* gepaart. In dem Dubuffet füllt eine unregelmäßig strukturierte Masse von ähnlichem Braun fast die ganze Leinwand, außer dem leeren Oberteil, wo das

Rebhuhn sitzt. Die Ähnlichkeit der beiden weiten, braunen Flächen verlieh dem Hintergrund in dem Rembrandt eine unangemessen verstärkte Bedeutung. Gleichzeitig vergrößerte diese selbe Ähnlichkeit den Tiefenabstand zwischen dem Reiter im Vordergrund und dem Hintergrund, der nun zu weit entfernt zu sein schien, nämlich im Gegensatz zu dem entsprechenden Motiv in dem Dubuffet, wo die braune Masse in der vorderen Bildfläche lag. Wenn der Dubuffet durch eine laufende rote Henne von Marc Chagall ersetzt wurde, belebte sich plötzlich das Traben des Rembrandtpferdes und der Hintergrund verlor sich entsprechend. Ähnlich sah ein Modigliani-Porträt sehr realistisch aus, wenn es zusammen mit einer recht stilisierten Figur von Karel Appel gezeigt wurde; aber derselbe Modigliani, wenn mit einem Cézanne-Porträt zusammengestellt, wirkte auf einmal sehr flächig. Die Versuche demonstrierten also bei dieser Gelegenheit auch die verzerrende Wirkung einer historischen Sicht, die etwa ein Werk der Vergangenheit vom Standpunkt eines Gegenwartsstils aus betrachtet, oder umgekehrt.

In diesen Experimenten verunstaltete eine willkürliche Zusammenstellung die beiden Partner. Umgekehrt kann man auch zeigen, wie ein Teil eines Bildes seine Ordnung verliert, wenn er vom Zusammenhang des Ganzen getrennt und für sich allein dargeboten wird; und wie er seine wahre Form wiedererlangt, wenn er an seinen Platz zurückkehrt.

Im Grunde waren Frl. Brookes Experimente dazu bestimmt, den psychologischen Mechanismus zu erläutern, auf dem die Metaphern in der Literatur beruhen. Dort hebt das Zusammenstellen zweier Vorstellungen die ihnen gemeinsamen Eigenschaften in den Vordergrund und erzielt dadurch eine anschauliche Abstraktion, ohne aber den Zusammenhang mit den beiden Situationen aufzugeben, die jene herausgesonderte Eigenschaft sozusagen am Leben halten. So wendet sich zum Beispiel die amerikanische Dichterin Denise Levertov mit den folgenden Worten an ihren Leser:

> *and as you read*
> *the sea is turning its dark pages,*
> *turning*
> *its dark pages.*

Die Bewegung der Meereswellen und das Umdrehen der Buchseiten lassen sich nicht zu einem einheitlichen Bilde zusammenfügen. Doch drängt die Konfrontation darauf, daß eine Beziehung zwischen den beiden Partnern des Vergleiches hergestellt werde, und unter der Einwirkung dieses Druckes kommt die ihnen gemeinsame Eigenschaft des rhythmischen Wendens in abstrahiert-gereinigter Form nach vorn, was denn den Seiten des Buches einen Beiklang von elementarer Naturkraft und den Meereswellen eine Art Leserlichkeit verleiht.

Beziehungen also lassen die daran beteiligten Komponenten nicht unberührt. Sie wirken als eine Bedingung des Gesamtzusammenhangs, den die Partner miteinander bilden, und führen zu Veränderungen, die sich aus der Struktur des Ganzen ergeben.

Farben, zum Beispiel, kann man nicht isoliert voneinander sehen; ihre Veränderlichkeit ist so verwirrend, daß man wohl verstehen kann, warum Goethe in seiner Farbenlehre die folgende eigenartige Beobachtung niederschrieb:

»Das Chromatische hat etwas sonderbar Doppelhaftes, und wie ich unter uns wohl reden darf: eine Art von Doppelhermaphroditischem, ein sonderbares Fordern, Verbinden, Vermischen, Neutralisieren, Nullisieren usw., ferner einen Anspruch an physiologische, pathologische und ästhetische Effekte, daß man, selbst bei der größten Bekanntschaft damit, noch immer darüber erschrickt. Und doch ist es immer so stoffhaft, materiell, daß man nicht weiß, was man dazu sagen soll.«

Diese Schlüpfrigkeit ist nun aber keine Sondereigenschaft der Wahrnehmung, sondern ist typisch für Erkenntnisdinge ganz im allgemeinen. Zwar hebt das Vorrecht, alles in Beziehungen zu sehen, unser Verständnis auf ein höheres Niveau, auf dem wir komplizierten Phänomenen besser gerecht werden können, doch verwickelt es uns zugleich auch in eine Unzahl möglicher Verbindungen. Wir müssen zuständige von unzuständigen Beziehungen unterscheiden und mit mißtrauischer Wachsamkeit die Wirkungen verfolgen, die die Dinge aufeinander ausüben. Die Erfahrung lehrt, daß es einem leichter fällt, Dinge im Vergleich mit anderen, statt isoliert zu beschreiben. Der Grund dafür ist, daß die Gegenüberstellung die Dimensionen herausarbeitet, die für den Vergleich verfügbar sind, und das schärft unsre Aufmerksamkeit für diese Eigenschaften. Die Methode ist aber nicht ungefährlich. Zwar lassen sich etwa die Vereinigten Staaten leichter beschreiben, wenn man sie mit China vergleicht; jedoch beleuchtet dieser Vergleich ganz andere Eigenschaften als diejenigen, die sich bei einem Vergleich mit Frankreich aufdrängen würden. Die Betonung dieser Eigenschaften ist also willkürlich.

Manche dieser Beziehungseinflüsse finden vielleicht schon auf einem ganz elementaren physiologischen Niveau statt. Beim Farbkontrast mag dies der Fall sein. Doch macht es, wie ich schon am Anfang dieses Buches betonte, für unsre Zwecke hier keinen grundsätzlichen Unterschied, auf welcher Stufe des Wahrnehmungsprozesses ein bestimmter Mechanismus am Werk ist. Auf jeder Stufe verwendet die Wahrnehmung Mechanismen von so komplizierter Struktur, wie sie sich bei Erkenntnisprozessen ganz im allgemeinen vorfinden.

Hier seien nun ein paar Beispiele von Beziehungen zwischen Formen, und besonders symmetrischen Formen, angeführt. Die sehr enge Verbindung zwischen einander entsprechenden Teilen in einem symmetrischen Muster kommt dadurch zustande, daß diese Teile von gleicher Form aber spiegelbildlich gelagert sind. Ihre Opposition befestigt die geschlossene Einheit des Ganzen. Ein solches Ganzes hängt besonders fest zusammen, wenn die einander entsprechenden Teilformen an sich unregelmäßig und unstabil sind – so wie auch zwei komplementäre Farbmischungen eine sehr feste Einheit bilden. Wenn zwei schräge Striche (Abb. 5a) symmetrisch angeordnet sind, so bilden sie miteinander ein stabiles Ganzes. Und ebenso wie bei den Farben, gibt eine

IM ZUEINANDER

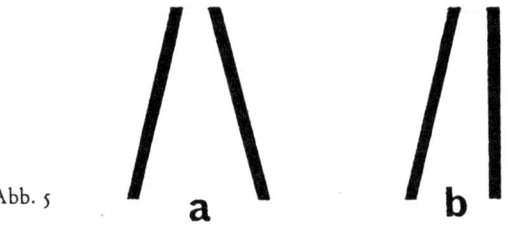

Abb. 5   a   b

Form manchmal ihre eigene Stabilität auf, um den Erfordernissen eines solide gebauten Ganzen Rechnung zu tragen. In Abb. 5b neigt der Strich rechts dazu, seine senkrechte Haltung zugunsten der Symmetrie aufzugeben und eine Gegenschrägheit anzunehmen. Eine ähnliche Bereitwilligkeit, einfache Form zum Vorteil einer größeren Konstellation aufzugeben, zeigt sich in den Versuchen von Köhler und Wallach über die sogenannte figurale Nachwirkung, wobei Formen im Nacheinander – aber auch schon im

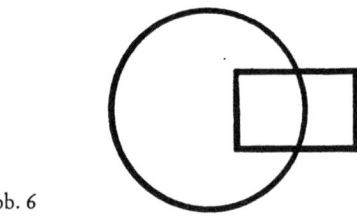

Abb. 6

Miteinander – gegenseitige Anpassung aufweisen. In Abb. 6, zum Beispiel, schrumpft die linke Seite des Rechtecks etwas zusammen und, so können wir sagen, schafft damit ein Gegengewicht zu seiner unsymmetrischen Lage in bezug auf den Kreis. Die ganze Figur wird dadurch besser balanciert. Ebenso opfert in Abb. 7 das Quadrat seine regelmäßige Form und verengt sich nach links hin; die so entstehende Schrägung ist eine

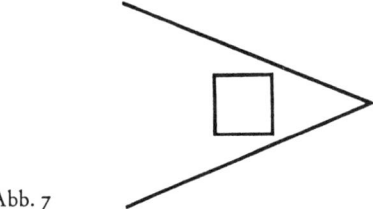

Abb. 7

Art symmetrischer Ergänzung der Winkelschenkel, d. h., die Verzerrung dient dazu, die Ganzfigur so annähernd symmetrisch zu machen, wie die starre Reizkonfiguration es eben zuläßt. Effekte dieser Art lassen sich auch an anderen 'optischen Täuschungen' beobachten.

Allgemeiner gesprochen, ist die Symmetrie ein Sonderfall des wahrnehmungsmäßigen Zusammenpassens, also der gegenseitigen Ergänzung von Dingen, die miteinander ein geschlossenes Ganzes ausmachen. Das Konvexe paßt zum Konkaven, der Schlüssel ins Schlüsselloch, und in der Fabel des Aristophanes in Platons ›Gastmahl‹ sehnen sich das männliche und das weibliche Wesen danach, die Kugelform des ursprünglichen Menschenkörpers wiederherzustellen. Häufig stellt sich ein Problem wahrnehmungsmäßig als eine Situation dar, die unvollständig aussieht und wo die Lösung darin besteht, die Ergänzung zu finden. In Köhlers berühmtem Schimpansenversuch sieht das Tier, daß zwei Bambusrohre verschiedenen Durchmessers ineinanderpassen, sobald sie in der richtigen Stellung sind (Abb. 8).

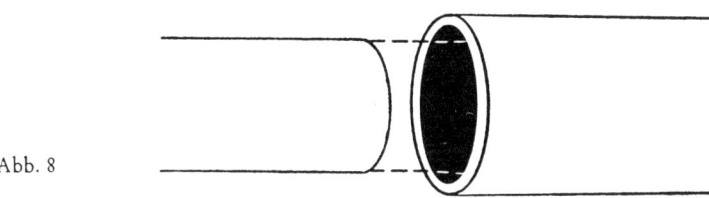

Abb. 8

Die Beziehungen zwischen Dingen beruhen also grundsätzlich auf Anpassung oder Gegensatz und häufig auf einer Verbindung beider. Anpassung ist vermutlich die ursprünglichere Beziehung. Ein Feld bleibt gleichförmig, solange kein ausreichend starker Reiz es in Einzelteile zerlegt. Dies kommt zustande, wenn etwa ein roter Fleck auf grünem Grunde erscheint oder wenn Sehdinge räumlich getrennt sind oder wenn ein Gegenstand eine regungslose Umgebung durchquert. Scheidung auf Grund von Unterscheidung wird auch dann notwendig, wenn ein Beobachter zwischen verschiedenen Dingen wählen muß. Die Psychologen haben diesen Fall an den sogenannten Wahlreaktionen untersucht.

Wählen durch Sehen

In diesen Versuchen hat ein Mensch oder Tier zu lernen, welcher von zwei Reizen, etwa zwei geometrischen Figuren, eine Belohnung einbringt. Da keine sinnvolle Beziehung zwischen der Figur und der Belohnung besteht, ist die Aufgabe intellektuell unerfreulich, bringt aber praktischen Gewinn. Die Ratte oder der Affe, die als Versuchspersonen dienen, können nichts Besseres tun, als durch wiederholtes Ausprobieren ausfindig zu machen, welche Figur die richtige ist. Dabei zeigen diese Versuche, wieviel wahrnehmungsmäßige Intelligenz sogar unter so ungünstigen Bedingungen am Werk ist.

Was Tiere sehen, läßt sich nur indirekt aus dem erschließen, was sie tun. Man kann auch durch Vergleich mit entsprechenden menschlichen Erfahrungen Mutmaßungen darüber anstellen. Beim ersten Anblick von zwei Figuren in einem solchen Wahlexperiment sieht der Betrachter wahrscheinlich ein ziemlich einheitliches Gesamtmuster, ein mehr oder weniger ausgeprägtes Paar. Der Unterschied zwischen den beiden sticht wahrscheinlich um so weniger hervor, je weniger sie eine erfahrungsmäßig sinnvolle Bedeutung haben. Sie sind beide neu, beide sinnlos, und schon das vereinigt sie. Die Versuchsfiguren heben sich mehr oder weniger deutlich vom Grunde ab. Die Unterscheidung von Figur und Grund ist grundlegend – grundlegender als die Formwahrnehmung. Wie eng verknüpft nun die beiden Muster erscheinen, wird davon abhängen, wie nahe sie beieinander liegen, wie ähnlich sie einander objektiv sind, und wieviel von dieser Ähnlichkeit wahrgenommen wird.

Ob jemand mehr auf das Ganze acht hat als auf die Teile, hängt von Umständen ab, über die sich wenig verallgemeinern läßt. Auch welche Form- und Farbeneigenschaften aufgefaßt werden und als wie wichtig sie im Ganzen gesehen werden, bestimmt sich vielfach vom einzelnen Beobachter her. Verschiedene Tierarten haben da verschiedene Neigungen, und von Kindern weiß man zum Beispiel, daß sie in einem bestimmten Alter mehr auf Farbe ansprechen, in einem anderen auf Form. Säuglinge unterscheiden, in den ersten Lebensmonaten, Formen recht gut und interessieren sich für manche mehr als für andere; zum Beispiel betrachten sie gemusterte Dinge mit mehr Ausdauer als ungemusterte. Worauf es uns hier ankommt, ist, daß in keinem Stadium einer solchen Versuchssituation das Sehen ein bloß mechanisches Registrieren von Formen und Farben darstellt.

Vergleichendes Sehen

Die übergreifende Zusammengehörigkeit des Reizpaares herrscht wahrscheinlich so lange vor, bis Unterscheidung verlangt wird. Das tritt dann ein, wenn der Versuchsperson klar wird, daß eine von zwei Figuren 'falsch', die andere 'richtig' ist, etwa wenn die Wahl der einen belohnt wird. Unter dem Druck der Aufgabe verwandelt sich die dargebotene Situation von einem einheitlichen Ganzen in ein Entweder-Oder. Statt Ähnlichkeit wird nun Unterschiedlichkeit gesehen, weil die Sachlage es erfordert.

Beim Lernen heben sich die unterschiedlichen Merkmale der beiden Figuren hervor. Die Figuren können der Art nach oder dem Grade nach verschieden sein. Wenn es sich um einen Gradunterschied, etwa der Größe oder der Intensität handelt, so bezieht sich das Lernen typisch nicht auf absolute Merkmale, sondern auf relative Beziehungen. Was die Versuchsperson, ob Mensch oder Tier, lernt, ist, das größere von zwei Dingen oder das dunklere von zwei Grau zu finden. Innerhalb bestimmter Grenzen stört es sie dabei nicht, wenn das Reizpaar von einer Höhe der Skala auf eine andere transponiert wird; oder wenn der Abstand zwischen den beiden Werten verringert oder vergrößert wird. Was gelernt wird, ist eben die Beziehung als solche. Auch wenn es sich um Artunterschiede handelt – Rot gegen Grün oder Dreieck gegen Kreis – bezieht sich das

Lernen nicht eng und mechanisch auf eine bestimmte Schattierung von Grün oder auf ein Dreieck von ganz bestimmter Form oder Größe. Gelernt wird hier der Unterschied zwischen Rotsein und Grünsein, zwischen Dreieckigkeit und Rundheit. Für die Psychologie der Erkenntnis bedeutet das, daß die Unterscheidung auf einer so hohen Allgemeinheitsstufe vor sich geht, wie die Aufgabe es eben zuläßt. Das ist also das genaue Gegenteil von mechanischem Reizempfang.

Diese intelligente Sparsamkeit im wahrnehmungsmäßigen Lernen zeigt sich auch an den Experimenten über Reiz-Äquivalenz oder Reiz-Generalisation. Hier geht es darum, das Gelernte auf neue Form- oder Farbgruppen anzuwenden, die der ursprünglichen in bestimmter Weise ähneln. Hat die Versuchsperson zum Beispiel gelernt, immer einen Kreis, statt einer anderen Form, zu wählen, so bietet man ihr plötzlich eine Ellipse. Akzeptiert sie auch diese, so mag das beweisen, daß sie auf die abstrakte Eigenschaft von Rundheit eingestellt ist, die sich am Kreis und auch an der Ellipse vorfindet. Dazu muß sie nicht nur die entscheidende Eigenschaft herausgreifen, sondern auch von den unwesentlichen absehen. Es ist oft ein Zeichen von geringer Intelligenz, wenn einer die Ähnlichkeit zwischen Dingen nicht bemerkt oder sie nicht gelten läßt, weil die Dinge nicht vollständig gleich sind.

Was als ähnlich gilt, hängt von der Art des Lebewesens ab. Trainiert man eine Ratte auf ein schwarzes Dreieck und zeigt man ihr dann eine dreieckige Linienfigur von gleicher Form, so stutzt das Tier zuerst, woraus zu schließen ist, daß es den Unterschied sieht. Doch führt die Formähnlichkeit dann doch meistens zur erfolgreichen Übertragung.

Nun kann man allerdings sagen, daß in diesem Fall ja der Umriß des Dreiecks in beiden Figuren identisch enthalten war. Daraus muß man aber nicht schließen, daß die Übertragung notwendigerweise am leichtesten gelingt, wenn die beiden Figuren das entscheidende Merkmal genau gleich enthalten. Es kommt hier sehr darauf an, wie einfach oder schwer sich die entscheidende Eigenschaft im Zusammenhang aufspüren läßt. Schon weiter oben wurde darauf hingewiesen, daß, wie jeder Künstler aus praktischer Erfahrung weiß, eine bestimmte Form von der Struktur des sie umgebenden Ganzen aufgesogen oder zerstückelt werden kann, so daß sie nur schwer zu entdecken ist. Hingegen mag sie sich deutlich herausheben, wenn ihre Struktur relativ unabhängig von der ihrer Umgebung ist. Das gemeinsame Merkmal mag auch dann schwer zu erkennen sein, wenn es in der einen Figur eine Hauptrolle spielt, in der anderen aber untergeordnet ist, und zwar selbst wenn die Form identisch ist und sich in beiden Figuren ziemlich gut von der Umgebung abhebt. Das Zögern der Ratte gemahnt uns, daß dasselbe Formelement in zwei verschiedenen Zusammenhängen psychologisch nicht als identisch angesehen werden kann.

Viele Experimente haben gezeigt, daß die Elemente, auf denen die Abstraktion beruht, beträchtlich verschieden voneinander sein können. Wenn eine Ratte gelernt hat, horizontale Streifen von vertikalen zu unterscheiden, so reagiert sie auf den Unterschied zwischen Waagerecht und Senkrecht auch dann schon, wenn die beiden Richtungen durch nichts weiter als ein paar Reihen von je zwei oder drei Punkten dargestellt werden. Der Psychologe Karl Lashley bemerkt dazu: »Die Unterscheidungsmerkmale sind immer Abstraktionen allgemeiner Beziehungen zwischen Figuren und lassen sich nicht als konkret-objektive Elemente der Reizsituationen beschreiben.« Wenn dem aber so ist, wenn das Tier nicht die objektiven Elemente der Reizsituationen sieht, so muß man fragen: Was sieht es denn nun? Wie sieht man eine abstrakte Beziehung? Die Frage ist gewiß verblüffend, außer wenn man voraussetzt, wie ich es anläßlich der Wahrnehmung bereits anempfohlen habe, daß das bloße Sehen eines Gegenstandes immer schon eine Abstraktion in sich schließt, weil das Wahrnehmen im Erfassen von Struktureigenschaften besteht und nicht im wahllosen Aufzeichnen von Einzelheiten. Welche Qualitäten erfaßt werden, hängt vom Betrachter ab, aber auch von der Reizsituation. Wenn eine Figur im Vergleich zu einer anderen betrachtet wird, so wird sie, wie schon bemerkt, anders aussehen als für sich allein.

Was wird aus den Eigenschaften des zuerst gelernten Musters, die nicht für die Abstraktion benutzt werden? Manchmal benimmt sich das Versuchstier so, als ob diese gar nicht dagewesen seien. Zwei Beispiele aus Lashleys Versuchen mögen das belegen. Eine Ratte lernt, immer den größeren von zwei Kreisen zu wählen. Prüft man sie mit einem Paar anderer Formen, zum Beispiel mit zwei Dreiecken, so wählt sie ohne weiteres immer das größere. Das deutet darauf hin, daß die Ratte intelligent gelernt hat. Hätte sie sich alle Attribute der beiden Figuren mechanisch eingeübt, als ob sie alle gleich notwendig für die Lösung der Trainingsaufgabe seien, so hätte ihr die Übertragung auf die Dreiecke nicht gelingen können. Statt dessen konzentrierte sie sich auf den Größenfaktor, der die Unterscheidung bestimmte. Wenn man danach nun aber noch einen weiteren Versuch macht, in dem die Ratte zwischen einem Kreis und einer anderen Figur gleichen Flächeninhalts wählen soll, so zieht sie den Kreis nicht unmittelbar vor. Sie benimmt sich, als ob sie noch nie etwas mit Kreisen zu tun gehabt hätte.

In einem anderen Versuch lernt eine Gruppe von Ratten, eine weiße Scheibe von 5 cm Durchmesser auf einer schwarzen Karte als Hintergrund zu wählen und sie von einer leeren schwarzen Karte zu unterscheiden. Eine zweite Gruppe lernt dasselbe, aber mit einer 8-cm-Scheibe. Danach gibt man den Tieren die Aufgabe, auf eine 8-cm-Scheibe zu reagieren und die 5-cm-Scheibe abzulehnen. Hätten sich die Tiere im Übungsversuch nicht nur die 'Scheibenhaftigkeit', sondern auch die besondere absolute Größe der Scheibe eingeprägt, so wäre der zweiten Gruppe die Prüfungsaufgabe leichter gefallen als der ersten. Statt dessen ergibt sich kein Unterschied im Verhalten der beiden Gruppen.

Vielleicht bemerkten die Tiere tatsächlich nur die Merkmale, die sie für die Unterscheidung brauchten, oder sie vergaßen all die andern. Doch ist dies nicht die einzig mögliche Erklärung. Eine menschliche Versuchsperson könnte ähnlich reagieren und sich dennoch auf Befragen daran erinnern, daß die Trainingsfiguren im ersten Versuch rund waren und wie groß ungefähr die Scheibe im zweiten war. Die Trainingsaufgabe mag aber in der Wahrnehmung eine Merkmalshierarchie verursacht haben, die Wichtiges von Unwichtigem sonderte. Wenn also gewisse Merkmale zu Anfang als nicht zur Sache gehörig abgestempelt wurden, so kamen sie dann später für den Prüfungsversuch ebenfalls nicht in Betracht.

Ist mehr als ein einziges Merkmal für die Lösung der Aufgabe verwendbar, so verhält sich ein Versuchstier oft so, wie es den Neigungen seiner Gattung entspricht. »Wenn ein Affe lernt, eine große rote Scheibe zu wählen und eine kleine grüne abzulehnen, so wird er im allgemeinen auch sonst rote, statt grüne Gegenstände wählen; legt man ihm aber große und kleine Scheiben von gleicher Farbe vor, so zeigt er keinerlei Hang für die eine oder andre Größe«, obwohl er natürlich ohne weiteres lernen könnte, Scheiben verschiedener Größe voneinander zu unterscheiden.

Was sieht gleich aus?

Der Bereich jeder Abstraktion hat seine Grenzen. Lernt ein Schimpanse, ein weißes Dreieck auf schwarzem Grunde zu wählen, und legt man ihm nun eine dreieckige Anordnung von sechs weißen Punkten auf schwarzem Grunde vor (Abb. 9), so reagiert

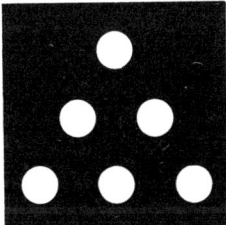

Abb. 9

er nicht positiv, obwohl die beiden Figuren gleich groß gemacht sind. Ein zweijähriges Kind dagegen vollzieht die Übertragung. Man kann verstehen, was dem Schimpansen hier Schwierigkeiten macht. Der Dreiecksumriß ist nicht wirklich da, sondern nur durch die Anordnung der Punkte angedeutet, und die Abstände zwischen den Punkten müssen überbrückt werden. So etwas übersteigt die Fähigkeiten eines Tieres nicht unbedingt; wir bemerkten ja schon, daß eine Ratte auf den Unterschied zwischen waagerechten und senkrechten Punktreihen reagieren kann. Da aber die sechs Punkte so verteilt sind, daß die äußeren Abstände ebenso groß sind wie die inneren, kann sich die Dreieckigkeit der ganzen Figur für den Schimpansen nicht klar genug durchsetzen. Die geschlossene Form der einzelnen weißen Scheibchen gibt dem Ganzen den Charakter einer losen Häufung. Einem erwachsenen Menschen könnte es ähnlich ergehen, wenn er zwar auf Dreiecksformen eingestellt wäre, sie aber in einer dreieckig komponierten Figurengruppe eines Renaissancegemäldes nicht zu erkennen vermöchte. Dazu gehört ein für die Feinheiten der Gruppenkomposition geschultes Auge. Ein zweijähriges Kind würde vor dieser Aufgabe jedenfalls versagen.

IM ZUEINANDER

Die Fähigkeit, eine Einzelform aus einem größeren Ganzen auszusondern, zeigt uns die Intelligenz in der Wahrnehmung am Werk. Sehr allgemein manifestiert sich ja Intelligenz oft darin, daß jemand einer widerstrebenden Sachlage eine verborgene Seite oder unentdeckte Beziehung abgewinnen kann. Eine solche Fähigkeit kann zu wichtigen Entdeckungen führen. Dabei aber wirft der Widerstand, den der Zusammenhang des Ganzen einem solchen Unternehmen entgegenstellt, ein eigentümliches Problem auf. Schließlich hat doch die Mahnung, daß man nichts aus seinem Zusammenhang reißen solle, seinen guten Sinn. Ein Ding kann dadurch verfälscht, verzerrt, ja gänzlich zunichte gemacht werden. Zumindest wird es sich verändern. Man fragt sich also, in welchem Sinne ein solches Herauspicken wünschenswert ist.

In den Versuchen über Reiz-Äquivalenz, zum Beispiel, finden die Versuchspersonen es schwierig, eine Form wiederzuerkennen, wenn ihre Raumlage verändert ist. Ein auf der Spitze stehendes Dreieck ist für einen Schimpansen und ein zweijähriges Kind als das Äquivalent eines auf einer Seite ruhenden Dreiecks annehmbar, aber nicht für eine Ratte oder ein Huhn. Selbst ein Erwachsener, der eine solche Übertragung allerdings ausführen kann, wird dennoch bemerken, wie stark sich Charakter und Struktur einer Form ändern können, wenn sie auf die Seite gelegt oder auf den Kopf gestellt wird. Andrerseits weiß man, daß Kinder unter fünf Jahren oft Bilder, die umgekehrt sind, nicht in die richtige Lage zu bringen brauchen und daß sie Gegenstände in ungewohnter Raumlage oft leichter erkennen als die Erwachsenen. Köhler sagt dazu: »In dieser Beziehung sind sie doch wenigstens einmal fähiger als wir.« Ein paar Seiten später verwehrt er sich aber gegen die Ansicht, daß es unbedingt zur Formwahrnehmung gehöre, eine Figur unabhängig von ihrer Raumlage erkennen zu können; denn »von diesem Standpunkt aus wäre ja die Formwahrnehmung der Erwachsenen derjenigen der Kinder durchaus unterlegen«.

Wahrscheinlich abstrahiert ein kleines Kind aber gar nicht vom Raumzusammenhang, sondern ist sich seiner in Bildern, aus psychologischen oder physiologischen Gründen, überhaupt noch nicht bewußt. In diesem Sinne kann das Kind es mit einer ausgewachsenen Ratte oder Taube nicht aufnehmen, denn diesen ist das räumliche Bezugssystem vertraut. Sie können aber nicht davon abstrahieren. Die Raumorientierung ist ja von grundlegender biologischer Wichtigkeit. Da wir in einem starken Schwerkraftfeld leben, gibt uns die Beziehung eines Gegenstandes zur Oben-Unten-Dimension wichtige Auskünfte über ihn. Ein kopfstehender Mann ist ein durchaus andres Geschöpf als einer in der üblicheren Haltung; und wenn ihm der Unterschied nicht bewußt wäre, würde ihn das schwer behindern. Gewichtslosigkeit wird als eine Bedrohung der vertrauten räumlichen Sicherheitslage erlebt. Vielleicht wäre es zulässig, allgemeinere Schlüsse aus den Versuchen zu ziehen, die ergeben haben, daß der Octopus, der als Wassertier unter geringerem Schwerkraftdruck lebt, Dreiecke als äquivalent akzeptiert, die ihm in verschiedenen Raumlagen vorgelegt werden.

Wenn man etwas aus seinem Zusammenhang herausnimmt, vernachlässigt man wichtige Faktoren. In diesem Sinne hat es also seine erkenntnismäßigen Vorteile, daß

Tauben oder Ratten unfähig, oder sollen wir sagen: nicht willens sind, von der Raumorientierung eines Dinges abzusehen. Andrerseits kann die Fähigkeit, ähnliche Phänomene in verschiedenen Umwelten zu entdecken, eben doch zum Fortschritt des Wissens führen.

Die Seele und der Schnellrechner

In Intelligenzprüfungen werden häufig wahrnehmungsmäßige Analogieschlüsse verwendet, denn diese erfordern zweifellos intelligentes Verhalten. Dies wird besonders klar, wenn man einmal vergleicht, wie ein Durchschnittsmensch einerseits und eine Maschine andrerseits an eine solche Aufgabe herangehen. Ein Analogieproblem hat die folgende Form: Gegeben sind zwei Figuren, A und B; die Aufgabe besteht darin, aus einer zur Auswahl dargebotenen Gruppe (D_1, D_2, D_3...) diejenige Figur herauszufinden, die sich zu einer Figur C verhält wie A zu B; also A:B wie C:? Da Schnellrechner solche Aufgaben lösen können, ist vielfach behauptet worden, daß sie 'künstliche Intelligenz' besitzen. Nun läßt sich aber nicht jedes Problem, das durch Intelligenz lösbar ist, *nur* durch Intelligenz lösen. Intelligenz ist eine bestimmte Art von geistigem Verhalten, und wenn wir eine Entdeckung intelligent nennen wollen, so dürfen wir das nur dann, wenn wir guten Grund zu der Annahme haben, daß sie auf eine bestimmte Weise, nämlich durch Verständnis für die entscheidenden Strukturbedingungen in der Problemsituation, zustandegekommen ist. In diesem Sinne kann das vom Schnellrechner verwendete Verfahren keineswegs als intelligent bezeichnet werden, außer wenn man einem unbeschwerten 'Operationismus' frönt, der Seelenprozesse mit ihrer körperlichen Ausbeute gleichsetzt, oder wenn man eine so mechanistische Vorstellung von Intelligenzprozessen hat, daß die Methode des Schnellrechners in der Tat darauf paßt.

Ist es nicht ein bißchen peinlich, daß was man heute bei den Schnellrechnern intelligent nennt, ziemlich das gleiche Verfahren ist, das der Psychologe Edward L. Thorndike in den neunziger Jahren den Tieren zuschrieb und womit er beweisen wollte, daß Tiere nicht denken können? Tiere, so behauptete Thorndike, probieren nur eben blind alle möglichen Reaktionen aus, bis sie auf eine stoßen, die zum Erfolg führt. Je häufiger die erfolgreiche Reaktion sich einstellt, um so fester die Verbindung, die sich im Gehirn des Tieres zu der Problemsituation bahnt. Dies Verhalten hat ebensowenig mit Intelligenz zu tun, wie etwa das des Regenwassers, das sich eine Rinne bahnt und sie um so bereitwilliger durchläuft, je tiefer sie wird. Von Verständnis des Problems, sagte Thorndike, kann da keine Rede sein. Das Verhalten des Schnellrechners unterscheidet sich von dem, das Thorndike den Tieren zuschrieb, dadurch daß er mechanisch und systematisch die Gesamtzahl aller Fälle durchläuft, auf die man ihn eingerichtet hat, während die Tiere es mit Zufallsreaktionen bewenden lassen und auch langsamer sind. Im übrigen aber gilt Thorndikes Urteil hier ganz genauso.

Wie ungeheuer nützlich die neuen Maschinen im praktischen Betrieb sind, braucht wohl nicht betont zu werden. Ihnen aber Intelligenz zuzuschreiben, heißt, sie in einem Wettbewerb, für den sie nicht gemacht sind, einer unverdienten Niederlage auszusetzen. Worin besteht nun aber der grundlegende Unterschied zwischen den Schnellrechnern, wie sie uns heute zur Verfügung stehen, und einem intelligenten Lebewesen? Er besteht darin, daß der Schnellrechner sehen kann, aber nicht wahrnehmen. Dabei kommt es nicht darauf an, daß die Maschine kein Bewußtsein hat, sondern daß sie unfähig ist, Formstrukturen spontan zu erfassen – eine wesentliche Eigenschaft aller Wahrnehmung und Intelligenz.

Geometrische Figuren wie die bei den Analogieprüfungen verwendeten kann man dem Schnellrechner, zum Beispiel, mittels einer Schreibfläche unterbreiten, auf die man mit einem Schreibinstrument zeichnet. Um sie der Analyse zugänglich zu machen, muß die Figur zunächst in ein Mosaik von *bits* oder Einzelimpulsen zerlegt werden. Ähnlich wird ja auch das Reizmaterial der Wahrnehmung auf der Netzhaut behandelt, aber weiter läßt sich der Vergleich nicht treiben, denn die entscheidende Phase des Sehaktes liegt auf höheren Stufen des Nervensystems, wo es sich auf eine physiologisch noch näher zu klärende Weise jedenfalls um Feldprozesse handeln muß; das heißt, es muß da eine freie Wechselwirkung zwischen den von der Situation geschaffenen oder ins Spiel gebrachten Kräften möglich sein. Unter solchen Feldbedingungen organisiert sich das Reizmaterial spontan in der einfachsten Verteilungsweise, die dem Reizmuster abzugewinnen ist, und dies Erfassen von Struktureigenschaften ist eben die Grundvoraussetzung für die Wahrnehmung und für intelligentes Verhalten. Die Gestaltpsychologie nennt dies das Verfahren 'von oben', das heißt, vom Ganzen her zu den Teilen. Statt dessen gehen unsere heutigen Schnellrechner 'von unten' her vor. Sie beginnen mit den Elementen und deren möglichen Kombinationen, und dabei bleibt es. Außerdem kann sich die Maschine über jedes Element nur in binarischer Form äußern, das heißt, sie kann nur ja oder nein sagen, schwarz oder weiß, oder was immer man dieser Zweiheit an Bedeutung unterlegen will. Wie leicht man diese Begrenzung aus den Augen verlieren kann, will ich an einem von Marvin L. Minsky benutzten Beispiel zeigen. Er behauptet, daß der Schnellrechner die »Denkfähigkeit« besitzt, »Gesamteigenschaften einer Sachlage zu erkennen«. In der Tat kann die Maschine eine Figur wie Abb. 10a als eine Kombination von Quadrat und Dreieck beschreiben, und das sieht nun in der Tat wie Wahrnehmungsorganisation aus. Eine rein mechanische Tatbestandsaufnahme würde die Figur etwa als eine Gruppe von zehn geraden Linien beschreiben, und eine ebenso rein mechanische Verarbeitung kann jede gewünschte Kombination dieser Elemente produzieren. Abb. 10b zeigt eine solche Aufteilung; Abb. 10c eine andere. Die Maschine bevorzugt an sich keine dieser Gruppierungen, außer wenn man sie entsprechend programmiert. Man kann die Maschine zum Beispiel veranlassen, die Figur in eine Minimalzahl geschlossener Formen zu zerlegen, woraufhin sie dann Abb. 10c produziert. Instruiert man sie, die Figur in geschlossene Einzelformen zu zerlegen, die aus einer Minimalzahl von graden Linien gebildet sind, so erhält man

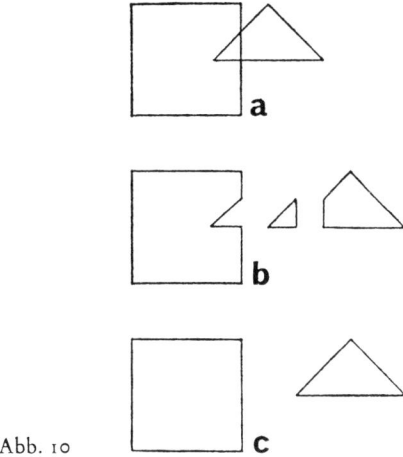

Abb. 10

wiederum 10c. Und dasselbe geschieht, wenn man der Maschine, wie es in Minskys Beispiel der Fall war, die viel primitivere Aufgabe stellt, das nach Form und Größe festgelegte Quadrat und Dreieck von 10c in 10a aufzufinden.

Der qualitative Unterschied zwischen der geometrisch einfachsten Aufteilung und anderen, unregelmäßigeren existiert im Gehirn des Programmierers, nicht in der Maschine. Die Maschine ermittelt Gesamteigenschaften, wenn man ihr diese als stückhafte Kombinationen von Elementen definiert. Sie kann dann jede Aufgabe fehlerlos lösen, in der das gewünschte Strukturprinzip auf mechanistische Kriterien zurückgeführt worden ist.

Der Unterschied zwischen intelligenter Wahrnehmung und den heutigen Schnellrechnermethoden erweist sich als noch grundsätzlicher, wenn man sich klarmacht, daß sogar einfache Formeigenschaften wie Geradheit oder Geschlossenheit für die Maschine nicht direkt erfaßbar sind, sondern auf Kombinationen punktförmiger Einheiten reduziert werden müssen. Ich will dazu noch einmal auf die obenerwähnten Formlesemaschinen zurückkommen. Die Maschine kann auf die Grundstruktureigenschaften von Buchstaben oder Zahlen reagieren, doch geht sie dabei nicht 'von oben' aus, das heißt, sie vergleicht zum Beispiel nicht das Strukturgerüst eines gegebenen Buchstabens mit dem seiner Normform und beurteilt ihn so als genügend oder ungenügend ähnlich. Vielmehr zählt sie 'von unten' her die Elementarstellen, die von den beiden Figuren im Bildfeld besetzt sind. Ihr Verfahren bleibt auch dann grundsätzlich dasselbe, wenn der Zuordnungsprozeß anpassungsfähiger gemacht wird, so daß er auch Schrägstellungen, Zerrungen und andere Verschiebungen berücksichtigen kann.

Wir können nun versuchen, vergleichsweise zu beschreiben, was vor sich geht, wenn ein menschliches Gehirn und wenn eine Maschine ein Analogieproblem löst. Was ge-

IM ZUEINANDER

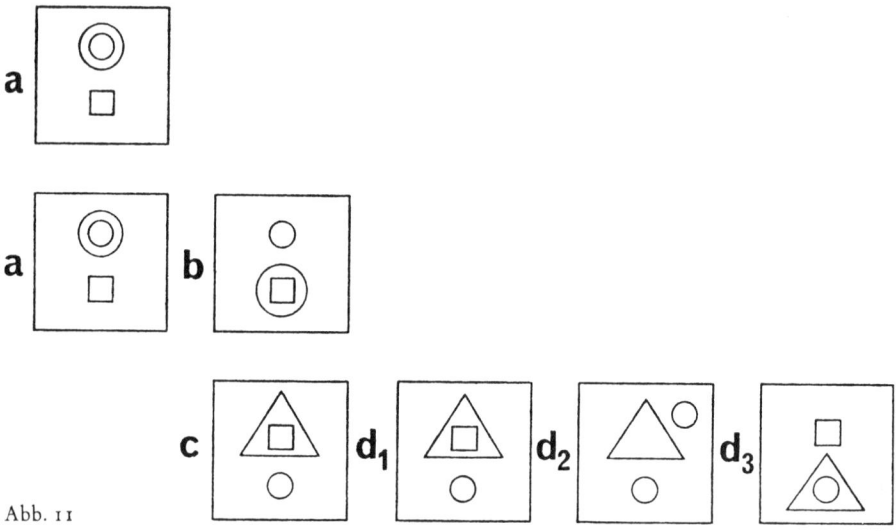

Abb. 11

schieht, wenn jemand die Figur 11a ansieht? Teilweise wird das wohl zunächst vom Beschauer abhängen, doch kann man im großen Ganzen annehmen, das der Betreffende eine aus zwei Einheiten bestehende Vertikalanordnung sehen wird, wobei das obere Ding größer und vielfältiger ist als das untere; auch der Formunterschied mag ihm auffallen. Das heißt, er wird qualitative Eigenschaften wahrnehmen, die mit Raumlage, relativer Form, Größe usw. zu tun haben. Dagegen wird er kaum etwas von den rein metrischen Verhältnissen registrieren, mit denen der Schnellrechner anfangen muß, nämlich die absoluten Größen, die verschiedenen Längen und Abstände, aus denen diese besondere Figur zusammengestellt ist. Läßt man jemanden eine solche Figur kopieren, so wird man finden, daß die Zeichnung die topologischen Eigenschaften wiedergibt, aber die tatsächlichen Ausmaße nicht berücksichtigt.

Lassen wir unsere Versuchsperson nun die Zusammenstellung von a und b betrachten. Wahrscheinlich wird sie einen vielfältig-verwirrenden Eindruck gewinnen. Zuerst ist da vielleicht eine flüchtige Ähnlichkeit zwischen sonst recht verschiedenen Figuren. Das aus beiden zusammen bestehende Gesamtmuster sieht unstabil, unbegreifbar, irrational aus. Zwei senkrechte Formgruppen bilden eine Art von Symmetrie; doch werden diese beiden säulenartigen Gebilde überkreuzt und gestört von diagonalen Beziehungen zwischen zwei relativ großen Kreisen »mit etwas drin« und zwei kleineren, leeren Formen. Diese verschiedenen Strukturfaktoren bilden zusammen kein einheitliches, stabiles, verständliches Ganzes. Doch nun wird dem Betrachter vielleicht die einfache rechteckige Anordnung der vier kleineren Figuren auffallen: zwei gleiche Kreise oben, zwei gleiche Quadrate unten. Sobald diese Gruppe zum dominanten Thema oder Strukturgerüst des Ganzen wird, fügt sich der Rest, nämlich die zwei größeren Kreise, dieser Grundfigur als eine sekundäre, diagonale Bereicherung an. Eine Strukturhierarchie ist entstanden. Die ganze Doppelfigur ist nunmehr stabil, übersehbar und verständlich und kann daher mit anderen Figuren verglichen werden. Der erste Akt der Problemlösung ist vorüber.

Wendet sich der Betrachter nun zur Figur 11c, so sieht er dies neue Muster sofort im Lichte der soeben untersuchten ersten beiden. Von a aus betrachtet, hat c eine ähnliche Vertikalstruktur, obwohl zugleich konstrastierende Formen. Es besteht eine große Familienähnlichkeit, so daß der Vergleich wenig Schwierigkeit macht. Paart man nun c mit d_1, so ist die Ähnlichkeit zu groß, die Symmetrie zu vollständig. Ein Vergleich mit d_2 hingegen zeigt zu wenig Ähnlichkeit. Der richtige Partner d_3 gibt sich sogleich als das fehlende vierte Glied der Proportion zu erkennen, wenn die Beziehung zwischen a und b vorher korrekt erfaßt worden ist.

Diese kleine Geschichte von der Lösung eines Wahrnehmungsproblems enthält alle Qualitäten echten Denkens: die Herausforderung, die schöpferische Verwirrung, die nützlichen Hinweise, die Teillösungen, die störenden Widersprüche und das plötzliche Aufblitzen einer stabilen Lösung von evidenter Richtigkeit; zu bemerken sind auch die durch Veränderungen der Gesamtsituation sich ergebenden Strukturveränderungen, und die in der Verschiedenheit entdeckte Ähnlichkeit. In bescheidenem Maße handelt es sich hier um ein herzstärkendes Erlebnis, wie es einem verstandesbegabten Wesen zusteht. Und die Lösung bringt ein Gefühl der Entspannung mit sich, ein Lustgefühl, ein Ausruhen.

Nichts davon beim Schnellrechner. Und zwar liegt der Unterschied eben nicht darin, daß er kein Bewußtsein hat, sondern daß er auf eine grundsätzlich andere Weise vorgehen muß. Es schockiert einen, wenn man liest, daß der Programmierer, um die Analogieaufgabe mittels Schnellrechner zu lösen, »eins der kompliziertesten Programme auszuarbeiten hatte, das je benutzt worden ist«. Für das menschliche Gehirn ist das Problem recht einfach; ein Elementarschüler kann es lösen. Der Schwierigkeitsunterschied kommt dadurch zustande, daß es hier um topologische Beziehungen geht und nur nebenbei auch um rein metrische. Das Gehirn ist auf solche topologischen Beziehungen eingestellt; sie vermitteln dem Organismus die typische Form von Umweltsdingen, auf die es ihm viel mehr ankommt als auf die metrischen Abmessungen. Zwar könnten die von der Maschine ermittelten quantitativen Daten einen Programmierer auf den Gedanken bringen, daß die vorliegende Aufgabe topologisch zu lösen sei; der Maschine selber aber kann das nicht einfallen, und sie kann auch nicht topologisch arbeiten. Die topologische Denkweise stammt aus der Wahrnehmung und beruht auch auf dieser, nicht auf Rechnen und Messen. Die Maschine kann allerdings die quantitativen Angaben liefern, aus denen sich erschließen läßt, ob eine bestimmte topologische Situation vorliegt oder nicht, vorausgesetzt, daß man die notwendigen Kriterien in das Programm einfügt. Sie kann einem zum Beispiel sagen, daß alle Punkte, die eine bestimmte geschlossene Schleife bilden, auf einer Fläche liegen, um die herum eine andere

Punktschleife liegt. Daraus kann der Benutzer der Maschine erschließen, daß die erste Schleife von der zweiten umschlossen wird, aber die Umständlichkeit der quantitativen Information, die benötigt wird, um einen so simplen topologischen Tatbestand zu beschreiben, ist der Grund dafür, daß das Programm hier so ungeheuer kompliziert ausfallen muß.

Nur im Gehirn des Benutzers existieren topologische Begriffe wie Innen und Außen, Oben und Unten, Rechts und Links, und nur er kann diese in metrische Kriterien übersetzen. Er selber hat erst einmal zu entscheiden, daß eine topologische Behandlungsweise überhaupt am Platze ist, und er mußte erst selbst lernen, wie man solche Aufgaben löst, bevor er sie der Maschine mundgerecht machen konnte. Hätte ihm seine eigne Anschauungsfähigkeit nicht einen Wink gegeben, worum es sich hier handele, so hätte er ja von vornherein gar nicht wissen können, ob die zu entdeckende Analogie nicht vielleicht auf rein metrischen Beziehungen beruhte. Sie könnte zum Beispiel darin bestehen, daß ein paar Einzelpunkte in zwei Figuren an genau den gleichen Raumorten lägen. Ein Menschenauge würde das niemals ausklügeln, aber dem Wesen der Maschine käme die Aufgabe ganz zupasse.

Die Entscheidung, daß hier topologisch vorzugehen sei, war also die erste entscheidende Phase der Lösung, bevor die Maschine überhaupt instruiert werden konnte. Andernfalls nämlich hätte die Maschine blindlings eine unendlich große Zahl unbrauchbarer Feststellungen und Vergleichungen durchlaufen müssen, und nur wenn man sich klarmacht, was die Maschine auf sich gestellt, ohne daß ihr einer vorsagt, leisten kann, läßt sich ihre Denkleistung mit der eines Gehirns vergleichen. Das bloß mechanische Aufreihen aller möglichen Beziehungen erledigt die Maschine sehr zuverlässig und natürlich viel schneller als ein Gehirn, aber ohne die geringste Spur von Intelligenz. Die praktische Tüchtigkeit des Schnellrechners läßt einen leicht übersehen, wie intellektuell minderwertig sein Verfahren ist.

Das Gehirn befände sich in der gleichen unangenehmen Lage, wenn es die Wahrnehmung nicht hätte; denn nur die Wahrnehmung kann Organisationsaufgaben lösen, die das freie Wechselspiel von Feldkräften voraussetzen. Es versteht sich allerdings, daß Feldprozesse im Prinzip auch Maschinen zugänglich sind. Wenige Wissenschafter sind heutzutage noch der Meinung, daß organische Mechanismen auf physischen Qualitäten beruhen, die im anorganischen Menschenwerk prinzipiell unrealisierbar sind. Lassen sich eines Tages die Wahrnehmungsprozesse des Gehirns in einem von Menschenhand gebauten Apparat reproduzieren, so wird dieser vielleicht die Art Intelligenz aufweisen, zu der die auf Wahrnehmung beruhenden Denkoperationen in Mensch und Tier fähig sind. Das würde dann unseren Standpunkt rechtfertigen und nicht etwa widerlegen.

Man mag zugeben, daß der Unterschied, den ich hier beschrieben habe, besteht, aber nicht davon überzeugt sein, daß es auf ihn ankommt: »Schließlich läßt sich ja die Aufgabe auf die eine wie die andre Weise lösen, und Sie haben doch zugegeben, daß die Maschine zuverlässiger und schneller arbeitet!« Man mag ferner darauf hinweisen, daß schließlich auch die Wahrnehmung auf dem Verarbeiten von Elementarreizen beruht und daß Ansätze vorliegen, um das Prinzip der einfachsten Form, nach dem die Wahrnehmungsorganisation arbeitet, quantitativ zu formulieren. So hat etwa der amerikanische Psychologe Julian E. Hochberg vorgeschlagen, daß man die strukturell einfachste Fassung eines Wahrnehmungsmusters als diejenige bezeichnen könnte, die mit einem Minimum von Information herstellbar und beschreibbar ist. Nehmen wir einmal an, daß bei einiger Verfeinerung der Messungskriterien sich dies Verfahren tatsächlich bewährte. Dann könnte ein Schnellrechner die qualitative Struktur einer Konfiguration quantitativ bestimmen. Hochberg war aber vorsichtig genug, das Ergebnis seines Verfahrens als eine bloße »quantitative Meßziffer« zu bezeichnen, als eine bloße Gruppe von »Parallelen« zu den Prinzipien der Wahrnehmungsorganisation. Er behauptete nicht, daß das von ihm angegebene Verfahren tatsächlich der Wahrnehmung zugrunde liege. Und in der Tat kann man ja eine bestimmte Struktur nachbilden oder ihr Zustandekommen voraussagen, ohne dazu das Prinzip zu benutzen, auf dem die Wahrnehmung selbst beruht. Bewährt sich Hochbergs Methode, so mag sie zur Messung struktureller Einfachheit sehr nützlich sein, ebenso wie wir mit der Länge einer Quecksilbersäule die Temperatur messen können. Aber das Quecksilber gibt uns keine Auskunft über die Natur der Wärme, und das Abzählen von Linien und das Messen von Winkeln beschreibt nicht das Wesen der visuellen Struktur, die aus diesen Bestandteilen zusammengesetzt ist. Die analytische Formel einer geometrischen Figur, etwa eines Kreises, bezeichnet die Orte aller Punkte, aus denen der Kreis besteht. Doch beschreibt sie auf keine direkte Weise den Sondercharakter der Figur, ihre zentrische Symmetrie, ihre starre Rundung, usw.

Gerade auf der Fähigkeit, den Charakter eines Phänomens zu begreifen, beruht nun aber das produktive Denken. Erinnern wir uns daran, wieso denn Analogien überhaupt für Intelligenzprüfungen verwendet werden. Doch wohl, weil Analogien am besten von einem Menschen entdeckt werden, der grundlegende Charakterähnlichkeiten zu erfassen weiß. Er bedient sich zweckmäßiger Abstraktionen, wenn er es mit Wahrnehmungsfiguren zu tun hat, und die Intelligenzprüfer gehen von der Annahme aus, daß diese Fähigkeit für sein Denken im allgemeinen bezeichnend ist. Seine Intelligenz beweist sich an der Art, wie er wahrnimmt.

5 Die Vergangenheit im Jetzigen

Bis jetzt ist vom anschaulichen Denken nur in bezug auf die unmittelbare Anschauung die Rede gewesen. Schon in diesem begrenzten Bereich stellten sich die Erkenntnismechanismen als bemerkenswert vielfältig heraus. Aber die Wahrnehmung läßt sich nicht auf das beschränken, was die Augen direkt von der Außenwelt auffangen. Ein Wahrnehmungsakt ist nie isoliert; er ist nur die jüngste Phase eines Ablaufs unendlich vieler ähnlicher Akte, die in der Vergangenheit ausgeführt wurden und im Gedächtnis fortleben. Und ebenso werden zukünftige Wahrnehmungen von den gegenwärtigen vorgeformt, die ihrerseits aufgespeichert und den ihnen vorhergehenden angepaßt worden sind. Die Wahrnehmung muß in diesem weiteren Sinne auch die Vorstellungsbilder und deren Beziehungen zu direkten Sinneserfahrungen mitenthalten.

Die Wirkung früherer Erfahrungen auf die Wahrnehmung hat die Psychologen ausführlich beschäftigt; und zwar haben viele, die es nicht über sich bringen konnten, das Gestalten des Sinnesmaterials der direkten Wahrnehmung zuzuschreiben, die Vergangenheit recht ausschließlich dafür verantwortlich gemacht. Nach dieser Ansicht wendet der Betrachter einfach auf die Gegenwart alles das an, was er in der Vergangenheit über die Dinge der Welt gelernt hat. Manchmal wird das so ausgedrückt: Wir sehen die Dinge so, wie es unserer Erwartung entspricht. Ich habe schon vorher darauf hingewiesen, daß diese Theorie einen in eine Rückführung ohne Ende verwickelt und niemals auf die Frage antwortet, wie es denn zur Wahrnehmungsstruktur zuerst und ursprünglich gekommen sei.

Ohne Zweifel ist der Einfluß des Gedächtnisses auf die unmittelbare Wahrnehmung sehr stark. Doch lassen sich in der Vergangenheit erworbene Formvorstellungen nur dann auf Wahrnehmungen der Gegenwart anwenden, wenn diese letzteren auch selbst eine Form haben. Man kann zum Beispiel ein Wahrnehmungsding nur dann identifizieren, wenn es eine Identität besitzt. Wie notwendig es ist, auf dieser Tatsache zu bestehen, kann man etwa an einem Aufsatz des Psychologen Jerome S. Bruner sehen, der unserer hier vertretenen Anschauung recht nahe kommt, wenn er behauptet, daß »alle Wahrnehmungserfahrung notwendigerweise das Endergebnis eines Kategorisierungsprozesses« ist. Doch braucht man sich Bruners Ausführungen nur näher anzusehen, um festzustellen, daß dieses Kategorisieren für ihn darin besteht, die neuen Wahrnehmungen in Käfterchen einzusortieren, die aus der Vergangenheit stammen. Er gibt allerdings zu, daß »gewisse primitive Einheiten und Identitäten in der Wahrnehmung eingeboren oder autochthon und nicht erlernt« sein müssen, doch sind für ihn diese unangelernten Kategorien nicht in der direkten Wahrnehmung selbst am Werk. Hier erhebt sich die Frage, wie sich das Wahrnehmungsmaterial der Gegenwart in Kategorien der Vergangenheit einsortieren lassen soll, wenn es nicht selbst schon kategorisiert ist. Formen, die keine sind, kann man nicht einordnen. Bruners Vorgehen erinnert an eine Bemerkung von Wolfgang Metzger, wonach viele Psychologen das Problem der Wahrnehmungsorganisation »zuerst gewissermaßen im nächsthöheren Stockwerk« auftreten lassen, das heißt also: zu spät. Jede Sekundärbehandlung des Wahrnehmungsmaterials setzt eine Primärformung im Wahrnehmungsakt selbst voraus.

Kräfte im Gedächtnisfeld

Wenn jede Wahrnehmung eine kategorische Form ist und nicht eine mechanisch getreue Abbildung eines Einzelreizes, so muß ihre Gedächtnisspur ebenfalls einen allgemeinen Charakter tragen. Die Form wird sich wahrscheinlich verändern. Kräfte, die in der Form selbst wirksam sind oder diese von dem sie umgebenden Spurenfeld aus beeinflussen, können sie in zwei einander entgegengesetzten Richtungen modifizieren. Da ist einerseits die Tendenz zur einfachsten Struktur oder zur Spannungsverminderung. Das Spurenmuster verliert Einzelheiten und Verfeinerungen und wird symmetrischer und regelmäßiger. Diese Veränderung der Figur in Richtung auf eine einfachere Form wird durch eine Gegentendenz gehemmt, die darauf ausgeht, charakteristische Eigenschaften zu bewahren und zu verschärfen. Veranlaßt man zum Beispiel eine Versuchsperson, sich ein Muster so genau wie möglich einzuprägen, »weil Ihr Gedächtnis geprüft werden soll«, so achtet sie vor allem auf die Besonderheiten. Sie wird sich unter solchen Umständen etwa daran erinnern, daß ein Kreis eine kleine Lücke hatte, obwohl ihr so eine Einzelheit sonst wahrscheinlich entfallen oder von vornherein nicht aufgefallen wäre.

Charakteristische Eigenarten werden auch dann im Gedächtnis bewahrt und übertrieben, wenn sie Ehrfurcht, Staunen, Verachtung, Lachen oder Bewunderung erregen. Man erinnert Dinge als größer, geschwinder, häßlicher, schmerzhafter als sie wirklich waren.

In jedem Gedächtnisprozeß sind beide Tendenzen am Werk. Sie vereinfachen die Spur und bewahren und verschärfen ihre Besonderheiten zugleich, wie es eben die Sachlage verlangt. Die beiden können offenbar in jedem Stärkeverhältnis gegeneinanderwirken. Zu Zeiten wird eine von ihnen deutlich vorherrschen; doch besteht kein Grund anzunehmen, wie das bis heute in der psychologischen Fachliteratur vielfach geschieht, daß jede Gedächtnisspur sich prägnant in einer der beiden Richtungen verändern müsse, wenn die Theorie richtig sein soll. Abb. 12 zeigt ein paar Proben von

DIE VERGANGENHEIT IM JETZIGEN

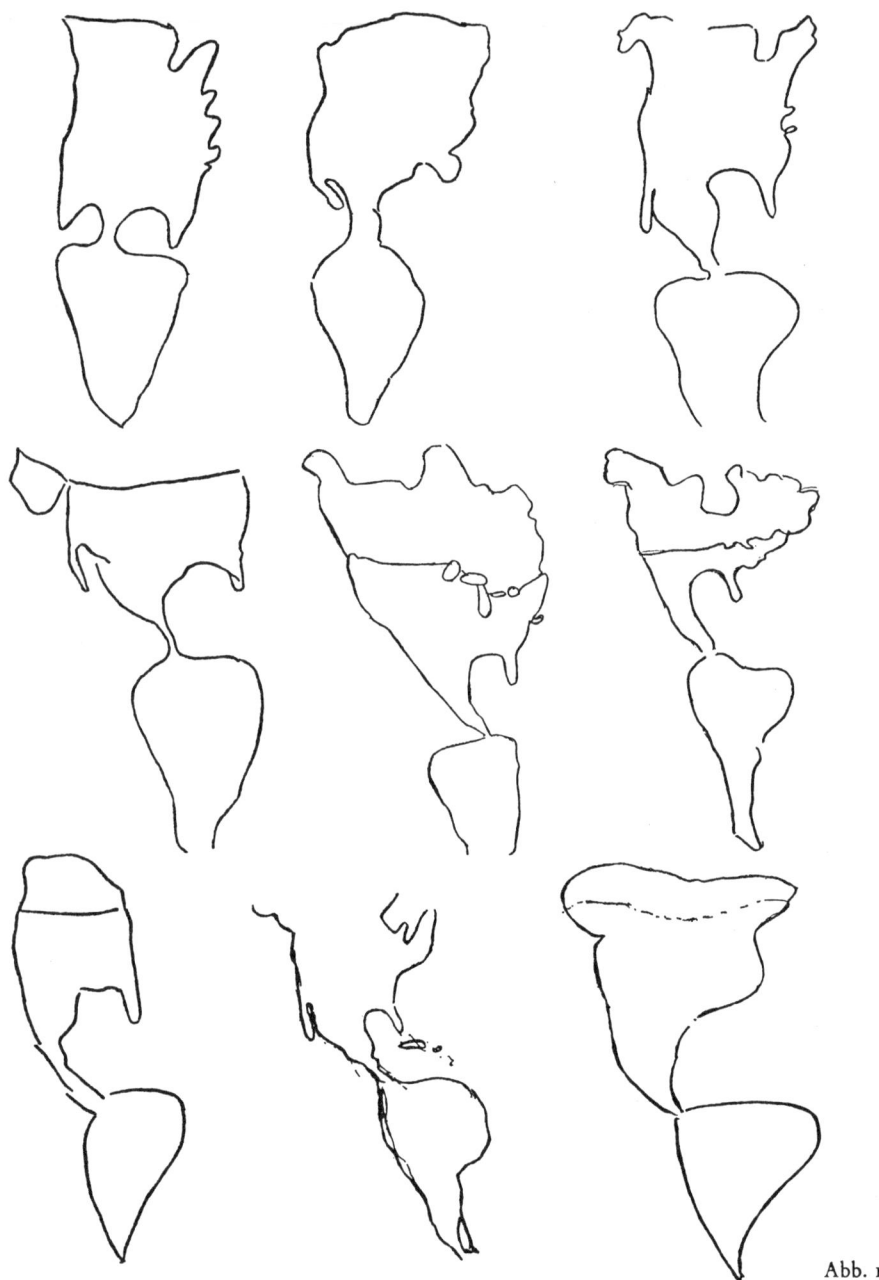

Abb. 12

Zeichnungen, die von Collegestudenten gemacht wurden, als man sie die Umrißform des amerikanischen Kontinents aus dem Gedächtnis reproduzieren ließ. Man sieht da ein starkes Bestreben, die beiden Landmassen in vereinfachender Symmetrie an eine Vertikalachse anzupassen; doch wird diese Tendenz mehr oder weniger in Schach gehalten, je nachdem wie getreu die Versuchsperson den richtigen Tatbestand beobachtet und im Gedächtnis hat und auch unter dem Eindruck der beträchtlichen Verschiebung Südamerikas nach Osten, die zur Übertreibung einlädt.

In den bildenden Künsten findet man Parallelen zu diesen zwei gegensätzlichen Wahrnehmungs- und Gedächtnistendenzen, ja zum Teil wohl auch direkte Auswirkungen. Ein Verlangen nach 'Schönheit' im klassischen Sinne dringt auf Formvereinfachung und auf Spannungsverminderung im Kompositionellen. Expressionistische Strömungen andrerseits erzeugen Verzerrungen und Spannungserhöhungen durch Dissonanzen, Interferenzen, Komplikationen usw. Diese Stilformen hängen vom Inhalt und von dem beabsichtigten Sinn der Darstellung ab, aber auch von der allgemeinen Haltung und Weltanschauung des Künstlers und seiner Zeit. Auch hier wieder finden sich zwischen den Extremen klassizistischer und expressionistischer Einstellungen alle Abstufungen von Zwischenformen.

Die beiden Tendenzen zur Vereinfachung und zur Ausprägung wirken zwar gegeneinander, aber zugleich auch miteinander. Sie klären und schärfen den visuellen Begriff; sie machen das Gedächtnisbild schnittiger und ausdrucksvoller. Außerdem wird der Prozeß dadurch noch gefördert, aber auch behindert, daß keine Gedächtnisspur von den anderen in Ruhe gelassen wird. Jede ist dem Einfluß anderer unaufhörlich ausgesetzt. Wenn man einem Ding der Außenwelt aufs neue begegnet, so schafft das neue Gedächtsnisspuren, die nicht einfach die schon vorhandenen verstärken, sondern sie dauernd modifizieren, etwa wie ein Künstler an einem Werk in seinem Atelier manchmal jahrelang herumändert. Unsere Vorstellung von einem bestimmten Menschen ist die Quintessenz vieler Ansichten und Gelegenheiten, die sie verschärft, erweitert, umgeformt haben. Wenn Spuren einander ähnln, verstärken oder schwächen sie einander, oder eine verdrängt die andre. Kurt Lewin hat angemerkt, daß das Gedächtnis ein viel flüssigeres Medium ist als die Wahrnehmung, weil es weiter von der Wirklichkeitskontrolle entfernt ist.

Es entsteht also ein Speicher von Wahrnehmungsbegriffen, von denen einige prägnant und einfach, andere flüchtig und unscharf sind und die sich auf das Ganzobjekt oder auch nur auf Teilansichten beziehen. Von manchen Dingen haben wir stereotype Vorstellungen, andre wieder sind sehr vielfältig. Auch haben wir zuweilen mehr als *eine* Vorstellung vom gleichen Gegenstand, ohne sie zu einer Einheit verschmelzen zu können, etwa wie das Profil gewisser Menschen nicht zu ihrer Vorderansicht paßt. Zwischen Vorstellungen besteht eine Unzahl von Verbindungen. Zwar kann man den Gesamtinhalt eines Gedächtnisses kaum ein organisiertes Ganzes nennen, doch bilden kleinere oder auch größere Begriffsfamilien gut organisierte Gruppen, die durch Ähnlichkeiten oder Assoziationen aller Art zusammengehalten werden. Auch führen historische und geographische Gemeinsamkeiten zu zeitlichen und räumlichen Einheiten. Zahllose Gedankenoperationen haben diese Formkonstellationen zustande gebracht und bearbeiten sie weiter.

Die Ergänzung von Wahrnehmungen

Gedächtnisbilder identifizieren, erläutern und ergänzen die Wahrnehmung. Man kann keine scharfe Grenze zwischen einem 'reinen' Wahrnehmungsbild – wenn es so etwas überhaupt gibt – und einem gedächtnismäßig ergänzten ziehen. Auch gibt es wohl kaum eine ganz ohne gegenwärtigen Wahrnehmungszufluß zustandegekommene Erinnerung. Ich möchte hier zunächst ein paar Beispiele von unvollständigen Reizsituationen geben, die wahrnehmungsmäßig und nicht notwendig unter Beihilfe des Gedächtnisses ergänzt werden. Betrachtet man etwa einen Bleistift so, daß seine Netzhautprojektion durch den blinden Fleck im Auge geht, so erscheint er dennoch vollständig. Ebenso wird bei Hemianopsie ein teilweise in der blinden Hälfte des Sehfeldes liegender Kreis in tachistoskopischer Darbietung als ungebrochen gesehen, und dasselbe ist zu beobachten, wenn man einer Versuchsperson einen Kreis mit einer Lücke bei sehr schwachem Licht oder nur den Bruchteil einer Sekunde lang zeigt. Solche Phänomene bezeichnet Albert Michotte als modale Ergänzungen, weil nämlich die Lücken im Wahrnehmungsbild selbst ergänzt sind. Vervollständigungen dieser Art erklären sich zumeist aus der Tendenz zur einfachsten Struktur in der Wahrnehmung.

Ebenso wahrnehmungshaft sind die Fälle, in denen die Beobachter aussagen, daß die Ergänzung 'tatsächlich da' ist, obwohl sie als verdeckt gesehen wird. Michotte hat den sogenannten Tunneleffekt untersucht. Fährt ein Zug durch einen kurzen Tunnel, so sieht man seine Bewegung als ununterbrochen. Die Wirkung läßt sich experimentell auf einer Fläche erzielen, wenn man zum Beispiel einen Punkt oder Streifen auf ein Hindernis zu bewegt, 'hinter' dem es zu verschwinden scheint und einen Augenblick später wieder zutage tritt. Unter günstigen Versuchsbedingungen sieht man dies momentane Verschwinden einer kontinuierlichen Bewegung in sehr überzeugender und direkter Weise. Oft weigern sich die Versuchspersonen zu glauben, daß tatsächlich keine solche ununterbrochene Bewegung da war; und selbst dies Wissen beeinträchtigt das Zwingende des Eindrucks in keiner Weise. Der Psychologe muß daher annehmen, daß die beiden objektiv gegebenen Bewegungen, nämlich die vor dem Hindernis und die hinter ihm, räumlich und zeitlich so eng zusammenpassen, daß sich der Niederschlag der Bewegung im Gehirn physiologisch komplettiert. Die Reizabfolge hat eine Lücke, aber der durch sie hervorgerufene Hirnvorgang hat keine.

So muß es auch bei der Wahrnehmungsinduktion zugehen, wo man die Grenzen des Reizmaterials zwar deutlich sieht, es aber dennoch unter der Einwirkung des Gegebenen ergänzt. Betrachtet man etwa ein nur aus Kanten oder Linien bestehendes Würfelgerüst, so kann man zwar deutlich erkennen, daß der Würfel keine Wände hat, und doch sieht man diese als glasige, unstoffliche Flächen. (Michotte hat darauf hingewiesen, daß wenn ein Drahtwürfel sich dreht, man seinen leeren Inhalt sich mitdrehen sieht.) Die unkörperliche Beschaffenheit der Wände schafft durch einen Kompromiß einen Widerspruch aus der Welt: man sieht sie als physisch abwesend, psychologisch aber gegenwärtig. Umrißzeichnungen sind deshalb verwendbar, weil der Ergänzungseffekt die umrandeten Formen mit Substanz füllt.

Man könnte daran zweifeln, daß der Zusammenschluß der Teilbewegungen im Tunnelexperiment tatsächlich in der Wahrnehmung selbst erfolgt. Hat nicht Jean Piaget gezeigt, daß wenn ein kleines Kind jemanden hinter einer Wand verschwinden sieht, es die Stelle, wo der Mensch verschwand, im Auge behält und dann offensichtlich verblüfft ist, wenn er plötzlich am andern Ende wieder auftaucht? Deutet das nicht darauf hin, daß die Wahrnehmung nur die sichtbaren Bewegungsstücke beisteuert und daß die intelligente Vervollständigung erst sekundär auf einer 'höheren' Verstandesstufe zustandekommt, wenn ausreichende Lebenserfahrung es ermöglicht? Es kann durchaus sein, daß der Tunneleffekt eine Entwicklung erfordert, obwohl die von Piaget benutzte Situation nicht notwendig die Bedingungen erfüllt, die selbst bei Erwachsenen Voraussetzung sind. Doch schließt ein solcher Entwicklungsprozeß nicht aus, daß es sich trotzdem um ein echtes Wahrnehmungsphänomen handelt. Wie so viele andre Sinneswirkungen, setzt auch der Tunneleffekt voraus, daß die Reizsituation als ganze überschaut werde, und die Fähigkeit zu solcher Überschau scheint sich vielfach erst allmählich aus einer begrenzteren ursprünglichen Sehweise zu entwickeln. Genügend selbständige Unterteile des Sehfeldes werden zunächst einzeln gesehen, und erst allmählich erweitert sich die Sicht zu größeren Einheiten. Das gilt für den Raum und auch für die Zeit. Die zwei Einzelbewegungen vereinigen sich allmählich zu einem einzigen Gesamtvorgang.

Was die geistige Entwicklung hier zustandebringt, ist also nicht die Fähigkeit, ein Stückwerk der Sinne sekundär zusammenzuflicken, sondern die allmähliche Vervollständigung der Wahrnehmung selbst, die es dieser erlaubt, von ihrer natürlichen Intelligenz besseren Gebrauch zu machen. Man kann den Unterschied sehr schön an Erfahrungen auf dem Kunstgebiet zeigen. Der Anfänger sieht seine eigenen Arbeiten oder das Werk anderer häufig stückhaft; er wird Teilgebieten gerecht, aber nicht dem Ganzen. Sobald er diese Begrenztheit überwindet, sieht er das Ganze in seiner wirklichen Einheit, die mehr ist als die Summe der vorherigen Teilerlebnisse.

Die Tunnelsituation stellt sich ganz anders dar, wenn die Ergänzung hauptsächlich auf dem Wissen des Beobachters beruht. Ich sehe etwa die alte Dame, die da ihren Hund ausführt, hinterm Hause verschwinden. Zwar kann ich annehmen, daß sie in ihrem gewohnten Tempo weiterwandert, doch 'verliere' ich sie sozusagen hinter dem Haus, und ein neues Wahrnehmungserlebnis beginnt, wenn sie wieder auftaucht, obwohl mein Wissen mich belehrt: Da ist sie ja jetzt! Ebenso versickert im Tunnelexperiment die Bewegung und muß dann erst wieder neubelebt werden, wenn der Tunnel oder das Zeitintervall zu lang ist. Die Schlußfolgerung ist, daß die Vervollständigung von Unvollständigem, eine der Hauptleistungen intelligenten Verhaltens, in der Wahrnehmung selbst stattfindet, wenn die Gesamtstruktur der Situation stark genug ist, aus sich heraus die Eigenschaften der fehlenden Teile zu bestimmen.

Die Wirkung ist weniger zwingend, wenn es sich darum handelt, die nicht sichtbare Rückseite eines Gegenstandes dennoch zu 'sehen' und zwar als Ergänzung der sichtbaren Form. Die Fortsetzung über die Grenzen des Sichtbaren hinaus kann ein echter Teil der Wahrnehmung sein, und doch bleibt meistens unbestimmt, wie diese Fortsetzung genau aussieht. Die Form eines Balls ist sichtlich unvollständig und wird daher in ihrer sich fortsetzenden Rundheit gesehen, während seine Farbe auf keine solche Fortsetzung dringt, sie nur allenfalls zuläßt. Wenn eine Scheibe oder ein Rechteck teilweise verdeckt ist, so ist der offen wahrnehmbare Teil in seiner Struktur oft nicht stark genug, um den Rest der Form ausdrücklich zu ergänzen. Die Fortsetzung als solche ist zwingend, und wir würden uns auch wundern, wenn etwas anderes als der Rest einer Scheibe oder eines Rechtecks beim Aufdecken zum Vorschein käme, aber die Form des Verdeckten ist dennoch wenig eindringlich. Lugt einer mit Kopf und Brust über eine Mauer, so sehen wir ihn zwar als unvollständig und als sich hinter der Mauer fortsetzend, doch sind da keine ausdrücklichen Beine. Diese nämlich müssen ausschließlich aus früheren Erfahrungen ergänzt werden und sind daher wenig zwingend.

Michotte nennt Ergänzungen amodal, wenn sie nicht stark genug sind, die fehlenden Teile derart zu ersetzen, daß die Gesamtform so aussieht, als ob nichts fehlt oder zugedeckt ist. Unsere Beispiele weisen daraufhin, daß es amodale Ergänzungen jeden Grades gibt. Der Tunneleffekt etwa ist unter günstigen Bedingungen so stark, daß er den verdeckten Teil höchst zwingend verwirklicht, während andre Fälle fast ausschließlich auf dem von früher her Bekannten beruhen. Diese letzteren sind wahrnehmungsmäßig zwar schwach, doch bereichern auch sie unsre Seherlebnisse; und sie sind uns hier wichtig, weil sie zeigen, wie die Gegebenheiten des Jetzigen mit denen der Vergangenheit verquickt sind. Das ist eine typische Eigenschaft echten Denkens.

Das Innere ist sichtbar

Vieles von dem, was man über das verborgene Innere von Dingen weiß, ist durchaus anwesend als ein Teil ihrer äußeren Erscheinung. Der Schreibmaschinendeckel enthält meine Schreibmaschine sichtlich, und ich sehe den peruanischen Tontopf auf dem Regal als leer. Dies Wissen ist durchaus visuell. Visuelle Errungenschaften der Vergangenheit fügen sich an die betreffenden Stellen meines augenblicklichen Sehfeldes und ergänzen es sehr nützlich. Ich *weiß* nicht nur, daß die Maschine unter dem Deckel ist, sondern ich *sehe* sie da, und zwar in der vom Deckel bestimmten richtigen Stellung. (Gelegentlich verführt uns die äußere Erscheinung dazu, die von ihr verdeckten Dinge in einer falschen Lage zu sehen; zum Beispiel sehe ich hinter geschlossenen Augenlidern die Augen nach unten blicken, obschon ich weiß, daß sie tatsächlich vorwärtsstarren.) Die Intelligenz dieser Wahrnehmungsergänzungen wird einem klar, wenn man sich bewußt wird, daß nicht alles, was ein Beobachter weiß, sich automatisch seinem Gesichtsfeld einverleibt. Die Ergänzung ist selektiv. Ein Mann mag eine gewisse junge Dame als einen mit Kleidern verhangenen Frauenkörper sehen, während ihre Mutter nur eben die angezogene Außenfigur ist. In der Uniform des Schaffners sieht man keinen nackten Mann, und nur unter sehr ungewöhnlichen Umständen wird man den Kopf der jungen Dame als die Außenhülle eines Schädels sehen, in dem ein Gehirn ruht, wie man es aus der Schlächterei oder dem anatomischen Lehrbuch kennt. Die Venus von Milo hat kein Gedärm, und ein Telefon enthält nicht unbedingt die Glocke und alle die Drähte, von denen wir wissen, daß sie darin verborgen sind. Manche Gebrauchsgegenstände sind so entworfen, daß ihre Form nichts von den technischen Bestandteilen im Innern verrät. Sie sollen dadurch anziehender wirken. In solchen Fällen wird das Verdeckte nicht vom Unverdeckten aufgerufen, so wie die Vorderseite des Balls seine Hinterseite mithervorbringt. Es hat am Sichtbaren nur dann teil, wenn die Einstellung des Betrachters es ausdrücklich zum Vorschein bringt.

Da es sich hier um anschauliches Wissen handelt, so besteht keine Trennung zwischen dem, was gewußt und was gesehen wird. Das Innere paßt sich dem Äußeren fugenlos ein. Solche Ergänzungen erweitern den Bereich der Wahrnehmung über das auf der Netzhaut Abgebildete hinaus. Die Betrachtung begnügt sich nicht mit der Außenseite der Dinge. Sie sieht diese als Behälter oder ihr Inneres als eine kontinuierliche Fortsetzung des Äußeren. Nur unter besonderen Bedingungen wird die Außenseite als eine Schranke erlebt, die den freien Durchgang hindert, etwa wenn eine Wand uns davon abhält zu sehen, was wir sehen wollen, oder wenn sie als ein Hemmnis für etwas empfunden wird, das aus dem Inneren heraus will. In dem von Marguerite Sechehaye beschriebenen Fall von Schizophrenie hatte die Patientin ein erstes Anzeichen ihrer krankhaften Entfremdung im fünften Lebensjahr, wenn sie die Stimmen von Schulkindern in einem Schulhaus, an dem sie vorbeiging, singen hörte. »Mir war so, als ob ich die Schule nicht mehr erkannte, sie war so groß wie eine Kaserne geworden; die singenden Kinder waren Gefangene, die singen mußten. Die Schule und der Kindergesang waren wie von der übrigen Welt abgetrennt.«

Sichtbare Lücken

Visuelles Wissen führt oft dazu, daß die Abwesenheit von etwas als ein positiver Bestandteil einer Situation gesehen wird. Der Schriftsteller James Lord berichtet über das folgende Erlebnis mit Alberto Giacometti:

»Er fing wieder an zu malen, drehte sich aber ein paar Minuten später nach dorthin um, wo die Büste gestanden hatte, als ob er sie noch einmal betrachten wollte, und rief

aus: ›Oh, sie ist weg! Ich dachte, sie sei noch hier, aber sie ist weg!‹ Ich erinnerte ihn daran, daß Diego sie hinausgetragen hatte, aber er sagte: ›Ja, aber ich dachte, sie sei da. Ich wandte mich um und plötzlich sah ich die Leere. Ich sah die Leere. Das passiert mir zum erstenmal in meinem Leben.‹«

Die Leere sehen heißt, etwas in eine Wahrnehmung aufnehmen, das in sie hineingehört, aber abwesend ist; es heißt, die Abwesenheit des Fehlenden als eine Eigenschaft des Gegenwärtigen sehen. Eine Stätte, wo es lebhaft zuging oder zugehen sollte, sieht seltsam bewegungslos aus; die Leere wirkt wie schwanger mit Ereignissen. Sechehayes Patientin berichtet: »In der endlosen Stille und der gezwungenen Unbeweglichkeit hatte ich den Eindruck, daß etwas Entsetzliches bevorstehe, das die Stille vernichten werde, etwas Grauenhaftes, Überwältigendes.«

Nur selten allerdings gelingt es den Zuflüssen der Vergangenheit, das gegenwärtige Reizmaterial tatsächlich zu verändern. Vielmehr benutzen sie Gelegenheiten, die das Gegenwärtige offenläßt. Eine leere Stelle bietet eine solche Gelegenheit. Wahrnehmungspsychologisch würde man sagen, daß das anwesende Reizmaterial als Grund für eine abwesende Figur gesehen werden kann. Man kann solche Wirkungen bewußt hervorbringen. Siegfried Kracauer erwähnt, daß der Filmregisseur Carl Dreyer in seinem ›Vampyr‹ eine Stimmung erzeugen wollte, die er folgendermaßen beschrieb: »Stellen Sie sich vor, wir säßen in einem gewöhnlichen Zimmer. Plötzlich sagt man uns, daß hinter der Tür eine Leiche liegt. Das verändert das Zimmer blitzartig: alles sieht anders aus; Licht und Luft haben sich verändert, obwohl sie physisch noch dieselben sind. ... Das ist die Wirkung, die ich in meinem Film erzielen möchte.«

Man kann hier auf die vielen Fälle hinweisen, in denen ein Gegenstand seine Gebrauchsfunktion als anschauliche Eigenschaft besitzt. Der Psychiatrist Van den Berg spricht einmal davon, wie eine Flasche Wein aussah, die er auf den Fußboden neben den Kamin zum Anwärmen gestellt hatte, weil er einen Freund zu Gast erwartete. Der Freund sagte ab, und sogleich sah das Zimmer stiller aus, und die Flasche stand da wie verloren. In einem viel allgemeineren Sinne enthält unsere Sicht eines Gebrauchsgegenstandes immer auch die unsichtbare Gegenwart dessen, was dasein muß, um seinen Zweck zu erfüllen. Eine Brücke wird als etwas, worüber man geht, gesehen und ein Hammer als etwas, das man anpackt und schwingt. Diese Ausweitung des Dinges ist viel handgreiflicher als eine bloße wissensmäßige Assoziation zwischen Ding und Verwendung; es ist mehr als ein bloßes Verständnis für seinen Zweck. Es ist eine unmittelbar sinnliche Vervollständigung des Dinges, das unvollständig aussieht, wenn es nicht in Gebrauch ist. Das zeigt sich besonders, wenn man solche Gegenstände in einem Museum ausgestellt sieht. In der Gesellschaft von Kunstwerken verwandeln sie sich in reine Form, und die Abwesenheit ihrer anschaulichen Funktion kann ihre Erscheinung seltsam verändern. Aus einer Brille, zum Beispiel, wird ein spinnenartiges, blindäugiges Gespenst. Einigen modernen Künstlern ist es gelungen, Vertrautes nur dadurch zu verfremden, daß sie Dinge des täglichen Gebrauchs zur reinen Betrachtung vorlegten.

Das Wiedererkennen

Die nützlichste und häufigste Wechselwirkung zwischen Wahrnehmung und Gedächtnis betätigt sich beim Wiedererkennen. Das aus der Vergangenheit stammende Wissen verhilft uns nicht nur dazu, die Eigenart eines Dinges oder Ereignisses, das im Gesichtsfeld auftaucht, zu erkennen; es weist, darüber hinaus, dem Ding seinen Platz in dem System an, das unser gesamtes Weltbild ausmacht. So umfaßt ein Wahrnehmungsakt meistens auch ein Unterordnen des vorliegenden Dinges unter einen Anschauungsbegriff – eine typische Denktätigkeit also.

Es wurde bereits darauf hingewiesen, daß es zu einer solchen Einordnung nur kommen kann, wenn die Wahrnehmung an sich schon den Sehgegenstand begrifflich formt. Das einzuordnende Ding ist nicht bloß »der Sinnesstoff, aus dem Wahrnehmungen gemacht werden«, wie sich Bruner in dem oben zitierten Aufsatz ausgedrückt hat. Der Geist kann im Formlosen keine Form finden. Das hat sich in der Psychologie bei der Arbeit mit den sogenannten projektiven Tests gezeigt. Man hätte annehmen können, daß gänzlich formloses Material dem Betrachter am meisten Freiheit lassen würde, dem Sinnesstoff seine eigene Gestaltung aufzuerlegen. Statt dessen fallen die Antworten auf völlig unstrukturiertes Reizmaterial dürftig und billig aus. Die Anregung zum Wiedererkennen kommt nur dann, wenn eine reiche Auswahl deutlich geformter, aber zweideutiger Muster vorgelegt wird, wie zum Beispiel bei den Rorschachschen Tintenklecksen. Wiedererkennen kann man nur etwas Erkennbares.

Gewiß sind Wahrnehmen und Wiedererkennen eng miteinander verknüpft. Wenn man aber die Primärorganisation des Reizes für zu elementar hält, als daß man sich mit ihr befassen müsse, so läßt man sich das wichtige und fesselnde Schauspiel entgehen, das vor sich geht, wenn die von der Reizkonfiguration angeregte Sinnesstruktur in Wechselwirkung tritt mit dem Wissen, den Erwartungen, Wünschen und Befürchtungen des Betrachters. In manchen Fällen hat die Einstellung des Betrachters wenig Einfluß. Das Aussehen der roten und grünen Verkehrszeichen ist fast ganz von den Farbreizen bestimmt, obwohl man natürlich auf sie zu reagieren gelernt hat. In Halluzinationen ist der subjektive Einfluß hingegen am stärksten; hier kann ein mächtiges Bedürfnis auch bei dürftigsten Vorbedingungen ein Phantasiebild zur Erscheinung bringen. Wenn der hungrige Goldsucher in Chaplins Film ›Der Goldrausch‹ seinen Genossen als ein riesiges, appetitliches Huhn sieht, so gründet sich das Scheinbild nur auf das struppige Aussehen und den stolzierenden Gang des Mannes im dicken Pelzmantel.

Ein Sinnesbild ordnet sich nur dann sofort ein, wenn zwei Bedingungen erfüllt sind. Die Wahrnehmung muß das Sehding deutlich definieren und muß der entsprechenden Gedächtniskategorie ausreichend ähneln. Wenn diese Bedingungen erfüllt sind, dann fällt »Ich sehe ein Auto« mit »Ich sehe es als ein Auto« durchaus zusammen. Manchmal aber ist das Reizbild so vieldeutig, daß der Betrachter, auf der Suche nach dem passendsten Modell, eine Anzahl verschiedener Formen aus dem Gedächtnisspeicher holt. Das Gedächtnis benimmt sich dabei nicht weniger anpassungsfähig als die

Wahrnehmung. In dem Bedürfnis nach einer brauchbaren Gleichung (»Dies ist ein Auto!«) muß man häufig eine Anzahl von Gedächtnisbildern durchgehen, bis sich das rechte einstellt. In schwierigen Fällen versteigt sich der Geist zu recht genialen Akrobatenkünsten, um die beiden Strukturen aneinander anzupassen. Jedoch sind Wahrnehmungen hartnäckig genug, auf Modifikationen nur innerhalb ihres Zweideutigkeitsbereichs einzugehen. Dies scheinen die Psychologen bei der Beschäftigung mit den Projektionsmechanismen nicht genügend berücksichtigt zu haben. Sie haben ausführlich untersucht, was gesehen wird und aus was für persönlichen Gründen, aber von den Reizbedingungen im Versuchsmaterial selber ist zu wenig die Rede. Obwohl bei solchen Reaktionen starke subjektive Bestrebungen am Werk sind, zeigt sich doch auch – außer in pathologischen Fällen – ein tiefer Respekt für das den Augen Gegebene.

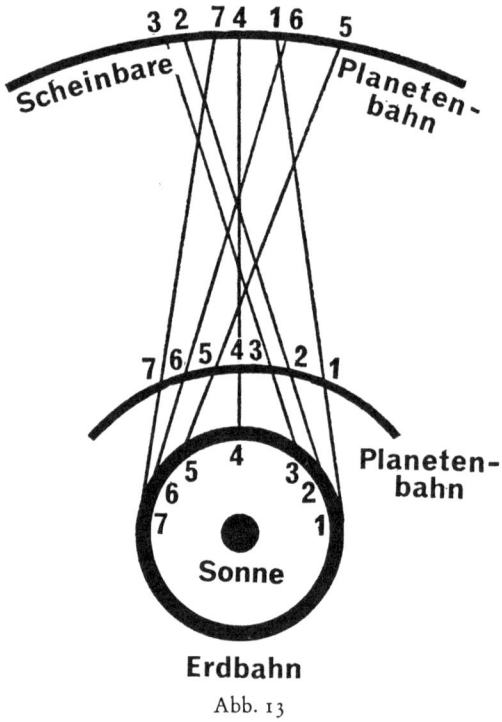

Abb. 13

Wissenschaftliche Entdeckungen beruhen häufig darauf, daß jemand durch geistreiches Umstrukturieren der gegebenen Sachlage ein zunächst verborgenes Zusammenpassen von Tatsachen und Theoriemodell aufspürt. So gelang es Kopernikus, die verzwickten Bewegungen der Planeten als sehr einfache Drehungen dieser Himmelskörper zu sehen, denen aber eine ebenso einfache Bewegung des Beobachtungsortes aufzuerlegen war. Abb. 13 zeigt schematisch, wie das erratische Vorwärts- und Rückwärtswandern eines Planeten als ein stetiges Kreisen gesehen werden kann, wenn man annimmt, daß auch der Beobachtungsort rotiert. Zum Umstrukturieren dieser Problemsituation mußte sich Kopernikus von der direkten astronomischen Anschauung genügend freimachen und mit erstaunlicher Phantasie darauf verfallen, daß sich dem, was er sah, ein ganz anderes Anschauungsmodell anpassen lasse. Spielerische Beispiele von witzig ausgenutzten Paradoxen finden sich in den sogenannten 'Droodles' des amerikanischen Karikaturisten Roger Price. Sie seien dem Wahrnehmungspsychologen warm empfohlen. Abb. 14 zeigt ein von einer meiner Studentinnen beigesteuertes und hoffentlich von ihr erfundenes Droodle, das wie folgt betitelt ist: »Ins Cocktailglas fallende Olive oder Großaufnahme eines Mädchens im Badehöschen.«

William James benutzte den Ausdruck *preperception* für Fälle, in denen aufgespeicherte Anschauungsbegriffe zum Wiedererkennen unzureichend ausgeformter Wahrnehmungen führen. Doch war James hier von dem herkömmlichen Mißtrauen gegen die Fähigkeiten der bloßen Wahrnehmung geleitet, indem er behauptete, daß Dinge gewöhnlich nur dann gesehen werden, wenn sie der Vorwahrnehmung *(preperception)* unterliegen und daher für uns abgestempelt sind. »Wenn uns unser Vorrat von Aufschriften abhanden käme, so wären wir in dieser Welt erkenntnismäßig ganz und gar hilflos.«

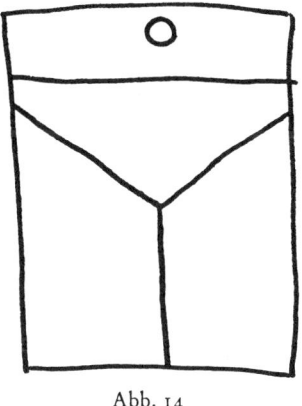

Abb. 14

Es stimmt gewiß, daß visuelles Wissen und korrekte Voraussicht die Wahrnehmung erleichtern und daß diese umgekehrt von nicht hingehörigen Vorstellungsbegriffen verzögert und gestört wird. James verweist auf frühe Experimente Wundts, in denen die Reaktionszeit kürzer oder länger ausfiel, je nachdem ob das Auftauchen einer bestimmten Reizfigur in einem bestimmten Augenblick von der Versuchsperson erwartet wurde oder nicht. Bruner zitiert ähnliche Resultate in neueren Veröffentlichungen und auch eine Arbeit von ihm selber, in der je nach Zusammenhang ein und dieselbe Figur als Buchstabe oder als Zahl gelesen wurde. Die Japaner lesen ihre Schriftzeichen ohne Schwierigkeit im winzigsten Druck, den der Abendländer nur mit der Lupe entziffern kann, nicht weil sie bessere Augen haben, sondern weil die Zeichen ihnen bekannt sind. Aus ähnlichen Gründen scheinen Jäger, Vogelliebhaber, Seeleute, Ärzte oder Mikrobiologen oft mit übernatürlichen Sehkräften ausgerüstet zu sein. Auf dem Kunstgebiet erkennt selbst der Durchschnittslaie von heute auf Impressionistenbildern menschliche Figuren und Tiere, die noch vor achtzig Jahren wie sinnlose Farbflecke aussahen.

Die Wirkung der Vergangenheit auf die Gegenwart ist besonders dramatisch, wenn man zum erstenmal nach Jahrzehnten einen alten Bekannten wiedertrifft und sein Gesicht plötzlich wie das Bildnis des Dorian Gray runzelt und einschrumpft. Das in der Erinnerung bewahrte Gesicht verwandelt sich sichtbar in das gegenwärtig wahrgenommene. Oder noch ein andres Beispiel: man bemerkt in einiger Entfernung einen Mann, den man als einen Bekannten erkennt; doch sieht die vertraute Gestalt seltsam verkrüppelt aus – der Gang ist eigentümlich schleppend, auch ist da ein beunruhigender Buckel, bis man entdeckt, daß es gar nicht der Freund ist, sondern ein Fremder, und sogleich verschwinden auch der schleppende Gang und der Buckel, denn das Bezugssystem im Gedächtnis, von dem sie als bloße Abweichungen zustandekamen, ist nicht mehr da. Was an dem Freund unnormal aussah, ist jetzt der normale Gang, die normale Haltung eines Unbekannten.

Es sei hier angemerkt, daß die Wirkung einer solchen 'Vorwahrnehmung' nicht nur davon abhängt, wie vertraut man mit dem Original von der Vergangenheit her ist. Viel kommt auch darauf an, was zu der gegebenen Situation paßt. Man stellt sich darauf ein zu sehen, was an den Platz gehört.

Die Wahrnehmung vertrauter Dingtypen hängt also untrennbar von Normalbildern im Geiste des Betrachters ab. Das Normalbild der menschlichen Figur, zum Beispiel, ist symmetrisch, frontal, aufrechtstehend, so wie wir es aus Kinderzeichnungen und anderen Frühstilen bildlicher Darstellung kennen. Ob eine bestimmte Menschenfigur, die einem im Leben oder auf einem Bilde begegnet, als solche erkannt wird, hängt davon ab, ob man sie als eine Variation des Normalbildes begreifen kann. Man kann verschiedene Ansichten des Menschenkörpers ebenso erkennen, wie man die perspektivischen Abwandlungen anderer Gegenstände identifiziert. Man kann auch die Drehungen und Verbiegungen der Gelenke als Deklinationen der bekannten Norm akzeptieren. Wie extrem diese Verschiebungen für einen bestimmten Beobachter sein dürfen, hängt davon ab, wieviel Seherfahrung er hat, wieviel Aufmerksamkeit er ihr schenkt und wie flexibel er in bezug auf seine Grundsätze ist.

Was die bildende Kunst anlangt, so kann die Psychologie des Wiedererkennens zweierlei anmerken. Erstens, was im täglichen Leben identifizierbar ist, ist in der bildlichen Darstellung nicht notwendig ebenso einleuchtend. Das Bildersehen begnügt sich oft mit einer engeren Gruppe von Deklinationen, die ein besonderer Kunststil zuläßt.

Abb. 15 Georges Seurat, Ein Sonntagnachmittag auf der Grande Jatte, 1884–85, Detail. The Art Institute of Chicago

Zweitens muß man Ansichten, die als eine Variation einer bestimmten Normalform nur *verstanden* werden können, von anderen unterscheiden, die als solche *gesehen* werden. Wenn der schon erwähnte Karikaturist Roger Price eine bloße gerade Linie als »Seitenansicht einer unanständigen französischen Ansichtskarte« beschreibt, macht er von dem Mangel an sichtbarem Übergang zwischen der gesehenen und der gemeinten Form Gebrauch. Der Witz der Zeichnung besteht gerade darin, daß sie so unzureichend ist. Im allgemeinen benutzen Künstler Objektfassungen, die sich im spontanen Sehen auf ihre Normalformen zurückführen lassen. Doch sind manche Stile duldsamer gegen paradoxe Darstellungen als andre, ja dem Künstler kann der Widerspruch zwischen dem Gebotenen und dem Gemeinten sogar zupasse kommen. Zum Beispiel die berühmte sitzende Kinderwärterin in Seurats *Grande Jatte* ist ein entfremdetes Menschenbild (Abb. 15), weil von dieser Rückenansicht kein unmittelbarer Übergang zu der charakteristischeren Frontalansicht führt. Dazu hat die von Seurat gewählte Ansicht auch noch eine sehr starke Eigenstruktur und widerspricht der Menschenfigur, auf die sie sich beziehen soll, sehr nachdrücklich. Ein etwas andres Beispiel findet sich bei Andrea Mantegna, der seine Darstellung des toten Holofernes auf einen nackten, aus dem dunklen Eingang zum Feldherrnzelt herausragenden Fuß beschränkt, wobei also die Figur des Mannes von einem kleinen Körperteil repräsentiert wird, den nur Erfahrungswissen zum Ganzen vervollständigen kann.

Jeder Bruch im anschaulichen Übergang von der Wahrnehmung zum Gedächtnisbild beeinträchtigt auch die dynamische Beziehung zwischen den beiden. Eine gebückte Figur erhält ihren charakteristischen Ausdruck ja vor allem von der sichtbaren Spannung, die sie von der Normalstellung fort- oder zu dieser hinzieht. Die Sonderhaltung des Körpers wird also nicht einfach nüchtern und spannungslos als nur eben eine von den vielen Stellungen gesehen, die logisch zu einer gemeinsamen Gruppe gehören. Sie beeindruckt uns vielmehr als das Erzeugnis einer Matrix, die sich je nach der Situation verschieden manifestiert. Die Kräfte dieses Zeugungsvorganges beleben die Wahrnehmung, wenn immer ein Sehding seine Urform wachruft.

6 Die Gedankenbilder

Man kann vielerlei über die Beziehungen zwischen Gedächtnis und Wahrnehmung sagen, ohne die beunruhigende Frage, was denn das Gedächtnis eigentlich sei, wirklich ins Auge zu fassen. Wir sagen, daß, wenn jemand im Zoologischen Garten einen Elefanten als solchen erkennt, er den Anblick des Tiers mit seiner eigenen Gesichtsvorstellung von Elefanten vergleicht. In den ersten Kapiteln ist besprochen worden, wie die Wahrnehmung sich vom Reizobjekt ableitet und daß es sich dabei nicht um eine mechanische Abbildung, sondern um das Erfassen von Struktureigenschaften handelt. Wie sieht nun das Gegenstück der Wahrnehmung im Gedächtnis aus? Ist es eine Art Bildchen, das es einem gestattet, mit geschlossenen Augen etwa das Konterfei eines Elefanten oder doch von etwas Elefantenartigem zu betrachten?

Solange man sich mit den Beziehungen zwischen Gedächtnisspuren und unmittelbarem Sehen beschäftigt, kann man es bei der Wirkung auf das Sehbild bewenden lassen, ohne zu fragen, was da eigentlich die Wirkung ausübt. Denken wir etwa an einen Künstler, der etwas aus dem Gedächtnis zeichnet. Er sitzt in seinem Atelier und zeichnet einen Elefanten. Wenn man ihn fragt, nach was für einem Modell er arbeitet, wird er uns recht überzeugend versichern, daß er keinerlei ausführliches Bild des Tieres im Geiste sieht. Und doch kontrolliert er dauernd während der Arbeit die Korrektheit dessen, was da auf dem Papier entsteht, und bestimmt und verbessert die Form in entsprechender Weise. Womit vergleicht er sie? Was ist denn die 'innere Form', das *disegno interno*, wie Federico Zuccari es 1607 nannte, um es von dem *disegno esterno* auf der Leinwand zu unterscheiden? Worum handelte es sich bei der *certa idea*, die Raffael vorschwebte, wenn er in einem berühmten Brief an den Grafen Baldassare Castiglione schrieb: »Um eine schöne Frau zu malen, müßte ich mehr schöne Frauen sehen, und zwar unter der Bedingung, daß Ihr mir bei der Auswahl behilflich wäret; aber da es so wenig schöne Frauen und befugte Richter gibt, so bediene ich mich einer gewissen Idee, die mir in den Sinn kommt.«

Man kann sich um das Problem herumdrücken, solange das Phänomen in der Außenwelt auf der Staffelei zu beobachten ist: wenn die Linien und Farben auftauchen, so sehen sie richtig oder falsch aus, und sie selber bestimmen, was an ihnen zu tun bleibt. In gewisser Hinsicht scheint das Anschauungsurteil in der Tat nur vom Wahrgenommenen bestimmt zu sein, etwa in bezug auf die formalen Qualitäten von Gleichgewicht und guter Proportion. In Wirklichkeit sind aber auch diese untrennbar von der Frage: »Ist dies meine Vorstellung von einem Elefanten?« – und diese Frage läßt sich nur beantworten, wenn der Geist des Künstlers eine Art Modell beherbergt.

Wie sehen Gedächtnisbilder aus?

Wenn die Überbleibsel von Wahrnehmungen nicht wiederum auf direkt Gesehenes angewandt, sondern an sich untersucht werden, wird die Frage besonders brennend. Das Denken, vor allem, kann sich ja mit Dingen oder Ereignissen nur dann beschäftigen, wenn diese ihm auf irgendeine Weise gegeben sind. Wenn Aristoteles erklärt, warum wir ein Gedächtnis brauchen, sagt er: »Ohne ein Vorstellungsbild kann man unmöglich denken«, wobei er sich des Wortes *phantasía* bedient. Doch schon ihm stellte sich sogleich das Problem, mit dem sich die Philosophen und Psychologen seither ständig geplagt haben. Das Denken handelt notwendig von Allgemeinheiten – wie also kann es mit Gedächtnisbildern von Einzelfällen arbeiten?

John Locke bezeichnete mit dem Wort *Ideen* sowohl Sinnes- wie Gedächtnisinhalte und sowohl Besonderes wie Allgemeines. Er definierte die *ideas* als »jederlei Gegenstand des Verständnisses, wenn ein Mensch denkt« und als das Äquivalent von »alledem, was man unter einem Phantasma, einem Begriff, einer Gattung versteht oder was immer an Seelischem für das Denken verwendbar ist ...« Diese Definition ignoriert also die heute übliche Unterscheidung zwischen Wahrnehmung und Begriff. Locke verwendete seinen Terminus für Empfindungen *(simple ideas)*, aber auch für Gegenstandswahrnehmungen *(complex ideas)* und dann auch für Begriffe *(abstract ideas)*. Meinte er, daß alle diese seelischen Phänomene dasselbe sind? Oder ließ er das Problem in der Schwebe? Dies letztere ist wohl der Fall, denn das Wesen und die Seinsart von Begriffen als seelischen Inhalten stellte für Locke ein unbehagliches Problem dar. Er schrieb:

»Zuerst finden sich in der Seele offensichtlich die besonderen Dinge vor, von denen das Verstehen dann in langsamer Stufenfolge zu einigen wenigen allgemeinen fortschreitet; diese stammen von den gewöhnlichen und vertrauten Sinnesobjekten her und siedeln sich mit allgemeinen Namen in der Seele an. Die besonderen Ideen werden also als erste empfangen und unterschieden, und so wird das Wissen von ihnen erlangt. Und dann kommen die weniger allgemeinen oder spezifischen, die den besonderen am nächsten stehen. Abstrakte Ideen nämlich sind für Kinder und für den noch ungeschulten Geist nicht so selbstverständlich und einfach wie die besonderen. Wenn sie den Erwachsenen so vorkommen, so erklärt sich das aus dem dauernden und vertrauten Umgang mit ihnen. Denn wenn wir's genau bedenken, sind allgemeine Ideen Fiktionen und Erfindungen des Geistes, die Schwierigkeiten mit sich bringen und sich nicht so einfach anbieten, wie wir meinen möchten. Erfordert es, zum Beispiel, nicht einige Anstrengung und Geschicklichkeit, die allgemeine Idee eines Dreiecks hervorzubringen

(die doch noch keine von den abstraktesten, umfassendsten und schwierigsten ist), da sie ja weder schief noch rechtwinklig, weder gleichseitig noch gleichschenklig noch unregelmäßig sein darf, sondern alle diese und zugleich keins von ihnen sein soll. In der Tat handelt es sich hier um etwas Unvollkommenes, das es nicht geben kann; eine Idee, in der Einzelteile von mehreren, verschiedenen und unvereinbaren Ideen zusammengestellt sind.«

Locke behandelte die Allgemeinbegriffe als Notbehelfe, deren der Geist bedarf, weil er zu unvollkommen ist, um den Gesamtbereich eines Begriffes in Überschau zu halten und sich daher zu praktischen Zwecken mit Zusammenfassungen behelfen muß. Jedoch konnte er sich nicht vorstellen, was für eine konkrete Form diese Anhäufungen von einander ausschließenden Eigenschaften in der Seele haben könnten. Einfach zu behaupten, daß es allgemeine Ideen nicht 'nicht geben' könne, war allerdings keine Lösung. Wenn das Denken auf ihnen beruhte, so mußten sie in irgendeiner Form existieren. Berkeley sah dies in voller Klarheit, und seine Einwendungen gegen Locke, von denen noch die Rede sein wird, waren gewiß berechtigt.

Es war wirklich eine Zwangslage. Anschaulichkeit schien mit Allgemeinheit unvereinbar, und daher mußte das Denken, das sie ja doch brauchte, auf sie verzichten. Wenn man die visuelle Gegenwart der Ideen aber aufgab, wo fand sich denn ein andrer, nichtwahrnehmungsmäßiger Daseinsbereich, in dem das Denken sich abspielen konnte? Kürzlich hat der amerikanische Psychologe Robert H. Holt in einem Aufsatz, der bezeichnenderweise ›Bildhaftigkeit: die Rückkehr der Verbannten‹ heißt, verschiedene Arten von Bildhaftigkeit aufgeführt. Ein 'Gedankenbild' wird da beschrieben als

»eine schwache subjektive Vorstellung einer Empfindung oder Wahrnehmung ohne ausreichendes Sinnesmaterial, das sich bei wachem Bewußtsein als Teil eines Denkaktes vorfindet. Hierher gehören Gedächtnis- und Phantasiebilder; sie können dem Sehen, dem Hören oder jedem anderen Sinnesgebiet angehören und können auch rein sprachlich sein.«

Von Locke her ist der Unterton der Mißbilligung noch spürbar: die Denkvorstellung ist 'schwach', weil sie nicht genug von dem besitzt, was sie haben sollte. Sie ist nicht so gut wie die Wahrnehmung. An einer anderen Stelle seines Aufsatzes erkennt Holt allerdings an, daß Bildhaftigkeit gerade wegen ihrer Eigenart eine positive Rolle spielen könne. Worin besteht aber diese Eigenart?

Kann man ohne Bilder denken?

Um die Jahrhundertwende suchten Psychologen nach einer experimentellen Antwort. Sie stellten ihren Versuchspersonen Denkfragen, wie zum Beispiel: »Soll ein Mann das Recht haben, die Schwester seiner Witwe zu heiraten?« Hinterher befragte man sie,

DIE GEDANKENBILDER

was sich in ihnen abgespielt habe. Karl Bühler folgerte aus den Ergebnissen seiner Versuche im Jahre 1908, daß man im Prinzip »ohne alle Anschauungshilfen« über jeden Gegenstand vollständig und deutlich nachdenken und sich seine Bedeutung klarmachen könne. Etwa zur selben Zeit sah sich Robert S. Woodworth in Amerika zu der Behauptung genötigt, daß es so etwas wie unsinnliche Bewußtseinsinhalte gibt und daß »nach meinen Erfahrungen unanschauliches Denken sich um so wahrscheinlicher konstatieren läßt, je besser der Denkprozeß im Augenblick funktioniert«.

Die Lehre vom unanschaulichen Denken besagte nicht, daß im Bewußtsein eines denkenden Menschen nichts Beobachtbares vor sich gehe. Nach den Versuchen sah es nicht so aus, als ob die Gedankenfrucht einem aus dem Nichts in den Schoß fällt. Im Gegenteil, man war sich darüber einig, daß das Denken oft bewußt stattfindet; aber diese Bewußtseinsvorgänge waren angeblich nicht bildhaft. Selbst geübte Beobachter fanden es unmöglich zu beschreiben, was in ihnen während des Denkens vor sich ging. N. Ach nannte solche unanschaulichen Gegebenheiten »Bewußtheiten«, und Marbe sprach von »Bewußtseinslagen«. Aber mit dem bloßen Nennen war natürlich wenig getan.

Heutzutage ist von dieser rätselhaften Sachlage nicht viel die Rede. In einer kürzlich veröffentlichten Untersuchung über Bildvorstellungen beschäftigte Jean Piaget sich ausführlich mit dem Gedächtnis, beschränkte sich aber dabei auf die äußeren Leistungen, zu denen es Kinder befähigt. Dagegen versucht Holt in dem obenerwähnten Aufsatz, seine Kollegen, die es bei den äußeren Denkleistungen bewenden lassen wollen, davon zu überzeugen, daß die Gedächtnisvorstellungen erneute und direktere Untersuchungen verdienen. Man kann ihm da nur beistimmen. Die Problemlösungsexperimente haben uns ausführlich darüber unterrichtet, was für Aufgaben Kinder oder Tiere lösen können und was für Umstände ihnen dabei hilfreich oder hinderlich sind. Aber die Versuche haben auch gezeigt, daß, wenn man verstehen möchte, warum Versuchspersonen in bestimmten Situationen erfolgreich sind, in anderen aber nicht, man nicht ohne Annahmen über das Wesen der Prozesse auskommt, die sich dabei im Nervensystem oder im Bewußtsein abspielen. So kann man zum Beispiel 'einsichtiges Verhalten' nur dann verstehen, wenn man weiß, um was für Vorgänge es sich dabei handelt. 'Einsicht' kommt von 'Sicht', und sogleich erhebt sich die Frage, wieviel darauf ankommt, daß die Problemsituation anschaulich begriffen wird. Wenn man als Psychologe keine Ahnung hätte, was für Vorgänge sich da abspielen, wie wollte man sich klarmachen, warum gewisse Bedingungen zum Verständnis beitragen, während andre es behindern? Und wie schult man den menschlichen Geist am besten für das, wozu er da ist?

Blickt man heute auf die Auseinandersetzungen über die Rolle der Bildhaftigkeit im Denken zurück, so versteht man, warum die Ergebnisse unbefriedigend ausfielen. Erstens scheinen beide Parteien vorausgesetzt zu haben, daß von Bildhaftigkeit im Denken nur dann die Rede sein könne, wenn sie sich im Bewußtsein bemerkbar mache. Wenn die Selbstbeobachtung nicht wenigstens Minimalspuren von Anschaulichkeit für jeden Denkvorgang ergab, konnte man diese nicht für unentbehrlich erklären. Die sogenannten Sensationalisten versuchten, den negativen Forschungsergebnissen mit der Behauptung gerecht zu werden, daß Automatisierung und Mechanisierung die Anschauungskomponenten des Denkens zu einem »schwachen Bewußtseinsfunken« reduzieren könnten. Man dürfe nicht erwarten, daß die Versuchspersonen einen solchen »unanalysierbaren Kümmerling« (Titchener) erkennen würden.

Auch heutzutage würde man als Psychologe natürlich zugeben, daß man eher bereit wäre, an das Vorhandensein eines Phänomens im Seelischen zu glauben, wenn es sich im Bewußtsein nachweisen ließe. Im entgegengesetzten Falle aber kann man nicht mehr darauf schließen, daß es nicht existiert. Ganz abgesehen von den Verdrängungsmechanismen der Psychoanalyse, die in einer Klasse für sich sind, weiß man heute von vielen seelischen Vorgängen, daß sie unterhalb der Bewußtseinsschwelle tätig sein können. Dazu gehört viel vom alltäglichen Sinnesmaterial. Ein großer Teil von dem, was wir mit Augen und Ohren, mit dem Tast- und dem Muskelsinn wahrnehmen, wird uns nicht bewußt, oder nur so wenig, daß wir uns nicht daran erinnern können, ob wir unser Gesicht im Spiegel sahen, als wir uns morgens die Haare kämmten, oder ob der Rohrstuhl uns beim Frühstück drückte, oder ob wir die alte Dame 'sahen', die wir auf dem Weg zur Arbeit beinahe umgerannt hätten. Bewußt erinnern tun wir uns gewiß an all dies nicht.

Im Denken kommt es zu vielen Antworten ganz oder beinahe automatisch, weil sie ohne weiteres zugänglich sind oder weil sie nur so einfache Operationen erfordern, daß sie fast blitzartig sind. Von diesen lernen wir wenig über die Natur des Denkens; und aus diesem Grunde wohl wurden den Versuchspersonen in den oben erwähnten Experimenten Denkaufgaben höheren Grades gestellt.

Wenn man aber auch unter solchen Umständen hört, daß das Denken unanschaulich vor sich gehe, so kann man die Ergebnisse im wesentlichen auf dreierlei Weise behandeln. Da das Denken ja ein Medium braucht, in dem es sich abspielen kann, so kann man behaupten, daß Menschen in Worten denken. Diese Theorie ist nicht haltbar, wie ich später zu zeigen versuchen werde. Oder man kann einwenden, daß die Gedächtnisvorstellungen unbewußt sein können. Das stimmt wohl vielfach auch, doch ist uns damit noch nicht viel gedient, denn es sagt uns nichts über das Wesen und die Funktionsweise dieser Vorstellungen. Drittens aber kann man es für möglich halten, daß die Anschaulichkeit des Denkens dem Bewußtsein zugänglich ist und auch war, daß aber zur Zeit jener ersten Experimente die Versuchspersonen nicht darauf eingestellt waren, sich von ihnen Rechenschaft zu geben. Vielleicht sagten sie aus, sie hätten keine Vorstellungsbilder gehabt, weil das, was sie erlebten, ihrem Begriff von Bildern nicht entsprach.

DIE GEDANKENBILDER

Bilder von Einzelnem und von Allgemeinem

Wie sind Gedächtnisbilder beschaffen? Nach der allerelementarsten Ansicht sind sie getreue Kopien der physischen Dinge, von denen sie stammen. Die Schule des Leukippus und Demokrit nahm an, das Sehen komme so zustande, daß Bilderchen von der Form der Gegenstände von diesen ausströmten und in die Augen eindrangen. Diese *eidola* oder Repliken dachte man sich als ebenso materiell wie die Gegenstände selbst; sie sammelten sich in der Seele als Gedächtnisbilder an. Sie waren so vollständig wie die Originale.

Am nächsten kommen dieser Beschreibung noch die eidetischen Anschauungsbilder – ein photographisch getreues Gedächtnis, daß sich nach Angaben des Marburger Psychologen Erich Jaensch bei vierzig Prozent aller Kinder und auch bei manchen Erwachsenen vorfand. Es wurde berichtet, daß ein Eidetiker sich zum Beispiel eine Landkarte derart einprägen konnte, daß er die Namen von Städten oder Flüssen, die er nicht kannte oder vergessen hatte, von seinem Gedächtnisbild ablas. In einem um 1920 von August Riekel unternommenen Versuch betrachtete ein zehnjähriger Junge das in Abb. 16 wiedergegebene Bild neun Sekunden lang. Er richtete den Blick dann auf eine weiße Leinwand und konnte Einzelheiten des Bildes ermitteln, als ob er es noch vor sich gehabt hätte. Er konnte die Fenster des Hauses im Hintergrund und die Milchkannen auf dem Wagen zählen. Als man ihn über das Türschild befragte, sagte er: »Das läßt sich schwer lesen ... doch (liest langsam) Nummer, dann kommt eine 3 und dann

Abb. 16

eine 8, oder eine 9.« Auch konnte er den Namen der Ladeninhaberin entziffern und die Zeichnung einer Kuh mit dem Wort *Milchhandlung* darüber.

Seit den zwanziger Jahren ist nur wenig von Eidetik die Rede gewesen. Ein sehr eindrucksvoller Bericht über realistische Bildvorstellungen stammt aus der Klinik von Wilder Penfield in Kanada, der die Erscheinungen durch elektrische Reizung gewisser Stellen in den Schläfenlappen des Gehirns hervorbringt. Diese Erlebnisreaktionen *(experiential responses)*, wie Penfield sie nennt, werden bei den Patienten als ein Wiederaufleben von Szenen der Vergangenheit beschrieben. Eine Patientin hörte »das Weihnachtssingen in der Kirche daheim in Holland«; ihr war, als ob sie in der Kirche sei, und die Schönheit der Begebenheit rührte sie wieder wie damals. Alle Patienten stimmten darin überein, daß das Erlebnis viel lebendiger sei als irgendeine bewußt herbeigerufene Erinnerung; es sei kein Erinnern, sondern ein Wiedererleben. Die Szene spielt sich in ihrem natürlichen Tempo ab, solange die Elektroden im Kontakt sind, und der Patient kann sie weder unterbrechen noch auf einen anderen Zeitaugenblick zurückschalten. Doch ist das Erlebnis andrerseits nicht wie ein Traum oder eine Halluzination. Der Patient weiß, daß er auf dem Operationstisch liegt und fühlt sich nicht versucht, die Personen in seiner Vision anzureden. Die Szenen scheinen jedoch ähnlich vollständig zu sein wie die in der physischen Wirklichkeit wahrgenommenen. Sie sind objektive Gegebenheiten, die man in aktiver Wahrnehmung durchforschen kann wie eine gemalte oder wirkliche Landschaft. In dieser Beziehung sind sie wie Nachbilder. Wenn man ein schwarzes Quadrat eine Weile fixiert, erscheint einem ein gespenstisch weißes, ohne daß man etwas dazu tun muß oder kann. Man kann es weder steuern noch verändern, aber man kann es als Betrachtungsobjekt benutzen. Auch die eidetischen Anschauungsbilder scheinen sich so zu verhalten. Sie benehmen sich wie Sinnesreize, nicht wie Erzeugnisse des erkennenden Geistes. Sie können daher als Denkmaterial dienen, kaum aber als Denkwerkzeuge.

Die für das Denken notwendigen Gedächtnisvorstellungen sind wahrscheinlich keine vollständigen, vollfarbigen und naturgetreuen Abbilder tatsächlicher Szenen. Das Gedächtnis kann Dinge aus dem Zusammenhang nehmen und sie isoliert zeigen. Berkeley, der darauf bestand, daß allgemeine Abbilder unvorstellbar seien, gab jedoch zu, daß es ihm »in einem bestimmten Sinne möglich sei zu abstrahieren, und zwar wenn ich Einzelteile oder -qualitäten abgesondert von anderen betrachte, mit denen sie zwar zusammen in einem bestimmten Gegenstand existieren, aber auch ohne sie vorkommen könnten«. Er könne sich etwa »einen menschlichen Rumpf ohne die Glieder« vorstellen. Einem solchen rein quantitativen Unterschied zwischen Gedächtnisvorstellung und vollständiger Wahrnehmung kann man theoretisch ohne viel Schwierigkeit gerecht werden. Er ist mit der Grundannahme vereinbar, daß die Sinneswahrnehmung eine bloße Kopie der Außenwelt ist und daß das Gedächtnis diese Kopien einfach aufbewahrt. Man behauptet nur eben, daß der Geist sich aus dem Erinnerungsgewebe Stücke herausschneiden kann, wobei das Gewebe selbst aber unverändert bleibt. Man kann solche Stücke auch zusammenflicken und auf diese Weise Zentauren und Greifen produzieren. Es ist dies die primitivste Art, sich von der menschlichen Einbildungskraft oder Phantasie Rechenschaft zu geben. Man gesteht der Schöpferkraft nichts weiter zu, als daß sie mechanisch reproduzierte Stücke der Wirklichkeit miteinander kombinieren kann.

Daß Gedächtnisbilder unvollständig sein können, hat sich in Experimenten häufig gezeigt. Kurt Koffka berichtet in einer Untersuchung aus dem Jahre 1912, daß, wenn einer Versuchsperson das Reizwort *Jurist* gegeben wurde, sie zu Protokoll gab: »Das einzige, was ich gesehen habe, ist eine blaue Aktenmappe unter einem Arm.« Noch häufiger sieht man in der Vorstellung einen Gegenstand, oder mehrere zusammen, auf leerem Grunde, ganz ohne die natürliche Umgebung. Es wird, hoffe ich, im folgenden klarwerden, daß man den in Gedächtnisvorstellungen recht häufigen Abstraktionen nicht damit Genüge tun kann, daß man vom bloßen Herauspicken von Einzelteilen spricht. Doch selbst dies primitive Abstraktionsverfahren läßt sich nicht mit der in Berkeleys Beispiel gemeinten Theorie zufriedenstellend beschreiben.

Es besteht nämlich ein grundsätzlicher Unterschied zwischen Berkeleys »Rumpf ohne Glieder« und dem Juristenarm mit der Aktentasche. Berkeley bezieht sich auf die vollständige Wahrnehmung eines unvollständigen Dinges, eines verstümmelten Körpers oder eines Bildhauertorsos. In Koffkas Fall aber wird ein vollständiges Ding unvollständig gesehen. Der Jurist ist kein anatomisches Fragment; aber nur eine bezeichnende Einzelheit von ihm wird gesehen. Der Unterschied ist etwa wie der zwischen einem bei vollem Tageslicht gesehenen Marmortorso und einem von einer Taschenlampe unvollständig enthüllten vollständigen Körper. Diese letztere Art von Unvollständigkeit ist für Gedächtnisvorstellungen typisch. Es ist eine Errungenschaft des selektiv begreifenden Geistes, der zu Besserem fähig ist als zum Aufsammeln getreulich kopierter Fragmente.

Daß man ein vollständiges Ding unvollständig sehen könne, ist ein aus dem täglichen Leben geläufiges Paradoxon. Wirft man einen Blick auf einen Rechtsanwalt, so mag man auch da nur ein Hauptmerkmal, etwa den Arm mit der Aktentasche, sehen. Hier aber ist das Selektive des Vorgangs nicht so deutlich, weil die Sinneswahrnehmung sich immer auf dem Hintergrund der vollständig gegebenen Welt abspielt. Die Gedächtnisvorstellung besitzt diesen vom Reizmaterial gelieferten Hintergrund nicht. Daher ist sie offensichtlicher auf die herausgegriffenen Merkmale beschränkt, die vielleicht sogar dem Gesamtbestand dessen entsprechen, was das ursprüngliche Sinneserlebnis aufgriff oder was die Versuchsperson einem vollständigeren Gedächtnisbild entnahm, wenn sie aufgefordert wurde, sich einen Juristen vorzustellen. Es ist, als ob Vorstellungen sich des Gedächtnisvorrats bedienen können, so wie man sich der unmittelbaren Wahrnehmung bedient. Da aber Vorstellungen auf das von der Seele Benötigte beschränkt werden können, sind ihre Ergänzungen oft 'amodal', d. h., wahrgenommen, aber nicht sichtbar.

Da Gedächtnisspuren partiell über die Anschauungsschwelle gehoben werden können, beantwortet sich damit auch die Frage: Wie kann begriffliches Denken bildhaft sein, wenn die Besonderheit der Bilder mit der Allgemeinheit der Begriffe im Mißklang steht? Unsre erste Antwort ist also, daß Vorstellungen selektiv sein können. Der Denker kann sich auf das Wesentliche einstellen und den Rest von der Sichtbarkeit entbinden. Diese Antwort wird aber nur der primitivsten Auffassung von Abstraktion gerecht, nämlich der auf dem Herauspicken von Merkmalen beruhenden Verallgemeinerung. Man braucht sich jedoch die Versuchsergebnisse nur etwas näher anzusehen, um auf den Verdacht zu kommen, daß Gedächtnisvorstellungen in Wirklichkeit ein viel subtileres Werkzeug sind und sich daher zu einer weniger simplen Abstraktionsweise eignen.

Berkeley gab ohne Umstände zu, daß Vorstellungen fragmentarisch sein können. Er wußte aber, daß ein solches Zerstückeln nicht gut genug ist, um uns das visuelle Äquivalent von Begriffen zu liefern. Der anschauliche Begriff eines Pferdes, zum Beispiel, erfordert mehr als die Fähigkeit, sich ein Pferd ohne Kopf oder ohne Beine vorzustellen. Die Vorstellung muß alle diejenigen Merkmale auslassen, durch die sich Pferde voneinander unterscheiden, und dies schien Berkeley undurchführbar.

Doch wurde zu Beginn unseres Jahrhunderts das Experiment tatsächlich gemacht, und was zuverlässige und unabhängig voneinander arbeitende Forscher fanden, war, daß Vorstellungen häufig in der Tat 'allgemein' sind. Alfred Binet unterzog seine beiden Töchterchen, Armande und Marguerite, einer ausgedehnten und anspruchsvollen Untersuchung. Einmal ließ er Armande beobachten, was in ihr vorging, wenn er das Wort *Hut* aussprach. Sah sie einen besonderen Hut oder einen Hut im allgemeinen? Die Antwort des Kindes ist ein klassisches Beispiel von Selbstbeobachtung: »C'est mal dit: en général – je cherche à me représenter un de tous ces objets que le mot rassemble, mais je ne m'en représente aucun.« (»Der Ausdruck 'im allgemeinen' ist keine gute Beschreibung – ich versuche, mir einen von den vielen Gegenständen vorzustellen, die das Wort zusammenbringt, aber vorstellen tue ich mir keinen von ihnen.«) Wenn Marguerite auf das Wort *Schnee* reagieren soll, fällt ihr zuerst eine Photographie ein, und dann sagt sie: »Ich sah den Schnee fallen ... im allgemeinen ... nicht sehr deutlich.« Und Binet weist daraufhin, daß Berkeley widerlegt wird, wenn eins der Mädchen berichtet: »Ich sehe eine Dame, sie ist angezogen, aber man kann nicht sagen, ob das Kleid weiß oder schwarz, hell oder dunkel ist.«

Auch Koffka erzielte mit einem ähnlichen Verfahren viele Allgemeinvorstellungen, die oft als sehr unbestimmt bezeichnet wurden: eine wehende, dreistreifige Fahne, ziemlich dunkel, unbestimmt, ob die Streifen waagerecht oder senkrecht laufen; ein Zug, aber man kann nicht unterscheiden, ob's ein Güter- oder Personenzug ist; eine Münze ohne erkennbare Aufschrift; eine 'schematische' Gestalt, die männlich oder weiblich sein könnte. (In einer neueren Untersuchung über Träume fand der Amerikaner Calvin S. Hall, daß in den von ihm gesammelten zehntausend Träumen von Männern und Frauen 21% der darin auftretenden Personen kein bestimmtes Geschlecht hatten.)

DIE GEDANKENBILDER

Wenn man die Versuchsberichte liest, so bemerkt man, daß die Autoren selber und auch ihre Versuchspersonen in ihren Formulierungen den Widerspruch zu umgehen suchten, der für sie darin bestand, daß die Vorstellungen Einzeldinge, aber zugleich auch allgemein waren. Sie beschreiben ihre Erlebnisse als unbestimmt oder unklar: man kann nicht feststellen, ob das Ding blau oder rot ist, denn die Vorstellung ist nicht scharf genug! Damit wird das Phänomen aber als ein bloß negatives abgetan, und man gibt zu verstehen, daß, wenn man das Ding nur ein bißchen besser sehen könnte, man schon sagen könnte, ob es rot oder blau 'ist'. Es gibt aber keine negativen Phänomene. Entweder man nimmt ein 'allgemeines' Anschauungsbild wahr oder nicht, und wenn ja, so ist Berkeleys Problem immer noch auch das unsre.

Andeuten und Aufleuchten

Unter den Psychologen hatte Edward B. Titchener das Talent und den Mut, genau zu beschreiben, was er sah, ob es nun zur geltenden Wahrnehmungstheorie paßte oder nicht. In seinen Vorlesungen über die experimentelle Psychologie der Denkprozesse (1909) sagt er:

> »*Mein Bewußtsein ist in seinem gewöhnlichen Verhalten eine ziemlich vollständige Bildergalerie – nicht von fertigen Bildern, sondern von impressionistischen Notizen. Wenn ich höre oder lese, daß jemand sich bescheiden, würdig, stolz, unterwürfig oder zuvorkommend aufgeführt hat, so sehe ich eine visuelle Andeutung von Bescheidenheit oder Würde, Stolz oder Unterwürfigkeit oder Zuvorkommenheit. Die stattliche Heldin der Erzählung gibt mir ein Aufleuchten von einer hochgewachsenen Figur, von der ich nur eine Hand deutlich sehe, die einen stahlgrauen Rock rafft; von dem unterwürfigen Bewerber habe ich ein Aufleuchten einer gebückten Figur, von der nichts deutlich ist als der gekrümmte Rücken, und manchmal auch Hände, vor das nichtvorhandene Gesicht gehalten, mit einer Gebärde der Selbstverleugnung ... Alle diese Beschreibungen müssen entweder selbstverständlich klingen oder so unwirklich wie ein Märchen.*«

Hier sprach eine neue Zeit. So klar, wie es in Worten nur möglich ist, wies Titchener darauf hin, daß es sich bei der Unvollständigkeit von Vorstellungsbildern nicht um bloße Zerstückelung oder um unzureichendes Erfassen handelt, sondern um eine positive Eigenschaft, die das anschauliche Begreifen eines Gegenstandes von dessen physischem Charakter unterscheidet. Er vermeidet damit den Irrtum, den er *thing-error* oder *object-error* nannte, nämlich die Annahme, daß das seelische Abbild eines Dinges mit allen oder den meisten objektiven Eigenschaften des Dinges selbst identisch sei.

Der Hinweis auf die Malerei und den Impressionismus ist bezeichnend. Titcheners Beschreibungen des Seherlebnisses unterscheiden sich ebenso grundsätzlich von denen anderer Psychologen wie die Bilder der Impressionisten von denen ihrer Vorgänger.

Obwohl an sich die Künstler der Generation vor Edouard Manet schon recht großzügig mit den Dingen der Wirklichkeit umgegangen waren, hielt man doch noch allgemein an dem Grundsatz fest, daß ein Bild auf Naturtreue abzielen müsse. Erst mit den Impressionisten begann auch die Theorie sich zu der Ansicht zu bekehren, daß ein Bild ein Erzeugnis des Geistes und nicht ein Niederschlag der physischen Wirklichkeit ist. Auf diesen Unterschied gründet sich die moderne Kunstlehre. Und ein ähnlich fundamentaler Bruch mit dem Überkommenen entsteht ein paar Jahrzehnte später auch in der Psychologie der Gesichtswahrnehmungen.

Der Vergleich mit impressionistischen Bildern erleichtert uns das Verständnis für Titcheners »visuelle Andeutungen« und für das »Aufleuchten«. Statt die Form der menschlichen Figur oder eines Baums im einzelnen auszuführen, deuteten die Impressionisten sie nur mit ein paar Pinselstrichen an, und diese bloße Annäherung sollte nicht den Schein einer voll ausgeführten Darstellung erwecken. Die angestrebte Wirkung verlangte vielmehr, daß man die Pinselstriche sah, wie sie da waren. Doch auch hier wieder würde man den 'Dingirrtum' begehen, wenn man die Pinselstriche mit der von ihnen hervorgebrachten Wirkung gleichsetzte. Die gewünschte Wirkung bestand in der Tat im Andeuten und Aufleuchten, in bloßen Hinweisen auf Richtungen und Farben und nicht im Sehen von vollständigen Umrissen und Farbflächen. Was das Gewebe von Farbstrichen im Beschauer erwecken sollte, läßt sich am besten als eine Konfiguration visueller Kräfte beschreiben.

Sinneserlebnisse dieser Art sind in Worten schwer auszudrücken, denn die Sprache ist darauf eingerichtet, die handfesten, materiellen Eigenschaften von Dingen wiederzugeben. Doch ist die Wahrnehmungsqualität, um die es hier geht, unschätzbar für das Denken. Mit ihrer Hilfe läßt sich ein Motiv auf ein Gefüge wesentlicher dynamischer Faktoren zurückführen, von denen keiner ein materieller Teil des Dinges selbst ist. Der unterwürfige Bewerber wird zum bloßen Aufleuchten einer gebückten Gestalt. Und diese Sinnesabstraktion kommt zustande, ohne daß die konkrete Erfahrung dabei verloren geht, denn wir *verstehen* die unterwürfige Krümmung nicht nur als die des Bewerbers, sondern *sehen* sie als den Bewerber selber.

Obwohl diese Bildvorstellungen unbestimmte Umrisse, Flächen und Farben haben können, bestimmen sie die von ihnen im Beschauer wachgerufenen Kräftespiele mit der größten Genauigkeit. Nach einem verbreiteten Vorurteil ist eine Form unbestimmt, wenn sie nicht deutlich umrandet, komplett und detailliert ist. Aber zum Beispiel in der Malerei ist ein scharfumrissenes Bildnis von Holbein oder Dürer wahrnehmungsmäßig nicht bestimmter als die Gewebe von Pinselstrichen, aus denen die Gesichter eines Frans Hals oder Oskar Kokoschka bestehen. In der Mathematik bezeichnet eine topologische Aussage oder Zeichnung räumliche Beziehungen wie Enthaltensein oder Überschneidung mit aller Schärfe, obwohl die eigentlichen Formen unbestimmt bleiben. In der Logik behauptet niemand, daß die Allgemeinheit eines Begriffes ihn unbestimmt macht, weil ihm die Einzelmerkmale mangeln; im Gegenteil, der Begriff verschärft sich durch die Beschränkung auf wenige Merkmale. Warum sollte das bei den

Vorstellungsbildern nicht ebenso sein? In der Kunst kann man ja eine Figur auf eben diese Weise präzisieren, indem man sie auf die einfache Form einer ausdrucksvollen Gebärde oder Haltung reduziert. Auch hier wieder kann uns Titcheners Beobachtungsgabe behilflich sein. Er riet seinen Studenten, einmal das tatsächliche Nicken eines Kopfes mit dem bloß vorgestellten Nicken, das Zustimmung ausdrückt, zu vergleichen, oder wirkliches Stirnrunzeln mit dem vorgestellten, das Verwunderung ausdrückt: »Das wahrgenommene Nicken und Stirnrunzeln ist grob und rauh im Umriß; das vorgestellte ist sauber und feinlinig.«

Gewiß kann ein skizzenhaftes Bild auf der Leinwand oder im Auge des Beschauers unscharf und verworren aussehen, aber dies kann bei dem sorgfältigst ausgeführten Bild ebenso vorkommen. Formlosigkeit ist nicht dasselbe wie Mangel an Einzelheiten oder Schärfe; sie hängt davon ab, ob das Strukturskelett des Bildes organisiert und geordnet ist. Wenn Francis Galton für sein Überlagerungsmodell Porträtphotos übereinanderkopierte, um auf diese Weise die Allgemeinbilder von Gesundsein, Kranksein, Verbrechertum oder Familientyp herzustellen, erhielt er verschwommene Bilder, die wenig besagten – nicht weil sie unscharf, sondern weil sie formlos waren.

Wie abstrakt kann ein Bild sein?

Bisher ist von Vorstellungsbildern physischer Dinge, wie menschlichen Figuren oder Landschaften, die Rede gewesen. Einige davon waren von abstrakten Begriffen wie Bescheidenheit oder Würde angeregt. Auch war der sichtbare Bestand mancher dieser Bilder auf ein bloßes Aufleuchten von Form oder Bewegung beschränkt, so daß man das tatsächlich Gesehene schon kaum noch als ein Abbild des Gegenstandes bezeichnen konnte. Es erhebt sich also die Frage: Wie abstrakt kann ein solches Bild sein?

Die Synästhesien fallen einem ein, denn sie erregen im allgemeinen ungegenständliche Vorstellungsbilder. Bei *audition colorée* oder Farbenhören sieht jemand Farben, wenn er Töne hört, besonders Musik. Im allgemeinen erhöhen diese Gesichtsempfindungen weder den Genuß noch das Verständnis der Musik, selbst wenn die Beziehung zwischen Tönen und Farben einigermaßen beständig ist. Hingegen hat man mit viel Erfolg versucht, Musik durch farbige Formen in Bewegung auf der Filmleinwand zu begleiten (Oskar Fischinger, Walter Ruttmann, Norman McLaren), wobei gemeinsame Ausdrucksqualitäten von Bewegung, Rhythmus, Farbe, Form und Tonhöhe in den zwei Sinnesgebieten einander verstärkten. Ob solche Kombinationen förderlich oder störend sind, hängt hauptsächlich davon ab, ob sich Strukturbeziehungen zwischen ihnen wahrnehmen lassen.

So ist es wohl auch, wenn theoretische Begriffe wie etwa die Zahlenreihe oder die Monatsnamen mit Farben oder Ortsbeziehungen assoziiert werden. Auch diese Begleiterscheinungen treten offenbar in manchen Menschen ganz spontan auf. Francis Galton

83 Inquiries into Human Faculty

I give woodcuts of representative specimens of these Forms, and very brief descriptions of them extracted from the letters of my correspondents. Sixty-three other diagrams on a smaller scale will be found in Plates I., II. and III., and two more which are coloured are given in Plate IV.

D. A. "From the very first I have seen numerals up to nearly 200, range themselves always in a particular manner, and

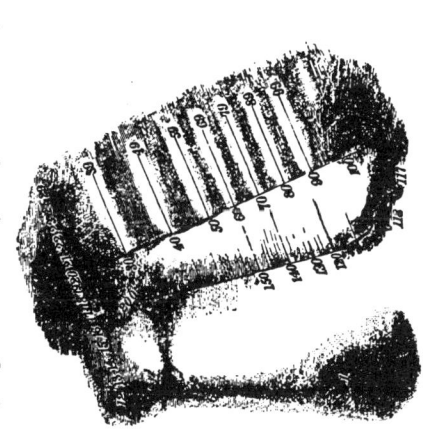

in thinking of a number it always takes its place in the figure. The more attention I give to the properties of numbers and their interpretations, the less I am troubled with this clumsy framework for them, but it is indelible in my mind's eye even when for a long time less consciously so. The higher numbers are to me quite abstract and unconnected with a shape. This rough and untidy[1] production is the best I can do towards representing what I see. There was a little difficulty in the performance, because it is only by catching oneself at unawares, so to speak, that one is quite sure that what one sees is not affected by temporary imagination. But it does not seem much like, chiefly because the mental picture never seems *on* the flat but *in* a thick, dark gray atmosphere deepening in certain parts, especially where it emerges, and about 20. How I get from 100 to 120 I hardly know, though if I could require these figures a few times without thinking of them on purpose, I should soon notice. About 200 I lose all framework. I do not see the actual figures very distinctly, but what there is of them is distinguished from the dark by a thin whitish tracing. It is the place they take and the shape they make collectively which is invariable. Nothing more definitely takes its place than a person's age. The person is usually there so long as his age is in mind."

T. M. "The representation I carry in my mind of the numerical series is quite distinct to me, so much so that I cannot think of any number but I at once see it (as it were) in its peculiar place in the diagram. My remembrance of dates is also nearly entirely dependent on a clear mental vision of their *loci* in the diagram. This, as nearly as I can draw it, is the following:—

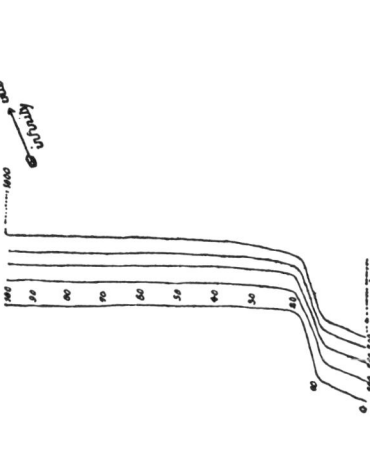

[1] The engraver took much pains to interpret the meaning of the rather faint but carefully made drawing, by strengthening some of the shades. The result was very very satisfactory, judging from the author's own view of it, which is as follows:—"Certainly if the engraver has been as successful with all the other representations as with that of my shape and its accompaniments, your article must be entirely correct."

hat das in seinen berühmten Untersuchungen über Bildvorstellungen gezeigt, wovon eine Probeseite in Abb. 17 wiedergegeben ist. Diese können recht stabil sein. Aber obwohl sie manchmal als Gedächtnishilfen benutzt werden, hat man nicht den Eindruck, als ob sie beim aktiven Umgehen mit den Begriffen von Nutzen sind, und zwar deshalb nicht, weil die Strukturbeziehungen der Anschauungsformen diejenigen der entsprechenden Begriffe nicht zu versinnbildlichen scheinen. Eines der Mitglieder der Royal Society, die von Galton befragt wurden, sah die Zahlenreihe von null bis hundert gewöhnlich »in der Form eines etwas schrägliegenden Hufeisens, mit dem offenen Ende zu mir gekehrt«, wobei die Zahl 50 am Höhepunkt lag. Höchstwahrscheinlich hat dies Anschauungsbild dem Professor beim Rechnen wenig genützt.

Nun kann man mit theoretischen Begriffen aber auch nicht im Leeren umgehen. Manchmal werden sie mit Erinnerungsbildern assoziiert, und diese sind nicht unbedingt willkürlich. So saß Titchener einst auf dem Podium hinter »einem recht überschwenglichen Vortragenden, der von dem Wörtchen 'aber' ausgiebigen Gebrauch machte«, woraufhin sich das 'Aber-Gefühl' sein Leben lang für ihn »mit der Momentanvorstellung eines kahlen, unten mit einem Kranz von Haaren umsäumten Schädels und mit massiven schwarzen Schultern verband und die ganze Erscheinung immer von Nordwesten nach Südosten durch das Gesichtsfeld glitt«. Titchener selber zitiert dies Beispiel als eine bloße Gelegenheitsassoziation, doch mag sich das Erinnerungsbild nur deshalb so hartnäckig an den Begriff geklammert haben, weil eben doch eine innerliche Ähnlichkeit zwischen der Schrankennatur des 'aber' und dem abgewandten Redner mit den massiven schwarzen Schultern bestand. Und wenn die Vorstellung auch in Titcheners Denken wahrscheinlich von wenig Nutzen gewesen ist, so mag sie doch sein Gefühl für den dynamischen Ausdruck von Aber-Sätzen verfeinert haben, d. h. für die Bremswirkung, die solche Einwendungen auf positive Aussagen ausüben.

Manche Anschauungsvorstellungen für theoretische Begriffe sind bloße Gewohnheitsmetaphern. Herbert Silberer hat über »hypnagogische Zustände« berichtet, die ihn häufig überkamen, wenn Denkbemühungen ihn schläfrig machten. In einem Fall plagte er sich vergeblich damit, den Zeitbegriff in Kants und Schopenhauers Philosophie zu vergleichen, und die Enttäuschung übersetzte sich spontan in das Vorstellungsbild eines »verdrießlichen Sekretärs«, der keine Auskunft geben wollte. Bei einer anderen Gelegenheit wollte er einen Gedanken, der ihm gekommen war, noch einmal durchgehen, um ihn nicht zu vergessen, als sich während des Einschlafens das Bild eines livrierten Bedienten einstellte, der seiner Aufträge gewärtig vor ihm stand. Oder er sah sich ein Brett hobeln, nachdem er sich mit einer holprigen Stelle in einem Manuskript abgemüht hatte. Hier spiegelt sich in den Vorstellungen ein fast automatischer Gleichlauf zwischen seelischem Verhalten und physischen Vorgängen wieder. Ähnliche Beispiele finden sich in Charles Darwins Untersuchung über den Gefühlsausdruck. Wenn jemand mit einem ihn irritierenden Problem ringt, mag er sich den Kopf kratzen, als ob er eine physische Reizung zu stillen versuche. Der Organismus funktioniert als eine Ganzheit, und so liefert der Körper das physische Gegenstück zum Geisteszustand. Bei

Silberers hypnagogischen Zuständen liefern spontane Vorstellungen das körperliche Gegenstück.

Einfältige Illustrationen dieser Art können beim Denken eher ablenken als helfen. Wenn Galton zu seiner Verwunderung entdeckte, daß »die große Mehrzahl von Wissenschaftlern, an die ich mich zuerst wandte, sich dagegen verwahrten, daß sie auch nur das Geringste mit Vorstellungsbildern zu tun hätten«, kam er schließlich zu der Folgerung, daß »die allzu bereite Wahrnehmung von deutlichen Vorstellungsbildern der Ausbildung von sehr allgemeinen und abstrakten Denkgewohnheiten im Wege steht, besonders wenn die Denkvorgänge Worte als Symbole verwenden; so daß selbst wenn Männer, die intensiv denken, die Gabe der Gesichtsvorstellung ursprünglich besessen hätten, sie ihnen wahrscheinlich aus Mangel an Verwendung verlorengegangen wäre.«

Zwischen der pedantischen Ausdrücklichkeit bloß illustrativer Vorstellungen und dem Wert eines gutgewählten Beispiels läßt sich nun aber schwer ein Trennungsstrich ziehen. Passende Beispiele erlauben es einem, Wesen und Konsequenzen einer Idee in einer Art von Gedankenexperiment auszuprobieren. Das Denken befaßt sich oft mit unmittelbar sichtbaren Objekten, mit denen es, sehr zu seinem Vorteil, sogar physisch herumhantieren kann. Sind die Objekte nicht gegenwärtig, so kann man sie sich statt dessen vorstellen. Solche Vorstellungsbilder brauchen aber nicht naturgetreu zu sein. Hier mag noch ein anderes Beispiel von Silberers Wachträumen zitiert werden. Im schläfrigen Dämmerzustand beschäftigt er sich mit »transsubjektiv gültigen Urteilen«. Können Urteile für jedermann zutreffen? Tun das vielleicht nur manche? Unter welchen Umständen? Natürlich kann man nach der Antwort nur forschen, indem man zuständige Probesituationen untersucht. Plötzlich erscheint in dem schläfrigen Gehirn das Bild eines im Nirgendwo schwebenden großen Kreises oder einer durchsichtigen Kugel mit Menschen drumherum, deren Köpfe hineinreichen. Dies ist eine ziemlich schematische Veranschaulichung der Idee, um die es geht, aber sie macht ihr strukturelles Grundthema metaphorisch zugänglich: alle Köpfe befinden sich in einem gemeinsamen Bereich, doch die Körper sind davon ausgeschlossen. Es ist eine Art Arbeitsmodell. Die Vorstellung enthält Naturobjekte – Menschenfiguren, eine Kugel – aber in einer durchaus unnatürlichen, im irdischen Schwerefeld nicht zu verwirklichenden Anordnung. Vielmehr ist die Anordnung von der Idee im Kopf des träumenden Denkers bestimmt. Die zentrische Symmetrie der konvergierenden Figuren ist eine einfache, klare und höchst ökonomische Darstellung des Begriffes 'gemeinsame Urteile', ist aber ohne Rücksicht auf das im physischen Raum Mögliche konzipiert. Auch die Durchsichtigkeit der Kugel deutet darauf hin, daß dieser paradoxal feste Körper, in den andere Körper hineinreichen können, nur so weit der physischen Welt angepaßt ist, als die Erfordernisse des Denkgegenstandes es zulassen. Obwohl völlig phantastisch als ein physisches Ereignis, ist das Bild durchaus sachlich und funktionell in bezug auf die Idee.

Galton kritisierte zwar »die allzu bereite Wahrnehmung von deutlichen Vorstellungsbildern«, aber er sah auch, daß kein Grund vorlag, die Anschauungsfähigkeit zu unterdrücken. Er bemerkte, daß wenn diese Fähigkeit sich frei betätigen kann und nicht darauf beschränkt ist, harte und beständige Formen abzubilden, »so könnte sie ganz automatisch auf Grund früherer Erfahrung Allgemeinbilder produzieren.«

Wenn Gegenstände sich auf wenige entscheidende Andeutungen von Richtungen und Formen reduzieren lassen, so sollten noch viel abstraktere Konfigurationen und Vorgänge vorstellbar sein, die gar nichts vom Bestand der gegenständlichen Welt abbilden. In den Künsten hat unser Jahrhundert die gegenstandslose Malerei und Skulptur hervorgebracht. Titcheners Vorstellungsbilder erinnerten uns an den Impressionismus, und manche seiner Beispiele lassen sich in der Tat ziemlich direkt auf bestimmte Formen der modernen Kunst beziehen: »Für mich ist *Pferd* eine Doppelkurve und eine Sprungstellung mit einem Anflug von Mähne; *Kuh* ist ein längliches Rechteck mit einem besonderen Gesichtsausdruck, einer Art von übertriebenem Schmollen.« Aber Titchener kann noch moderner klingen. Er beschreibt die 'Muster', die ein bestimmter Schriftsteller oder ein Buch in ihm hervorrufen: »Ich habe da etwas wie ein mattes Rot ... Winkel, keine Kurven; ziemlich deutlich kommt mir ein Bild von Bewegung längs von Linien, und von Klarheit oder Durcheinander, wo die sich bewegenden Linien zusammentreffen. Das ist aber alles, jedenfalls soweit normale Selbstbeobachtung reicht.« Während Titchener seine Selbstbeobachtungen aufzeichnete, durchforschten Künstler wie Wassily Kandinsky die geheimnisvolle Zone zwischen Darstellung und Abstraktheit. Titchener stellt sich den Begriff *Bedeutung* oder *Sinn* vor (sein Wort ist: *meaning*): »Ich sehe *Bedeutung* als die blaugraue Spitze von einer Art Schöpfkelle, an der oben ein bißchen Gelb ist (wahrscheinlich ein Teil des Griffs) und die sich gerade in eine dunkle Masse, offenbar ein weiches Material, hineingräbt« – eine Bildkonzeption, die in einer Ausstellung von Kandinskys *Blauem Reiter* nicht fehl am Ort gewesen wäre.

Was Titchener an moderner Kunst gesehen und in sich aufgenommen hatte, kann ich nicht sagen; doch zeigen unsre Beispiele, daß er sicherlich fähig war, die Außen- und die Innenwelt des Bewußtseins im Geiste moderner Malerei zu sehen. Dies traf aber für Durchschnittsmenschen damals nicht zu, auch nicht für Durchschnittspsychologen. Selbst heutzutage reden Psychologen, besonders wenn es sich um die Wahrnehmung handelt, von Künstlern häufig noch so, als ob diese sich damit beschäftigten, täuschend ähnliche Kopien der Wirklichkeit zu produzieren. Für die Psychologen, die über 'unanschauliches Denken' experimentierten, war ein 'Bild' wahrscheinlich das, was sie von realistischen Bildern und Photographien her kannten. Wenn sie die berühmten Bilder der Vergangenheit, etwa einen Raffael oder Rembrandt oder Courbet, mit dem üblichen Vorurteil und nicht sehr sorgfältig betrachteten, so sahen sie wahrscheinlich komplette Kopien von Landschaftsmotiven und Innenräumen, Stilleben und menschlichen Figuren. Wenn sie das unter Bildern verstanden, stand kaum zu erwarten, daß sie höchst abstrakte Formen der Vorstellung als 'Bilder' anerkennen und beschreiben würden. Théodule Ribot, der in einer einschlägigen Untersuchung neunhundert Antworten zusammenbrachte, hat nur ganz gelegentlich ein Beispiel von ungegenständlichen Formen; eine seiner Versuchspersonen sah das Unendliche als ein schwarzes Loch. Es nimmt nicht wunder, daß man auch in der heutigen Denkpsychologie wenig Belege findet, denn sie teilt ja so vielfach mit dem Behaviorismus eine Vorliebe für äußerlich beobachtbare Leistungen.

Was beim unanschaulichen Denken vor sich ging, war wohl tatsächlich kaum unanschaulich. Aber die Anschauungsformen, um die es sich da handelte, können leicht abstrakter gewesen sein als die von Koffka und Binet beschriebenen. Bei diesen dienten sie ja kaum Denkvorgängen. Wörter wie *Hut* oder *Fahne* können zu recht konkreten Vorstellungen führen, während es sich beim Lösen theoretischer Probleme oft um höchst abstrakte Konfigurationen handelt, die im Bewußtseinsfeld als topologische und oft als geometrische Figuren erscheinen. Wahrscheinlich waren diese gegenstandslosen, häufig fast unerkennbar schwachen Bildvorstellungen der 'unsinnliche Inhalt', die 'nicht wahrnehmungsmäßigen Beziehungsgefühle', deren paradoxale Seinsform den Forschern so viel Kopfzerbrechen machte. Sie mögen ganz normal, ganz gewöhnlich und sogar unentbehrlich sein, wenn ein Mensch in allgemeinen Begriffen denkt und daher die Allgemeinheit reiner Formen zum Denken braucht. »Ich neige zu der Ansicht«, gestand Ribot, »daß die Bilderlogik der Urantrieb für die gestaltende Einbildungskraft ist.«

7 Begriffe nehmen Gestalt an

Wenn das Denken in Bildvorstellungen vor sich geht, müssen viele dieser Vorstellungen äußerst abstrakt sein, da der Geist ja häufig auf hohen Abstraktionsstufen tätig ist. Doch kann man ihrer nicht leicht habhaft werden. Wie schon bemerkt, könnte es sein, daß viele solche Bildvorstellungen unterhalb der Bewußtseinsschwelle bleiben; und selbst wenn sie bewußt sind, mögen sie Menschen, die mit dem unbehaglichen Geschäft des Selbstbeobachtens wenig vertraut sind, nicht ohne weiteres zugänglich sein. Vorstellungen sind auch unter günstigen Bedingungen schwer zu beschreiben und leicht zu verscheuchen. Man kann aber versuchen, sich mit Zeichnungen zu behelfen, die als Abbildungen von Vorstellungen gemeint sind.

Zeichnungen sind oft in Gedächtnisversuchen verwendet worden. Sie sind gewiß keine getreuen Kopien von Vorstellungen, besitzen aber wahrscheinlich einige ihrer Eigenschaften. Die in diesem Kapitel vorgelegten Beispiele sollen also nicht beweisen, wie die ihnen zugrundeliegenden Bildvorstellungen aussahen, sondern nur auf einige Strukturmerkmale hindeuten, die jene vielleicht besaßen. Es soll gezeigt werden, daß bildliche Darstellungen gute Werkzeuge für das abstrakte Denken sein können und was für Begriffsdimensionen ihnen zugänglich sind.

Der Typ von Zeichnungen, um die es sich hier handelt, sind die schematischen Kritzeleien, mit denen Lehrer und Vortragende auf der Tafel Konstellationen aller Art versinnbildlichen – physikalische oder soziale, psychologische oder auch rein logische. Da solche Zeichnungen oft ungegenständlich sind, was stellen sie eigentlich dar? In welcher Weise sind sie den Begriffen, die sie darstellen, zugeordnet? Was für Darstellungsmittel stehen ihnen zur Verfügung? Wie helfen sie beim Denken? Wovon hängt es ab, wie gut eine solche Zeichnung ihren Zweck erfüllt?

Abstrakte Gebärden

Der Unterschied zwischen gegenständlichen und ungegenständlichen Darstellungen scheint zunächst ganz plausibel; doch handelt es sich dabei eigentlich nur um einen Gradunterschied. Das sieht man zum Beispiel an deskriptiven Gebärden, die ja als Vorläufer der Linienzeichnung anzusprechen sind. Auch hier ist man zunächst versucht, Abbildungsgebärden von anderen zu unterscheiden. Tatsächlich aber beschränkt sich Abbildung durch Gebärde zumeist auf eine Einzelqualität oder -dimension, etwa die Größe oder Winzigkeit eines Dinges, die Sanduhrform einer ansehnlichen Damenfigur, die Bestimmtheit oder Unbestimmtheit einer Begrenzung. Für uns kommt es hier darauf an, daß diese Art von anschaulicher Beschreibung trotzdem so üblich, so zufriedenstellend und nützlich ist. Und zwar ist sie es nicht trotz der Sparsamkeit ihrer Mittel, sondern gerade wegen dieser Sparsamkeit. Eine Gebärde ist deshalb so eindrucksvoll, weil sie ein wesentliches Charakteristikum des Themas auswählt und hervorhebt. Den Begleitumständen bleibt es überlassen klarzustellen, auf was im besonderen die Geste sich bezieht: erstaunlich groß mag das Weihnachtspaket vom reichen Onkel oder auch der am vorigen Sonntag gefangene Fisch sein. Die Gebärde beschränkt sich in intelligenter Weise auf das, worauf es ankommt.

Die Abstraktheit von Gebärden ist noch offensichtlicher, wenn sie Begebenheiten darstellen. Die Beschreibung eines Autounfalls verbildlicht den Zusammenprall als solchen, ohne Hinweis auf das, was da zusammengeprallt ist. Man zeigt den geradlinigen oder umständlichen Weg eines Vorganges oder Vorgehens, elegantes Dahinsegeln oder schwerfälligen Trott. Gebärden veranschaulichen Stoßen und Ziehen, Durchbruch und Hindernis, Klebrigkeit und Härte, doch sieht man nicht, wovon das alles ausgesagt wird.

Die Eigenschaften physischer Gegenstände und Vorgänge werden in allen Kulturen unbedenklich auch auf nichtphysische angewendet, obwohl nicht immer in genau der gleichen Weise. Die Größe einer Überraschung wird mit einer ähnlichen Geste ausgedrückt wie die Größe des Fisches, und ein Aufeinanderprallen von Meinungen ähnlich wie ein Autozusammenstoß. David Efron hat die Gebärdensprache zweier Einwanderergruppen in New York City untersucht und dabei zeigen können, daß die Bewegungsformen der Denkweise der betreffenden kulturellen Typen parallel gehen. Die Gebärden von Juden, die aus einem Gettomilieu stammten, waren der traditionellen Sophistik des talmudischen Denkens verwandt; sie »scheinen die Richtung im Winkel zu wechseln, so daß sich eine Serie von Zickzackbewegungen ergibt, die wie eine komplizierte Stickerei aussehen, wenn man sie auf Papier zeichnet«. Hingegen spiegelt sich in den Gesten der italienischen Einwanderer, die zumeist aus einer Landbevölkerung von geringer Schulbildung kommen, eine viel einfachere Denkweise wider; »dieselbe Richtung wird beibehalten, bis eine Gestenform vollendet ist«.

Man kann mit Gebärden den Gang einer Auseinandersetzung darstellen, als wäre sie ein Boxkampf: das Abwägen der Angriffsmöglichkeiten, das Hin- und Herspringen, den geschickten Seitenangriff, den niederschmetternden Knockout. Diese spontane Verwendung von Metaphern beweist nicht nur, daß die Menschen sich überall der strukturellen Ähnlichkeit bewußt sind, die physische und nichtphysische Dinge verbindet. Darüber hinaus zeigt die Gebärdensprache, daß die Anschauungsqualitäten von Form und Bewegung in den Denkvorgängen selber enthalten sind, die sich in den Gebärden abbilden, ja daß diese Qualitäten selber das Medium sind, in dem sich das

Denken abspielt. Natürlich handelt es sich hier nicht immer nur um visuelle Eigenschaften. Die Muskelempfindungen beim Stoßen, Ziehen, Vordringen und Widerstandleisten sind ein wesentlicher Bestandteil des Gebärdenspiels.

Ein Bilderbeispiel

Bilder, die nicht in die Luft geschrieben sind wie die Gebärden, sondern eine dauerhafte Spur hinterlassen, geben uns ausführlichere Auskunft über die Natur der Denkvorstellungen. Auch hier kann es sich natürlich nicht um eine buchstäbliche Ähnlichkeit handeln. Von anderen Faktoren ganz abgesehen, wird die besondre Form, die eine Gedankenstruktur in einer visuellen Darstellung annimmt, davon abhängen, ob es sich um ein Flächenbild oder um eine dreidimensionale Form, um Linien oder Farbflecke handelt, während Vorstellungsbilder ja an keinerlei Materialbedingungen gebunden sind.

Hier sei zunächst ein Beispiel besprochen, das etwa die Mitte hält zwischen den bescheidenen Fähigkeiten eines Durchschnittsmenschen, der seine Gedanken bildlich darstellen will, und der für Künstlerarbeiten typischen Beherrschung, Klarheit und Ausdruckskraft der Form. Abb. 18 ist nach einem Farbenholzschnitt reproduziert, den eine junge Studentin, Frl. Rhona Watkins, kurz vor der Abgangsprüfung ausführte. Ihr Thema war die vielversprechende, aber zunächst noch von Hindernissen verstellte Zukunft. Das Bild ist ganz ungegenständlich, enthält aber doch deutliche Anklänge an die sichtbare Außenwelt. Ebenso wie physische Gegenstände oder Vorgänge durch abstrakte Formeigenschaften dargestellt werden, können abstrakte Darstellungen von Ideen mehr oder weniger direkt an Wirklichkeitsdinge erinnern. Auch hier wieder zeigt sich, daß es keinen prinzipiellen Unterschied zwischen gegenständlicher und ungegenständlicher Darstellung gibt, sondern nur eine kontinuierliche, von den naturgetreusten Abbildungen zu den reinsten Formen reichende Stufenleiter.

Die landschaftartige Unterscheidung zwischen einer mit Gegenständen besetzten Bodenfläche und leerem Himmel versinnbildlicht in dem Holzschnitt den Grundunterschied zwischen der handgreiflich nahen Gegenwart und der Aussicht in die ferne Zukunft, die noch leer, noch unerfüllt ist. Die Zeit ist also in die Tiefendimension des Raums übersetzt. Zeitlich und räumlich am nächsten liegen die dunklen, deutlich bezeichneten Hindernisse; in der Ferne, noch undifferenziert und von einer gefühlsbetonten Farbstimmung beherrscht, liegen die Verheißungen kommender Jahre. Die Ebenmäßigkeit der in der Ferne stehenden Wand unterbricht von rechts her ein eindringender Keil, der die Geschlossenheit der Aussicht auflockert, aber auch bedroht, wobei er die Hauptfarbe übernimmt, aber auch eine Dissonanz zwischen der Gelblichkeit seines eignen Rot und der Bläulichkeit des Roten in der Hauptfläche hervorruft. Ähnlich zwiespältig ist die Funktion des Keils in seiner Form, die einerseits die runde Großform aufbricht, andererseits aber ihre Grenzen respektiert.

Abb. 18 Rhona Watkins, Woodcut, 1966 (Hintergrund: zartrosa, Mittelfläche: erikarot, von rechts eindringender Keil: gelblicheres Rot, gewinkelte Stäbe: schwarz, Streifen im Vordergrund und links unter der Waagerechten des schwarzen Stabes: olivgrün)

Die Vorstellung von der Zukunft zeigt keine unmittelbare Verbindung mit derjenigen von der Gegenwart. Keine anschauliche Brücke führt vom Vorder- zum Hintergrund. Die nahe Gegenwart der dunklen Hindernisse besteht für sich, muß für sich erledigt werden, hat mit der Zukunft nichts zu tun und verlegt dennoch den Weg zu dieser. Die Scheidung ist deutlich, doch sieht man zugleich auch eine beunruhigende Andeutung, daß die Hindernisse die Zukunft trotzdem berühren, denn der Horizontalstab links fällt mit dem Horizont perspektivisch zusammen und ebenso der rechte Stab mit der Obergrenze der fernen roten Fläche. Zwar wird diese drohende Einmischung als eine bloß subjektive Überlagerung erkannt, doch hat sie für den Augenblick eine sichtliche Wirklichkeit, und die dunklen, metallisch harten Stangen überdecken die Aussicht wie ein Fenstergitter im Gefängnis.

Immerhin ist die Behinderung nicht übermächtig. Die Schranken sind zwar unorganisch hart, doch sind sie nur teilweise geradlinig. Sie sind geknickt und gerundet, besitzen also eine gewisse Schwäche und Biegsamkeit, und sie sind am dünnsten, wo sie am stärksten sein müßten. Auch ist weder der Parallelismus noch die Symmetrie der beiden Vordergrundsformen vollständig, und dieser Mangel an Starrheit gibt dem ganzen Gerüst etwas Zufälliges und daher Anfälliges und Unbeständiges.

Verglichen mit dem Thema, das sie darstellt, ist die Bildaussage offensichtlich abstrakt. Weder Gegenwart noch Zukunft sind im geringsten gegenständlich geschildert, und doch ist das Wesentliche des Inhalts in durchaus anschaulichen Formen, Farben und Raumbeziehungen dargestellt. Gewiß ist die Erfindung simpler und weniger eigenartig als die eines reifen Künstlers, doch sind andererseits die entscheidenden Faktoren deutlicher und eindringlicher gegeben, als wir sie in den jetzt zu betrachtenden Laienskizzen finden werden. Zu bemerken ist auch noch, daß Frl. Watkins' Holzschnitt das Endergebnis beträchtlichen Suchens und Versuchens war und daß das Aufspüren der 'richtigen' Form zugleich auch ein Erforschen der seelischen Situation bedeutete, die sie darstellen und bewältigen wollte. Wie man aus Erfahrungen auf dem Gebiet der Kunsttherapie weiß, entspringt einer der Hauptantriebe zur bildnerischen Arbeit dort dem Bedürfnis, etwas menschlich Bedeutsames durchzudenken. In diesem Sinne ist die Vollendung des Bildes auch eine Lösung des Denkproblems, obwohl sich das Ergebnis nicht in Worten ausdrücken lassen mag.

Versuche mit Zeichnungen

Einige meiner Studentinnen am Sarah Lawrence College versuchten sich an vorläufigen Experimenten über die bildnerische Darstellung von Begriffen. Frl. Abigail Angell ließ ihre Versuchspersonen, zumeist Mitschülerinnen, die Begriffe *Vergangenheit, Gegenwart, Zukunft* und *Demokratie* und *Gute Ehe, schlechte Ehe* in abstrakten Zeichnungen darstellen; Frl. Brina Caplan verwendete den Begriff *Jugend* in ähnlicher Weise. Erklärende Kommentare wurden teils vom Versuchsleiter angefordert, teils spontan beigesteuert.

Die Art der Aufgabe erregte bei diesen Versuchspersonen wenig Zögern. Natürlich reichte die zeichnerische Geschicklichkeit bei manchen nur zu ein paar schüchternen und schematischen Strichen, während andere besser Ausgeführtes abliefern konnten; auch waren Unterschiede im Phantasieniveau deutlich erkennbar. Gelegentlich wurden konventionelle Zeichen zur Erleichterung der Aufgabe benutzt: Plus- und Minuszeichen, um das Gute vom Schlechten zu unterscheiden; die Sterne und Streifen der amerikanischen Fahne als Symbol der Demokratie; oder ein wachsender Baum als Bild der Jugend. Doch nur selten protestierten Versuchspersonen gegen die Möglichkeit, so

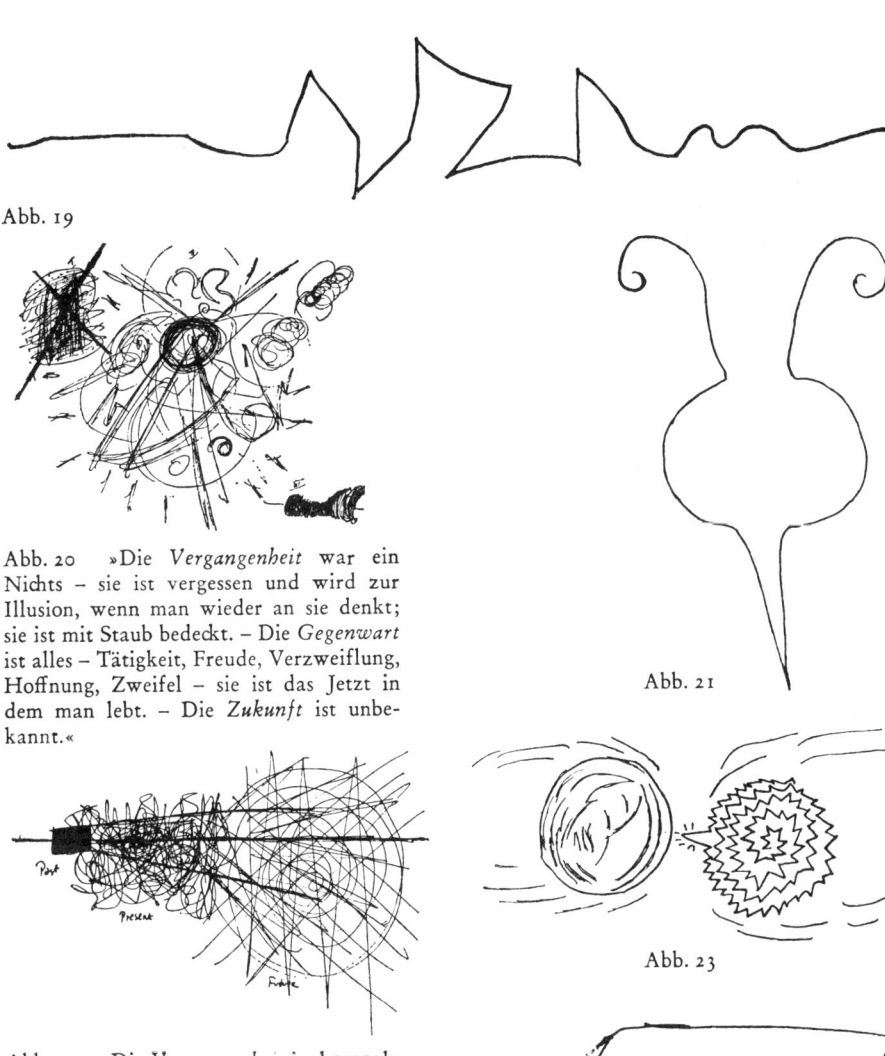

Abb. 19

Abb. 20 »Die *Vergangenheit* war ein Nichts – sie ist vergessen und wird zur Illusion, wenn man wieder an sie denkt; sie ist mit Staub bedeckt. – Die *Gegenwart* ist alles – Tätigkeit, Freude, Verzweiflung, Hoffnung, Zweifel – sie ist das Jetzt in dem man lebt. – Die *Zukunft* ist unbekannt.«

Abb. 21

Abb. 23

Abb. 22 »Die *Vergangenheit* ist kompakt und vollendet, beeinflußt aber noch die Gegenwart und Zukunft. – Die *Gegenwart* ist vielfältig und nicht nur das Resultat der Vergangenheit und der Zugang zur Zukunft, und überschneidet sie also beide, sondern besitzt auch ein ihr eigenes Wesen (schwarzer Fleck). – Die *Zukunft* ist am wenigsten begrenzt, aber doch von Vergangenheit und Gegenwart beeinflußt. – Eine Linie läuft durchs Ganze, denn alle drei haben ein gemeinsames Element: die Zeit.«

Abb. 24 »Das ist meine Mutter (oben) und mein Vater (unten). Einzeln ist weder die eine noch die andere Form besonders abstoßend, aber die Verbindung übersteigert sie beide, so daß die obere zu erdrückend, die untere im Vergleich zu kümmerlich wird. Pfui Teufel!«

unanschauliche Begriffe in Zeichnungen darzustellen. Dies mag bei Personen von anderem Bildungsniveau anders sein, zumal wenn sie mit künstlerischer Beschäftigung wenig vertraut sind; doch würde das für die Bildhaftigkeit ihres Denkens noch nichts besagen.

Die Versuchspersonen hatten zunächst für sich zu entscheiden, ob der zu behandelnde Begriff als eine Einheit oder als Verbindung von mehreren darzustellen sei. So deutet ja die Aufgabe *Vergangenheit, Gegenwart, Zukunft* sprachlich auf eine Dreiheit, und in der Tat zeichneten mehrere Versuchspersonen drei getrennte Figuren, die räumlich entweder ohne Zusammenhang oder in einer losen Abfolge angeordnet waren. Doch war dies nicht immer so. Zwar zeichnete niemand das Lebensganze als eine gleichmäßige Einheit, doch wurde eine fortlaufende Linie häufig benutzt. Abb. 19 beschreibt eine geradlinige und vielleicht leere Vergangenheit, große und ausdrucksvolle Formen für die Gegenwart und kleinere, unbestimmtere für die Zukunft. Hier ist also das Leben als ein ununterbrochener Zeitverlauf dargestellt – sehr anders als in der Vorstellungsweise eines anderen Versuchspersonentypus, für den das Leben eine Sache der Gegenwart ist, ein bestehender Zustand und nicht eine Wachstumsphase (Abb. 20).

Die bloße Zusammenstellung von drei Einheiten zeugt noch nicht von viel Nachdenken über die Natur ihrer Verbindung. Abb. 21 bietet schon mehr als eine bloße Abfolge verschiedener Zustände. Sie beschreibt eine allmähliche, unten mit dem Augenblick der Geburt beginnende Entfaltung. Zwar ist die Scheidung zwischen Vergangenheit und Gegenwart beibehalten, aber der große Umfang des Gegenwärtigen ist doch wenigstens teilweise als die Wirkung des vorausgehenden Wachstums begriffen. Die richtungslose Rundheit der Gegenwart unterbricht zwar die Gerichtetheit des Zeitvektors, doch kann man sagen, daß die statische Situation in der Mitte der Zeichnung 'amodal' von einer Bewegung durchquert wird, die in der Vergangenheit entspringt und in die offene Zukunft führt, so wie ein Fluß durch einen See strömt.

Die komplexe Struktur der Gegenwart, die als ein zeitloses Sosein erlebt, von den Verständigeren aber doch als ein bloßes Durchgangsstadium im Lebenslauf aufgefaßt wird, läßt sich als die Überlagerung zweier Figuren darstellen. In Abb. 22 sieht die Versuchsperson das Leben als von der 'soliden und vollendeten' Vergangenheit erzeugt, welche drei kräftige, formschaffende Strahlen aussendet. Doch ist die Gegenwart nicht gänzlich von der Vergangenheit bestimmt. Sie hat ihren eigenen, selbständig geformten Kern. Die daraus entstehende Komplikation ist hier als ein undifferenziertes Durcheinander dargestellt. Das spezifische Ergebnis der Wechselwirkung ist nicht zeichnerisch durchdacht. Die einander durchdringenden Mächte überlagern sich, beeinflussen sich aber nicht. Das Problem ist gesehen, aber nicht gelöst. Die von der jungen Zeichnerin erreichte Denkstufe, oder doch zumindest die Darstellungsstufe, läßt sich an der Zeichnung recht deutlich diagnostizieren.

Für den Begriff der Ehe hat die Sprache ein einzelnes Wort; der Begriff selbst aber deutet auf eine Zweiheit. So erscheint also in vielen Zeichnungen der Ehebegriff als ein Verhältnis zwischen zwei Einheiten. Da sowohl die gute wie die schlechte Ehe zu beschreiben war, wurde häufig nicht eine bloße Verschiedenheit, sondern, in intelligenterer Auffassung, eine bestimmte Dimension des Unterschiedes dargestellt, in bezug auf welche die zwei Gemeinschaftsformen verglichen wurden. Manchmal konzentrierte sich die Zeichnung auf die Beziehung als solche, ohne Hinweis auf den Charakter der beteiligten Partner. Zwei getrennte Kreise etwa bedeuteten das eine, zwei einander überschneidende das andre Verhältnis, wobei die Überschneidung wünschenswertes Beisammensein oder unerfreuliche Einmischung bedeuten konnte. In anderen Lösungen aber beruhte der Erfolg der Ehe auf der Natur der Partner, nicht auf der Art ihrer Verbindung: zwei glatte Kreise im einen Fall, zwei stachelige im andern, ohne Unterschied in der räumlichen Beziehung. Offensichtlich macht es einen bezeichnenden Unterschied, ob jemand den Zustand einer Ehe von der Art der Beziehung oder vom Wesen der Beteiligten ableitet; und wenn man sich auf die eine Deutung unter Ausschluß der anderen beschränkt, kommt man notwendig zu einer einseitigen Vorstellung.

In Abb. 23 erklärt sich das schlechte Verhältnis aus der Verschiedenheit der Beiden: angreiferische Stachligkeit bezeichnet den einen, der andere ist glatt. Dazu noch hat der aggressivere Partner die spannungsbeladene Form einer Spirale, während der andre aus harmonischeren, konzentrischen Linien besteht. Natürlich ist der Angreifer nicht immer männlich. Mit wenigen Ausnahmen beschreiben die Zeichnungen seelische, nicht physische Verhaltensweisen. In Abb. 24 stellt der obenliegende gewaltige Block die Persönlichkeit der Mutter, das tröpfelnde Pünktchen darunter den Vater der Versuchsperson dar, und aus dem unzweckmäßigen Verhältnis der Eheleute ergibt sich eine Rückwirkung auf ihre Charaktere, die, in den Worten der Tochter, »an sich nicht besonders abstoßend sind«.

Die Festigkeit einer Ehe kann einfach durch das Maß der Berührungsfläche ausgedrückt werden: bei gutem Verhältnis grenzen die Zwei aneinander, bei schlechtem

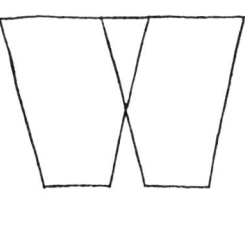

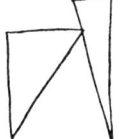

Abb. 25

BEGRIFFE NEHMEN GESTALT AN

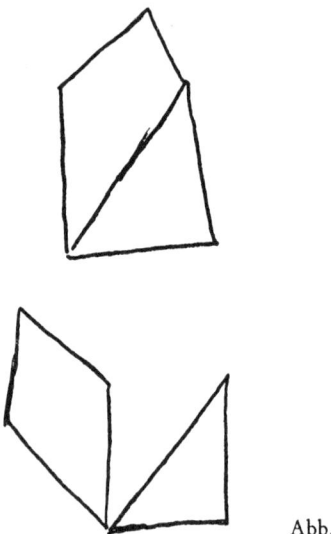

Abb. 26

nicht. In etwas subtileren Lösungen wird gezeigt, ob die Verbindung der Beiden ein gutes Ganzes bildet, wobei sie im negativen Falle entweder nicht zueinander passen oder falsch zusammengefügt sind. Abb. 25 beschreibt eine gute Ehe als eine symmetrische Figur, in der zwei gleiche Partner, ohne Hinweis auf Persönlichkeitsunterschiede, die gleiche Funktion erfüllen. Die Zeichnung gibt an, daß die Gesamtform der Ehe einheitlich und gut strukturiert sein soll, den Partnern aber einige Freiheit läßt, indem sie nur zum Teil miteinander verschmolzen sind. In der schlechten Ehe zeigt die Versuchsperson zwei Komponenten, die kein bündiges Ganzes ausmachen und deren Kontakt so zufällig und unsicher ist, daß sie so gut wie unabhängig voneinander bleiben. Abb. 26 hat eine weniger einfache Gesamtform, die dennoch geschlossen und einheitlich ist. Hier ist Verschiedenheit kein Hindernis, sondern zum Vorteil der Ehe: die Partner haben verschiedene Funktionen im Ganzen, und die etwas zufällig gewählte Gesamtform soll wohl ausdrücken, daß man auf mehr als eine Weise selig werden kann. In der entsprechenden schlechten Ehe klappt es mit dem Zusammensetzen nicht. In einer viel reicheren Form präsentiert sich die gute Ehe in Abb. 27, wo eine frei behandelte Pflanzenform die Verbindung von zwei Einheiten zeigt, die in einem Wechselspiel von Stützen und Beherrschen auseinander hervorwachsen und zu gemeinsamem Aufwärtsstreben verbunden sind.

In diesen Beispielen war kein klares Anzeichen dafür vorhanden, daß die Erfindung von zwei Einzelformen ausging, die sich ehelich zusammenzufügen suchten; vielmehr waren Teile und Ganzes ziemlich im Gleichgewicht. Andre Versuchspersonen beginnen deutlich mit dem Ganzen, das sie mehr oder weniger günstig unterteilen. In Extremfällen wie Abb. 28, ist nur die Pauschalwirkung beschrieben: sanfte Harmonie im einen,

Abb. 28 »Gute Ehe: ungehemmter Zusammenklang; leichtes, angenehmes Leben. – Schlechte Ehe: holprig-unbehaglicher Lebensweg; ein rauhes Leben.«

Abb. 27

Abb. 29 »Links: gute Ehe; rechts: schlechte Ehe.«

Rauhigkeit im andern Fall. Das Element der Gegenseitigkeit in einer guten Ehe ist in Abb. 29 einfach, in Abb. 30 dynamischer durch das Jin-und-Jang-Zeichen ausgedrückt.

Die Aufgabe, *Vergangenheit, Gegenwart und Zukunft* darzustellen, deutete auf einen zeitlichen Vorgang, während der Begriff der Ehe sich mehr auf einen Zustand oder ein Ding bezieht. Doch machten nicht alle Zeichnungen diese Unterscheidung mit. Während einige Versuchspersonen die drei Stadien des Lebens als getrennte Einheiten darstellten, sehen wir in Abb. 31 eine in sich ruhende Situation, in der das Augenblickliche als eine senkrechte Linie die dunkle Vergangenheit von der helleren und weiteren Zukunft trennt. Dagegen zeigt Abb. 32 eine dynamischere Vorstellung. Die Parabel der Vergangenheit strebt zwar vorwärts und setzt sich in die Zukunft hinein fort. Im Augenblick der Gegenwart aber balanciert sich die Konvergenz des Vergangenen mit der beginnenden Ausweitung in die Zukunft, vorausgesetzt, daß wir die dritte Parabel als nach rechts offen sehen; im entgegengesetzten Fall konvergiert auch die Zukunft, als ein Spiegelbild der Vergangenheit, nach der Gegenwart hin, also in der umgekehrten Richtung, worin sich eine Betrachtungsweise ausdrücken würde, welche die Unumkehrbarkeit des Zeitverlaufs ignoriert.

Während also das Leben und seine Stadien als statische Dinge dargestellt werden können, läßt sich umgekehrt die Ehe auch als ein Vorgang deuten. In der guten Ehe der Abb. 33 bewegen sich die beiden Partner auf parallelen Pfaden wie zwei Musik-

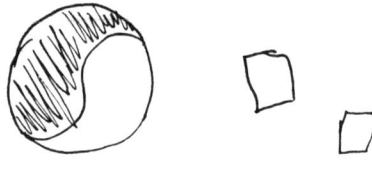
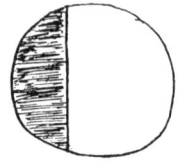

Abb. 30 »Links: gute Ehe; rechts: schlechte Ehe.«

Abb. 31

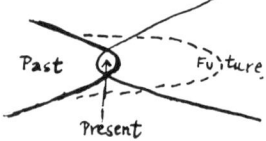

Abb. 32 »Die *Vergangenheit* ist vorüber und deutlich umschrieben, daher die dunklere Linie. Die *Gegenwart* liegt in der Überschneidung von Vergangenheit und Zukunft. Die *Zukunft* entsteht aus der Vergangenheit und ist unbestimmt, daher die dünnere Linie. Die Vergangenheit wirkt dauernd auf die Zukunft ein, daher die punktierte Linie.«

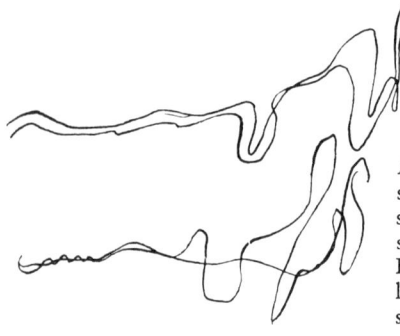

Abb. 33 »In einer guten Ehe (oben) sind zwei Menschen beieinander, aber als Individuen. Der eine respektiert die Selbständigkeit des anderen, und doch sind sie miteinander verflochten. – In einer schlechten Ehe (unten) stützen sich die zwei aufeinander und lösen sich ineinander auf. Wenn ein Zwiespalt entsteht, kann der eine dem anderen nicht helfen.«

Abb. 34 »Gleichheit unter Individuen.«

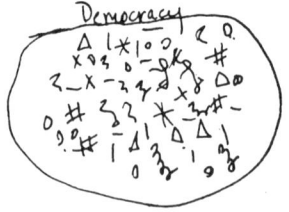

Abb. 35 »Typen aller Art können sich harmonisch ins Ganze einfügen, ohne ihre Besonderheit als Einzelmenschen zu verlieren. Dies gilt für Personen und auch für Ideen. Alle tragen zum Ganzen bei.«

instrumente, die im gleichbleibenden Intervall dieselbe Melodie spielen. Wenn die Pfade sich kreuzen, so nur um der Berührung willen, nicht als Einmischung. In der schlechten Ehe hingegen sind die Beiden einander dauernd im Wege. Auch in Abb. 28 ging aus dem Kommentar hervor, daß die Linien nicht nur als Umrisse von Dingen, sondern auch als Pfade – der eine wohlgepflastert, der andre holprig – gemeint sind.

Bei der Darstellung der *Demokratie* gehen manche von den Individuen aus, die eine Verbindung eingehen, während für andre die Ganzheit der Gemeinschaft primär ist. In Abb. 34 erscheint die Gesellschaft als eine lose Aufreihung verschiedener Charaktere, die außer der gemeinsamen Basis keine Beziehung zueinander haben. Im entgegengesetzten Extremfall ist der Staat eine einfache Umgrenzung ohne den geringsten Hinweis auf die menschlichen Elemente, aus denen er besteht. In Abb. 35 ist er ein bloßer Sack voller unterschiedlicher Individuen, die kein Verhältnis zueinander oder zur Gesellschaft als ganzer haben. Dieser amorphe Zustand der Zeichnungen verrät natürlich sehr primitive Anschauungen über das soziale Zusammenleben. Abb. 36 zeigt mehr Einsicht, denn hier ist zumindest ein Versuch gemacht, die Verformungen darzustellen, die sich aus dem ungehemmten Aneinanderdrängen im menschlichen Umgang für den Einzelnen ergeben; doch sind die Formunterschiede auch hier nur als das Resultat freier Wechselwirkung gesehen, und der Staat ist nichts andres als die Gesamtsumme dessen, was Nachbarn einander antun. Man sieht nur wenig Organisation und keinerlei Regierung, denn die Zeichnung ist von außen nach innen angefer-

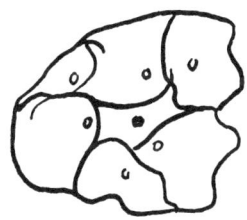

Abb. 36
»Das Denken des Einzelnen ist freier, wird aber eingeschränkt, wenn es mit dem Bereich anderer in Fühlung kommt.«

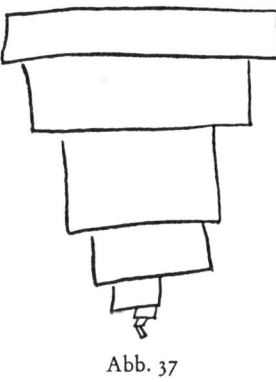

Abb. 37

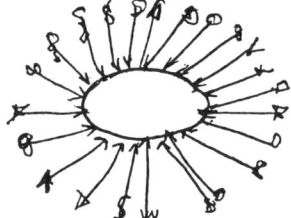

Abb. 38 »Es steht jedem frei, an der Regierung teilzunehmen. Sehr unterschiedliche Vorbildung.«

tigt: das Zentrum ist, was übrigbleibt, nachdem die Einzelkräfte ihr Werk getan haben.

Doch finden sich auch Zeichnungen, in denen verschiedene Typen von Pyramiden die hierarchische Struktur einer demokratischen Gesellschaft beschreiben (Abb. 37). Diese stehen auf der Spitze oder auf der Grundfläche, je nachdem ob die Volksmasse oder das Staatsoberhaupt als regierend angesehen wird. Diese Darstellungen sind in undynamischer Weise auf bloße Formen beschränkt, die das Hierarchische als eine Abstufung von Schichten beschreiben und rein quantitativ aussagen: die Wenigen werden von den Vielen regiert, oder umgekehrt. In Mandala- oder Sternfiguren werden oft Vektorpfeile benutzt, um die zentrale Organisation einer Demokratie anzudeuten. In Abb. 38 weisen die Pfeile von den peripher placierten Bürgern, deren jeder seine eigne Form hat, nach der Mitte hin, wodurch der Anteil der Bürger an der Regierung gezeigt werden soll; doch ist das Zentrum leer, und keine Pfeile führen von dort her zu den Regierten. Die Einzelnen werden also mit Autorität belehnt, ihr aber nicht unterstellt.

Es handelt sich hier um unsystematisch angestellte Experimente, die aber immerhin beweisen, daß Studenten abstrakte Begriffe ohne Schwierigkeit in ungegenständlichen Zeichnungen darstellen können. Unzweifelhaft auch befassen sich diese Abstraktionen mit dem Wesen der dargestellten Themen. Es versteht sich natürlich, daß die Versuchspersonen, beim Nachdenken über die ihnen gestellten Aufgaben, konkrete Einzelfälle berücksichtigen, d. h., daß sie etwa ihre eigenen Erfahrungen in Vergangenheit und Gegenwart, oder den Charakter eines bestimmten demokratischen Staates oder die Vorgänge in einer ihnen bekannten Ehe im Sinn hatten. Ja, sie mußten dies sogar tun, denn die in den Zeichnungen abgebildeten abstrakten Formen enthalten nur die Struktur, die erst aus den Tatsachen abzuleiten war. Die Versuchsbedingungen erlaubten es den Teilnehmern nicht, erzählerische Motive zu benutzen. Die ungegenständlichen Muster sind äußerst nützlich für die Klärung der theoretischen Begriffe, müssen ihren Sinn aber dauernd von der lebendigen Substanz der Gegebenheiten und Ereignisse beziehen, die sie darstellen.

Der Hauptgrund dafür, daß diese unkörperlichen Gerüste so wertvoll sind, besteht darin, daß das Denken sich nicht mit der bloßen Materie oder Substanz als solcher beschäftigt, sondern nur mit der Struktur der Dinge. So wird zum Beispiel die Qualität einer bestimmten roten Farbe oder eines Tons zwar von den Sinnen ins Bewußtsein gebracht, doch das Denken kann sie weder darstellen noch vermitteln. Nur durch Fingerzeig und Benennung können sich Menschen, wenn sie nicht blind oder taub sind, über sie verständigen. An Wahrnehmungseigenschaften sind dem Denken nur die rein strukturellen zugänglich, etwa das Expansive jener roten Farbe, das Angreiferische jenes Tons, oder das Zentrierte und Kompakte einer runden Form. Das Denken benutzt Raum und Zeit, die uns als Behälter alles Seienden dienen, als Strukturkategorien, um Koexistenz und Abfolge zu verbildlichen. Beide Kategorien lassen sich mit den räumlichen Mitteln visueller Figuren darstellen.

Die Denkarbeit wird sichtbar

Zeichnen, Malen und ähnliche Darstellungsmittel dienen, wie schon oben bemerkt, nicht nur dazu, voll ausgearbeitete Gedanken in sichtbare Modelle zu kleiden, sondern sie helfen auch beim Lösen der Probleme. Das wird kaum bemerkbar, wenn man Versuchspersonen für jede Aufgabe nur eine Zeichnung anfertigen läßt. In Frl. Caplans Versuchen wurden sie daher ermuntert, so viele Blätter Papier, wie sie wollten zu verwenden: »Ein neues Blatt für jede neue Idee! Ein neues Blatt, wenn immer Sie die bisherige Idee verbessern wollen! Bitte setzen Sie Ihre Versuche so lange fort, bis Sie mit Ihrer Zeichnung zufrieden sind! Und bitte sprechen Sie Ihre Gedanken aus, während Sie arbeiten, und erklären Sie, was Sie tun!« Elf Versuchspersonen produzierten daraufhin einen Durchschnitt von neun Zeichnungen pro Versuch; eine machte dreizehn und niemand weniger als sechs.

Typisch wurden die Zeichnungen im Laufe des Versuches klarer und bestimmter und zeigten mehr Eigenart. Das war offensichtlich, wenn man die erste Zeichnung einer Serie mit der letzten verglich. Auch wurden sie im allgemeinen vielfältiger, die Formen wurden komplizierter oder verbanden und überschnitten sich, und neue Darstellungsmittel wie Schraffierungen oder Abschattierung traten auf. Das bedeutet aber nicht, daß immer eine klare und eindeutige Entwicklungslinie vom Anfang zum Ende der Serie führte. Manchmal blieb die Grundidee die gleiche, manchmal aber auch nicht,

Abb. 39   Abb. 40

BEGRIFFE NEHMEN GESTALT AN

und in keinem Fall begnügte sich die Versuchsperson mit der Ausarbeitung eines einzigen Bildmotivs. Doch verfeinerte sich die Zeichnung häufig von einem Blatt zum nächsten.

Die Aufgabe bestand darin, den Begriff *Jugend* ungegenständlich darzustellen. Eine Versuchsperson begann mit »einer Art von aufwärtsstrebendem Wachstum«, zugleich aber auch mit der Vorstellung, daß die Jugend »beim Entdecken des eigenen Selbst in sich gekehrt« ist. Die erste Zeichnung besteht aus Spiralen (Abb. 39), die sich nach den Seiten und nach oben zu verkleinern und ungefähr symmetrisch angeordnet sind. In der zweiten Zeichnung (Abb. 40) verbinden sich diese Elemente zu einem baumartigen Muster, das die Vorstellung vereinheitlicht und klärt. Abb. 41 und 42 zeigen die siebente und die achte Zeichnung in einer Serie, in der der Zustand des Jugendlichen als ein rundlich-amöbenhafter Klumpen dargestellt ist, der sich allmählich in das festgefügte Rechteck des Erwachsenseins verwandelt. Dabei zeigt die siebente Zeichnung (Abb. 41) drei Phasen: die Jugend strebt der Reife zu, paßt sich ihr an, um von ihr zu lernen, und überwuchert sie am Ende. In der achten Zeichnung (Abb. 42) sind die drei Stadien zu sechs ausgesponnen. Die erste ist annähernd dieselbe, nur daß das Streben in der mehr dynamischen Form des Klümpchens verdeutlicht wird. Man sieht dann die amöbenhafte Reaktion auf den Reifezustand, eine Verbindung von Sichvorwagen und Zurückhalten. Auch ist das ›Alter‹ diesmal weniger blockartig, sondern offener, zugänglicher, vielleicht aktiv behilflich. Während der Verschmelzung ist das reife Alter

Abb. 41

Abb. 42

bereits am Verkümmern, und die endliche Machtübergabe geht nun so weit, daß sich nicht nur das Größenverhältnis umkehrt, sondern der Klumpen seinerseits zum rechteckigen Block und damit zum regelrechten Erwachsenen wird.

Die allmähliche Bereicherung des Begriffs kam zum Beispiel in den dreizehn Zeichnungen zum Ausdruck, die einer der Teilnehmer brauchte, um eine befriedigende Lösung zu erlangen. Kurz gesagt, behandelte er den Wachstumsprozeß chronologisch, führte die entscheidenden Faktoren dabei nacheinander ein und vereinigte sie schließlich alle in einer endgültigen Darstellung, die jedem der Faktoren den ihm zustehenden Charakter, seinen Platz im ganzen und seine Beziehungen zu den anderen anwies. Ein andres Beispiel mag wenigstens in Worten zeigen, daß häufig der Grundgedanke unverändert beibehalten wird, obschon die Bildvorstellung zu ganz neuen Formen übergeht. Was die Versuchsperson beschreiben wollte, war, daß sich der Jugendliche von den sorglosen Vergnügungen der Frühjahre zu dem »komplex verwickelten Gewebe« der Adoleszenz hinentwickelt. Zunächst illustrierte sie diese Veränderung, indem sie den einfachen Wellen der Kindheit ein Gestrüpp von Kringeln und Zickzackformen auferlegte. In der nächsten Zeichnung stellte sie den gleichen Zustand als ein geometrisches Labyrinth dar – scheinbar ein vollständiger Bruch in der Bildvorstellung, tatsächlich aber eine einsichtigere Deutung der verwickelten Situation, die vor einem Augenblick noch wie bloßer Wirrwarr aussah.

Zu Unterbrechungen der Bildfolge kann es kommen, wenn eine neue Erkenntnis eingeführt wird. Eine Versuchsperson benutzte eine Anzahl von Kreisen, um die Vollständigkeit und Kantenlosigkeit der Kindheit zu verdeutlichen. In der nächsten Zeichnung tauchten zwei Gruppen von langen Strichen auf, die den auf die Jugend ausgeübten Druck beschreiben sollten, woraufhin dann in der nächsten und letzten Zeichnung diese zwei unverbundenen Motive vereinigt wurden: die jetzt eng zusammengedrängten und etwas verbogenen Kreise wurden nun von den geraden Linien, welche Verantwortlichkeit und Pflicht bedeuteten, eingekerkert, durchkreuzt und voneinander getrennt.

Endlich noch ein Beispiel, in dem zwei verschiedene Ansichten vom gleichen Begriff zuerst getrennt dargestellt und dann miteinander verschmolzen sind. Jugend ist zunächst etwas Scharf-Spitziges, das einer Basis unharmonisch entspringt (Fig. 43). In der fünften, hier nicht abgebildeten Zeichnung der Serie erscheint die Jugend plötzlich als ein unförmiger Klumpen, von dem sich dann in weiteren Zeichnungen herausstellt, daß er von allerlei Schmerzempfindungen besessen ist. Diese vom Umriß her ins Innere zielenden Schmerzensstiche nehmen in der letzten Zeichnung (Abb. 44) dieselbe scharfspitzige Form an, die zu Anfang den Begriff als Ganzen bedeutete.

Ähnliche Entwicklungsfaktoren lassen sich in dem Werk von Künstlern aufzeigen, zum Beispiel in Picassos Vorstudien für *Guernica*. In einem diesem Gemälde gewidmeten Buch habe ich die logische Folgerichtigkeit des Prozesses von der ersten Skizze bis zum vollendeten Werk analysiert. Auch diese Zeichnungen und Malereien sehen zunächst wie ein Nacheinander zügelloser Sprünge aus. Der Künstler pendelt zwischen

BEGRIFFE NEHMEN GESTALT AN

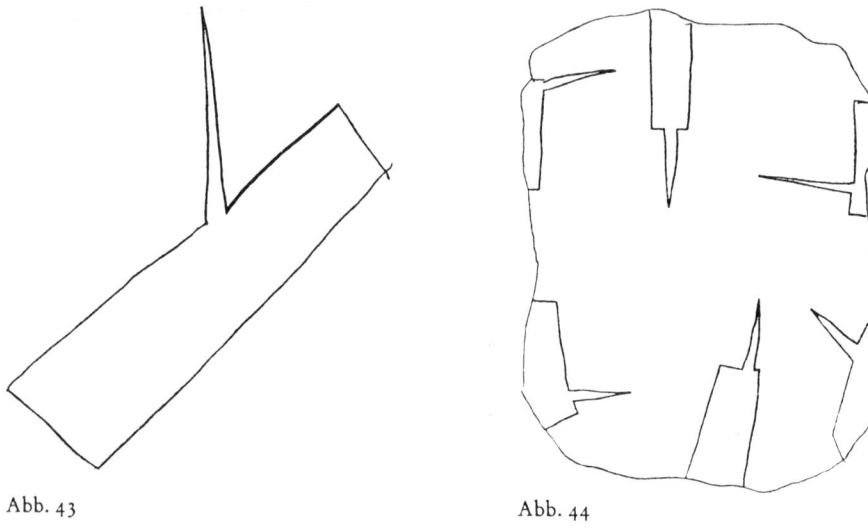

Abb. 43   Abb. 44

Gesamtansichten und Detailmotiven hin und her, wobei die Grundelemente in immer neuen Kombinationen ausprobiert und viele stilistische und inhaltliche Änderungen eingeführt werden. Das endgültige Werk aber ist eine Synthese aller überprüften Entdeckungen und ist so restlos bestimmt und vollständig, daß man sich keine weitere Veränderung vorstellen kann.

Natürlich unterscheidet sich das Werk eines Künstlers gründlich von den Kritzeleien der Laien. Das würde sich noch deutlicher erweisen, wenn ich statt einer Auswahl besonders geeigneter Beispiele hier eine Zufallsauswahl von Versuchsergebnissen abgebildet hätte. Manche Teilnehmer hatten nur zügellose Schnörkeleien zu bieten, an denen von sorgfältiger Konzentration auf die Aufgabe wenig zu spüren war oder doch von keiner Fähigkeit, eine solche Konzentration zu Papier zu bringen. Dennoch sind die Laienzeichnungen nach Absicht und Art der Darstellungsmittel der künstlerischen Arbeit verwandt. Sie sind eine Art Populärfassung des reichen und wohlgeformten Wortschatzes, dessen sich der Künstler bedient.

Die Zeichnungen waren dazu bestimmt, Begriffe in korrekter Bilddarstellung wiederzugeben. Der Absicht nach waren sie also rein auf Erkenntnis gerichtet und daher im Prinzip mit den schematischen Figuren der Wissenschaft zu vergleichen. Dennoch gingen sie häufig über die bloße Aufzählung und Gruppierung von Vektoren hinaus; sie versuchten, mehr oder weniger erfolgreich, diesen anschaulichen Kräften eine sich dem Beschauer mitteilende Lebendigkeit zu verleihen und bedienten sich dazu künstlerischer Ausdrucksmittel.

Das ästhetische Element ist nämlich an jeder Art von Verbildlichung beteiligt. In den schematischen Zeichnungen des Wissenschaftlers ist es verantwortlich für Ordnung und Klarheit, für das Übereinstimmen von Sinn und Form und gelegentlich für den dynamischen Ausdruck der gerichteten Kräfte. An dem Wert solcher anschaulicher Darstellungen zweifelt heutzutage niemand mehr. Doch ist noch nicht genügend anerkannt, daß die Wahrnehmungs- und Bildformen nicht bloße Übersetzungen von Denkergebnissen, sondern das Fleisch und Blut des Denkens selbst sind, und daß Deutung durch Anschauung den anspruchslosen Gebärden im täglichen Gedankenaustausch ebenso zugrunde liegt wie den Werken der großen Kunst.

8 Bilder, Symbole und Zeichen

Einfache Strichzeichnungen können Kräftegefüge und andre Struktureigenschaften in sichtbare Form kleiden. Die im vorigen Kapitel angeführten Beispiele enthielten Beschreibungen von Begriffen wie gute und schlechte Ehe oder Demokratie oder Jugend. Es waren da also recht abstrakte Organisationstypen sozialer und psychologischer Art anschaulich dargestellt. Natürlich lassen sich auch Themen des täglichen Lebens bildlich wiedergeben, etwa das tatsächliche Aussehen zweier Eheleute oder eine Bürgerversammlung in einer Demokratie. Der Stil solcher Abbildungen ist aber häufig abstrakter als etwa der einer Photographie, und selbst Photographien sind ja in vieler Beziehung abstrakt. Man kann also sagen, daß Abbildungen die Welt in zwei einander entgegengesetzten Richtungen betrachten. Auf der Abstraktionsskala befinden sie sich oberhalb des Bereiches der 'praktischen' Dinge, jedoch unterhalb der unkörperlichen Kräfte, die diesen Dingen innewohnen. Sie vermitteln, so könnte man sagen, zwischen den beiden Bereichen.

Drei Funktionen von Abbildern

Um das Verhältnis von Abbildern zu ihren Bezugsobjekten zu klären und zu vergleichen, sollen im folgenden drei Funktionstypen voneinander unterschieden werden. Abbilder können als *Bilder* und als *Symbole* dienen; sie können auch als bloße *Zeichen* benutzt werden. Diese Art Unterscheidung ist aus der Fachliteratur geläufig. Manche Autoren haben die gleichen Termini oder ähnliche benutzt, sie aber mit Bedeutungen belegt, die sich mit den für unsre Untersuchung benötigten umständlich überschneiden. Statt diese Anklänge und Abweichungen hier durchzusprechen, werde ich versuchen, die drei Begriffe so klar zu definieren, daß der Leser weiß, wie sie gemeint sind.

Unter Bild, Symbol und Zeichen verstehe ich nicht verschiedene Gattungen von Abbildern, sondern drei von Abbildern erfüllbare Funktionen. Ein und dasselbe Abbild kann jedem dieser drei Zwecke dienen und dient oft mehr als einem zur gleichen Zeit. Im allgemeinen geht aus dem Abbild selbst nicht hervor, welche Funktion beabsichtigt ist. Ein Dreieck kann ein Zeichen von Gefahr sein oder das Bild eines Berges oder ein Symbol der Hierarchie. Es ist nützlich zu untersuchen, wie gut oder schlecht verschiedene Arten von Abbildern sich zu diesen Zwecken eignen.

Ein Abbild dient als bloßes *Zeichen,* soweit es sich auf einen bestimmten Inhalt bezieht, ohne dessen Merkmale anschaulich wiederzugeben. Genaugenommen, kann ein Sehbild vielleicht niemals nur ein Zeichen sein. Etwas vom Porträtieren schleicht sich immer ein. Die in der Algebra verwandten Buchstaben des Alphabets kommen reinen Zeichen nahe. Doch auch sie stellen Einzeldinge anschaulich dar, indem sie Einzeldinge *sind:* a plus b porträtiert eine Zweiheit. Darüber hinaus ähneln sie allerdings den Dingen, auf die sie sich beziehen, in keiner Weise, denn jede nähere Bezeichnung würde von der Allgemeinheit der Aussage ablenken. Andrerseits besitzen Zeichen aber anschauliche Merkmale, die anderen Erfordernissen genügen als denen des Abbildens, das heißt, ihr Aussehen ist nicht zufällig, sondern hat seine guten Gründe. Im Jahre 1926 entschied die internationale Verkehrszeichenkonvention, daß alle Warnungen vor Gefahr in dreieckiger Form zu geben seien. Vielleicht sieht ein Dreieck wegen seiner Spitzigkeit etwas mehr wie Gefahr aus als etwa eine Scheibe, doch wurde diese Form hauptsächlich deshalb gewählt, weil sie leicht zu erkennen und von anderen zu unterscheiden ist. In der Schrift dienen die deutlich verschiedenen Buchstabengruppen, mit denen die Wörter der Sprache dargestellt werden, ähnlichen Zwecken, und in diesem Sinne sind Buchstaben und Wörter also bloße Zeichen. Allerdings erfüllen manche Wörter diese Aufgabe nicht sehr gut, weil ja Sprachen nicht systematisch erfunden, sondern ungezwungen gewachsen sind und daher viele zufällige, willkürliche und verderbte Formen hervorbringen. Wörter können zweideutig sein; im Englischen, zum Beispiel, bezeichnet das Wort *pupil* sowohl Pupillen wie Schulkinder, wobei die ursprüngliche lateinische Bedeutung von Kleinheit sich in mehrere Richtungen verzweigt hat. Abgesehen von solchen Unvollkommenheiten aber sind die Merkmale von Zeichen meist so gewählt, daß sie ihrer Funktion gerecht werden. Die bereits erwähnten 'angeborenen Auslöser-Schemata' in der Biologie sind Zeichen. Konrad Lorenz sagt über die visuellen Auslöser, daß ihre einfache Form und Farbe ihnen eine eindeutige Erscheinung verschafft und die Wahrscheinlichkeit, daß Ähnliches anderswo in der Umgebung vorkommen könnte, verringert. Sie sind also nicht leicht zu verwechseln.

Insofern Abbilder bloße Zeichen sind, können sie nur als indirekte Medien benutzt werden, weil sie bloße Hinweise auf die Inhalte, denen sie zugeordnet sind, darstellen. Sie sind keine Analoga und können daher selber nicht als Denkmedien dienen. Das wird sich zeigen, wenn wir die Zahlen und die Verbalsprachen behandeln, die ja die Zeichen *par excellence* sind.

Abbilder sind *Bilder* in soweit, als sie Dinge porträtieren, die auf einem niedrigeren Abstraktionsniveau liegen als sie selber. Sie erfüllen ihre Aufgabe, indem sie wesentliche Wahrnehmungsqualitäten der Dinge aufgreifen und wiedergeben. Auszuschließen sind bloße Duplikate, d. h., bloße Kopien, die sich von den Originalen nur durch Zufallsabweichungen unterscheiden.

Bilder gibt es auf allen möglichen Abstraktionsstufen. Eine Photographie oder eine holländische Landschaft des 17. Jahrhunderts kann naturgetreu sein, dabei ihren Gegenstand aber doch durch Auswahl, Anordnung usw. fast unmerkbar stilisieren und so auf das Wesen des Dargestellten hinzielen. Andrerseits kann ein gänzlich ungegenständliches geometrisches Muster, etwa ein Bild von Mondrian, als eine Darstellung des Verkehrstreibens auf New Yorks Broadway gemeint sein. Ein Kind kann das Wesentliche einer menschlichen Figur oder eines Baums mit ein paar äußerst abstrakten Kreisen, Ovalen oder graden Linien festhalten.

Mittels der Abstraktion gibt das Bild eine Deutung dessen, was es darstellt. Diese unschätzbare Fähigkeit bleibt unberücksichtigt, wenn man behauptet, daß eine solche abgekürzte Darstellung den Beschauer einlade, die fehlenden Einzelheiten selbst beizusteuern und dadurch das Bild realistisch zu komplettieren. Wenn dem so wäre, würde etwa eine einfache Karikatur eine besonders starke Reaktion dieser Art hervorbringen. Dafür gibt es aber keinerlei Belege. Es handelt sich hier nur um eine von der traditionellen Psychologie abgeleiteten Annahme, wonach eine Wahrnehmung in der vollständigen Abbildung des Sehfeldes besteht und daher eine 'unvollständige' Reizsituation aus den Vorräten früherer Erfahrungen ergänzt werden muß. Danach würden alle Bilder vom Beschauer subjektiv in mechanisch vollständige Repliken verwandelt werden. Abstraktheit ist aber nicht Unvollständigkeit. Ein Bild ist eine Aussage über visuelle Eigenschaften, und eine solche Aussage kann auf jeder Abstraktionsstufe vollständig sein. Nur wenn das Bild in der Tat unvollständig, unklar oder mehrdeutig ist, hängt es vom Beschauer ab, was für Formen er sieht. (So ist es zum Beispiel bei den Tintenklecksfiguren des Rorschachtests oder den Bilderdeutungen des *Thematic Apperception Test,* die auf subjektive Deutungen abzielen.)

Glücklicherweise ist es so gut wie unmöglich, Bilder mittels der Einbildungskraft zu 'vervollständigen', und es wird wohl auch kaum je versucht. Man sieht eine Witzzeichnung genau auf dem Niveau, auf dem sie gemacht ist. Ihre eindringliche Lebendigkeit verdankt sie nicht den Zutaten des Betrachters, sondern im Gegenteil der anschaulichen Dynamik ihrer einfachen Linien und Farben. Gewiß entrückt ein so abstrakter Stil das Dargestellte der körperlichen Realität. Menschliche Charakterzüge und Triebe erscheinen hier unbeschwert von der Materie und befreit von der Zwangsherrschaft der Schwerkraft. Ein Knüppelschlag auf den Kopf ist ein abstrakter Angriff, und ebenso abstrakt ist das davon verursachte Schmerzgefühl. Die bildliche Darstellung betont hier also die Allgemeineigenschaften, mit denen das Denken sich befaßt. Diese Bilder sind in ganz anderem Sinne unwirklich als die phantastischen Wundergeschichten, in denen das Übermenschliche zumeist gerade mit realistischer Handgreiflichkeit dargestellt wird. Dort werden Kräfte, die es nicht gibt, solide verkörpert, während die Witzzeichnungen Wesenskräfte aus der physischen Substanz herausdestillieren.

Drittens schließlich betätigt sich ein Abbild als ein *Symbol* insoweit, als es Dinge porträtiert, die auf einem höheren Abstraktionsniveau liegen als es selber. Symbole geben Dingtypen oder Kräftekonstellationen eine handgreifliche Einzelform. Im weitesten Sinne ist natürlich jedes Abbild ein Einzelobjekt und dient also als Symbol, wenn immer es eine Gattung darstellt, etwa wenn es den Begriff *Hund* durch das Bild eines Hundes verdeutlicht. Grundsätzlich kann jedes Einzelding als Symbol dienen, wenn jemand es dazu benutzen will. Doch bleibt das Abstrahieren dann ganz dem Beschauer überlassen; das Bild weist ihn nicht von sich aus auf die wesentlichen Züge hin. So zeigen zum Beispiel Ambrogio Lorenzettis Wandbilder im Rathaus von Siena das Wesen von guter und schlechter Regierung, indem sie Szenen harmonischen Gedeihens und heftigen Widerstreits vor Augen führen. Da sie aber Kunstwerke sind, so tun sie es, indem sie diese Inhalte so erfinden, auswählen und formen, daß sie das Wesentliche in reinerer Form vorführen, als Zufallsansichten von Stadt- und Landleben es vermöchten. Oder ein andres Beispiel: Holbeins Porträt Heinrichs des Achten ist ein Bild des Königs, doch zugleich auch ein Symbol des Königlichen, der Brutalität, Kraft und Vitalität – Eigenschaften, die sich auf einem höheren Abstraktionsniveau befinden als das Bild selbst. Das Bild ist aber andrerseits abstrakter, als die tatsächliche Erscheinung des Königs in Fleisch und Blut es wäre, indem es nämlich die Form- und Farbqualitäten stilisierend verdeutlicht; und diese Qualitäten sind wiederum die Analoga der symbolisierten Eigenschaften.

Selbst äußerst abstrakte Abbilder können als Symbole dienen. Die Laienzeichnungen im vorigen Kapitel verbildlichen das abstrakte Kräftespiel, enthalten in Begriffen aller Art. Die Pfeile, die in der Physik Vektoren darstellen, charakterisieren Kräfte in bezug auf Stärke, Richtung und Ansatzpunkt. Die Notenschrift ist teilweise symbolisch, etwa wenn sie die Tonhöhe durch die entsprechende Raumlage im Notensystem porträtiert. Schematische Zeichnungen können auch die dynamischen Qualitäten von Seelenzuständen ins Anschauliche übersetzen. Die Strichzeichnungen auf der in Abb. 45 re-

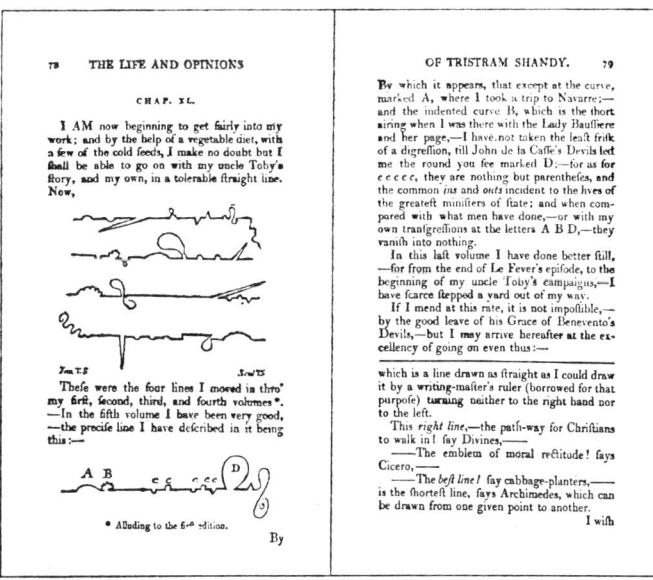

Abb. 45

produzierten Seite aus Lawrence Sternes ›Tristram Shandy‹ symbolisieren die guten, geradlinigen Absichten des Erzählers, denen aber ein exzentrisches Temperament mehr oder weniger störend in die Quere kommt.

Wie Abbilder ihren Zweck erfüllen

Da es Abbilder auf jeder Abstraktionsstufe gibt, ist zu untersuchen, wie weit verschiedene Abstraktionsstufen den hier behandelten drei Funktionen angemessen sind. Das soll hier wenigstens an ein paar Beispielen für die beiden Pole der Abstraktionsskala geschehen. Wie steht es mit den naturgetreuesten Abbildern? Bloße Repliken können zwar der Erkenntnis als Rohmaterial dienen, doch stellen sie selbst nur im allerniedrigsten Sinne Erkenntnisakte dar und tragen zur Deutung nicht selber bei. Paradoxerweise können sie durch ihre Genauigkeit das Erkennen des Inhalts sogar erschweren, da das Erkennen ja im Erfassen des Wesentlichen besteht. Ein mechanischer Abklatsch kann solche Wesenszüge verbergen oder verzerren. In Kulturen, denen die Photographie noch unbekannt ist, sind unsre Momentaufnahmen zum Teil deshalb schwer lesbar, weil die realistischen Zufallseinzelheiten und Formlosigkeiten solcher Bilder der Wahrnehmung kaum zu Hilfe kommen. Wir werden diesem Problem wieder begegnen, wenn wir im letzten Kapitel auf die Anschauungsmittel im Unterricht zu sprechen kommen. Abbildungstreue und Realismus sind Begriffe, die man besser mit Vorsicht behandelt, denn mechanische Zuverlässigkeit kann gerade das, worauf es ankommt, unabsichtlich unterschlagen.

Man kann den menschlichen Geist dazu zwingen, mechanisch getreue Duplikate anzufertigen, aber eingerichtet ist er darauf von Natur nicht. Da es beim Wahrnehmen immer um das Erfassen des Wesentlichen geht, kann man nur schwer Abbilder hervorbringen, denen diese Tugend mangelt. Selbst die aufs rein Materielle abzielende Genußsucht wird von den Struktureigenschaften von Form und Farbe am besten bedient. Zum Beispiel sind mechanisch produzierte Farbphotographien menschlicher Körper keineswegs am besten geeignet, sexuelle Erregung durch den Gesichtssinn hervorzurufen. Die Sinnlichkeit vergnügt sich an der abstrakten Glätte schwellender Kurven, dem Spannungsgehalt stilisierter Brüste und Schenkel. Wenn diese Ausdruckskräfte nicht vorwalten, ist das Abbild zum Vergegenwärtigen der bloßen Materie reduziert. Pornographie, im einzig vernünftigen Sinne des Wortes, besteht darin, daß bloße Materie ohne Form, d. h. nicht als Träger von Sinn, dargeboten wird, wobei sich der Mensch seiner Pflicht entzieht, die Welt intelligent zu betrachten, zu benutzen und darzustellen. Eine Dirne (griechisch *porné*) ist ein Mensch, der Körper ohne Geist anbietet.

Realistische Abbilder haben beim Symbolisieren den einen Vorzug, daß sie das Gedankengerüst mit Fleisch und Blut ausstatten. Doch hat das seine Nachteile, weil nämlich die so dargestellten Gegenstände ja nur Symbole im Nebenberuf sind. Einer Zeitungsnotiz zufolge, besichtigte eines Tages der Pfarrer January von der Zion-Hill-

Baptistenkirche in Detroit mit seinem vierjährigen Söhnchen Stanley ein großes Wandgemälde, das gerade in der Aula einer dortigen Schule enthüllt worden war. »Ich sehe einen Zug«, sagte Stanley. »Die Schienen«, sagte Pfarrer January, »stellen die Zukunft dar, die auf uns zukommt. Der Zug ist die Einigkeit unsres Volkes, zwar noch in der Ferne, doch kommt sie näher.« »Nein«, sagte Stanley, »es ist ein Zug.«

Zu dieser Meinungsverschiedenheit zwischen Vater und Sohn kam es, weil ein Zug nur nebenbei ein Symbol ist. Er arbeitet hauptberuflich für die Eisenbahn und betreibt das Symbolisieren sozusagen als eine Liebhaberei, von der nicht viel Aufhebens gemacht wird und deren sich weder die Vierjährigen noch viele Erwachsene bewußt sind. Je naturgetreuer ein Kunstwerk, um so schwieriger wird es für den Künstler sein, ihm eine symbolische Bedeutung zu verschaffen. So sieht man etwa in Gustave Courbets Gemälde *L'Atélier* aus dem Jahre 1855 Gruppen realistisch gemalter Personen, in deren Mitte ein Maler am Werk ist. Der Untertitel des Bildes ist *Une allégorie réelle,* und es soll auf der einen Seite die Leute des praktischen Lebens, auf der anderen die Gefühls- und Gedankenmenschen zeigen, beide wie in einer traumhaften Benommenheit erstarrt, während der kraftvoll tätige Maler als einziger sich mit der Wirklichkeit aktiv befaßt. Der Kunsthistoriker Werner Hofmann berichtet in einer ausführlichen Analyse dieses Bildes, daß die Realisten unter Courbets Zeitgenossen den allegorischen Unterton des Bildes überflüssig fanden, während für die Symbolisten die Handgreiflichkeit des Darstellungsstils nicht zur Allegorie paßte. In der Tat, erst wenn man das Bild als Ganzes sorgfältig und vorurteilslos betrachtet, kommt man darauf, daß die nackte Frau, die dem Maler bei der Arbeit in seinem Atelier zusieht, nicht nur, auf dem realistischen Niveau der Darstellung, sein Modell ist, sondern auch die Muse, sowie die traditionelle Allegorie der Wahrheit, und dazu noch ein Symbol der Fülle des Lebens.

Der Zwiespalt verschärft sich besonders dann, wenn der Künstler auf Phantasie und tiefere Bedeutung aus ist, dabei aber nicht genug malerische Einbildungskraft besitzt, um diese Qualitäten auch anschaulich zu machen. Beispiele davon findet man bei pedantischen Surrealisten, etwa bei René Magritte, der auf einem seiner Bilder eine säuberlich abgemalte Tabakspfeife auf leerem Hintergrund mit der Unterschrift versieht: *Ceci n'est pas une pipe.* Leider ist es aber doch nur eine Tabakspfeife. Ebenso geht es, wenn in Collagen oder Bildhauerarbeiten sogenannte *objets trouvés* talentlos verwendet werden. Der Betrachter sieht weiter nichts als unverklärten Abfall, der ihm gewiß vielerlei zu denken geben kann, aber die Gedanken stecken nicht in dem Kunstobjekt selber. Picasso allerdings kann das Wesen eines Stierkopfes sprechend zum Ausdruck bringen, indem er einfach die Lenkstange und den Sitz eines alten Fahrrades zusammenfügt.

Je mehr ein Begriff ins einzelne geht, um so mehr Merkmale streiten miteinander um die Aufmerksamkeit des Betrachters. Man sieht das an Verkehrszeichen, Plakaten und ähnlichen bildlichen Botschaften, wenn sie einen inhaltlich begrenzten Sinn mit einem ausführlichen Abbild symbolisieren wollen. Martin Krampen hat darauf hingewiesen, daß, wenn man eine altmodisch gezeichnete Schnecke verwendet, um die Automobilisten zum Langsamfahren anzuhalten, man nicht nur ein Bild des Kriechens, sondern auch das eines schleimigen, leicht zu erschreckenden Tierchens präsentiert, wobei allerdings das Fahrstraßenmilieu die Deutung zweckmäßig begrenzt. Das Bild selber aber leistet dazu keine Hilfe.

Wenn ein Abbild sehr ins einzelne geht, so setzt das beim Betrachter ein entsprechendes Einzelwissen voraus. Rudolf Modley gibt zu bedenken, daß, wenn ein Verkehrszeichen einen Fußgänger in europäischer Kleidung zeigt, dies in einem orientalischen oder afrikanischen Land verwirrend oder provozierend wirken kann, und daß, wenn etwa ein Fahrer unserer jüngeren Generation eine altmodische Lokomotive abgebildet sieht, sie ihm vielleicht nicht einen Eisenbahnübergang, sondern ein historisches Eisenbahnmuseum in den Sinn bringen wird. Einzelmerkmale helfen dem Betrachter zwar, ein Ding in seiner Sonderart zu identifizieren, sind aber einer abstrakteren Bedeutung häufig im Wege.

Am andern Pol der Abstraktionsskala haben wir äußerst stilisierte, oft rein geometrische Abbilder. Mit ihnen lassen sich Einzelmerkmale besonders eindeutig hervorheben. Ein einfacher Pfeil konzentriert sich ausdrücklicher aufs Zeigen als eine naturgetreue Herrenhand mit Fingernägeln, Ärmel, Manschette und Knöpfen. Auch ist ein solcher Pfeil kaum etwas andres als ein Symbol, legt also dem Besucher nahe, ihn als eine Botschaft und nicht als Porträt eines Umweltgegenstandes zu behandeln. Allerdings sind sehr abstrakte Begriffe zwar inhaltlich scharf begrenzt, aber dem Umfange nach sehr weit, d. h., sie können sich auf vielerlei beziehen. Eine Zeichnung von zwei einander überschneidenden Kreisen mag einen materiellen Gegenstand darstellen, etwa eine neue Sorte Brezel oder Brillen; sie kann aber auch den Grundriß von einem Zirkus mit Doppelarena oder das Symbol einer guten Ehe oder der internationalen Verbrüderung bedeuten. In noch allgemeinerem Sinne kann sie die logische Beziehung zwischen zwei einander teilweise deckenden Begriffen beschreiben. Welche Deutung gemeint ist, hängt von den Begleitumständen ab.

Das führt zu Schwierigkeiten, wenn eine Zivilisation dauernd Dinge zusammenwirft, die nicht zusammengehören, oder sie an Orte versetzt, die ihrer Funktion widersprechen. Die Beweglichkeit, das Verkehrswesen, die Sendungs- und Mitteilungstechnik entfernt Dinge aller Art von dem ihnen zukommenden Platz und beeinträchtigt dadurch ihre Wirksamkeit und ihre Identität. Ein Apfel behauptet sich leichter in einem Obstgarten oder Grünkramladen als in einer überwältigenden Anhäufung von Haushalts- und Küchenbedarf aller Art oder in einem Inserat mitten unter Dutzenden von Anzeigen gänzlich anderen Inhalts oder in einer Sendung, in der von einer Unzahl von Dingen die Rede ist. Wenn ein Palast oder eine Kirche auf dem höchsten Punkt einer am Hügel liegenden Stadt oder am Ende einer eindrucksvollen Allee steht oder wenn ein Triumphbogen den Kreuzungspunkt bedeutender Straßen bezeichnet, so definiert und erhöht die Örtlichkeit das Bauwerk. Wird aber eine Kirche traditionellen Stils von großstädtischen Wolkenkratzern überschattet, so muß sie nicht nur ohne die

Hilfe ihrer Umgebung auskommen, sondern wird von ihr sogar abgeschworen und verlacht. Unser modernes Leben verringert also das Element der Redundanz in der Sinnesvermittlung, hat es deshalb aber um so schwerer mit dem Identifizieren des Einzeldinges.

Eine sehr abstrakte Form, die dem Bezugsobjekt wenig oder gar nicht ähnelt, muß entweder streng auf eine Einzelverwendung beschränkt werden oder sich auf die Begleitumstände verlassen. Nur der Zusammenhang kann ja entscheiden, ob ein Kreuz als religiöses Symbol oder als arithmetisches Zeichen zu lesen ist oder ob ihm überhaupt keine semantische Funktion zukommt, wie etwa einem Fensterkreuz. Oft ist ein durchgreifender und anhaltender Einsatz nötig, um einem einfachen Zeichen eine bestimmte Bedeutung aufzuprägen, und selbst beim gründlichsten Einbläuen lassen sich unwillkommene Gedankenverbindungen nicht ausschließen. Ich erinnere mich, daß, als Hitler Rom unter Mussolini besuchte und die ganze Stadt plötzlich voller Nazifahnen war, ein italienisches Mädchen mit Schaudern ausrief: »In Rom krabbelt es von schwarzen Spinnen!«

Immerhin war die einfache Figur des Hakenkreuzes so wenig mit anderen Assoziationen belastet, daß es als Träger einer neuen Bedeutung benutzt werden konnte. So erfolgreich war diese Aufprägung, daß mit der Zeit von dem Zeichen ganz anschaulich eine höchst gefühlsbetonte Bedeutung ausging, die es nie besessen hatte. Gewiß war das Zeichen eine hervorragende Wahl. Es erfüllte die ethologischen Vorbedingungen von Unterscheidbarkeit und prägnanter Einfachheit. Die räumliche Schrägstellung verlieh ihm den dynamischen Charakter der 'Bewegung'. Als eine schwarze Figur auf weißem und rotem Hintergrund ließ es die Farben der kaiserlichen Reichsfahne auferstehen und appellierte damit an den Nationalismus. Aber das Rot wurde nun zur Revolutionsfarbe und das Schwarz war entsetzenerregend wie die Hemden der Schutzstaffeln. Das Hakenkreuz hatte die schneidig-geradlinige Zackigkeit der preußischen Disziplin, und seine reinliche Geometrie paßte ironischerweise zu dem Bauhaus-geschulten Geschmack funktioneller Formgebung. Der Gebildete sah in dem indischen Symbol eine Anspielung auf die arische Rasse. Der Druck der sozialen Umstände tat ein übriges. Kein Wunder, daß kürzlich ein amerikanischer Fachschriftsteller, Jay Doblin, über Hitler schrieb, daß »der gescheiterte Künstler zum größten Warenzeichendesigner des Jahrhunderts geworden« sei.

Was Warenzeichen besagen

Im Geschäftsleben können sich die Warenzeichendesigner nicht auf so gewaltige soziale Kräfte verlassen, wie sie Hitler zur Verfügung standen. Ihre Aufgabe ist um so schwieriger, als sie im allgemeinen ihre Entwürfe nicht so erfinden dürfen, daß sie ihren Sinn ausdrücklich in sich tragen. Im Geiste des heutigen Geschmacks und Stils verbindet sich der tatkräftige Geschäftsbetrieb mit prägnanten Kurzformen, und die

BILDER, SYMBOLE UND ZEICHEN

Unordnung und Eile des modernen Lebens erfordert Reize, die im Bruchteil einer Sekunde ihre Wirkung tun. Das Problem besteht darin, daß, wenn Muster sehr abstrakt sind, sie ihr Bezugsobjekt nicht kennzeichnen, während Reklame ja doch eine bestimmte Firma, Marke, Einrichtung oder Idee propagieren soll. Doblin zitiert Experimente, die ergeben haben, daß Konsumenten den Namen oder die Werbeschlagzeilen eines Produkts besser behalten als das Warenzeichen; ja, das Warenzeichen soll angeblich sogar das Wiedererkennen des schriftlichen Teils beeinträchtigen. Doblin folgert daraus geradezu, daß »vom Standpunkt der Mitteilungstechnik aus das Warenzeichen für die meisten Firmen nicht nur verlorene Liebesmüh', sondern sogar zum Schaden ist«. Damit mag es nun seine Richtigkeit haben oder nicht, aber es ist bezeichnend für den Charakter hoher Abstraktionsstufen.

Die Unfähigkeit solcher Muster, eine besondere Einzelbedeutung zu vermitteln, erinnert einen an die Experimente über den Bedeutungsgehalt der Musik. In den Versuchen von Melvin G. Rigg, zum Beispiel, ging es darum festzustellen, ob die 'Absichten des Komponisten' aus seinen Werken entnehmbar sind. Er spielte seinen Versuchspersonen Auszüge, zumeist aus klassischen Opern, vor und ließ sie diese zu Beschreibungen auf einem Fragebogen zuordnen, wobei die allgemeine Stimmung (traurig, freudig), die allgemeine Inhaltskategorie (Tod, Religion, Liebe, usw.) und der besondre Programmgegenstand (Lebewohl, Gebet, Karfreitagsmusik, Spinnerlied, Mondschein usw.) zu bestimmen waren. Auf den höheren Abstraktionsstufen kam es zu guten Ergebnissen, nicht aber auf den niedrigeren. Daraus darf man nun aber nicht folgern, wie Rigg es tat, daß »die Besonderheiten des vom Komponisten Beabsichtigten sich dem kultivierten Publikum nicht mitteilen«; denn damit mißdeutet man die Natur der Musik und ihr Verhältnis zu Programminhalten. Der Erkenntniswert der Musik stammt gerade von dem hohen Abstraktionsniveau, auf dem sie Kräftekonfigurationen darstellt. Diese Konfigurationen deuten an sich auf keine besondere 'Anwendung', doch lassen sie sich auf solche Sonderthemen beziehen. Die Programm-Musik, in der ein erzählerischer Inhalt mit Tönen abgebildet werden soll, bleibt immer eine unbehagliche Kuriosität, eben weil sie einen bestimmten Inhalt in allgemeinen Formen ausdrücken will. In der Oper dagegen oder als Begleitung auf der Bühne oder im Film verkörpert die Musik umgekehrt das im Besonderen enthaltene Allgemeine. Nach Schopenhauer zeigt die Tonkunst im Lied und in der Oper »ihre Macht und höhere Befähigung, indem sie jetzt über die in den Worten ausgedrückte Empfindung, oder die in der Oper dargestellte Handlung, die tiefsten, letzten, geheimsten Aufschlüsse gibt, das eigentliche und wahre Wesen derselben ausspricht und uns die innerste Seele der Vorgänge und Begebenheiten kennen lehrt, deren bloße Hülle und Leib die Bühne darbietet«.

Bilddarstellungen haben die gleichen Vorzüge und Schwächen. Ebenso wie Saint-Saëns' Musik nicht darauf rechnen kann, *Omphales Spinnrad* abzubilden, so können Warenzeichen und ähnliche Sinnbilder keine bestimmte Ware oder Firma kennzeichnen. Die Beziehung läßt sich nur herstellen, wenn sie unaufhörlich und nachdrücklich verstärkt wird, etwa bei religiösen Abzeichen wie Kreuz oder Davidstern oder bei

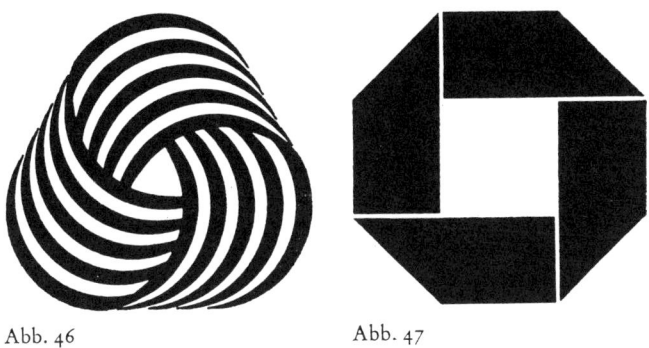

Abb. 46   Abb. 47

Flaggensymbolen wie dem kanadischen Ahornblatt oder der aufgehenden Sonne Japans oder wie beim Roten Kreuz. Trennt man daher ein Warenzeichen zu Experimentierzwecken von seinem Zusammenhang, der angibt, worauf es hinweisen soll, so ist das, als ob man den erzieherischen Wert einer schematischen Zeichnung auf der Tafel im Klassenraum beurteilen wollte, ohne dabei die mündlichen Erklärungen des Lehrers in Betracht zu ziehen.

Wenn eine Dame ein bestimmtes Blau trägt, so mag das auf den Betrachter wie ein Charakterzug der Trägerin wirken; und doch mag die Farbe an und für sich keineswegs den Gedanken an die Dame heraufbeschwören. Ebenso kann ein gutes Warenzeichen das Wesen seines Trägers sehr eindrücklich veranschaulichen, ohne allein als ein Hinweis auf ihn zu wirken. Wenn jemandem das von Francesco Saroglia entworfene Kennzeichen des Internationalen Wollsekretariats (Abb. 46) vor die Augen kommt, wird er dessen Sinn kaum sogleich erkennen, denn die biegsamen, glatten Formen haben eine sehr allgemeine Qualität. Es ist absichtlich elegant, weil es der Vorstellung von spießbürgerlicher Wolligkeit entgegenarbeiten soll, deutet aber nicht ausschließlich auf Wolle hin. Dennoch bringt die einfache Figur im entsprechenden Zusammenhang die wünschenswerten Eigenschaften sehr anschaulich und konzentriert heraus und dient also ihrem Zweck.

Ein gutes modernes Warenzeichen symbolisiert den Charakter seines Trägers, indem es ihn als eine prägnante Konfiguration von sichtbaren Kräften definiert. Das von Chermayeff und Geismar entworfene Zeichen der Chase Manhattan Bank (Abb. 47) mag als Beispiel dienen. Das innere Quadrat und das äußere Rechteck bilden eine zentrisch symmetrische Form, die nach ruhevoller, solider Festigkeit aussieht. Vor Eingriffen geschützt wie eine Festung und vom Wechsel und den Kümmernissen der Zeiten unberührt, ist das kleine Monument aus stämmigen, geradlinigen und einfach gewinkelten Blöcken gebaut. Zugleich aber hat es auch die notwendige Vitalität und Zielstrebigkeit. Die gespitzten Teile führen gerichtete Kräfte ein, die aber die Gesamtform nicht in Bewegung setzen, sondern in das stabile, ungerichtete Formgerüst einge-

BILDER, SYMBOLE UND ZEICHEN

Abb. 48　　　　　　　Abb. 49

fügt sind. Die Einheiten streben in vier verschiedene Richtungen, gleichen sich aber eben dadurch zu einer lebendigen Ruhe des Ganzen aus oder schaffen gemeinsam eine beständige, in sich beschlossene Rotation, wie die eines Motors. Weiterhin schließen sich die vier Komponenten zwar lückenlos zusammen, doch bewahren sie zugleich auch ihren Sondercharakter, weisen also auf die Vielfältigkeit eines Unternehmungsgeistes hin, der die Initiative des Einzelnen begünstigt, aber doch nur im festen Rahmen des Ganzen. Sieht man die vier Komponenten als Blöcke mit abgeschrägten Enden, so halten sie zusammen wie Mauersteine. Sieht man sie als vier symmetrische Prismen, so überschneiden sie sich und verflechten sich dadurch ineinander. Das sorgfältig ausgewogene Gleichgewicht zwischen Aneinandergrenzen und Aufeinanderwirken in der Zusammenarbeit beschreibt den Charakter der Organisation in einer für den Auftraggeber wünschenswerten Weise.

Bis zu einem gewissen Grade bewahrt ein so abstraktes Abbild immer die Kühle des Abstandes. Die sinnliche Wolligkeit der Wolle spürt man besser in einer guten Farbenphotographie oder einer realistischen Malerei. Ebensowenig wird einem das Getriebe der Bank vor die Augen gebracht, die wimmelnden Menschen, die ehrfurchtgebietenden Bürosäle. Andrerseits aber braucht sich ein solches Abbild nicht auf die bloße Aufzählung zuständiger Struktureigenschaften zu beschränken. Jede Form hat dynamische Qualitäten, die auch ihrerseits zur Ausdeutung des Dinges beitragen. Wir sahen, wie einfache Formen das Gefühl des Schmiegsamen, des Vitalen oder Harmonischen erregen können. Diese Art von Vergegenwärtigung ist in der Kunst unentbehrlich. Die Kennmarken, die wir hier besprechen, halten auf eigentümliche Weise die Mitte zwischen Kunst und dem bloß erkenntnismäßigen Identifizieren und Unterscheiden. Eine solche Figur mag die Wesenseigenschaften des Bezugsobjekts durchaus widerspiegeln, dabei aber dessen dynamische Qualitäten nicht wirklich fühlbar machen und dies auch nicht beabsichtigen.

Das wird besonders deutlich, wenn es sich um stark gefühlsbetonte Themen handelt. Abb. 48 und 49 geben davon zwei Beispiele; die eine ist Ernst Rochs Entwurf für ein

Kennzeichen der kanadischen Weltausstellung von 1967, die andre stammt von Saul Bass und bezieht sich auf das Committee for a Sane Nuclear Policy, eine der Entwicklung von Kernwaffen entgegenarbeitende politische Organisation. Beide sind recht charakteristisch und reduzieren ihr Thema in intelligenter Weise auf ein paar prägnante Grundformen. Rochs Entwurf, in dem man eine Anspielung auf Leonardos berühmte Zeichnung der Vitruviusfigur erkennt, sollte das Thema der Ausstellung, *Der Mensch und seine Welt*, illustrieren. Auf der Zeichnung von Bass sieht man schützende Hände, die eine Atombombenexplosion einzuhalten versuchen. Beide Arbeiten geben wesentliche Züge ihrer Themen mit großer Präzision wieder, doch soll Rochs Erdball wohl kaum ein Gefühl astronomischer Größe vermitteln, und weder haben die Arme den Ausdruck wirklichen Ausstreckens, Umfassens oder Tragens, noch haben die Beine eine machtvolle Standpose. Ebenso sieht man bei Bass den Bruchstücken der Explosion wenig zerstörerische Gewalt an, und auch in den Händen mag nicht jeder Beschauer ein aktives Beschützen spüren.

Diese Beschränkung der Ausdrucksdynamik auf eine bloße Andeutung mag dem Zweck durchaus angemessen sein. Denn man ist ja hier nicht auf ein regelrechtes Kunstwerk aus. Ein Gemälde oder eine Skulptur soll im Beschauer den spürbaren Widerhall eines Kräftespiels erzeugen, und selbst der dargestellte Inhalt dient diesem Zweck. Ein Stück Gebrauchsgraphik hingegen benutzt den dynamischen Ausdruck umgekehrt, um Identifizierung und Unterscheidung zu verstärken, so wie etwa die drei Pinselstriche des chinesischen Schriftzeichens für *Berg* nicht nur die Höhen selbst, sondern auch etwas von ihrem Aufragen andeuten und dadurch den Hinweis ein bißchen lebendiger machen.

Es versteht sich, daß auch das nüchternste und neutralste Muster einfach nur durch den ihm anhaftenden Sinn die wildeste Leidenschaft entfesseln kann. Doch sind die von Hammer und Sichel ausgelösten Gefühle etwas grundsätzlich andres als die einer Bilddarstellung, etwa einem Barockgemälde, innewohnenden Erregungen.

Erfahrungen und Ideen

Am Anfang dieses Kapitels wies ich daraufhin, daß Abbilder als Vermittler zwischen der Welt der Sinneserfahrungen und den unkörperlichen Kräften, die den Dingen und Ereignissen des Lebens innewohnen, gelten können. Als *Bild* genommen charakterisiert ein Rembrandtporträt einen bestimmten Amsterdamer Bürger als einen Menschentyp, eine Konstellation bestimmter physischer und psychischer Kräfte – etwa einen zwar vom Schicksal zugerichteten, dabei aber aufrechten Mann, der wachsam Ausschau hält und dennoch in Gedanken ist. Zugleich ist dieser aus einem verflossenen Jahrhundert stammende Unbekannte uns auch als Symbol wichtig, denn er zeigt uns in belebender Verbildlichung jene abstrakten Motive des Unterdrücktseins und des Widerstandes, der Geisteseinstellung aufs Äußere und aufs Innere. Das gilt auch für ein gelungenes 'abstraktes', d. h. ungegenständliches Werk. Da es keine physischen Außenformen abbildet, ist es den reinen Kräften, die es symbolisch darstellt, näher; doch zeigt es gleichzeitig auch das den Dingen dieser Welt innewohnende Wesen und hat daher Bezug auf das Erdenleben. Man kann dies ausdrücken, indem man sagt, daß jedes Abbild ein Denken verkörpert, in dem sinnliche Erscheinung und Allgemeinbegriffe zu einer einheitlichen Erkenntnis verschmolzen sind.

Wie wichtig es ist, daß diese beiden Funktionen eines Abbildes einander nicht nur in den Künsten, sondern im menschlichen Denken ganz allgemein ergänzen, hat Goethe an einer Stelle seiner ›Farbenlehre‹ eindrucksvoll formuliert:

»Die Poesie hat in Absicht auf Gleichnisreden und uneigentlichen Ausdruck sehr große Vorteile vor allen übrigen Sprachweisen, denn sie kann sich eines jeden Bildes, eines jeden Verhältnisses nach ihrer Art und Bequemlichkeit bedienen. Sie vergleicht Geistiges mit Körperlichem und umgekehrt, den Gedanken mit dem Blitz, den Blitz mit dem Gedanken, und dadurch wird das Wechselleben der Weltgegenstände am besten ausgedrückt. Die Philosophie auf ihren höchsten Punkten bedarf auch uneigentlicher Ausdrücke und Gleichnisreden, wie die von uns oft erwähnte, getadelte und in Schutz genommene Symbolik bezeugt.

Nur leiden die philosophischen Schulen, wie uns die Geschichte belehrt, meistenteils daran, daß sie, nach Art und Weise ihrer Stifter und Hauptlehrer, meist nur einseitige Symbole brauchen, um das Ganze auszudrücken und zu beherrschen, und besonders die einen durchaus das Körperliche durch geistige Symbole, die andern das Geistige durch körperliche Symbole bezeichnen wollen. Auf diese Weise werden die Gegenstände niemals durchdrungen; es entsteht vielmehr eine Entzweiung in dem, was vorgestellt und bezeichnet werden soll, und also auch eine Diskrepanz in denen, die davon handeln, woraus alsbald ein Widerwille auf beiden Seiten entspringt und ein Parteisinn sich befestigt.«

In der Malerei und der Skulptur gibt es Werke, die menschliche Figuren, Gegenstände oder Ereignisse mehr oder weniger realistisch abbilden, dabei aber zu verstehen geben, daß es mit ihnen noch eine andere Bewandtnis hat. Als bloße Beschreibungen dessen, was auf Erden vor sich gehen kann, ergeben sie keinen Sinn; sie sind vor allem als symbolische Träger von Ideen gemeint. Den Betrachter überkommt die Ahnung, von der Hegel in bezug auf die altorientalische Kunst spricht: »Wir fühlen, daß wir unter Aufgaben wandeln.« Da das Abbild nicht einfach eine Beschreibung des Lebens ist, muß der Betrachter austüfteln, was da symbolisiert ist. Picassos frühes Bild *La Vie* ist von Wilhelm Boeck ein Beitrag zu dem verweltlichten Kunstsymbolismus um die Jahrhundertwende genannt worden. Boeck beschreibt diese Darstellung des Begriffes *Leben* wie folgt:

»Zur Rechten steht ein barfüßiges Weib mit ernstem Profilgesicht; sie hält ein schlafendes Kind in den Falten ihres gerafften Gewandes. Links steht ein anmutiges nacktes

Paar; sie suchen wie in plötzlicher Furcht Schutz beieinander. Der Mann ist größer und hat die hohe Stirn eines geistigen Menschen, die zärtliche Frau ist ganz Hingabe. Sie sehen zur Mutter hin, doch ist ihr Blick nach innen gekehrt. So sehr sind sie in ihrem eignen Schicksal befangen, daß sie sie nicht sehen, obwohl der Mann mit dem Zeigefinger seiner feinfühligen linken Hand nachdrücklich auf das Kind hinweist. Hinter den Vordergrundfiguren sieht man zwei gemalte Skizzen: die untere stellt eine in Träumerei versunkene hockende nackte Figur dar, die obere ein sitzendes Paar, dessen Stellung an die des Paars im Vordergrund anklingt.«

Offenbar wollte der Maler hier einen Gedanken ausdrücken, wie man ihn als systematisches Schema etwa in John Keats' Sonnett ›The Human Seasons‹ findet oder in dem Rätsel der Sphinx (»Welches Wesen geht am Morgen auf vier Beinen, am Mittag auf zwei, am Abend auf drei?«) Ebenso offensichtlich auch ist dies ein gewagtes Unternehmen. Zwar gibt es ausgesprochen symbolische Darstellungen in allen Kulturen; doch muß dabei der Stil der Abbildung den Betrachter darauf hinweisen, daß er sich nicht im Bereich irdischer Erlebnisse befindet. Und andrerseits besteht in diesem Zwischenreich von Kunst und Schema immer die Gefahr, daß die Ideen das Eigenleben des Bildes bedrängen. Von den sogenannten Allegorien kann man sagen, daß sie die Aufgabe des Symbols parodieren, indem sie zu Normen erfrorene Bilder als Illustrationen von Ideen anbieten. Solche begrifflichen Normen verärmlichen die Einbildungskraft. Daher zum Beispiel die Fröstelwirkung intellektuell konzipierter Romane, in denen die Charaktere mit unverarbeiteter Theorie behängt sind wie die Modellpuppen eines Schneiders. Hierher gehört auch die lächerlich schematische Symbolik in Amateurkunst, oratorischen Klischees oder auch in manchen Träumen. Der englische Kunstkritiker Roger Fry hat sich über die künstlerische Dürftigkeit der Träume und Bilder lustig gemacht, die der Psychoanalytiker Oskar Pfister zitierte, um zu zeigen, daß die poetische Eingebung aus den gleichen Quellen entspringt wie die Träume. Hier ist eins von Pfisters Beispielen:

»Ein Jüngling ist im Begriff, von einer weiblichen Leiche auf eine Brücke in einem Nebelmeer zu springen, in dessen Mitte der Tod steht. Hinter ihm geht in blutrotem Glanz die Sonne auf. Von rechts her bemühen sich zwei Händepaare, den Flüchtling zurückzurufen oder aufzuhalten.«

Vermutlich ist das geschmacklich Abstoßende von Amateurphantasien, von dem Freud in bezug auf Tagträume und billige Romane spricht, nicht so sehr darauf zurückzuführen, daß sich in ihnen Gelüste und Ängste unverbrämt enthüllen, sondern daß vorgefaßte Ideen und abgedroschene Sinnbilder der Wahrheit des Dargestellten ins Gehege kommen. Es handelt sich da um erkenntnismäßig unsaubere Geistesprodukte.

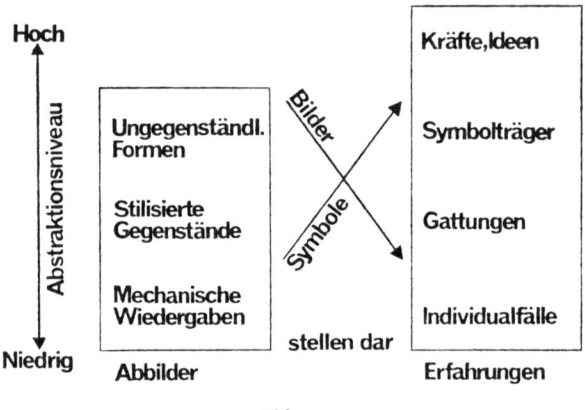

Abb. 50

Zwei Abstraktionsskalen

In Abb. 50 ist zusammengefaßt, was ich über die Funktionen von Abbildern zu sagen versucht habe. Die Darstellungsweisen von Bildern und Symbolen sind komplementär. In einem Bild ist das Abstraktionsniveau des Abbildes höher als das der von ihm dargestellten Erfahrung; für das Symbol gilt das Umgekehrte.

Hinzuzufügen ist, daß zwar jedes Abbild zwei Einzelstufen auf den beiden Skalen miteinander verbindet, daß es aber besonders für die Zwecke der Kunst höchst wünschenswert ist, wenn der Gesamtbereich beider Skalen in jeder Bilddarstellung mitklingt. Für die Abbildskala zur Linken bedeutet dies, daß, obwohl etwa ein Gemälde durchaus ungegenständlich sein und also auf der höchsten Abstraktionsstufe liegen kann, es doch etwas von dem Formreichtum widerspiegeln sollte, den realistische Werke zur Darstellung sinnlicher Welterfahrung aufwenden. Andrerseits wird ein realistisches Abbild nur dann lesbar, allgemeingültig und ausdrucksvoll sein, wenn es die dargestellten Dinge in die reinen Formen einfügt, die sich in der 'abstrakten' Kunst viel direkter zeigen können.

Entsprechend wird für die Erfahrungsskala erfordert, daß auch wenn der Geist auf der höchsten Abstraktionsstufe die im Dasein wirkenden Urkräfte betrachtet, er sie dennoch als die Quellen der vielfältigen Sinneserscheinungen anzusehen habe; und daß umgekehrt die endlosen Abwandlungen des Besonderen als von allgemeinen Prinzipien geordnet vorgestellt werden müssen.

Solche Forderungen mögen doktrinär klingen; doch muß man sich vergegenwärtigen, was geschieht, wenn die Skalen sich nicht bis zu ihren Grenzen erstrecken oder wenn die verschiedenen Abstraktionsstufen nicht miteinander in Resonanz stehen. Es ergeben sich dann pathologische Zustände, bei denen die Skala zusammenschrumpft oder auf einem ihrer Niveaus eine Scheidewand entwickelt, was zu geistiger Verärmlichung führt. Beschränkung auf die untere Stufe der Abbildskala erzeugt das hirnlose Abkonterfeien von Naturgegenständen; Beschränkung auf die obere führt zu starrer Geometrie, die zwar voller Ordnung sein kann, aber zu dürftige Nahrung bietet, weil ja das menschliche Gehirn die verfeinertste Schöpfung der Natur ist und dementsprechende Ansprüche stellen muß. Auf der Erfahrungsskala wiederum entspricht Beschränkung auf die Unterstufe einer materialistisch-praktischen Haltung, der es an leitenden Ideen mangelt; und auf ihrer Oberstufe ergibt sich blutleere Begriffsklügelei, das rein formelle Manipulieren theoretischer Aussagen und Normen.

Alle solche Einschränkungen vermindern die Gültigkeit schöpferischen Denkens. Im kulturellen Idealzustand besitzt jedes Ding und Ereignis eine ständige Sinnbildlichkeit, durch die es sich den Grundprinzipien alles Daseins unterstellt; und andrerseits sind die allgemeinen Begriffe angereichert mit dem Sinneserlebnis, das dem Denken seinen Gehalt gibt.

9 Was Abstraktion nicht ist

Es gilt, die Brücke zwischen Wahrnehmung und Denken wiederaufzubauen. Die Wahrnehmung besteht, wie oben gezeigt, in dem Erfassen wesentlicher Allgemeineigenschaften; und umgekehrt braucht das Denken als seinen Gegenstand Vorstellungen von der Erfahrungswelt. Die gedankliche Qualität der Wahrnehmung und die Wahrnehmungsqualität des Denkens ergänzen einander; und dies macht die menschliche Erkenntnis zu einem einheitlichen Prozeß, der bruchlos vom Erwerb der elementarsten Sinnesgegebenheiten zu den allgemeinsten Ideen führt. Das Hauptmerkmal dieses einheitlichen Erkenntnisprozesses besteht darin, daß er auf jeder Stufe Abstraktionen verwendet. Was unter Abstraktion zu verstehen sei, muß also sorgfältig betrachtet werden.

Die hier vertretene These ist an sich einfach genug. Doch ist kaum zu hoffen, daß ihre Konsequenzen verständlich und annehmbar werden, solange gewisse irreführende Vorstellungen von dem Abstraktionsbegriff nicht aus dem Wege geschafft sind.

Im wörtlichen Sinne bedeutet *Abstraktion* etwas Negatives. Es besagt, daß etwas sich entfernt oder entfernt wird, denn *abstrahere* heißt ja *wegziehen* oder *herausziehen*. Dies war und ist noch recht anschaulich in der englischen Sprache, die das aus lateinischer Wurzel stammende Wort auch im unmetaphorischen Sinne zu verwenden gewohnt ist. So sagte man, nach Angabe des Oxford Dictionary, im 17. Jahrhundert etwa: »Je abstrakter wir von unserm Körper sind, um so befähigter sind wir, das göttliche Licht zu schauen.« Von einem zerstreuten Menschen sagte man, er sei »abstrahiert«, und auch heute noch heißt es, daß einer etwa mit der Armut nur im abstrakten Sinne vertraut ist, wenn man sagen will, er habe keine direkte Kenntnis. Im Sinne von Wegnehmen oder Entnehmen sagte die englische Sprache schon im Jahre 1387: »Die Namen der Autoren, von denen die vorliegende Chronik abstrahiert ist...«

Eine schädliche Zweiteilung

Dieser Unterton von Entfernung und Abscheidung stellt für den geistigen Vorgang des Abstrahierens eine unerfreuliche Belastung dar. In der Psychologie versteht man unter Abstraktion häufig einen Vorgang, der zwar auf Sinnesmaterial beruht, sich aber durchaus von ihm entfernt. John Locke sagt, daß man zum Zwecke der Abstraktion die von den Einzeldingen bezogenen Sonderideen »von allen anderen Daseinsbedingungen und -umständen tatsächlicher Existenz wie Zeit, Ort und allen anderen davon abhängigen Ideen« abscheiden müsse. Er fährt fort:

»Ohne zu berücksichtigen, woher sie kommen, wie sie hergelangten und mit welchen anderen sie zusammen waren, verwendet der Geist solche deutlichen und nackten Erscheinungen (denen er im allgemeinen auch Namen zulegt) als Normen, um das wirklich Bestehende in Gattungen zu ordnen, je nachdem es diesen Formen entspricht, und um es demgemäß zu benennen.«

Selbst in unseren Tagen kann man noch auf die Überzeugung stoßen, daß ein Begriff nur dann wirklich abstrakt ist, wenn er von allem wahrnehmungsmäßigen Beiwerk frei ist, weil dieses als eine Unreinlichkeit zu bewerten wäre. So sagt etwa René Pellet in einem Buch, das die Entwicklung »von der Wahrnehmung des Konkreten« zum »Begreifen des Abstrakten« beschreiben soll: »Wir werden das Wort *Abstraktion* in seinem höchsten Sinne verwenden, wenn der Geist fähig ist, außerhalb der konkreten Vorstellungen zu begreifen, das heißt, ohne die Unterstützung des wahrnehmungsmäßig Gegebenen oder Erinnerten sich schöpferisch zu betätigen.« Die Abstraktion ist für Pellet eine Organisation des Seelenlebens, das über das Konkrete hinausgeht und sich von ihm befreit hat.

Man nahm an, daß das abstrakte Denken nicht auf der Sinneserfahrung beruht, sondern sich in Worten abspielt. War ein Lebewesen nicht der Sprache mächtig, so konnte es auch nicht abstrahieren. An der oben zitierten Stelle sagt Locke über die Tiere, daß »die Abstraktionsfähigkeit auf keine Weise in ihnen wohnt und daß der Besitz von Allgemeinideen dasjenige ist, was das menschliche und das tierische Wesen vollkommen voneinander unterscheidet«.

Der irreführenden Scheidung von Wahrnehmung und Denken ist es auch zu verdanken, daß man üblicherweise 'abstrakte' von 'konkreten' Dingen unterscheidet, als ob es sich da um zwei einander ausschließende Gruppen handle; als ob also ein abstraktes Ding nicht zugleich auch konkret sein könne, und umgekehrt. Diese Vorstellung spiegelt sich in der kleinen Geschichte von dem Vater, den sein Kind fragt, was 'abstrakt' bedeute. Nach einigem Zögern antwortet der Vater: »Abstrakt ist, was man nicht anfassen kann.« Worauf das Kind: »Ach so, wie Gott und die Brennesseln!« Der primitivste Mißbrauch der beiden Begriffe besteht also darin, daß man 'konkret' sagt, wenn man 'wahrnehmbar' meint, und 'abstrakt' für das, was den Sinnen nicht zugänglich ist.

Ebenso irreführend ist es, alles Physische konkret und alles Seelische abstrakt zu nennen. Das bekannte Gesellschaftsspiel beginnt gewöhnlich mit der Frage: »Ist es konkret oder abstrakt?« Ein Tisch ist konkret, aber die Freiheit ist angeblich abstrakt. Mein Freund ist konkret, aber nicht die Freundschaft. Diese anscheinend so einfache Unterscheidung enthält zunächst einmal eine ontologische Konfusion, da ja ein Tisch sowohl ein physischer Gegenstand wie etwas Wahrgenommenes oder Erinnertes sein kann. Wenn es darum geht, materielle Dinge von Sinneserlebnissen zu unterscheiden, so besteht kein Grund, eindeutige Bezeichnungen durch mißverständliche zu ersetzen. Beschränkt man sich aber auf den Bereich des seelisch Erlebbaren, so geht es um den Unterschied zwischen Wahrnehmungen, die außerhalb des Gehirns, und solchen, die innerhalb des Gehirns ihren Ursprung haben, also zum Beispiel ein Tisch, eine Sonnenfinsternis, ein Magenweh einerseits und ein Gedächtnisbild, ein Gedanke, ein Begriff oder Gefühl andrerseits. Hier ist es nun sehr wichtig, sich klarzumachen, daß beide Gruppen seelischer Inhalte gleich konkret sind. Einen Tisch sehen oder einen Schmerz spüren ist genauso konkret wie einen Einfall oder eine Vorstellung haben. Zwar kann jedes solches Erlebnis scharf oder unscharf, genau oder ungenau sein, aber konkret sind sie alle.

Alle geistigen Inhalte sind Einzeldinge, auch wenn sie zugleich Universalien sind, d. h., Begriffe, die sich auf eine Gattung von Dingen oder Gedanken beziehen. Daß dem so ist, wurde zuerst von Berkeley aufgezeigt und von Hume als »eine der größten und wertvollsten Entdeckungen« bezeichnet, die »in den letzten Jahren in der gelehrten Welt gemacht worden sind«. Berkeley wußte, daß »eine Idee, die an und für sich als ein Einzelnes anzusehen ist, dadurch zu etwas Allgemeinem wird, daß man sie alle anderen Sonderfälle der gleichen Gattung repräsentieren oder vertreten läßt«. Und weiter:

»Universalität besteht, soweit ich verstehen kann, nicht in der absoluten, positiven Natur oder Konzeption irgendeines Dinges, sondern in der Beziehung, in der es zu den von ihm bezeichneten oder dargestellten Einzeldingen steht: hierdurch werden Dinge, Namen oder Begriffe, die an sich Einzeldinge sind, in Universalien verwandelt.«

Das heißt also, daß der Begriff *Tisch* ein ebenso konkreter und individueller Bewußtseinsinhalt ist wie das Gedächtnisbild eines Tisches oder die Wahrnehmung eines physischen Tisches, der vor dem Betrachter steht. Gott und der Begriff *Gott* sind ebenso konkret wie der Begriff der Brennessel oder jede einzelne Brennessel. Doch kann jeder Gegenstand, jeder Vorfall und jeder Begriff dadurch zu etwas Allgemeinem werden, daß man ihn eine Schar von Einzelfällen bezeichnen läßt. Ein Ding wird zur Abstraktion, wenn man es als ein Destillat eines vielfältigeren Dinges oder einer Mehrzahl solcher Dinge behandelt.

In keiner Weise können die Bezeichnungen *konkret* und *abstrakt* dazu dienen, Erfahrungsinhalte in zwei Behälter zu verteilen. Weder sind die Antonyme, noch beziehen sie sich auf einander ausschließende Gruppen. Alle physischen oder seelischen Dinge sind konkret, und viele von ihnen, und vielleicht alle, können auch als Abstraktionen verwendet werden.

Wie nötig es ist, die auf diesem Gebiet vorherrschende Verwirrung aufzuklären, sieht man, wenn man etwa in einer vielgelesenen und typischen Einführung in die Logik folgendes liest: »Wir wollen und können daher zugeben, daß Abstraktionen nicht wirklich sind, wenn nämlich Wirklichkeit als das definiert wird, was konkret und nicht abstrakt ist.« Hier sind die zwei Adjektive als disjunktiv behandelt, als ob ein Ding nicht konkret und abstrakt zugleich sein könnte; und Konkretheit ist gleichbedeutend mit materiellem Dasein. In demselben Buch heißt es etwas später, man müsse sich dessen bewußt sein, »daß abstrakte Denkgegenstände wie Zahlen oder *Gesetz* oder *gerade Linien* wirkliche Bestandteile der Natur sind (obwohl sie nicht als Einzeldinge existieren, sondern als die Beziehungen oder Umformungen solcher Einzeldinge) ...« Diese Formulierung verwechselt das, was ein Ding ist, mit dem, was es bezeichnet, und behauptet, daß etwas existieren könne, ohne ein Einzelding zu sein.

Jeder Denkgegenstand kann also die Eigenschaft der Abstraktheit erwerben, wenn er als Extrakt eines Vielfältigeren behandelt wird. Solch ein Denkgegenstand ist manchmal eine höchst unkörperliche Kräftekonstellation, oder aber auch ein recht handgreifliches Ding oder Ereignis, das wesentliche Eigenschaften einer Gattung veranschaulicht. In der im vorigen Kapitel benutzten Terminologie können wir sagen, daß ein Denkgegenstand eine Abstraktion ist, wenn er als *Bild* dient. Er mag von *einem* Menschen als solches angesehen werden, aber nicht von einem anderen; und er mag in einer bestimmten Kultur als solches gelten, aber nicht in einer anderen. Auch kann es jemandem plötzlich aufgehen, daß ein bestimmtes Ding als über sich hinausweisend behandelt werden kann, obwohl ihm das bisher nie eingefallen war.

Beruht Abstraktion auf Verallgemeinerung?

Man definiert eine Abstraktion herkömmlich als die Summe der Eigenschaften, die einer Anzahl von Einzelfällen gemeinsam sind. Locke beschreibt, wie »zunächst die Sinne die besonderen Ideen einlassen und den bis dahin leeren Schrein mit ihnen ausstatten«. Die Seele hat nämlich einen natürlichen Hang zum Wissen; doch wird ihr klar, daß, wenn sie sich nur mit Einzeldingen abgeben würde, sie eine endlose Arbeit vor sich hätte und nur sehr langsam vorwärtskommen würde. Um daher den Weg zum Wissen abzukürzen und um jeder Wahrnehmung einen größeren Umfang zu geben, bindet die Seele die Wahrnehmungen zunächst einmal »zu Bündeln und rangiert sie in Gattungen, so daß sie alles Wissen über eine von ihnen unbedenklich auf alle anderen der gleichen Gattung ausdehnen kann«.

Nach der traditionellen Denkweise beruht also alle Abstraktion auf Verallgemeinerung. Wir sind so sehr an diese Auffassung gewöhnt und sie klingt so überzeugend, daß wir nicht mehr merken, wie wenig sie zu den Tatsachen paßt und zu was für Schwierigkeiten sie schon in der Theorie führt. Natürlich gibt es Verallgemeinerung, und wir werden später darauf zu sprechen kommen, in welcher Weise sie der Abstraktion dient. Doch kann man sich kaum im Sinne Lockes vorstellen, wie sie der erste Schritt zum Wissen sein könnte. William James führt in seinen ›Principles of Psychology‹ das »law of dissociation by varying concomitants« ein, wonach wechselnde Verbindung zur Abscheidung führt. Das Gesetz lautet wie folgt: »Wenn etwas einmal mit einem, dann wieder mit einem anderen Ding verbunden ist, so scheidet es sich von beiden ab und entwickelt sich, für die Seele, zu einem Gegenstand abstrakter Betrachtung.« James beeilte sich hinzuzufügen: »Warum die Verbindung mit verschiedenen Ganzen ein Ding dazu veranlaßt, sich von ihnen allen zu trennen und sich allein sozusagen auf dem Tisch des Bewußtseins zu entrollen, ist etwas rätselhaft.« Etwas rätselhaft ist es in der Tat, aber das, worüber man sich zu wundern hat, ist nicht so sehr das Warum als das Wie. Warum es von Nutzen ist zu verallgemeinern, hat ja Locke deutlich gemacht. Wie sich aber Universalien erzielen lassen sollen, wenn nichts als Einzelfälle gegeben sind, kann man sich schwer vorstellen.

Vermutlich gibt es keine zwei Dinge in der Welt, die gar nichts miteinander gemeinsam haben, und die meisten Dinge haben sogar sehr viel gemeinsam. Nehmen wir nun einmal an, daß jede Gemeinsamkeit von Merkmalen uns veranlassen würde, die betreffenden Dinge unter einem Begriff zu vereinigen. Offensichtlich würde dies zu einer unberechenbar großen Zahl von Gruppierungen führen. Jedes Ding würde ausdrücklich so vielen Gruppen zugeteilt werden, wie es Merkmale und Merkmalskombinationen hat. Eine Katze, zum Beispiel, würden wir unter die materiellen Körper rechnen, sowie auch unter die Organismen, die Tiere, die Säugetiere, die Raubtiere, usw. Schließlich würden wir sie dann auch der exklusiven Gruppe zuweisen, zu der niemand als nur diese besondre Katze gehört. Zum Überfluß würden wir unsre Katze auch noch zu den schwarzen Dingen, den Haustieren, den Themen für Kunst und Dichtung, den ägyptischen Gottheiten, den Kunden der Fleisch- und Konservenindustrien, den Traumsymbolen, den Sauerstoffverbrauchern usw. rechnen. Nun sind im Bereich der reinen Logik tatsächlich alle diese Mitgliedschaften dauernd im Spiel, sobald vom Begriff *Katze* die Rede ist. Doch würde es zu keinem vernünftigen Wissen führen, wenn alle diese unendlich vielen, auf verschiedenen Merkmalen und Merkmalsgruppen beruhenden und ganz verschiedene Anzahlen von Mitgliedern enthaltenden Gruppen vom Denken in ausdrücklicher Bereitschaft gehalten würden. Es wäre, im Gegenteil, eine Informationsüberschwemmung.

Da also eine Auswahl getroffen werden muß, worauf soll diese beruhen? Wäre die Abstraktion wirklich nur ein Mittel zu wirtschaftlicher Denkweise, also zur Reduktion von Vielem auf Weniges, so wäre es logisch empfehlenswert, mit denjenigen Merkmalen und Merkmalsgruppen zu beginnen, die am häufigsten vorkommen und sich allmählich zu den nur wenigen Individuen zukommenden durchzuarbeiten. Geschieht das aber? Man braucht nur einen Blick auf die Begriffe im Denken der Kinder zu werfen, um zu sehen, daß dem nicht so sein kann. In der Welt eines Kindes mag es nur einen einzigen Hund geben, und dennoch erhält er sogleich seine Sonderkategorie, während die Bäume, die Häuser und die Wolken, obwohl sie so zahlreich sind, zumeist eine geringere Priorität in der Weltordnung des Kindes haben. Das Kategorisieren scheint gar nichts damit zu tun zu haben, wieviele Mitglieder eine Begriffsgruppe hat.

Eine andre Möglichkeit wäre, daß wir uns nicht nach der Zahl der Mitglieder richten, sondern diejenigen Fälle zuerst gruppieren, die die meisten Merkmale gemeinsam haben. Dies kommt der Wahrheit schon näher. Wir gruppieren ja in der Tat sehr bereitwillig Vogel und Vogel, Streichholz und Streichholz. Ob dies auf dem Abzählen gemeinsamer Merkmale beruht, wollen wir zunächst ununtersucht lassen. Doch führt auch dies zu grundsätzlich unwirtschaftlichen Ergebnissen. Vergrößert sich nämlich die Anzahl der gemeinsamen Merkmale, so wird die Zahl der unter den Begriff fallenden Mitglieder häufig um so kleiner. Selbst im Zeitalter der Massenproduktion ist dies noch der Fall, und dies vermindert den praktischen Wert des Verfahrens. Im Extremfall haben wir dann soviel Klassen wie Individuen. Auch ist hier zu bedenken, daß man oft auf Grund eines einzigen Merkmals gruppiert. Brennbar oder nicht brennbar? kann unter Umständen die einzig wesentliche Frage sein.

Aus all diesem scheint sich zu ergeben, daß wir bei entsprechender Gelegenheit zwar auf Grund der Anzahl der Fälle klassifizieren, die einem Begriff untergeordnet sind, und manchmal auch nach der Anzahl der Merkmale, die er umfaßt, daß aber das Prinzip, mittels dessen wir abstrahieren, nicht im bloßen Abzählen bestehen kann. Wahrscheinlicher ist schon, daß Gruppierungen sich danach richten, was im betreffenden Fall von Wichtigkeit ist. Es gibt Situationen, in denen Menschen nach Größe, Gewicht, Einkommen, Hautfarbe, Zahl der Goldzähne oder nach ihrem Glauben ans Übersinnliche eingeteilt werden. Kein Auswahlprinzip ist da grundsätzlich unmöglich, und was im einen Fall als wesentlich erscheint, ist im anderen ganz und gar widersinnig. Anthropologen und Psychologen haben gefunden, daß die Klassifikationsmerkmale selbst für sehr elementare Begriffe ganz verschieden sein können, daß sie sich aber in jedem Sonderfall von einem vernünftigen Zweck herleiten.

Zweck und Interesse haben also einen bedeutenden Einfluß, doch geben auch sie uns noch nicht die Lösung des Erkenntnisproblems. Nehmen wir ein Beispiel. Nach Freud gruppiert das menschliche Denken auf dem Traumniveau Stöcke, Schirme, Messer, Kirchtürme, Gießkannen, Schlangen, Fische, Nagelfeilen, Hämmer, Luftschiffe und die Zahl Drei unter einen gemeinsamen Nenner; und andrerseits Löcher, Höhlen, Flaschen, Schachteln, Schiffe, Eingänge und Münder unter einen anderen. Diese Gruppierungen ergeben sich aus der lebenswichtigen Bedeutung der Geschlechtsorgane. Genauer gesehen, beruhen diese Klassifikationen nicht einfach auf irgendwelchen Merkmalen, die andere Dinge mit den Geschlechtsorganen gemeinsam haben, sondern auf den spezifisch sexuellen Eigenschaften, nämlich daß sie spitz, aufrichtbar, zum Ausgießen eingerichtet oder andrerseits konkav, aufnahmefähig usw. sind.

Wenn dem aber so ist, bedeutet das nicht, daß allem Gruppieren eine Abstraktion vorausgehen müsse? Die soeben erwähnten Merkmale mußten doch zuerst einmal von der Form und Funktion der Geschlechtsorgane abgeleitet werden. Ohne eine solche vorherige Abstraktion konnte es zu keiner Auswahl der Traumsymbole kommen. Damit sagen wir aber, daß der abstrakte Begriff, der angeblich aus einer Verallgemeinerung entsteht, die notwendige Voraussetzung für das Verallgemeinern ist. Wir verfangen uns hier in einem Zirkelschluß, von dem Jean Piaget und Bärbel Inhelder gesagt haben, daß er nur durch genetische Analyse lösbar ist. Diese Autoren weisen darauf hin, daß man den logischen Inhalt eines Begriffes nicht daraus ermitteln kann, daß man eine Anzahl von Sonderfällen nacheinander durchprüft, denn wie soll man wissen, was zu abstrahieren sei, bevor man alle Fälle durchgegangen ist, was sich oft gar nicht durchführen läßt? Man muß die Merkmale, die man in den Gegebenheiten aufzufinden wünscht, erst einmal bestimmt haben. »Dies bedeutet, daß der Umfang eines Begriffs seinen Inhalt voraussetzt, und umgekehrt.«

Schon im Jahre 1896 erkannte Henri Bergson den hier vorliegenden Zirkelschluß: »Um zu verallgemeinern, muß man erst abstrahieren, doch kann man nur dann zweckmäßig abstrahieren, wenn man schon weiß, was zu verallgemeinern ist.« Er führte diese Zwangslage auf die fälschliche Annahme zurück, daß die Wahrnehmung auf das mechanische Registrieren von Einzelfällen beschränkt sei. Dies war eine höchst wichtige Beobachtung. Bergson ging noch einen weiteren entscheidenden Schritt vorwärts, indem er auf den zweckbestimmten Ursprung aller Sinneswahrnehmung hinwies. Dies kommt darauf hinaus, daß die Wahrnehmung in der Stammesentwicklung als ein Mittel, das Lebenswichtige und das Gefährliche in der Umwelt zu erkunden, zustandegekommen ist. Diese biologischen Bedürfnisse, sagt Bergson, beziehen sich nicht auf Einzelfälle, sondern auf Gattungen, auf Qualitäten. Was den Pflanzenfresser anlockt, ist Pflanzlichkeit mehr im allgemeinen, »Pflanzenfarbe und -geruch, die als Kräfte, denen man nachgibt, erlebt werden«. Das Ermitteln individueller Besonderheiten nennt er »un luxe de la perception«.

Bergson ist hier sicherlich im Recht. Doch können wir ihm nicht folgen, wenn er leugnet, daß es sich bei dieser Selektivität in der Wahrnehmung der Tiere um eine Frühform des Abstrahierens handle. Er stützt sich dabei auf andere Naturvorgänge, die ebenfalls keine Abstraktionen seien. Wollen wir von Abstraktion sprechen, wenn etwa die Salzsäure stets die Kalksalze in ihren verschiedenen Verbindungen entdeckt und immer ähnlich auf sie reagiert, ob es sich nun um Marmor oder Kreide handelt? Oder wenn eine Pflanze immer die gleichen Substanzen aus dem Boden zieht? Wohl kaum, und zwar deshalb nicht, weil es sich hier um kein Auswählen von Qualitäten handelt, die in einem bestimmten Zusammenhang vorgefunden werden. Ihrer Natur nach können diese Chemikalien oder Pflanzen nur auf diese eine Weise reagieren. Andre Umweltsqualitäten sind für sie gar nicht erfaßbar, und daher besteht keine Gelegenheit zum Abstrahieren. Man kann nicht behaupten, daß ein Blinder die Töne aus der Gesamtwelt der Sinne herausabstrahiert, da diese Welt ihm ja niemals gegeben war. Auch wird man nicht sagen, daß der Gesichtssinn aus dem elektromagnetischen Spektrum das enge Wellenband abstrahiert, auf das allein er ansprechen kann. Ein Filter abstrahiert nicht, und eine Sortiermaschine auch nicht.

Tier und Mensch hingegen sind zumeist nicht in dieser Lage, wenn sie die grundlegenden Allgemeinheiten aus der Sinneserfahrung herausheben. Nach Bergson findet in der Wahrnehmung keine Abstraktion statt. Rein wahrnehmungsmäßig, sagt er, sind alle sich in der Erfahrung darbietenden Einzelfälle gänzlich voneinander verschieden; aber der Organismus reagiert auf manche von ihnen gleichartig und zieht den gleichen

Nutzen aus ihnen; sie sind etwa alle eßbar. Daher »wird sich etwas ihnen Gemeinsames von ihnen absondern«. Das heißt aber, die Tatsachen auf den Kopf stellen. Auf Wahrnehmungen reagiert man ähnlich, wenn man zuvor Ähnlichkeiten in ihnen entdeckt hat. Zu erklären ist das Ähnlichkeitserlebnis.

Obwohl Bergsons Behauptung leicht zu widerlegen ist, ist sie dennoch denjenigen Theoretikern willkommen, die nicht zugeben wollen, daß Abstraktionen in der Wahrnehmung selbst stattfinden. Zum Beispiel ist Jean Laporte der Meinung, daß Nachahmungsgebärden dazu dienen, vom Wahrnehmungsmaterial zu Abstraktionen zu gelangen. Eine Kreisbewegung etwa ist die Reaktion auf eine runde Form, wobei die Theorie voraussetzt, daß die Gebärde vorher an anderen, ähnlichen Formen entwickelt worden ist und nun von neuem verwendet wird. Auf diese Weise wird das Sehding einem »bereits verfügbaren Schema« (quelque schème préexistant) angepaßt, etwa dem Schema der Rundheit oder der Rechtwinklichkeit. Die Abstraktheit beschreibender Gebärden, von der weiter oben die Rede war, wird von Laporte benutzt, ohne Hinweis darauf, daß eine abstrakte Gebärde schon die Wahrnehmung einer abstrakten Form voraussetzt.

Wir kommen nicht um die Tatsache herum, daß ein abstraktes Erfassen von Struktureigenschaften die Grundlage aller Wahrnehmung und damit der Anfang alles Erkennens ist. Jedem Gruppieren von Einzelfällen muß eine Abstraktion vorausgehen, denn nur diese kann das Auswahlprinzip liefern. Um zu verallgemeinern, muß man erst die Merkmale aussondern, nach denen bestimmt werden soll, welche Fälle unter welchen Nenner gehören. Verallgemeinerung setzt Abstraktion voraus.

Susanne K. Langer behandelt diese grundlegenden Abstraktionen als »das Prinzip des automatischen abstrahierenden Sehens und Hörens«. Die Philosophin schreibt:

»Solche Formabstraktionen beruhen wahrscheinlich nicht auf dem Vergleich mehrerer Einzelfälle, wie die Klassiker des britischen Empirizismus annahmen, noch auf wiederholten Überprägungen der Gedächtnisspur, um mit der neueren Psychologie zu reden, sondern auf einem Einzelerlebnis, das zustandekommt, wenn Vorstellungsbereitschaft günstige Bedingungen schafft. Sobald die Sehform auf diese Weise abstrahiert ist, wird sie auf andere Gegebenheiten angewendet; d. h., sie wird zur Deutung benutzt, wo immer sie hinpaßt und solange sie von Nutzen ist. Allmählich kann sie dann, unter dem Einfluß andrer Deutungsmöglichkeiten, verschmolzen, verändert oder auch plötzlich aufgegeben und durch eine andere Gestalt ersetzt werden, die überzeugender oder vielversprechender aussieht.«

Leider wird diese höchst nützliche Beschreibung dadurch um einen Teil ihres Wertes gebracht, daß Frau Langer sagt, solche »darstellenden Abstraktionen« beschränkten sich auf die Künste und seien von »verallgemeinernden Abstraktionen« zu unterscheiden, wie sie die Methode der Wissenschaft ausmachen: »Im wissenschaftlichen Denken werden Begriffe, mittels einer Reihe von immer weiter ausgreifenden Verallgemeinerungen, von konkret beschriebenen Tatsachen abstrahiert; die systematische

Anwendung fortschreitender Verallgemeinerung ergibt alle die machtvollen und verdünnten (rarefied) Abstraktionen der Physik, Mathematik und Logik.« Das ist eine bedauerliche, irreführende Einschränkung. Gewiß kommen in den Wissenschaften und auch anderswo Fälle vor, in denen eine Gruppe von Einzelexemplaren auf gemeinsame Merkmale hin durchsucht wird, doch sind sie nicht typisch dafür, wie Abstraktionen zustande kommen. Wenn eine Gattung von Fällen bestimmte Eigenschaften gemeinsam hat, so kann der Wissenschaftler wohl herausbekommen wollen, ob sie noch andere Eigenschaften teilen – ob etwa im Blut aller Krebskranken der gleiche Virus zu finden ist –, doch wird er eine solche mechanische Suche nur deshalb verwenden, weil ihm für eine bessere Methode noch die Tatsachen fehlen. Außerdem versteht es sich, daß vor der Untersuchung erst einmal durch eine Abstraktion zu entscheiden war, was für Fälle dafür zu benutzen seien. Niemand untersucht Gruppen von Einzelfällen, ohne sie nach bestimmten Eigenschaften auszuwählen; denn jede Untersuchung untersteht ja einem Zweck.

Das Verhältnis zwischen Abstraktion und Verallgemeinerung spiegelt sich in dem alten Meinungsstreit über den Charakter und Wert der Induktion wider. Üblicherweise wird die Induktion definiert als das Verfahren, wodurch man allgemeine Prinzipien mittels der Beobachtung und Verbindung von Einzelfällen entdeckt; d. h., man zieht Folgerungen aus dem, was man an einer Anzahl von Fällen beobachtet hat. Heutzutage würden wohl die meisten Theoretiker dem Philosophen Morris R. Cohen zustimmen, wenn er sagt, daß »die Wissenschaft niemals aus den Sinnesgegebenheiten Schlüsse zieht, wenn in diesen nicht schon die Verkörperung oder Veranschaulichung gewisser Allgemeinbegriffe gesehen wird«. Das bedeutet also, daß die Wissenschaft ständigen Gebrauch von der »darstellenden Abstraktion« macht, die nach Susanne Langer den Künsten vorbehalten ist. Der englische Physiologe und Mediziner P. B. Medawar hat sich in einem aufschlußreichen Rundfunkvortrag ›Sind wissenschaftliche Veröffentlichungen Betrügereien?‹ darüber beklagt, daß Forschungsergebnisse heute noch meist so dargestellt werden, als ob die Tatsachen ohne die geringste Annahme über ihre Bedeutung zusammengesucht worden seien. »Man muß so tun, als ob man sozusagen ein unbeflecktes Gefäß ist, ein leerer Behälter, in den von der Außenwelt her, ohne jeden vom Verfasser angegebenen Grund, Informationen hineinströmen.« Der vorgeschriebene Veröffentlichungsstil erklärt sich nach Medawar daraus, daß herkömmlicherweise die Induktion für das einzige wirklich sachliche Wissenschaftsverfahren gehalten wird, das nicht von vorgefaßten Meinungen verunreinigt ist:

»Die wissenschaftliche Schreibweise beruht auf der Voraussetzung, daß wissenschaftliche Entdeckungen induktiv sind. Im primitiven Sinne des Wortes besagt Induktion etwa, daß wissenschaftliche Entdeckungen oder die Formulierungen wissenschaftlicher Theorien von den unverbrämten Roherscheinungen der Sinne ihren Ausgang nehmen. Mit der bloßen Beobachtung fängt es an – mit der bloßen, unvoreingenommenen, naiven, unschuldigen Beobachtung –, und aus den in einfachen Tatsachenaussagen niedergelegten Sinneserscheinungen erwachsen und bilden sich Verallgemeinerun-

gen, fast wie durch eine Art Kristallisations- oder Kondensationsprozeß. Aus einer unordentlichen Anhäufung von Tatsachen ersteht irgendwie eine ordentliche Theorie, eine geordnete Allgemeinaussage. Diese Vorstellung von wissenschaftlichen Entdeckungen, wonach die Initiative aus dem unverbrämten Sinnesmaterial entspringt, ist im wesentlichen das Werk eines einzigen großen und weisen, hier aber in einem bedauerlichen Irrtum befangenen Mannes – John Stuart Mill.«

Bevor man induziert, muß man also die zu behandelnden Fälle auswählen, und da das Prinzip der Induktion voraussetzt, daß diese Fälle nicht alle gleich sind, muß eine Abstraktion vorausgehen. Man stellt etwa die Bedingung, daß alle zu berücksichtigenden Individuen die Gymnasialreife oder hohen Blutdruck haben sollen. Auch begrenzt jede vernünftige Forschungsarbeit von vornherein den Tatsachentyp, nach dem man Ausschau halten will. Kein Krebsforscher interessiert sich dafür, welche Anfangsbuchstaben die Namen der Patienten haben, aber er kann möglicherweise wissen wollen, wo sie geboren sind. Induktion setzt also Abstraktion voraus; Verallgemeinerung setzt Allgemeinheit voraus.

Im Anfang war das Allgemeine

Es mag scheinen, als ob die Tatsachen dieser Behauptung widersprechen. Wie kommt Wissen zustande? Wenn I. P. Pawlow seine Experimente über den bedingten Reflex begann, entdeckte er zu seinem Mißvergnügen, daß die Hunde nicht nur auf die besonderen Reize reagierten, auf die sie in den Lernversuchen trainiert worden waren, sondern auf jede Art von Veränderung, die im Laboratorium vor sich ging. Wenn der Versuchsleiter auch nur mit den Augen blinzelte, wenn er die geringste Augen- oder Atembewegung ausführte oder sich sonstwie rührte, so erregte das bei dem Tier die bedingte Reaktion. Selbst wenn der Versuchsleiter draußen blieb, war das Problem nicht gelöst:

»Jedes Geräusch von Fußtritten, von Gesprächen im Nebenzimmer, das Zuschlagen einer Tür, Erschütterungen durch einen vorbeifahrenden Lastwagen, Ausrufe auf der Straße, ja selbst durch das Fenster einfallende Schatten – jederlei zufällige und unkontrollierte Reize dieser Art brauchten nur die Empfangsorgane des Hundes zu treffen, und schon entstand eine Störung in den Großhirnhälften, und das Experiment war verdorben.«

Bedeutet das nicht, daß die Hunde gänzlich unfähig waren, die entscheidenden Faktoren aus der Umwelt zu abstrahieren? Pawlow selber bekannte sich zu dieser Ansicht, indem er erklärte, daß die Hirnrinde »ein ungeheuer komplizierter und äußerst sensitiver Signalapparat ist, durch den das Tier von zahllosen Reizen der Außenwelt beeinflußt wird. Jeder dieser Reize hat seine Wirkung, und beim gemeinsamen Auftreten können sie zusammenstoßen, einander beeinträchtigen oder auch verstärken.« Danach ist das Tier nur ein passives Opfer, allem hilflos ausgeliefert, was auf es eindringt, und automatisch auf alles reagierend. Nach Pawlows Ansicht gab es nur zwei Auswege aus dieser Situation. Entweder konnte er die Abstraktion überflüssig machen, indem er jede Art von Geschehen außer den für den Versuch benötigten Metronomrhythmus oder elektrischen Schock aus der Umgebung entfernte. In der Tat fand er einen »lebhaft interessierten und staatsbürgerlich gesinnten Moskauer Geschäftsmann«, der für den Bau eines schall- und lichtsicheren Laboratoriums zu bezahlen bereit war; darin konnten die Versuche durch Fernkontrolle geleitet werden.

Pawlow sah noch einen anderen Ausweg. Das Tier konnte durch Hemmung daran gehindert werden, auf die Reize zu reagieren, die es zuerst automatisch beantwortet hatte. Man ließ alle unerwünschten Reaktionen unbelohnt, oder man bestrafte das Tier sogar dafür. Auf diese Weise konnte es allmählich zur Unterscheidung zwischen zu beantwortenden und nicht zu beantwortenden Reizen kommen. Dies war gewiß ein fruchtbares Verfahren, das sich auf einen wichtigen seelischen Mechanismus bezog. Doch wäre es falsch, daraus den Schluß zu ziehen, daß der Organismus automatisch auf jeden Reiz reagiert, solange dieser nicht durch einen Gegeneinfluß gesperrt wird.

Zunächst einmal ist zu bemerken, daß in Versuchen dieser Art nicht nur Tiere, sondern auch Menschen zunächst auf alle Veränderungen reagieren. Karl Lashley entdeckte, daß Versuchspersonen, die auf einen Glockenton trainiert worden waren, »ohne weiteres Training auch auf einen Summerton, zerbrechendes Glas, Händeklatschen, Lichtblitz oder auf einen leichten Hautdruck oder -stich mit dem bedingten Reflex reagierten. Die einzige, allen diesen Reizen gemeinsame 'Dimension' ist, daß sie alle die Situation plötzlich verändern. Man sieht an solchen Versuchen, daß die bedingte Reaktion anfänglich undifferenziert ist...«

Denkt man an Fälle, in denen Tiere oder Menschen wahllos zu reagieren scheinen, so entdeckt man, daß dies nur dann geschieht, wenn die verschiedenen Reize für das reagierende Lebewesen und seine Zwecke in der Tat gleichwertig sind. Katzen, ja wir alle, reagieren automatisch auf jede Veränderung. Die Veränderung mag bedeutungslos, sie könnte aber auch höchst wichtig sein. Ob ein Ereignis der Aufmerksamkeit wert ist oder nicht, kann man erst wissen, wenn man sich mit ihm befaßt hat. Der erste, schnelle Blick auf jede Veränderung bewerkstelligt ein Aussieben, für das zunächst alles von gleicher Bedeutung ist. Wir haben es hier also durchaus nicht mit der automatischen, wahllosen Reaktion eines hilflos allen Reizen ausgelieferten Lebewesens zu tun, sondern mit völlig sachgemäßem Verhalten, das eben deshalb so allgemeinbezüglich ist, weil für den vorliegenden Zweck alles Geschehen Bedeutung hat. Nicht darum wird auf alles reagiert, weil der Organismus unfähig zum Abstrahieren ist, sondern weil die Sachlage einen Abstraktionsbereich erfordert, der alles umgreift. Es handelt sich hier nicht um eine Unfähigkeit, sondern um einen Vorzug.

Eine Reaktion kann, objektiv gesehen, unangemessen, und dennoch vom Gesichtspunkt des betreffenden Tiers oder Menschen aus zweckmäßig sein. Neugeborene Kinder reagieren auf Licht, Geräusche oder Gerüche häufig mit Saugbewegungen. So zitiert Piaget eine Arbeit von Rubinow und Frankl, wonach das Neugeborene zu saugen anfängt, sobald sich irgendein Gegenstand seinem Gesicht nähert; einen Monat später tut es das nur noch, wenn der Gegenstand vorn eine Spitze hat. Es handelt sich da um Reaktionen in einer Situation, die von innen her durch starke biologische Bedürfnisse, von außen durch Reize, die der Befriedigung dienen könnten, bestimmt ist, wobei aber das Kind noch gar kein Urteil darüber haben kann, was geeignet ist und was nicht. Je stärker der Drang, um so weiter der Reaktionsbereich; und ein Mangel an Wissen kann eine solche Ausweitung rechtfertigen. Das Abstraktionsniveau ist der Sachlage angemessen, und so steht es eben auch mit Pawlows Hunden. Wenn ein gefesseltes, verängstigtes und hungriges Tier lernt, daß ein bestimmtes seltsames und an sich sinnloses Signal immer etwas zu essen ankündigt, wird es natürlich und ganz mit Recht auch alle anderen, ebenso sinnlosen Geschehnisse als Nahrungssignale behandeln, bis die Erfahrung es eines Besseren belehrt.

Wir haben keinen direkten Zugang zur Erlebniswelt eines Säuglings oder Versuchstiers, sondern können nur ihr äußeres Verhalten beobachten. Jeder Erwachsene weiß aber aus eigener Erfahrung, daß in einer neuartigen Situation die Allgemeinqualitäten sich derart vordrängen, daß man die Unterschiedlichkeiten übersieht. Menschen einer fremden Rasse sehen einem alle gleich aus, bis man sie zu unterscheiden lernt. Für den Landwirt, Hirten oder Zoowärter ist jedes Tier ein unterscheidbares Individuum, während für den Unerfahrenen alle Schafe oder alle Affen gleich aussehen. Soldaten in Uniform oder Nonnen sehen zunächst alle gleich aus. Einen Kellner, Verkäufer oder Friseur differenziert der Kunde häufig nicht über die Berufskategorie hinaus, das heißt, ihm entgeht die *differentia specifica* des Individuellen innerhalb der Berufsgattung. Wieweit sich die Differenzierung verfeinert, hängt vom Interesse des Einzelbeobachters ab. Für den Durchschnittsbesucher eines Museums mögen etwa alle Bilder des Quattrocento oder alle ägyptischen Statuen gleich aussehen. In einer seiner Naturbeschreibungen erwähnt Edwin Way Teale, wie schwierig es für seine Frau war, Automobile verschiedener Marken voneinander zu unterscheiden. Ihm war es ganz unverständlich, warum eine Frau, die alle Spatzen-, Finken- oder Strandvogelarten an den kleinsten Unterschieden des Federkleides auseinanderhalten konnte, fast unfähig sein sollte, einen Ford von einem Rambler oder einen Chrysler von einem Buick zu unterscheiden. Zu ihrer Entschuldigung führte sie an, daß die Autos ihr Federkleid zu oft wechseln. Einem zehnjährigen Jungen aber, der sich für Autos interessiert, macht der Modellwechsel wenig aus. Es gibt in der Wahrnehmung also ganz verschiedene Differenzierungsniveaus, und diese spiegeln sich auch vielfach im Sprachgebrauch wider. Der Anthropologe Franz Boas hat nachgewiesen, daß die in einer bestimmten Sprache bestehenden Klassifikationen recht willkürlich anmuten, wenn man sie vom Standpunkt anderer Sprachen aus betrachtet. »Was in der einen Sprache als eine einfache, unteilbare Idee erscheint, wird in einer anderen durch verschiedene phonetische Gruppen bezeichnet.«

Was in neuen Situationen zuerst vor sich geht, kann nicht Verallgemeinerung sein, denn diese setzt schon voraus, daß Einzelfälle in ihrer Sonderart wahrgenommen worden sind. Vielmehr gehört Allgemeinheit hohen Grades zum Anfangszustand der Wahrnehmung. Es handelt sich dabei um Primärabstraktion, da nämlich die Einzelheiten, von denen dabei abgesehen wird, weit über der Sehschärfenschwelle liegen. Unterschiede, die dem Sehorgan durchaus zugänglich sind, werden trotzdem seelisch noch nicht differenziert.

Kehren wir noch einmal zu dem frühesten, undifferenzierten Zustand der Säuglingserfahrung zurück. In einer berühmten und allzu oft zitierten Bemerkung sagt William James, daß die ursprüngliche Sehwelt des Neugeborenen »eine große, üppige, sausende Konfusion« ist – eine Behauptung, die sich großer Beliebtheit bei denjenigen erfreut, die glauben machen wollen, daß die Sinne nichts als ein formloses Chaos zu bieten haben, dem nur erst die 'höheren' Sinneskräfte Ordnung auferlegen. Nun ist aber Konfusion für den Organismus in keinem seiner Entwicklungsstadien eine normale Reaktion. Konfusion entsteht unter besonderen Bedingungen, die manchmal pathologisch sind, manchmal mit Ermüdung oder Passivität zu tun haben, oder sich ergeben, wenn das Empfangssystem von einem Übermaß an Reizen angegriffen wird. Sie kommen vor, wenn die Einfuhr zu groß und die Verarbeitungskraft zu schwach ist. James selber beschreibt Konfusion als ein Abgleiten des Unterscheidungsvermögens, das Gegenteil von zielstrebiger Aufmerksamkeit, »eine Art feierlicher Hingabe ans bloße Zeitvergehen«. Seine Bemerkung über die Welt des Neugeborenen steht übrigens an einer Stelle, wo er über Unterscheiden und Vergleichen spricht und die wichtige Feststellung macht, daß, wenn Eindrücke aus einer Vielzahl von Wahrnehmungsquellen zur gleichen Zeit auf ein Bewußtsein auffallen, welches sie noch nicht einzeln erlebt hat, diese zu einem einzigen Ganzen ohne Unterteile verschmelzen. »Das Gesetz lautet: Alles Verschmelzbare verschmilzt, und zur Sonderung kommt es nur notgedrungen.«

James verwendet hier das Wort *Fusion*. Nun ist aber Fusion und Konfusion nicht das gleiche. Eine gleichförmige Feldstruktur ist eine Ordnung niederen Grades, die sich zum Hintergrund für hervorstechende Reize besonders eignet. Und hierum, nicht um Konfusion, handelt es sich wahrscheinlich bei den ersten Sinneserlebnissen des Menschen. Ein sehr sorgfältiger Beobachter, der Kinderpsychologe Arnold Gesell, hat James' berühmten Ausspruch abgelehnt und es für viel wahrscheinlicher erklärt, daß »das kleine Kind die Sehwelt zuerst in der Form von flüchtigen, schwankenden Flecken auf neutralem Hintergrund erlebt«. Zwar konnte weder Gesell noch James in die Seele des Kindes hineinsehen, doch was sich von außen beobachten läßt, spricht zu Gesells Gunsten. Dieser nämlich berichtet:

»Die Augen des Neugebornen rollen häufig unstet umher, ob sich nun ein Reiz darbietet oder nicht. Aber nach wenigen Tagen oder auch schon nach Stunden kann der Augapfel auf kurze Zeit zum Stillstand gebracht werden. Später starrt das Kind ausdauernd auf seine Umgebung. Wenn man ihm im Alter von vier Wochen einen Ring vor die Augen hängt, sieht es ihn an. Bewegt man den Ring langsam durch sein Gesichtsfeld, so folgt es ihm mit den Augen innerhalb eines Winkels von 90 Grad.«

Man ist berechtigt anzunehmen, daß dem wohlgeordneten Fixationsverhalten ein ebenso geordnetes Sehfeld entspricht, vermutlich eine sich heraushebende Figur auf neutralem Grunde. Dies erste Erlebnis ist also sehr stark abstrahiert. Das Feld besteht im wesentlichen aus 'Geräusch', d. h., aus einer undifferenzierten Unterlage, auf der die positive Mitteilung erscheint. Auch die Mitteilung selber ist wahrscheinlich noch sehr allgemein: ein Licht, ein Ton, ein Ding in Bewegung – ein positives Etwas in einer sonst noch unbegreifbaren Welt.

Wenn jemand behaupten will, daß die Wahrnehmung nur im Registrieren von Einzelerscheinungen besteht, so kann er uns entgegenhalten, daß die primären Allgemeininhalte nicht auf Abstraktion, sondern nur einfach auf ungenauer Beobachtung beruhen. Wenn der Betrachter nur ein paar dürftige Andeutungen empfängt, so entgehen ihm eben die Unterschiede. Offenbar ist doch zum Beispiel das unscharfe Sehbild eines Kurzsichtigen kein Abstraktionsprodukt; es beruht ja auf keiner Auswahl. Das schlecht eingestellte Auge ergattert nur eben, was es kann. Dies ungefähr scheint Jean Piaget im Sinn zu haben, wenn er von der »synkretistischen Wahrnehmung« spricht:

»Allgemeine Schemata dienen den Kindern also nicht nur als ein Mittel zur Wahrnehmung, sondern ersetzen geradezu die Wahrnehmung von Einzelheiten. Es handelt sich dabei um eine Art verworrener Wahrnehmung, die sich von der Wahrnehmung komplexer Formen beim Erwachsenen unterscheidet und dieser vorausgeht. Dieser Kindheitsform der Wahrnehmung hat Claparède den Namen synkretistische Wahrnehmung *gegeben – ein Ausdruck, den Renan geprägt hatte, um die erste 'weitgreifende, umfassende, aber dunkle und ungenaue' Tätigkeit des Geistes zu bezeichnen, die 'noch keine Unterschiede macht und alles übereinanderhäuft' (Renan). Die synkretistische Wahrnehmung schließt also jede Analyse aus, unterscheidet sich von unseren allgemeinen Schemata aber darin, daß sie reicher und verworrener ist.«*

Nun gibt es natürlich dunkle und ungenaue Sinneswahrnehmungen. Sie stellen sich unter ungünstigen Bedingungen ein, etwa wenn man zerstreut oder hastig oder langsam im Auffassen ist oder wenn das Reizmaterial ungeordnet oder überkompliziert ist. Im allgemeinen aber gestaltet sich selbst unklares Material zu irgendeiner einfachen, regelmäßigen und bestimmten Form. Wenn die Augen ein optisch scharfes Bild liefern und der Mensch einigermaßen wach und aufmerksam ist, so kommt es gewiß nicht zu verworrenen Seherlebnissen. Man kann die Abstraktionsprozesse in der Wahrnehmung nicht als bloße Unfähigkeit abtun. Es handelt sich um eine positive Errungenschaft, die sich gerade durch ihre Genauigkeit auszeichnet, da die dem Reizmaterial entnommenen und auferlegten Formen zur Einfachheit neigen.

Die Philosophen des Mittelalters wußten, daß die Wahrnehmung von Einzeldingen im strengen Sinne unmöglich ist. *Mens nostra singulare directe cognoscere non potest,* sagt Thomas von Aquino, d. h. die Seele kann nicht singulär und direkt erkennen. Alle Form ist universal. Nur wenn man die Abstraktion in der Wahrnehmung gelten läßt, kann man der theoretischen Zwangslage entgehen, die René Bouissou beredt geschildert hat: »Nous sommes contraints de choisir entre l'abstrait vide et le singulier impensable.« (Man zwingt uns, zwischen leerer Abstraktion und dem Denken unzugänglichen Einzelphänomenen zu wählen.) Bouissou führt dies noch weiter aus:

»Wenn ein Begriff tatsächlich dadurch zustandekommt, daß das Bewußtsein von allen konkreten Elementen und allen Beziehungen zum Konkreten entleert wird, so sind die Brücken zwischen dem Wahrnehmbaren und dem Verständlichen endgültig abgebrochen, und die Einheit und Kontinuität des Wissens ist eine bloße Täuschung.«

Teilmenge und Abstraktion

Samuel Johnson hat das Ergebnis einer Abstraktion definiert als »eine kleinere Menge, welche die Fähigkeiten und Kräfte einer größeren besitzt«. Hier scheint ein vollerer und angemessenerer Begriff von Abstraktion vorzuliegen, als wir ihn aus der traditionellen Logik kennen, und dabei einer, der dieser nicht ausdrücklich zu widersprechen scheint.

Wenn die Abstraktion eine kleinere Menge aus einer größeren entnimmt, wie ist diese kleinere Menge beschaffen? Vielleicht ließe sich behaupten, daß, da ein abstrakter Begriff häufig eine Anzahl von Einzelfällen unter sich versammelt, einer dieser Fälle als ein alle anderen vertretender Begriff dienen könnte. George Berkeley hat darauf hingewiesen, daß ein bestimmtes Dreieck alle anderen repräsentieren könne; und das ist auch der Fall. Nun ist ein Einzeldreieck aber nur ein Probeexemplar, und obwohl man eine Abstraktion an ihm vollziehen kann, eignet sich doch nicht jeder Einzelfall gleich gut dazu, als eine Abstraktion des Ganzen zu fungieren. Eine Probe ist zunächst einmal ein bloßes Stück vom Ganzen, etwa von einem Ballen Stoff oder von einem Genußmittel; es ist keine Abstraktion. Ebensowenig erhalten wir eine Abstraktion von eines Mannes Fähigkeiten, wenn er uns eine Probe von ihnen gibt. Wenn alle Menschen genau gleich wären, könnte keiner von ihnen als eine Abstraktion der Menschheit gelten. Jeder wäre nur eine Probe. Da aber die Menschheit so vielfältig ist, kann sie durch bestimmte Einzelpersonen abstrahierend dargestellt werden, wenn diese wesentliche Züge des Ganzen verkörpern. Zwar sind sie Individuen von Fleisch und Blut, doch können sie trotzdem, wie Hamlets Schauspieler, als »abstracts and brief chronicles of the time« (»der Spiegel und die abgekürzte Chronik des Zeitalters« übersetzt Schlegel) dienen. Ebenso sind die Mitglieder des amerikanischen Kongresses nicht als Probeexemplare des Volkes, sondern als eine Abstraktion des Volkes gedacht. Sie sollen die Fähigkeiten besitzen, die es dem Volk erlauben, seine eigenen Gesetze zu machen; und in bezug auf diese Fähigkeiten allein gelten sie als Volksvertreter.

Eine Abstraktion ist also kein Probeexemplar der von ihr vertretenen Fälle. Sie ist aber auch keine Probe von Merkmalen. Es gibt zum Beispiel Merkmale und Merkmalsgruppen, die eine Dinggattung von andern unterscheiden, sich aber doch nicht zu Abstraktionen dieser Dingart eignen. Die Farben Blau und Gelb mögen die Flugzeuge einer bestimmten Gesellschaft von denen anderer Gesellschaften unterscheiden, dabei aber den Charakter und das Wesen dieser besonderen Gesellschaft in keiner Weise verkörpern. Ein bloßes Zeichen oder Indiz ist keine Abstraktion. Die Haare, die der Detektiv am Tatort aufspürt, sind keine Abstraktion des Verbrechers. Hingegen sind die Blutflecken auf Josephs buntem Rock mehr als ein bloßer Indizienbeweis dessen, was geschehen ist. Für den Bibelleser und ebenso für Josephs Vater und Brüder stellt der kostbare Rock, das Geschenk des Vaters, ein Symbol von Jakobs parteilicher Vorliebe dar, und die Blutflecke bedeuten den Angriff auf den Liebling. Das Indiz ist vom Erzähler nicht zufällig ausgewählt. Es ist eine eindrucksvolle visuelle Abstraktion des Familiendramas.

Eine verlorene Taschenuhr ist keine Abstraktion ihres Besitzers; aber die altmodischen, verstümmelten Uhren aller Art, die in dem kleinen Gedenkmuseum in Nagasaki, auf dem Hügel, über dem die Atombombe explodierte, ausgestellt sind, wirken als eine Abstraktion, vor der einem das Herz stillsteht. Alle diese Uhren stehn auf 11 Uhr 2 Minuten, und dieser plötzliche, allgemeine Abbruch der Zeit, dies Ende alles unschuldigen Tagewerks, erregt ein so unmittelbares Erlebnis, daß es fast mächtiger ist als die Photographien der Schreckensszenen nebenan. Ein bezeichnendes Teilereignis gibt dem historischen Geschehen selber eine neue Wirklichkeit.

Das Wesen des Abstraktionsprozesses wäre einfach genug zu verstehen, wenn es sich dabei um nichts andres handelte als um die Aussonderung eines Elements, oder mehrerer, aus einer Ganzheit. Eine solche Definition aber führt zu mindestens drei Schwierigkeiten. Erstens ist, genau genommen, das gleiche Element selten in mehreren Einzelfällen enthalten. Zweitens führt eine bloße Zufallsauswahl von Merkmalen meistens zu keiner sinnvollen Abstraktion. Und selbst wenn es sich bei der Auswahl um wesentliche Merkmale handelt, ergibt deren bloße Zusammenstellung noch keinen geschlossenen Begriff; dies ist die dritte Schwierigkeit. Alle drei werden im folgenden kurz besprochen.

Man kann, zumindest in der Theorie, eine Anzahl von Einzelzügen aus einem Gesamtzusammenhang herausnehmen – etwa den Umriß eines Gesichts, die Farbe der Augen, die Form der Nase, und auf diese Weise ein primitives Porträt zusammenstellen. In zwanzig Gesichtern aber würde man keine wirklich gemeinsamen Elemente finden, und so stände es mit vielen Gattungen, es sei denn, man hätte es mit Massenprodukten zu tun. Um unter solchen Umständen ein gemeinsames Element herauszugreifen, könnte man sich also nicht auf mechanische Gleichheit verlassen, sondern müßte zu beurteilen wissen, welche Elemente einander genügend ähnlich sind. Praktisch ist das zumeist nicht schwer, doch stellt die Einzigartigkeit jedes Einzeldings für die mechanistische Theorie der Abstraktion ein Problem dar, das Boethius, einer der frühen Nominalisten, folgendermaßen behandelt hat. Er lehrt, daß eine Mehrzahl von Dingen nichts gemeinsam haben können, was selber ein Ding ist, denn ein Ding existiert nur auf Grund seiner Einmaligkeit. Ist ein Ding mehreren Besitzern gemeinsam, so gehört jedem von ihnen nur ein Stück davon; oder sie benutzen es nacheinander, etwa wenn es sich um einen Brunnen oder ein Pferd handelt. Oder sie sind zwar alle beteiligt, besitzen es aber nicht, wie zum Beispiel, wenn eine Anzahl von Zuschauern derselben Vorstellung beiwohnt. Es lohnt sich, die Sache einmal so handgreiflich zu betrachten, denn man versteht sogleich, daß von einem gemeinsamen Element nur dann die Rede sein kann, wenn man es für jeden Einzelfall seiner individuellen Besonderheit entkleidet und auch von all den besonderen Anklängen und Färbungen absieht, die ein bestimmter Zusammenhang ihm verleiht. Van Goghs Gelb ist nicht in jeder Beziehung das gleiche Ding wie Vermeers Gelb.

Die zweite der obenerwähnten Schwierigkeiten besteht darin, daß eine beliebige Auswahl gemeinsamer Merkmale häufig von geringem Nutzen ist. Eine Sortiermaschine kann ohne weiteres die einer Anzahl von Fällen gemeinsamen Merkmale herauspicken. Sie kann uns wissen lassen, daß die Zahl der Zähne in einem Hundemaul ebenso groß ist wie die der Provinzen in einem bestimmten Staat. Rein logisch würde das eine Abstraktion sein; aber dem produktiven Denken würde sie wohl wenig nützen.

Drittens schließt sich eine bloße Auswahl von Merkmalen, auch wenn es sich um wesentliche handelt, nicht einfach zu einem Begriff zusammen. In der Psychologie, zum Beispiel, wird häufig mit 'Persönlichkeitsprofilen' gearbeitet. Man stellt fest, bis zu welchem Grade ein Mensch bestimmte Charakterzüge besitzt, wozu in einem dieser Tests die folgende Liste verwendet wird: Intelligenz, Sprachgewandtheit, Autorität, Selbstkenntnis, Duldsamkeit, Gefühlsausdruck, Förmlichkeit, Geselligkeit. Wieviel der Betreffende von einer solchen Eigenschaft besitzt, mag als eine brauchbare Abstraktion seines Wesens gelten können – etwa: er ist ein stolzer Mensch –, aber die Summe aller dieser Messungen ist gewiß keine solche Abstraktion. Der Psychologe versucht allerdings, den Eindruck einer Ganzheit zu erwecken, indem er die acht Punkte des Schaubildes mit Strichen zu einem 'Profil' verbindet, aber die Verbindungen stehen ja nur auf dem Papier. Um wirklich ein Bild des Menschen zu bekommen, müßte man seine Eigenschaften zu einem organisierten Ganzen verbinden. Noch ein andres Beispiel sei hier angeführt. Vor einigen Jahren schrieb ein amerikanischer Essayist, John A. Kouwenhoven, ein Buch, in dem er sich fragte, was an Amerika amerikanisch sei. Was, so fragte er sich, ist den folgenden Symptomen gemeinsam: die Umrißlinie von Manhattans Stadthorizont, das rechtwinklige Straßenmuster, der Wolkenkratzer, das frühe Fordautomodell, Jazzmusik, die amerikanische Verfassung, die Schriften Mark Twains, Walt Whitmans ›Grashalme‹, die Comic Strips, die Fortsetzungsdramen im Rundfunk, das laufende Band, der Kaugummi? Jedes einzelne Glied dieses Persönlichkeitsprofils könnte eine gültige Abstraktion sein (»das Land Mark Twains«, »das Land der Wolkenkratzer«); zusammen aber bilden sie einen bloßen Tatsachenwirrwarr, solange man sie nicht zur Einheit verbindet. Im vorliegenden Falle wurde diese durch eine weitere, übergeordnete Abstraktion erzielt, die eine allen zwölf Symptomen gemeinsame Eigenschaft hervorhob, nämlich eine geistige Haltung, der es immer um die Tätigkeit, statt um das Produkt geht. Wenn diese Diagnose stimmt, hat die Abstraktion einen brauchbaren Begriff zutage gefördert, der etwas vom Wesen des abstrahierten Dinges bezeichnet.

10 Was Abstraktion ist

Vom Wesen eines Dinges kann man nur reden, wenn es sich um ein organisiertes Ganzes handelt, in dem gewisse Eigenschaften Schlüsselstellungen innehaben, während andere zweitklassig oder zufällig sind. Abstraktionen, die sich auf die wahllose Entnahme von Einzeleigenschaften beschränkten, würden uns nur wenig über solche Ganzheiten sagen können. Die Gestaltpsychologie hat darauf hingewiesen, daß uns die traditionelle Logik hier im Stich läßt, denn sie liefert uns, wie Max Wertheimer es ausgedrückt hat, nur »Begriffe, die, wenn man sie streng ansieht, Merkmal-Summen sind, Klassen, die, wenn man sie streng ansieht, auf alles, was wirklich geleistet ist in der traditionellen Logik, sich darstellen lassen als Säcke, die jene umfassen, Syllogismen, die aus beliebig zusammengewürfelten zwei Sätzen entstehen, wenn sie nur die Eigenschaft haben, daß usw. . . .«

Dabei kann man jedoch erfreulicherweise bemerken, daß die logischen Operationen im praktischen Betrieb zumeist nicht rein mechanisch angewendet werden. Die Definition eines Begriffes nach Genus und Differentia Specifica mag hier zum Beispiel dienen. Ein Genus ist eine Gruppe von Merkmalen, die eine Gattung von ihren Nachbarn unterscheidet; und die Differentia ist diejenige Eigenschaft, die eine bestimmte Spezies des Genus von den anderen Unterarten unterscheidet. Nun würde sich im Prinzip jede beliebige Gruppe von Merkmalen zu einer solchen Definition verwenden lassen, wenn sie nur die Unterscheidung leistete, wobei es gar nicht darauf ankäme, ob sich diese Merkmale auf Wesentliches bezögen oder nicht. Tatsächlich aber werden Begriffe im allgemeinen durch das definiert, was an ihnen wichtig ist. Wenn man etwa den Menschen als ein denkendes Tier oder, wie Hans Jonas vorgeschlagen hat, als das abbilderschaffende Lebewesen beschreibt, so ist das Unterscheidungsmerkmal derart ausgewählt, daß es das Wesen der menschlichen Natur trifft. Man würde den Menschen ja logisch ebenso ausreichend von anderen Tieren unterscheiden, indem man ihn als einen federlosen Zweifüßer definierte, aber eine solche Definition enttäuscht oder wirkt einfach komisch. Nach Spinoza ist eine Definition mustergültig, »wenn sie das innerste Wesen eines Dinges ausdrückt und uns davor bewahrt, Einzeleigenschaften für das Ding selbst zu halten«.

Man kann dies auch durch die Forderung ausdrücken, daß eine vernünftige Abstraktion generativ sein soll, womit gemeint ist, daß ein Begriff es uns ermöglichen soll, ein vollständigeres Bild des Gegenstandes zu entwickeln, als der Begriff selbst enthält. S. E. Asch hat in psychologischen Experimenten gezeigt, daß, wenn man Versuchspersonen ein paar wohlausgewählte Charaktereigenschaften vorlegt, sie daraus eine ausführlichere Beschreibung einer Persönlichkeit ableiten können. Dabei stellte sich heraus, daß bestimmte Züge, etwa 'warm' und 'kalt', insofern entscheidend wirken, als sie die übrigen Eigenschaften beeinflussen, während etwa 'höflich' oder 'unverblümt' wenig Einfluß haben. Sobald uns jemand als ein kalter Mensch geschildert wird, können wir uns ein ziemlich vollständiges Bild von seinem Verhalten machen und, innerhalb gewisser Grenzen, von diesem einen Merkmal aus vorhersagen, wie der Betreffende sich in einer bestimmten Situation benehmen würde. Diese generative Kraft von Abstraktionen erinnert an die Entelechie des Aristoteles, das Prinzip, nach dem die Universalien die Einzeldinge erzeugen.

Typen und Behälter

Die Unterscheidung zwischen generativen oder zentralen Eigenschaften einerseits und zufälligen oder peripheren andrerseits trägt zur Klärung dessen bei, was wir unter einer produktiven Abstraktion zu verstehen haben. Doch müssen wir noch weiter über die herkömmliche Methode hinausgehen und berücksichtigen, daß es überhaupt nicht um das Herauspicken von Einzelmerkmalen, sondern um die Beschreibung von Struktureigenschaften geht. Die 'Kälte' einer Persönlichkeit ist keine Einzeleigenschaft wie etwa die Kälte eines Ofens oder des Mondes. Es ist eine Ganzheitsqualität, die den Menschen in vielfacher Weise bestimmt. Um diese Besonderheit von Abstraktionen zu verdeutlichen, werde ich im folgenden zwischen Behälterbegriffen und Typen unterscheiden.

Ein Behälterbegriff ist eine Gruppe von Merkmalen, durch die eine Gattung von Dingen bezeichnet werden kann. Der Begriff des Typus dagegen bezieht sich auf die Wesensstruktur. Die für produktives Denken bezeichnenden Begriffe sind Typen und keine bloßen Behälter, und zwar in der Wissenschaft sowohl wie in der Kunst. Die Körperbautypen des Psychiaters Ernst Kretschmer mögen hier zum Beispiel dienen. Es geht uns dabei nicht um die Stichhaltigkeit der Untersuchung, in der Kretschmer Vergleiche zwischen Körperbau und Charakter durchführte, sondern um den Typus als eine Form der Erkenntnis und auch um die Methoden, die Kretschmer anwandte.

Kretschmer wollte den Einwand vermeiden, daß seine Typen willkürlich erfunden und den Körperformen seiner Patienten nur eben auferlegt seien. Er gab daher an, daß sein Verfahren dem des Galtonschen Überlagerungsmodells ähnle: »Wir gehen so vor, als ob wir die Bilder von hundert Personen desselben Typs auf das gleiche Stück Papier kopieren würden, wobei dann ähnliche Züge einander verstärken, die nichtpassenden aber einander auslöschen.« In Wirklichkeit haben Galtons Photographien allerdings nur gezeigt, daß die Ergebnisse solcher Überlagerungen fast nutzlos sind, denn die Verschiedenheiten zwischen den Einzelbildern verwischen nicht nur die untypischen Züge, sondern auch die typischen. Das geschieht deshalb, weil die meisten Einzelfälle den Typus nicht getreu verkörpern und die verschiedenen Annäherungen einander aufheben, statt die zufälligen Abweichungen auszuscheiden.

In der Tat sagt Kretschmer zugleich auch, daß seine Typenbeschreibungen nicht auf dem beruhen, was die größte Anzahl von Fällen zeigt, sondern auf dem, was sich in den »schönsten« Einzelfällen verkörpert. Diese weisen die gemeinsamen Züge am klarsten auf, während die Mehrzahl der Fälle nur ein unbestimmtes Bild liefert. Die »klassischen Fälle« sind »Glücksfunde«, die sich im täglichen Betrieb nicht häufig einstellen.

Der Genauigkeit zuliebe besteht Kretschmer auf Photographien und Messungen, aber er behandelt sie nur als Ergänzungsmaterial, das den unmittelbaren anschaulichen Eindruck nicht ersetzen könne. Die Gründe dafür verstehen sich von selbst: Messungen beschränken sich auf Einzellängen und auf die zahlenmäßigen Beziehungen zwischen diesen, während das wechselseitige Verhältnis der Züge innerhalb der Gesamterscheinung ihnen entgeht; und Photographien beengen die Auswertung, indem sie das Zufällige ebenso herausbringen wie das Wesentliche. »Das Bandmaß sieht nichts«, sagt Kretschmer. »Auf eine vollkommen künstlerische, sichere Schulung unseres Auges kommt nämlich alles an.« Er empfiehlt dem Beobachter, unmittelbar nach der Untersuchung jedes Patienten seinen frischen Eindruck von den wesentlichen Zügen zu Papier zu bringen.

Kretschmer versucht hier also, zwei einander widerstrebende Anforderungen miteinander zu versöhnen. Der daraus entstehende Konflikt beruht darauf, daß das betrachtende Denken – beim Wissenschaftler, beim Künstler und auch sonst – auf die Natur oder das Prinzip der Dinge gerichtet ist, also auf die der äußeren Erscheinung zugrundeliegenden Kräfte. Beim praktischen Verhalten aber hat man es andrerseits vorwiegend mit Entscheidungen über Einzelfälle zu tun.

Das Klassifizieren solcher Einzelfälle bietet keine grundsätzlichen Schwierigkeiten, wenn man mit Behälterbegriffen arbeitet. Jeder Einzelfall, der die den Begriff kennzeichnenden Merkmale ausreichend besitzt, wird aufgenommen. Diese Merkmale müssen aber klar identifizierbar sein. So kann man zum Beispiel mit aller Genauigkeit feststellen, ob jemand Bürger eines bestimmten Landes ist. Oder, wenn man nicht danach gehen kann, daß gewisse Merkmale vorhanden oder abwesend sind, kann man auch eine Liste derjenigen Dingarten anlegen, die unter den Begriff gehören sollen. Unter Antiquitäten kann man, etwa für Zollzwecke, verstehen: kupferne Teekessel, geschliffenes Glas, Stühle einer bestimmten Herstellungszeit, Leuchter, usw. Das Herstellungsdatum allein kann unter Umständen genügen.

Kretschmer als Forscher war es nicht in erster Linie um das Einordnen von Individuen zu tun. Ihm ging es um abstrakte Körperformen, die an sich in aller Schärfe durch eine Anzahl von Strukturmerkmalen definiert, in Einzelmenschen aber nur mehr oder weniger unvollkommen verwirklicht waren; und er wollte diese Körpertypen ebenso abstrakten Persönlichkeitstypen zuordnen. Um seine Hypothesen aber quantitativ zu prüfen und um die Theorie praktisch zur Diagnose zu verwenden, mußte er die Patienten dem einen oder anderen seiner Typen zuteilen. Die beiden Erfordernisse lassen sich auf keine wirklich befriedigende Weise miteinander vereinigen. Ein Typus ist keine Gruppe von Merkmalen, die in einem bestimmten Fall vorliegen oder nicht. Was die Praxis bietet, sind Gradienten, die unterbrechungslos von den reinsten Verkörperungen zu immer schwächeren Ausprägungen führen; auch finden sich häufig 'Überblendungen', wie man in der Filmsprache sagen könnte, zwischen einem Typus und einem anderen. Eine Grenzlinie quer durch einen Gradienten zu ziehen, ist immer willkürlich, und die Behälterbegriffe, die man auf diese Weise erhält, stellen für jeden Forscher, dem es um die Ausarbeitung von Typen geht, immer nur einen unerfreulichen Notbehelf dar.

Trotzdem aber kommt allenthalben in der Forschung eine aufs Praktische orientierte Einstellung der Wahrheitssuche in die Quere, indem sie Typen durch Behälterbegriffe zu ersetzen sucht, die auf das Abgrenzen von Umfangsbereichen abgestellt sind. In der Kunstgeschichte, zum Beispiel, kann man auf nützliche Einsichten hoffen, wenn man Stile wie den Expressionismus oder den Kubismus als reine Haltungs- und Darstellungstypen definiert und nun zeigt, wie sich diese Ingredienzen in einem bestimmten Künstler auf eine besondere und einmalige Weise verbinden. Damit ist man dann auf dem besten Wege, die Kunstgeschichte als eine Abfolge von Wechselwirkungen zwischen verschiedenen Grundeinstellungen zu verstehen, die sich unter besonderen Zeitumständen zu einer einmaligen Konstellation verbinden. Aber jeder Versuch, einen bestimmten historischen Bereich festzulegen, innerhalb dessen etwa die Renaissance begann und endete, oder entscheiden zu wollen, ob Cézanne ein Impressionist oder ein Kubist war, ist absurd und hoffnungslos. Auf diesem Gebiet besteht auch nicht einmal eine praktische Notwendigkeit, nach einem Kompromiß zwischen Typen und Behälterbegriffen zu suchen. Gewiß gibt es in der Kunstgeschichte, wie auf anderen Forschungsgebieten, den gelegentlichen 'Glücksfund', das heißt, eine recht gute Verkörperung des reinen Typus, aber da solche Allgemeintypen notwendigerweise einseitig sind, ist in der Kunst diese Reinheit häufiger unter den kleinen Talenten zu entdecken als unter den umfassenderen. Der typischste Kubist war nicht der größte.

Vom Maßstab der Behälterbegriffe aus beurteilt, mögen Typen als weniger scharf umrissen erscheinen; man kann sie fälschlicherweise für biegsamer halten. Zum Beispiel drückt sich August Seiffert in seinem Buch über dies Thema zweideutig aus. Er warnt einerseits vor dem Mißverständnis, daß ein Typus eine bloße Annäherung an eine schärfer profilierte Form sei. Doch sagt er andererseits, daß Typen biegsam, elastisch und von durchlässiger Begrenztheit seien, wenn man sie mit den anderswo üblichen starren Definitionen vergleiche. Dagegen ist zu sagen, daß Typen ebenso sehr auf scharfe Definition abgestellt sind wie die herkömmlichen Behälterbegriffe. Kretschmers Beschreibungen des asthenischen, athletischen oder pyknischen Körperbautypus sind so klar ausgearbeitet wie etwa in der Literatur die des Don Quixote oder des Sir

John Falstaff; ob aber ein bestimmter Einzelmensch in die eine oder andere Kategorie gehört, ist keine Sache der Entweder-Oder-Entscheidung. Vielmehr reichen, wie schon gesagt, gradmäßige Skalen von den reinsten Verkörperungen eines Typus bis zu den schwächsten. Es ist durchaus irreführend zu behaupten, wie Seiffert es getan hat, daß »dem Typenwissenschaftler im Grunde nichts unsympathischer ist als das Erscheinen von Zwischenformen.« Das von der Praxis gelieferte Material mag gewiß anzeigen, daß ein bestimmter Typus der Korrektur bedarf; Zwischenformen als solche aber betreffen nicht den Begriff, sondern nur seine Anwendung. In keiner Weise stören sie »des Typenwissenschaftlers Konzept«, wie Seiffert behauptet. Zwar kann man sich im Einzelfall uneinig darüber sein, zu welchen von zwei aneinander grenzenden Typen ein Mensch gehört (»Ist er introvertiert?«), doch beeinträchtigt diese Art von Schwierigkeit die Typen selbst in keiner Weise. Sie führt zu unbehaglichen Situationen nur dann, wenn man Begriffe anwendet, bei denen es um starre Einordnung zu tun ist, weil sich dabei herausstellt, wie willkürlich begrenzt sie sind.

Behälterbegriffe können allerdings so definiert werden, daß sie sich auf breite Anwendungsbereiche erstrecken, doch hat das keinen grundsätzlichen Einfluß auf ihren Charakter. Dies ist offenbar in der Untersuchung von Hempel und Oppenheim übersehen worden, in der es heißt, daß man zu Typen gelangen kann, indem man das starre Zugehörigkeitskriterium des Entweder-Oder durch gradmäßige Abstufung ersetzt. Es trifft zu, daß zum Beispiel der psychologische Begriff der Intelligenz brauchbarer wird, wenn man die Menschheit nicht einfach in zwei Gruppen, die Intelligenten und die Unintelligenten, einteilt, sondern eine Skala von Intelligenzstufen verwendet. Doch handelt es sich hier auch wieder nur um die Anwendung des Begriffes, nicht um sein Wesen. Denn in keiner Weise wird damit von dem Behälterbegriff der Intelligenz abgegangen, der auf der Fähigkeit, bestimmte Testfragen zu beantworten, beruht. Im Sinne eines Typus hingegen ist Intelligenz eine bestimmte Strukturform von seelischem Verhalten.

Statische und dynamische Begriffe

Begriffe streben danach, sich zu einfachen, regelmäßigen Formen zu kristallisieren. Das führt zu Unzuträglichkeiten, wenn innerhalb ihres Inhaltsbereiches wichtige qualitative Unterschiede bestehen. Bei der Formulierung des Begriffes *Bewegung*, zum Beispiel, ist es möglich, von Geschwindigkeitsunterschieden abzusehen. Unter bestimmten Umständen aber ist langsame Bewegung etwas wesentlich anderes als schnelle. Im wahrnehmungsmäßigen wie auch im künstlerischen Sinne unterscheidet sich der gemächliche, teigige und dabei schwerfällige Charakter einer langsamen Bewegung von dem hinreißenden Schwung einer schnellen. Solche qualitativen Unterschiede fallen unter den Tisch, wenn man Bewegung nur eben als Fortbewegung definiert – in derselben einfachen Weise, in der sich in einer Kinderzeichnung die Figur eines Menschen oder Tiers einfach 'bewegt', ohne allen differenzierenden Hinweis auf die Qualität einer besonderen Geschwindigkeit.

Dasselbe Problem kann auftreten, wenn die verschiedenen Phasen einer Bewegung qualitativ verschieden voneinander sind. Bei einer Pendelbewegung ist es für bestimmte Zwecke nötig, die starke Spannung beim größten Abstand vom Mittellot zu unterscheiden von dem relativ spannungslosen Durchfahren des niedrigsten Punktes. Kurz bevor das Pendel seinen größten Abstand von der Mitte erreicht, zögert es, hält dann an, und kehrt um, während es später die Symmetrieachse ohne Zögern durchquert. Beschränkt sich der Begriff des Pendelns auf bloße Hin- und Herbewegung, so unterschlägt er diese dynamischen Verschiedenheiten der Phasen. Wir können daher hier von statischen Begriffen sprechen.

Dem menschlichen Geist liegt einerseits daran, den ganzen Bereich eines Phänomens zu durchforschen; andererseits aber lockt ihn die verführerische Einfachheit statischer Begriffe, die einen bestimmten charakteristischen Zustand des Phänomens auswählen und diesen das Ganze vertreten lassen. Auf Frühstufen der Erkenntnis werden einfache Begriffsformen vorgezogen, weil der Geist noch keiner größeren Vielfältigkeit gewachsen ist. Statische Begriffe erleichtern eine erste Annäherung an ein Phänomen, weil sie seine Struktur sozusagen festnageln, aber sie machen das zu Beschreibende gleichzeitig zu einfach, indem sie es zum Erstarren bringen und isolieren, und das ist tieferer Einsicht unzuträglich.

Das Unzureichende statischer Begriffe ist schon in früheren Zeiten unangenehm aufgefallen. Man ist verblüfft, wenn man bei John Locke liest, daß wir Einzelfälle unter Gattungen versammeln

»*nicht, weil wir müssen, sondern nur um uns die Arbeit zu sparen, die uns erwachsen würde, wenn wir alle Einzelfälle aufzuzählen hätten, die das nächsthöhere allgemeine Wort oder Genus umfaßt; manchmal tun wir's vielleicht auch, weil wir uns schämen, der Aufgabe nicht gewachsen zu sein. Obwohl nun aber das Definieren mit Hilfe von Gattungen der kürzeste Weg ist, kann man doch daran zweifeln, ob es der beste ist. Daß es nicht der einzig mögliche ist, davon bin ich überzeugt. Denn beim Definieren beabsichtigen wir ja nichts anderes, als anderen Menschen mit Worten verstehen zu geben, was für eine Idee ein bestimmter Ausdruck bezeichnet, und das geschieht am besten, indem man alle einzelnen einfachen Ideen aufzählt, die in der Bedeutung des definierten Ausdrucks vereinigt sind...«*

In anderem Zusammenhang hat Francis Galton sich mit dem Begriff der 'normalen Variation' befaßt und dabei bemerkt:

»*Es ist schwer zu begreifen, warum die Statistiker ihre Untersuchungen im allgemeinen auf Durchschnittswerte beschränken, statt sich an ausführlicheren Betrachtungen zu ergötzen. Ihre Seelen scheinen für den Reiz des Vielfältigen so unempfindlich zu sein wie die jenes aus dem Flachland stammenden Engländers, der nach einer Reise in die Schweiz sich dahin äußerte, daß, wenn man die Berge in die Seen werfen würde, man sich zweier Unannehmlichkeiten auf einen Schlag entledigen könnte.«*

Diese Bemerkung sollte denjenigen zu denken geben, die sich Galtons Methode der übereinanderkopierten Photographien zum Beispiel nehmen möchten, um Begriffe durch das Übereinanderschichten von Einzelexemplaren zustandezubringen.

Weiter oben erwähnte ich Berkeleys Vorschlag, daß eine Allgemeinaussage durch ein Einzelexemplar dargestellt werden könne. Nach seiner Ansicht lassen sich an einem Einzelfall Beobachtungen machen, bei denen man sich nur an einzelne Merkmale hält, andere dagegen unbenutzt läßt und auf diese Weise zu einer Beschreibung gelangt, die für alle Fälle gilt, wenn diese nur die kritischen Merkmale enthalten; wobei es nicht darauf ankommt, ob sie die anderen ebenfalls besitzen. Entdeckt man zum Beispiel, daß in einem bestimmten Dreieck die Summe der Winkel gleich zwei Rechten ist, so kann man sich darauf verlassen, daß dies auch für alle anderen Dreiecke gilt, weil nämlich der Beweis keinerlei Hinweis auf die Größe der Winkel zu enthalten braucht. Berkeley benutzt hier einen Notbehelf, der schon in dem Traktat des Aristoteles über Gedächtnis und Erinnerung zu finden ist. Aristoteles sagt da über geometrische Darlegungen, »daß es für die Zwecke des Beweises zwar überflüssig sein kann, sich auf die bestimmte Quantität des Dreiecks zu beziehen, wir ihm aber dennoch in unserer Zeichnung eine bestimmte Quantität geben«. Ebenso geht es, wenn der Intellekt sich mit etwas befaßt, das nicht quantitativ ist: »Er stellt es sich als quantitativ vor, obschon er beim Denken von der Quantität abstrahiert.«

Wir können den Behälterbegriff des Dreiecks durch seinen Strukturtypus ersetzen und ihn trotzdem noch unbefriedigend statisch finden. Wirkliches Verständnis erfordert mehr. Wenn ich zum Beispiel den zweiunddreißigsten Lehrsatz des Euklid demonstriere, indem ich eine Parallele zu einer der Seiten eines Dreiecks ziehe (Abb. 51a), so kann ich dadurch zeigen, daß der Gegenwert der drei Winkel einen Halbkreis ausmacht; weiter kann ich mich, mit Berkeley, darauf berufen, daß die besondere Größe der Winkel dabei gar nicht berücksichtigt zu werden braucht, und habe damit also bewiesen, daß der Lehrsatz für alle Dreiecke gilt. Nun ist es gewiß von praktischem Wert, die Gültigkeit eines Lehrsatzes zu beweisen; darüber hinaus aber kommt es für das Denken darauf an, daß der Bereich des Lehrsatzes ausdrücklich zum Bewußtsein

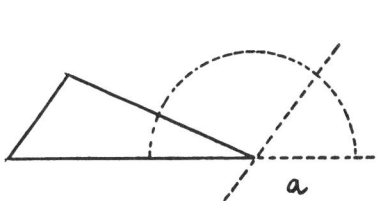
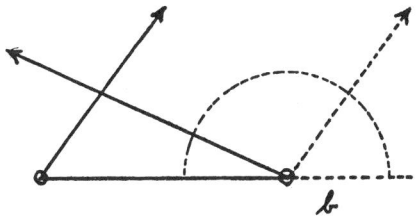

Abb. 51

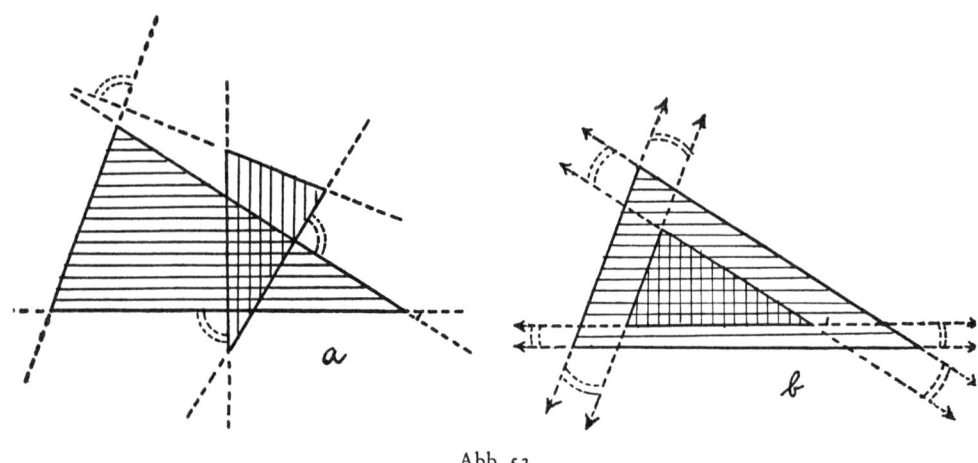

Abb. 52

kommt. Gewiß zeigt Abb. 51a, daß in dem dort benutzten Dreieck die drei Winkel zusammen 180 Grad ergeben. Um aber wirklich zu verstehen, daß dies für alle Dreiecke gilt und warum, muß ich mich über diese besondere Figur hinaus auf den gesamten Bereich von Dreiecken beziehen. Dazu kann ich mir zwei der Dreieckseiten etwa als Strahlen von unbegrenzter Länge vorstellen, die sich um ihre Achsenpunkte drehen lassen (Abb. 51b), woran ich mir dann anschaulich klarmache, daß die drei Sektoren in jeder Stellung zusammen einen Halbkreis bilden. Vergrößert sich einer der Winkel, so wird sein Nachbar automatisch entsprechend kleiner. Bei diesem Verfahren wird also von der Winkelgröße nicht abgesehen, wie wir es nach Berkeleys Vorschlag tun sollten, denn damit entginge uns alles wirklich anschauliche Verständnis der Situation; vielmehr überblicken wir diese jetzt in ihrem ganzen Ausmaß. Wir haben einen statischen Begriff durch einen dynamischen ersetzt. Der Lehrsatz ist nicht nur als allgemein gemeint, sondern nun auch als allgemein verstanden.

Ein anderes Beispiel dieser Art gibt Victor Poncelet in seinem Traktat über die projektiven Eigenschaften geometrischer Figuren. Jemand beweist, daß zwei Dreiecke geometrisch ähnlich sind, wenn alle drei Paare der zusammengehörigen Dreiecksseiten einander im rechten Winkel kreuzen (Abb. 52a). Man kann diesen Beweis verallgemeinern und zeigen, daß die Winkel an den Kreuzungen nicht 90 Grad zu sein brauchen. Ihre Größe macht nichts aus, nur gleich müssen sie sein. Wir können uns das veranschaulichen, sagt Poncelet, indem wir eins der beiden Dreiecke rotieren lassen. Da wird sich dann der Winkel an allen drei Kreuzungen immer um den gleichen Betrag ändern. Schließlich verfallen wir darauf, daß, wenn wir den Lehrsatz umdrehen und mit zwei ähnlichen Dreiecken in gleicher Lage anfangen (Abb. 52b), wir uns ohne weiteres vorstellen können, wie die drei Seitenpaare sich immer unter gleichen Winkeln schneiden, während die Dreiecke ihre Stellung zueinander ändern.

Die üblichen Abbildungen in Lehrbüchern und auf der Tafel ermöglichen es uns zwar, das Problem anschaulich vor uns zu sehen, aber sie versteinern es auch in einer zufälligen Einzellage, einer der unendlich vielen, auf die sich der Lehrsatz in Wirklichkeit bezieht. Sie verleiten den Schüler daher dazu, zufällige Umstände für wesentliche zu halten. Dies erzieherische Problem ist nicht damit zu lösen, daß man auf Abbildungen verzichtet, sondern daß man – etwa mit Hilfe von Zeichenfilmen – bewegliche Modelle herstellt oder doch wenigstens die Buchillustrationen so zeichnet, daß der Schüler versteht, welche Eigenschaften einer Figur variabel sind.

Wenn es sich nur um Definition oder Klassifikation handelt, so mag es zureichend sein, einen Begriff auf die Mindestzahl von Merkmalen zu reduzieren, die einen feststellen lassen, zu welcher Gattung er gehört und an welchem Merkmal man ihn von den anderen Mitgliedern derselben Gattung unterscheiden kann. Sollen Begriffe aber dem produktiven Denken dienen, so müssen sie im vollen Ausmaß ihres Inhalts vorgestellt werden. In der Erziehung ist dies letztere Verfahren natürlich von besonderer Wichtigkeit, da es für die Schüler mehr darauf ankommt, daß sie sich im produktiven Denken üben als im Gebrauch logischer Operationen.

Begriffe sind Höhepunkte

Statisch gesehen, stellt ein Begriff dar, was einer Anzahl verschiedener Einzelfälle gemeinsam ist. In Wirklichkeit aber ist der Begriff oft mehr eine Art von Höhepunkt im Fluß dauernder Veränderungen. Im japanischen Kabukitheater erstarrt das Spiel des Hauptdarstellers plötzlich zu einer monumentalen Pose, der sogenannten *mi-e*, die den Höhepunkt einer wichtigen Szene bildet und ihren Charakter verdichtet vorführt. In weniger offensichtlicher Weise sind Tanz- und Musikpassagen oft um solche Höhepunktsformen von relativ einfacher Gestalt komponiert, die an bestimmten Stellen das Fazit des Vorgangs ziehen und dem Beschauer oder Hörer auf seinem Wege durch das Werk als Marksteine dienen.

In der Malerei oder Bildhauerei ist das zeitlose Gebilde oft die Abstraktion einer Bewegung. Ein solches statisches Abbild kristallisiert das Wesen eines vielfältigeren Vorganges in einer endgültigen Form; aber es unterdrückt natürlich auch alle Handlung und reduziert die Vielfalt der Ansichten und Erscheinungen zu einer einzigen, sie alle vertretenden. Weiter oben sahen wir, daß die perspektivischen Projektionen eines Gegenstandes als Verformungen des 'Dings an sich' wahrgenommen werden. Wenn man eine solche Ur- und Grundform nicht als unabhängig von ihren Einzelerscheinungen erfaßt, sondern als die Mitte, um die diese sich scharen, hat man einen dynamischen Begriff.

Man kann diese Auffassung vom Wesen der Abstraktion in der Sprache der Gestaltpsychologie ausdrücken, indem man sagt, daß viele Erfahrungsphänomene sich als Variationen um sogenannte Prägnanzstufen gruppieren, das heißt, um Phasen von

WAS ABSTRAKTION IST

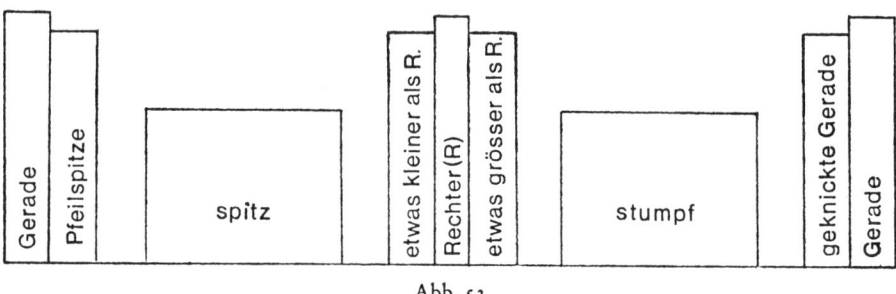

Abb. 53

prägnanter Struktur. Max Wertheimer hat darauf hingewiesen, daß etwa ein Winkel von 93 Grad nicht als eigenständig gesehen wird, sondern als ein 'schlechter' rechter Winkel. Wenn die Saiten einer Geige verstimmt sind, so geben sie unreine oder unrichtige Quinten, die man als zu weit oder zu eng hört, aber nicht als andre Intervalle eigenen Charakters. Die prägnanten Stufen einer Tonreihe werden spontan als Bezugspunkte benutzt, von denen die Zwischenwerte abweichen oder auf die sie hinstreben, ähnlich den Leittönen der diatonischen Tonleiter. Der Psychologe Edwin Rausch hat in einer systematischen Untersuchung dieser Erscheinung die qualitativen Veränderungen beschrieben, die sich visuell ergeben, wenn ein Winkel von 0 Grad zu 180 Grad anwächst (Abb. 53). Zuerst spaltet sich die Senkrechte am Nullpunkt in eine Pfeilspitze auf, die sich aber vom typischen spitzen Winkel noch unterscheidet; zwischen den beiden prägnanten Formen liegt eine der vier strukturell 'niedrigen' Zwischenformen, die flau, uncharakteristisch und zweideutig sind. Eine zweite Übergangszone dieser Art findet man zwischen dem Bereich des typischen spitzen Winkels und dem sich um den rechten Winkel erstreckenden Hof. Entsprechend herrscht im zweiten Quadranten der typische stumpfe Winkel vor. In der unmittelbaren Nachbarschaft von 180 Grad, d. h. der Geraden, sieht man überhaupt keinen deutlichen Winkel mehr, sondern statt dessen eine gebrochene Gerade. Es versteht sich, daß den Trennungen zwischen den Zonen in Rauschs Zeichnung in Wirklichkeit allmähliche Übergänge entsprechen und daß auch innerhalb jeder Zone gradmäßige Variationen bestehen.

Manchmal weichen Variationen so stark von ihren Prägnanzstufen ab, daß man sie nicht länger als zu diesen gehörig anerkennt. Ein Rechteck ist wahrnehmungsmäßig nicht einfach die Gattung aller viereckig-rechtwinkligen Figuren, sondern bezieht sich auf eine typische Struktur. Daher kann jemand, der sehr wohl weiß, was ein Rechteck ist, sich sehr wundern, wenn ihm aufgeht, daß ein Ding, das einen Meter lang und einen Zentimeter breit ist, rechtmäßig als Rechteck zu bezeichnen ist. Der Anschauung nach gehört es zu den Stöcken oder Bändern. Für gewisse Zwecke der Wahrnehmung, der Wissenschaft und der Kunst muß man fähig sein, Begriffe über den ihnen anschaulich zukommenden Bereich hinaus zu dehnen. In einem der früheren Kapitel erwähnte ich die Normvorstellung der menschlichen Gestalt und die Schwierigkeiten, die sich für die anschauliche Zuordnung ergeben, wenn eine Bilddarstellung zu radikal von der Norm abweicht.

Dynamische Begriffe erfordern nicht notwendigerweise ein tatsächliches physisches Kontinuum der Dinge, auf die sie sich beziehen. Vielmehr läßt sich ein solches Kontinuum von getrennten Typen ableiten, wenn sie einander ausreichend ähneln. Im Naturgeschichtlichen Museum zu Washington ist eine Gruppe ausgestopfter Hunde, Wölfe und Füchse so zusammengestellt, daß man die Schattierungen des Begriffes *Hund* in einem anschaulich zusammenhängenden Bilde vor sich sieht. Ein anderes, schönes Beispiel findet sich bei Schopenhauer:

»So z. B. um die Ideen, welche sich im Wasser aussprechen, vollständig aufzufassen, ist es nicht hinreichend, es im ruhigen Teich und im ebenmäßig fließenden Strome zu sehen; sondern jene Ideen entfalten sich ganz erst dann, wenn das Wasser unter allen Umständen und Hindernissen erscheint, die auf dasselbe wirkend, es zur vollen Äußerung aller seiner Eigenschaften veranlassen. Darum finden wir es schön, wenn es herabstürzt, braust, schäumt, wieder in die Höhe springt, oder wenn es fallend zerstäubt, oder endlich, künstlich gezwungen, als Strahl emporstrebt: so unter verschiedenen Umständen sich verschieden bezeigend, behauptet es aber immer getreulich seinen Charakter: es ist ihm ebenso natürlich aufwärts zu spritzen, als spiegelnd zu ruhen; es ist zum Einen wie zum Andern gleich bereit, sobald die Umstände eintreten.«

Auch in der Kunst stellt eine Gruppe von Figuren oder Gegenständen manchmal verschiedene Ansichten des gleichen Themas dar. Auguste Rodins *Bürger von Calais* zeigen den Seelenzustand des Besiegten in sechs Variationen.

Zuweilen gruppieren sich die Abwandlungen eines begrifflichen Themas um einen einzigen Höhepunkt; manchmal aber ergeben sich auch mehrere etwa gleichstarke Höhepunkte. Diese können so verschieden sein, daß nur ein tiefgreifendes Verständnis sie als zur gleichen Familie von Dingen gehörig erkennt. Für den unerfahrenen Beobachter sehen sie so verschieden aus wie der Morgenstern und der Abendstern. In der Geometrie liefert uns die Geschichte der Kegelschnitte ein eindrucksvolles Beispiel. Die verschiedenen Formen, die wir heute als zu ein und derselben Familie gehörig behandeln, zeigten zunächst keine solche Verwandtschaft. Der Kreis, die Ellipse, die Parabel usw. hatten eine so einfache und selbständige Form, daß man sie zuerst als gänzlich unabhängig voneinander betrachtete und ihnen dementsprechend auch ganz verschiedene Konstruktionsprinzipien zuschrieb. In einem lebendig geschriebenen, aber recht eigensinnigen Buch hat William M. Ivins dies den Griechen sehr verübelt. Er nimmt an, daß der Geist der Griechen nicht optisch, sondern haptisch eingestellt war, und behandelt ihr geometrisches Verfahren als eine Unzulänglichkeit, statt sich klarzumachen, daß das Erforschen von Grundformen ein positiver und notwendiger erster Schritt ist, ohne den es zu keinem weiteren Fortschritt kommen kann. Auch ist die frühe Vorstellung von prägnanten, einfachen Formen genau so visuell wie die spätere, in der sie sich zu Phasen einer einheitlichen Abfolge verbinden.

Wenn man einen Kegel in parallele oder ihre Richtung allmählich ändernde Scheiben schneidet, so mögen einem die Formen des Kreises, der Ellipse usw. als bloße Durchgänge erscheinen, die gar nicht als Sonderformen oder Höhepunkte auffallen. Die glatten Übergänge verwischen die qualitativen Unterschiede. Man betrachte etwa den Fall, in dem die Schnittebene parallel zur Kegelachse liegt. Hier ergibt der Schnitt zuerst eine Hyperbelkurve, die allmählich spitzer wird, bis sie sich in zwei gerade Linien verwandelt, die sich an der Kegelspitze schneiden. Dieser Winkel und die Hyperbel gehören zwar in die gleiche ununterbrochene Abfolge, sind aber dennoch qualitativ verschieden. Liegt die Schnittebene horizontal und senkt sie sich von oben auf den Kegel nieder, so erhält man zunächst einen Punkt, und dieser erweitert sich dann zu Kreisen ohne Formveränderung. Sobald die Schnittebene aber ihre Richtung ändert und sich neigt, beginnt die Kreisform sich zu verzerren und zu strecken und wird zur Ellipse. Diese wird länger und länger, öffnet sich schließlich an einer Seite und wird zur Parabel, sobald die Schnittfläche parallel zur Kegelkante liegt. Auch hier wieder sind Kreis, Ellipse und Parabel nur Phasen einer stetigen Abfolge, dabei aber zugleich selbständige und qualitativ voneinander verschiedene Formen.

Da diese geometrischen Figuren zuerst als getrennte statische Begriffe gesehen wurden, mußten sie umstrukturiert werden, bevor sie sich als bloße Teilansichten eines einheitlichen dynamischen Begriffes enthüllen konnten. In dieser wahrnehmungsmäßigen Umformung, die sich gegen das spontan Gegebene durchzusetzen hatte, erwies sich die Ellipse als verformter Kreis, die gerade Linie als ein Grenzfall der Parabel. Die Entdeckung diente, wie Poncelet sich ausdrückt, dazu, »die Ideen zu erweitern, Wahrheiten, die weit entfernt voneinander schienen, durch eine stetige Kette zu verbinden, und eine Vielzahl von Einzelwahrheiten mit einem einzigen Theorem zu umgreifen.«

Die Geschichte der Kegelschnitte zeigt, wie eng die Begriffsbildung mit der Wahrnehmung struktureller Einfachheit verbunden ist. Schon im 19. Jahrhundert erkannte Poncelet den Unterschied zwischen prägnanten und nichtprägnanten Formen. In dem erwähnten Traktat über die projektiven Eigenschaften der Figuren bezeichnet er prägnante Formen als »besondere Zustände«, zum Unterschied von »allgemeinen oder unbestimmten Zuständen«. Die einzige Schwierigkeit, sagt er, bestehe offensichtlich darin, deutlich zu erklären, was unter diesen Bezeichnungen zu verstehen sei. »In jedem Einzelfall ist die Unterscheidung einfach: eine gerade Linie, die sich mit einer anderen in der Fläche kreuzt, ist in einem allgemeinen Zustand, zum Unterschied von dem Fall, in dem die beiden senkrecht aufeinanderstehen oder parallel laufen.« In unserer eigenen Ausdrucksweise und für unseren Zweck können wir aus den vorstehenden Überlegungen Folgendes schließen. Statische Begriffe kommen zustande, indem strukturell einfache Formen aus einem Kontinuum von Umformungen abstrahiert werden; wenn dynamische Begriffe den Gesamtbereich eines solchen Kontinuums in sich begreifen wollen, haben sie oft gegen die konservative Macht einfacher Formen anzukämpfen.

Über Verallgemeinerungen

Die Geschichte der Kegelschnitttheorien ist ein schönes Beispiel von Verallgemeinerung im produktiven Denken. Bis jetzt habe ich das Verallgemeinern in meiner Darstellung der Begriffsbildung recht stiefmütterlich behandelt. Wir sahen, daß die primäre Abstraktion keine Verallgemeinerungen voraussetzt. Vielmehr sind Wahrnehmungen von Anfang an Allgemeinheiten, und das Denken verfeinert sich dadurch, daß jene frühen, umfassenden Begriffe sich allmählich differenzieren. Es ist nun aber an der Zeit, darauf hinzuweisen, daß das umgekehrte Vorgehen dem Denken ebenso unentbehrlich ist. Zumal beim Künstler und Wissenschaftler reift die Einsicht, indem sie immer mehr vom Einzelnen zum Allgemeinen vordringt.

Zu solchen Verallgemeinerungen kam es zum Beispiel im mathematischen Denken von Kepler, Desargues und Poncelet, als sie die Theorie der Kegelschnitte entwickelten. Sie entdeckten, daß eine Anzahl selbständiger geometrischer Figuren unter einen gemeinsamen Nenner gebracht werden konnte. Wie aber gingen sie dabei vor? Bedienten sie sich der Induktion? Suchten sie nach gemeinsamen Merkmalen im Kreis, in der Ellipse, der Hyperbel? Und setzte sich der neue, allgemeinere Begriff aus diesen gemeinsamen Merkmalen zusammen?

Nein, etwas grundsätzlich anderes geschah. Jene geometrischen Grundfiguren hatten seit dem Altertum als brauchbare, selbständige Dinge gedient. Nun aber bot sich ein neues anschauliches Ganzes an, der Kegel mit seinen Schnitten, in den sich die bis dahin beziehungslosen Figuren als Teile einfügen ließen. Ein neues Verständnis für den strukturellen Charakter dieser Figuren ergab sich aus den Beziehungen, die sie, wie man nun entdeckte, zu ihren Nachbarn in einer stetigen Abfolge von Formen hatten, sowie auch aus ihrer Lage in der anschaulichen Gesamtform des Kegels. Die Verallgemeinerung bestand also in einer Umstrukturierung, die sich aus der Entdeckung eines umfassenderen Ganzen ergab.

Solche Strukturprozesse sind nicht immer so dramatisch. Oft gehen sie recht allmählich vor sich. Im menschlichen Denken ist jeder Begriff immer nur vorläufig; er kann jederzeit modifiziert werden, und auf diese Weise entwickelt er sich. Man kann das etwa daran sehen, wie sich eines Menschen Ansicht über einen anderen oder wie sich eine psychologische Theorie über einen bestimmten Persönlichkeitstyp auf Grund neuer Tatsachen verändert. Peter hat eine Vorstellung davon, was für ein Mensch Paul ist. Diese Überzeugung wird nicht einfach durch die Zahl der Gelegenheiten, bei denen Peter den Paul beobachtet, bestätigt oder widerlegt. Stattdessen dienen gewisse Situationen als ein Test, der den Begriff in seinem gegenwärtigen Zustand bestätigt oder in Frage stellt. Manchmal wird die Vorstellung dadurch nur einfach reicher, oder einige ihrer Eigenschaften stellen sich als Täuschungen heraus. Die neuen Tatsachen können aber auch die Gesamtstruktur des Begriffs beeinflussen, indem sie Akzente verschieben, scheinbar Zufälliges als Wesentliches enthüllen oder gewisse Kräfteverhältnisse verändern. Es kommt auch vor, daß ein ursprünglich einheitlicher Begriff sich in zwei oder drei aufspaltet.

Beim Verallgemeinern handelt es sich nicht darum, eine unendlich große oder doch umfangreiche oder jedenfalls vollständige oder auch willkürlich gewählte Anzahl von Einzelfällen zu sammeln und durchzusieben. Vielmehr kommt der Denker – der Wissenschaftler, der Künstler oder der gewöhnliche Sterbliche – zu seinem Problem schon mit einer vorläufigen Vorstellung davon, wie der zu erforschende Tatbestand beschaffen sein mag. Er sieht sich zwar nach Beispielen um, doch sind diese nicht zufällig gewählt. Er ist von Vorgefühlen geleitet, die ihm sagen, wo und wie sich charakteristische Sichten des Phänomens zeigen könnten. Er verzichtet auf flaue, unklare Fälle und vermeidet nutzlose Wiederholungen. Er vergleicht die neuen Vorkommnisse mit dem vorläufigen Begriff, den er sich gebildet hat, und vervollständigt, verbessert oder verengt diesen entsprechend. Von diesem allmählichen Gestalten der Abstraktion ist die Theorie der 'Verallgemeinerung durch Induktion' eine unfruchtbare Parodie. Echte Verallgemeinerung ist das Verfahren, mit dem ein Wissenschaftler seine theoretischen Begriffe, der Künstler seine Bildvorstellungen vervollkommnet. Es ist ein durchaus unmechanisches Verfahren, bei dem es nicht so sehr auf buchhalterische Genauigkeit und den Eifer der Sortiermaschine, sondern vor allem auf die Wachsamkeit und Intelligenz eines gut funktionierenden Gehirns ankommt.

11 Auf festem Boden

Die bisherige Diskussion hat ergeben, daß sich der Begriff der Abstraktion auf zweierlei, einander entgegengesetzte Weisen beschreiben läßt. Der traditionellen Lehre nach ist Abstraktion die Abkehr von der unmittelbaren Erfahrung; wobei eine grundsätzliche Trennung zwischen Wahrnehmen und Denken vorausgesetzt wird. Angeblich wird nur Besonderes wahrgenommen, während das Denken sich mit dem Allgemeinen befaßt, so daß man also das Bewußtsein von allem Anschaulichen reinfegen muß, wenn man denken will. Die Abstraktion soll das bewerkstelligen.

Abstraktion als Abkehr

Von den rein erkenntnismäßigen Schwierigkeiten, die sich aus dieser Ansicht ergeben, ist schon die Rede gewesen. Ich habe darauf hingewiesen, daß Wahrnehmung und Denken nicht ohne einander auskommen können. Die Abstraktion ist die unentbehrliche Verbindung zwischen den beiden und auch ihr wichtigstes gemeinsames Merkmal. Man kann Kants berühmten Ausspruch dahin variieren, daß man sagt: Anschauung ohne Abstraktion ist blind; Abstraktion ohne Anschauung ist leer. Das ist eine ernstzunehmende Warnung. Doch besteht die Gefahr nicht allein für das erkenntnismäßige Verhalten. Die Überzeugung, daß alles Abstrahieren eine Abkehr von der direkten Erfahrung voraussetzt, kann leicht eine grundsätzlich falsche Vorstellung davon erwecken, wie sich ein produktiver Denker zur Wirklichkeit verhält. Man kann das nämlich so auffassen, als ob ein Mensch, der sich zu echtem abstraktem Denken fähig zeigen will, die Lebenssituation, in der er sich befindet, ignorieren müsse; ja als ob er sich ihr entgegenzustellen und ihr zu widersprechen habe.

Beschreibt man die Abstraktion als eine Abkehr, so gibt man damit ein falsches Bild nicht nur von der Verhaltensweise von Philosophen und Wissenschaftlern, sondern auch vom Benehmen der Künstler. Auf dem Gebiet der Ästhetik kann man das am Beispiel der Theorien von Wilhelm Worringer zeigen, wonach stark stilisierte, abstrahierte Kunst als eine Flucht vor der äußeren Wirklichkeit zu verstehen ist. Ich habe an andrer Stelle darauf hingewiesen, daß Worringer, in seinem Buch ›Abstraktion und Einfühlung‹, durch die Gegenüberstellung von naturalistischer und geometrisch stilisierter Kunst die Grundhaltung der Moderne zu formulieren suchte. Worringers wertvollste Leistung bestand darin, daß er sich weigerte, die frühen Kunststile der Ägypter, des archaischen Griechenland oder des fernen Ostens oder auch die moderne europäische Kunst mit der Behauptung abzutun, sie seien unfähig, die Natur richtig abzubilden. Statt dessen schrieb er ihnen eine eigne, positive ästhetische Absicht zu. Diese sehr willkommene Anerkennung aber stützte sich auf die Unterscheidung zweier einander entgegengesetzter Haltungen: die eine beschrieb Worringer als eine vertrauensvolle Annäherung an die Natur, die sich im Naturalismus ausdrücke, die andere als ein Entweichen vor der furchterregenden Irrationalität der Natur, die zu den vereinfachenden Formen der stilisierten Kunst führe. Für Worringer gehörte also das Abstraktionsmoment der Kunst zu einer Abkehrhaltung. Die Abstraktion war ihm eine Zuflucht vor der Vielfältigkeit der Sinnenwelt, an der sich die naturalistische Kunst erfreute. Dies führte zu einer dem theoretischen Verständnis abträglichen Scheidung zwischen Kunst, die abstrahiert, und Kunst, die nicht abstrahiert. Zwar erkannte Worringer die Abstraktion als ein legitimes Element des künstlerischen Prozesses, doch sah er nicht, daß sie aller Kunst unentbehrlich ist, was immer ihr Verhältnis zur Natur.

Gewiß besteht eine wichtige psychologische Verbindung zwischen Abstraktion und Abkehrhaltung. Wenn das menschliche Bewußtsein sich der Verzweigtheit des Wirklichen entzieht, ersetzt es diese gern durch vereinfachte, hochstilisierte Formen. Man kann dies an den 'unrealistischen' Spekulationen einsiedlerischer Denker oder auch an dem ornamentalen Stil von Künstlern beobachten, die sich vor den Ansprüchen der Wirklichkeit zurückziehen. Extrembeispiele findet man in der Sprechweise und den Bildnereien der Schizophrenen. Obwohl also Abkehr häufig zur Abstraktion führt, ist doch das Umgekehrte durchaus nicht der Fall. Im Gegenteil, wenn man die Abkehr zu einem Kennzeichen der Abstraktion macht, läuft man Gefahr, das Denken zu Bedingungen zu zwingen, unter denen es nicht arbeiten kann. Auch wird man dadurch leicht unfähig, echtes Denken als solches zu erkennen, wenn es sich mit Problemen der unmittelbaren Erfahrung befaßt.

Eine Fundgrube von Beispielen ist die im Jahre 1941 veröffentlichte Monographie von Kurt Goldstein und Martin Scheerer über abstraktes und konkretes Verhalten bei psychiatrischen Patienten. Es handelt sich um eine Veröffentlichung, die großen Einfluß auf die Psychologie der Erkenntnisprozesse gehabt hat. Nach Goldstein und Scheerer unterscheiden sich gewisse Typen von geistig abnormen Patienten, die zumeist Hirnverletzungen haben, von Normalmenschen darin, daß sie unfähig sind zu abstrahieren. Abstraktionsfähigkeit wird dazu als prinzipiell verschieden von sogenanntem konkretem Verhalten erklärt. Abstraktion ist nicht »ein allmähliches Anwachsen von einfacheren zu komplizierteren Einstellungen«, sondern »eine neu erstehende Qualität, die sich vom Konkreten generell unterscheidet«.

Goldsteins und Scheerers klinische Deutungen sind vielfach kritisiert worden, und es ist der Mühe wert, sie hier mit einiger Ausführlichkeit zu besprechen, denn sie zeigen nur zu deutlich, was sich ergeben kann, wenn man Abstraktion als Abkehr definiert.

Auch ist in der Monographie das abstrakte und das konkrete Verhalten nicht einfach als diagnostisches Symptom behandelt, sondern die konkrete Haltung gilt deutlich für weniger wertvoll als die abstrakte. Die besonderen Unzulänglichkeiten der Patienten werden stillschweigend dazu benutzt, eine viel allgemeinere geistige Haltung als minderwertig zu kennzeichnen – eine Haltung, die sich »auf die unmittelbare Auffassung eines Dinges oder einer Situation in deren besonderer Einzigartigkeit beschränkt«. Die Veröffentlichung ist also ein Beispiel für das Vorurteil gegen anschauliches Denken.

Weiter oben war davon die Rede, daß es sich bei der üblichen Verwendung der Begriffe *konkret* und *abstrakt* um eine irreführende Zweiteilung handelt. Der Psychologe Norman Cameron hat sich, in eindeutigen Worten, ähnlich geäußert:

»Man kann mit guten Gründen daran zweifeln, daß es angebracht oder auch nur nützlich ist, so ausdrücklich auf gesonderte Kategorien des Konkreten und des Abstrakten zu bestehen. Diese Sonderung bezieht sich auf die ebenso hypothetische Unterscheidung zwischen wahrnehmungsmäßigem und begrifflichem Denken; und diese wiederum kommt, genau betrachtet, auf wenig mehr heraus als die alte narzißtische Schmeichelei, wonach Rationalität nur dem Denken des Erwachsenen zuzubilligen ist, nicht aber dem der Kinder oder der Tiere – oder, manchmal, nicht einmal dem der Frauen. Die heutige Form dieser Zweiteilung leitet sich von gewissen Entwicklungstheorien des 19. Jahrhunderts über Ontogenese und Phylogenese ab, die paradoxerweise ursprünglich durchaus nicht dazu bestimmt waren, solche Unterbrechungen oder Scheidungen zwischen den Gattungen festzustellen, sondern ein wesentliches Kontinuum in den Strukturfunktionen der Menschen und der Tiere betonten.«

Goldsteins und Scheerers Beschreibungen enthalten deutliche Hinweise darauf, daß ihre Patienten zu anschaulichen Abstraktionen durchaus fähig waren. Versteht man zum Beispiel unter Abstraktion nur einfach die Fähigkeit, gemeinsame Elemente oder Eigenschaften herauszusuchen, so kann man darauf hinweisen, daß »alle Versuchspersonen fähig waren, verschiedene gegebene Gegenstände nach ihrer Farbe oder ihrer Gebrauchsfunktion zu gruppieren«. Soll Abstraktion bedeuten, daß einer in einem Muster gewisse Einzelzüge auseinanderhalten kann, so kann man darauf hindeuten, daß einer der Patienten geometrische Figuren in einer Zusammenstellung unterscheiden konnte, in der diese einander überschnitten. Wenn es sich bei Abstraktion schließlich darum handeln soll, die Struktureigenschaften eines komplizierten Dinges in einer vereinfachten Darstellung wiederzuerkennen, so läßt sich darauf hinweisen, daß ein Patient ein aus zehn oder zwölf Stäbchen gelegtes Bild eines Hauses verstand und nachlegen konnte. Dazu ist zweifellos eine Abstraktion nötig; denn, wie Anatol Pikas betont hat, man kann nur dann ein Dreieck als ein Dach sehen, wenn man alle die anderen Eigenschaften vernachlässigt, die ein Dach in der Erinnerung besitzt.

Für Goldstein und Scheerer aber handelt es sich bei solchen Leistungen nicht um Abstraktionen, weil nämlich die Patienten hier gewisse Eigenschaften aus der Situation, vor der sie sich befinden, herausgreifen, und dazu wird, nach der vorgetragenen

Ansicht, nur »konkretes Verhalten« benötigt. Von solchem konkreten Verhalten, das zwar auch beim Normalen häufig sei, dem Kranken aber als einziges zur Verfügung stehe, wird ausgesagt, es sei »passiv«, weil es nur einfach »den unmittelbaren Anforderungen einer bestimmten Außensituation« gehorche, die dem Betreffenden als »greifbare Konfigurationen oder greifbare Zusammenhänge im phänomenalen Erfahrungsbereich« auferlegt seien. Woran fehlt es also? Was fehlt, sagt man uns, ist die Fähigkeit, das einem bestimmten praktischen Verhalten zugrundeliegende Prinzip in Worten zu beschreiben, sich den Forderungen der gegebenen Situation zu entziehen und Handlungen auszuführen, die dieser Situation gegen den Strich gehen.

Die Extraktion von Prinzipien

Die Tatsachen sprechen dafür, daß es den Patienten schwerfällt, solchen Forderungen zu genügen. Einer von ihnen, zum Beispiel, ist durchaus fähig, Bälle in drei Kästen zu werfen, die verschieden weit von ihm entfernt stehen; er trifft niemals daneben. Fragt man ihn aber, welcher Kasten näher ist und welcher weiter entfernt, »so kann er darüber keine Angaben machen und kann auch nicht sagen, nach welchem Verfahren er beim Zielen vorgeht«. Ein normaler Durchschnittsmensch beantwortet solche Fragen ohne Mühe, doch wird auch er ins Stocken geraten, wenn man Entsprechendes von ihm auf seinem eigenen, höheren Niveau verlangt. Ganz im allgemeinen finden Menschen es schwer und oft unmöglich, ein Prinzip, das sie in der Praxis ohne Mühe anwenden, theoretisch zu formulieren. Lehrer und Eltern wissen dies nur zu gut, denn von ihnen wird oft verlangt, daß sie das Wie und Warum eines Verfahrens oder Verhaltens in Worte fassen. Sie wissen, wie die Sache anzufassen ist, aber in abstracto können sie keine Rechenschaft davon geben. Die wissenschaftliche Forschung sieht sich dauernd vor solche Aufgaben gestellt. Im täglichen Leben hält jedermann seinen Körper meisterhaft im Gleichgewicht; man steht sicher auf seinen Füßen, man balanciert auf dem Fahrrad, aber wie man es anstellt, weiß man nicht. Man sieht, daß ein Satz unlogisch gebaut oder daß eine bildnerische oder musikalische Komposition nicht in Ordnung ist; aber dem Schüler klarzumachen, gegen welche Prinzipien seine Arbeit verstößt, will einem nicht gelingen. Ein amerikanischer Flieger steuert seine Maschine 'by the seat of his pants', d. h. nach dem Druck auf den Hosenboden; der deutsche Photograph entwickelt seine Negative 'nach Schnauze'; der italienische Küchenchef kocht der Nase nach, 'a lume di naso'. Solche Meisterschaft lernt und vervollkommnet sich durch praktische Übung und kann auch manchmal von *einer* Art Aufgabe auf eine andre übertragen werden. Um aber das zugrundeliegende Prinzip theoretisch zu extrahieren, muß man fähig sein, die entscheidenden Faktoren herauszugreifen, indem man sie vom Zusammenhang des Gesamtphänomens isoliert. Auch muß man dazu herausbringen, was jeder dieser Faktoren leistet und wieso er seine Wirkung tut.

Gewiß erfordert das Herausschälen zugrundeliegender Prinzipien ein höheres intellektuelles Niveau als ihre bloße Anwendung in der Praxis. Wieviel Bedeutung man aber dieser intellektuellen Fähigkeit zumißt, hängt davon ab, was für Werte und Ziele man hat. Wenn man den Menschenverstand hauptsächlich nach der Fähigkeit, Theoretisches zu formulieren, bewertet, wird man die Hirnverletzten als stärker beeinträchtigt ansehen, als wenn man vorwiegend danach geht, wie intelligent und erfolgreich sie sich benehmen. Das hat nichts mit Pragmatismus zu tun, sondern nur damit, welche Art von geistigem Verhalten man für die produktivste hält. Es fragt sich eben, ob man Menschen, und darunter auch Hirnverletzte, danach beurteilen will, ob sie allgemeine Prinzipien aus ihrem Zusammenhang heraussondern können oder ob sie diese beim Lösen von Aufgaben gescheit, wenn auch nur implizite, anzuwenden wissen.

Es kann einen Menschen sogar hindern, wenn man ihm das seinem Handeln zugrundeliegende Prinzip zum Bewußtsein bringt. Dies kommt beim Lernen häufig vor und kann zu unüberwindlichen Störungen führen. In der Kunsterziehung zum Beispiel kann eine allgemein formulierte Regel, für die man intuitiv noch nicht bereit ist, schädlich wirken. Es ist dies ein Problem allen Wissens. Psychologische Theorien können eines Menschen Feingefühl für das, was in anderen und auch in ihm selber vorgeht, beeinträchtigen. Paul Valéry hat es in seiner ›Introduction à la poétique‹ so ausgedrückt: »Achilles kann die Schildkröte nicht besiegen, wenn er an Raum und Zeit denkt.«

Andrerseits kann man es dadurch zur Meisterschaft bringen, daß man die vorliegenden Grundprinzipien zunächst intellektuell begreift und dann in die intuitiv gelenkte Tätigkeit einschmilzt. Zur berufsmäßigen Ausübung, vor allem in körperlichen Dingen, ist dies zumeist notwendig. Auch nutzt man seine geistigen Anlagen vollständiger aus, wenn man nicht nur intelligent handelt, sondern auch intellektuell versteht, warum man ein bestimmtes Verfahren verwendet und warum es zum Ziel führt.

Der Wissenschaftler vor allem ist Fachmann im Extrahieren von Prinzipien. Doch ist es für unsre Zwecke wesentlich, sich klarzumachen, daß er zu solchen Leistungen nicht vor allem deshalb fähig ist, weil er theoretische Begriffe von dem empirisch Gegebenen abscheiden kann, sondern weil er sie in diesem Gegebenen aufzuspüren weiß. Einen Tatbestand wissenschaftlich verstehen heißt, eine Konfiguration von Kräften finden, mittels welcher sich die wesentlichen Eigenschaften des zu untersuchenden Systems erklären lassen. Ebenso wie das Kompositionsschema eines Werkes der Malerei oder der Architektur nur in Anwendung auf das Werk sinnvoll ist, so erfordert auch das produktive Nachdenken über theoretische Aussagen zumeist einen ständigen Bezug auf die zu erklärenden empirischen Phänomene. Ein einziges wohlbekanntes Beispiel mag hier genügen. Newtons Entdeckung, daß die Schwerkraft eine allgemeine Naturerscheinung sei, war intellektuell eindrucksvoll, weil sich dadurch die Planetenbewegung zu dem berühmten Apfel, der von dem Baum in Woolsthorpe fiel, in Beziehung bringen ließ. Diese Beziehung aber war nur deshalb wirklich wertvoll, weil die Anziehungskraft im Sonnensystem dieselbe Rolle spielt wie für den Apfel. In einem solchen Fall behält die Abstraktion ihren Zusammenhang mit den Vorgängen, aus denen sie abgeleitet ist; sie bewahrt ihre anschaulich feststellbare Gültigkeit. Woraus zu schließen ist, daß es zu den bedeutendsten Abstraktionsleistungen nicht dann kommt, wenn einer sich über den lebendigen Zusammenhang gewandt hinwegsetzt, sondern wenn er fähig ist, das Gleichartige im Ungleichartigen unerschrocken aufzuspüren, dabei aber eine ebenso tiefe Achtung für die Umstände zu bewahren, in denen er diese Gleichheiten entdeckt.

Der Patient, der Fragen über theoretische Begriffe wie *Abstand* nicht beantworten kann, versagt nicht deshalb, weil er unfähig ist, sich von der gegebenen Situation zu befreien – was allerdings trotzdem der Fall sein kann –, sondern vor allem, weil es ihm nicht gelingt, den Allgemeinbegriff des Abstandes *in* dieser Situation aufzufinden. Er kann zwar soweit abstrahieren, daß er die Wurfstärke auf den Abstand des Kastens abstimmt, doch kann er dies nur innerhalb der Tätigkeit selbst. Er kann diese Abstraktion nicht explizite bestimmen, indem er sie aus der Situation heraushebt. Der normale und intellektuell geschulte Mensch ʿsiehtʾ, daß größerer Abstand größeren Aufwand erfordert; der Patient aber, den vielleicht nicht nur seine Hirnverletzung, sondern auch ein Mangel an intellektueller Schulung hindert, kann dies selbe Prinzip zwar anwenden, aber nicht bezeichnen. Werden ihm also die Begriffe *nah* oder *fern* vorgelegt, so erkennt er in ihnen seine praktische Erfahrung nicht wieder. Dennoch ist nicht zu leugnen, daß der Patient sehr wohl weiß, was er tut. Daher kommt man zu schädlichen Fehldeutungen, wenn man, wie Wittgenstein, glaubt: »Aber, es ʿwissenʾ, heißt nur: es beschreiben können.«

Gegen den Strich

Unfähigkeit zur Abstraktion wird auch darin gesehen, daß der Patient Sätze wie »Der Schnee ist schwarz« nicht wiederholen oder nicht »Die Sonne scheint« sagen kann, wenn es regnet. Er kann nicht vormachen, wie man aus einem leeren Glas trinkt, obwohl er aus einem vollen trinken kann. Er kann seinen Namen auf ein Blatt Papier schreiben, aber nicht in die Luft. Bedeutet dies wirklich, daß er nicht abstrahieren kann? Schwarzer Schnee ist keine Abstraktion von weißem Schnee, und das Trinken kann der Patient eben deshalb nicht ausführen, weil er an dem leeren Glas erkennt, daß eine wesentliche Vorbedingung fehlt. Was heißt es denn überhaupt, daß der Patient diese Aufgaben ʿnicht erfüllen kannʾ? Offensichtlich handelt es sich entweder um ein Sich-weigern, oder aber er kann unter den besonderen Umständen nicht tun, was ihm normalerweise keine Schwierigkeiten macht. Was hindert ihn denn? Ist er kognitiv unfähig? Kann er nicht denken? Oder versagt er, weil er etwas nicht tun kann oder tun will, das von der gegebenen Situation nicht verlangt wird oder ihr geradezu widerspricht? Was der Versuchsleiter von ihm will, geht ihm und der Sachlage gegen den Strich.

Trotz dem, was ich über die Haltung eines denkenden Menschen zu seinem Denkgegenstand gesagt habe, mag es scheinen, als ob jemand, der sich von der ihm vorliegenden Situation nicht freimachen kann, schwer behindert ist. Um ein Problem zu lösen, muß man ja in der Lage sein, die sich einem spontan darbietende Struktur einer Sachlage umzuformen. Wahrnehmen besteht im Auffassen wesentlicher Züge; zur Lösung eines Problems aber muß man an dem gegebenen Zustand Beziehungen und Gruppierungen ändern, Auswahlen treffen und Akzente verschieben können, um eine neue Konfiguration zu schaffen, in der sich die Lösung ermöglicht. Es ist durchaus wahrscheinlich, daß diese geistige Freizügigkeit in gewissen Hirnverletzten beschränkt ist. Doch läßt sich das Ausmaß und die Natur dieser krankhaften Beschädigung kaum beurteilen, wenn man dabei nicht im Auge behält, daß auch der Normale von seiner geistigen Unabhängigkeit nur dann Gebrauch macht, wenn die Umstände es erfordern. Die neue, zweckmäßigere Struktur ist keineswegs willkürlich oder sinnlos, sondern wird in der Problemsituation selbst aufgefunden. Das Umstrukturieren beim Problemlösen erfolgt nicht ohne Grund, sondern ist dazu da, von den Gegebenheiten etwas zu erlangen, was sie zunächst nicht bewilligen zu wollen scheinen. Der Psychologe Karl Duncker hat es so formuliert: »Wenn eine Situation eine bestimmte Wahrnehmungsstruktur zeigt und wenn diese Struktur als 'wirklich' und 'lebendig' empfunden wird, kann das Denken eine Gegenstruktur nur gegen den Widerstand der gegebenen durchsetzen.« Im Bewußtsein des Problemlösers übt die Zielvorstellung einen Druck auf die sich darbietende Wahrnehmungsstruktur aus und drängt auf eine Umformung in der für die Lösung notwendigen Richtung. Die Erfordernisse der Zielvorstellung sind es, die das Umformen des Vorliegenden rechtfertigen.

Man hat sich beim Problemlösen also vor allem mit den sich darbietenden Bedingungen zu befassen. In einem der amerikanischen Comic Strips macht sich der Lausbube Dennis the Menace aus den Schubfächern der Kommode, auf die seine Mutter die Keksbüchse gestellt hat, eine Treppe, indem er sie stufenartig herauszieht. Die gewöhnliche Vorstellung, die man von Schubfächern hat, wehrt sich dagegen, daß man diese als eine Stufenfolge sieht, aber die Zielvorstellung (»Ich muß da oben rauf!«) entwickelt den gescheiten Einfall an Hand des potentiell Verfügbaren.

Gewiß kann Umstrukturierung spielerisch sein, etwa wenn Picasso zur Unterhaltung des Filmpublikums einen gezeichneten Fisch in ein Huhn verwandelt. Ähnliches liegt in Witzen und Wortspielen vor. Aber spielen kann man nur dann, wenn man sich in Sicherheit fühlt und wenn die Dinge, mit denen man spielen will, sich nicht ernstlich dagegen auflehnen. Weiterhin kann es zu Umstrukturierungen auch dann kommen, wenn eines Menschen Beziehung zur Wirklichkeit so geschwächt ist, daß von der Struktur und Bedeutung des Wirklichen nur noch die leere Schale übrig bleibt – ein bloßes Oberflächenmuster, das man nach Belieben verformen kann. Diese Art hemmungsloser Freiheit findet sich häufig in den Zeichnungen der Schizophrenen.

Die Hirnverletzten haben offenbar das umgekehrte Problem. Sie können die Forderungen des Gegenwärtigen nicht umgehen. Aber hat dies 'abnorme' Benehmen nicht

AUF FESTEM BODEN

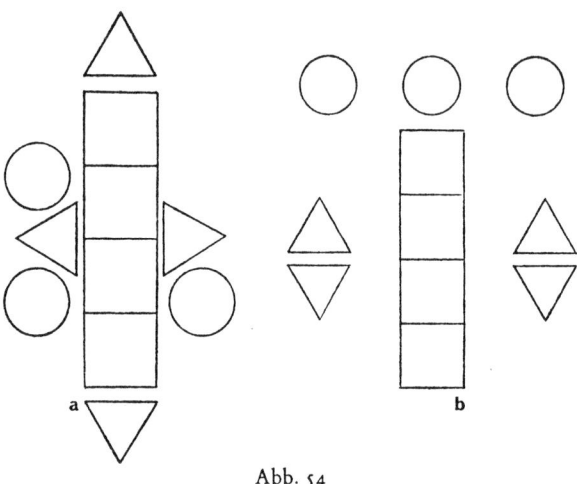

Abb. 54

sehr normale Gründe? Der Psychiater verlangt von dem Patienten, daß er etwas Widersinniges tue: er soll den Schnee schwarz nennen, er soll nicht vorhandenes Wasser trinken oder in die Luft schreiben. Nun ist aber das ärztliche Untersuchungszimmer im Krankenhaus kein Ort für Spielerei, und dem Patienten ist auch kaum nach Spielen zumute. Die angsterregende Schädigung hat bei ihm, wie Goldstein und Scheerer es selbst ausdrücken, »eine gerechtfertigte Katastrophenreaktion« ausgelöst. Wenn man ihn nun bei einer ärztlichen Untersuchung auffordert, etwas Unsinniges zu tun, kann er wohl annehmen, daß damit geprüft werden soll, ob er tatsächlich verrückt ist. Kann man unter solchen Umständen wirklich seine gedankliche Wendigkeit beurteilen? Man fragt sich, wie der gleiche Patient reagieren würde, wenn man etwa zu ihm sagte: »Angenommen Sie wären in einem fremden Land, wo niemand Ihre Sprache spricht: Wie würden Sie da zu verstehen geben, daß Sie durstig sind? Oder daß Sie eine Schere brauchen?« Oder was würde geschehen, wenn man mit den Patienten eine Theatervorstellung ohne Requisiten improvisierte. Sie sitzen um einen Tisch und sollen, ohne Gläser und Bestecke, so tun, als ob sie trinken und essen.

Ich bespreche diese klinischen Deutungen hier so ausführlich, weil sie als tragikomische Beispiele dafür dienen können, was man sich allzu häufig unter typischem und hochgradigem intellektuellem Verhalten vorstellt. Man ist überzeugt davon, daß alles Denken eine Abkehr von der unmittelbaren Erfahrung voraussetzt und will daher einen gut funktionierenden Verstand daran erkennen, daß er sich über die gegebenen Umstände hinwegsetzen kann. Ironischerweise bringt dies den Patienten in die Lage, die Sache der Vernunft gegen widersinnige Zumutungen verteidigen zu müssen. Und nur weil man die Abkehr vom Gegebenen zum Hauptmerkmal des Denkens gemacht hat, bezeichnet man Verhaltungsweisen als 'abstrakt', die mit Abstraktion als Denkmethode nichts gemein haben.

Dieser Einstellung ist es auch zuzuschreiben, daß es den Experimentatoren nicht auffällt, wenn bei ihren Versuchspersonen Beispiele von hochgradigem Umstrukturieren spontan vorkommen. Abb. 54 gibt davon ein Beispiel. Man reicht dem Patienten 48 Figuren: 16 Dreiecke, 16 Quadrate, 16 Kreisscheiben. In jeder Gruppe sind 4 Figuren rot, 4 grün, 4 gelb und 4 blau. Die Anweisung lautet: »Sortieren Sie die Figuren so, wie sie zusammengehören!« oder: »... wie sie sich in Gruppen ordnen lassen«. In einem der Versuche nahm eine Patientin alle roten Figuren und legte sie nach der Art von Abb. 54a zusammen. Dabei zeigte sich, daß die vierte Kreisscheibe fehlte; sie war unter den Tisch gefallen. Daraufhin änderte die Patientin die Anordnung spontan im Sinne der Abb. 54b. Dies ist ein typisches Beispiel von intelligentem Umstrukturieren. Erstens versteht die Patientin das innewohnende Ordnungsprinzip der Figuren, obwohl diese in einem Zufallsgemisch aufgehäuft vor ihr liegen. Sie versteht, daß es da vier Farbgruppen gibt, und daß die rote Gruppe vier Exemplare von jeder Form enthält. Eben diese Abstraktion ermöglicht es ihr festzustellen: Da müßte eine Figur mehr sein! In dieser Zwangslage erfindet sie nun eine vollkommen neue Anordnung, die mit ganz anderen Mustern und Teilbeziehungen ihr Bedürfnis nach Symmetrie befriedigt. Sie bezeugt damit eine durchaus produktive Unabhängigkeit des Denkens, mit der sie sich von der zuerst geschaffenen Struktur wieder freimacht.

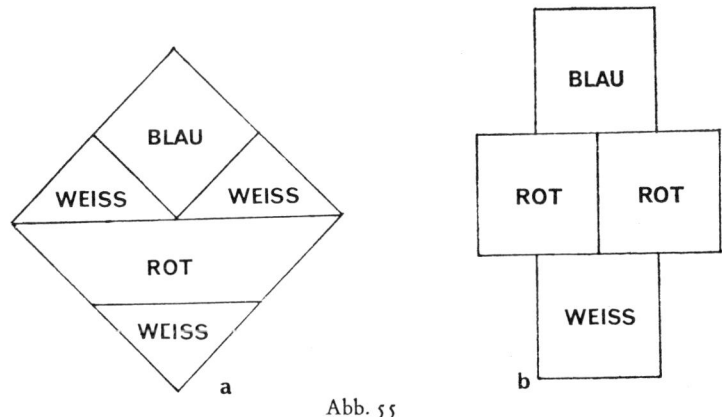

Abb. 55

Die Patientin zerlegt hier ein anschauliches Ganzes in seine Teile, um diese neu zu ordnen – eine Leistung, zu der, nach Goldsteins und Scheerers Angaben, die Hirnverletzten nicht fähig sind. Andrerseits haben die Patienten Schwierigkeiten, wenn sie Figuren wie Abb. 55a mit bunten Steinen kopieren sollen. Die Farbverteilung mag annähernd richtig ausfallen, aber die Formen und Gruppierungen weichen vom Vorbild ab (Abb. 55b). Hierbei stellt die 'falsche' Lösung häufig eine strukturell vereinfachte Abbildung dar – wodurch das relativ komplizierte Vorbild dem visuellen Darstellungsniveau der Person angepaßt ist. Diese Art der Vereinfachung, die uns ja von den Kinderzeichnungen her vertraut ist, beweist nicht notwendigerweise, daß der Patient unfähig war, das Vorbildmuster richtig zu erfassen. Vielmehr handelt es sich dabei um eine Abstraktion, die auf eine relativ elementare Auffassungsstufe, nicht aber auf einen kognitiven Mangel hinweist.

Zu solchen 'unrichtigen' Abbildungen kann es deshalb kommen, weil jemand, der nicht mechanisch genau zu kopieren gelernt hat, eher auf die Allgemeinstruktur des Vorbildes achtet, als es Stück für Stück mechanisch zu imitieren. Gustave Jahoda hat das an Versuchen mit Jugendlichen in Nigeria gezeigt, denen er einige der Goldstein-Scheererschen Legeaufgaben gab. Statt jede Einzelform systematisch nachzulegen, sahen sich die Jungen das Vorbild eine Weile an und konzentrierten sich dann auf die Nachbildung, ohne mehr als einen gelegentlichen, schnellen Blick auf die Vorlage zu werfen.

So geht auch ein Künstler vor, wenn er nicht gerade auf naturalistisch getreue Abbildung aus ist. Es ist wünschenswert und sogar unumgänglich für die intelligente Lösung vieler Aufgaben, daß man sich die Gesamtstruktur der gegebenen Sachlage ansieht, statt sie mechanisch stückhaft durchzugehen. Kunsterzieher versuchen, ihre Schüler davon abzuhalten, daß sie stückhaft abbilden und darüber die Komposition des Ganzen vernachlässigen. Ebenso wesentlich ist das Begreifen der Allgemeinstruktur für die intelligente Beurteilung sozialer Situationen oder die Lösung wissenschaftlicher Probleme. Mechanisches Kopieren kann wünschenswert sein, aber wenn einer unfähig dazu ist oder sich dagegen wehrt, darf man das nicht einfach als ein Versagen betrachten. Vielleicht handelt es sich bei ihm nicht um einen Mangel, sondern um einen durchaus positiven Hang zu spontaner Abstraktion. Die natürliche, ungezwungene Wahrnehmung besteht nicht im systematischen Abtasten aller Einzelheiten. Das Sehen ist kein maschinengesteuerter Kathodenstrahl.

Es besteht durchaus kein Einvernehmen darüber, was unter einer getreuen Kopie zu verstehen ist. In den Goldstein-Scheerer-Versuchen 'versagten' viele Patienten, weil sie auf die Raumlage oder die absolute Größe des Vorbildes nicht achtgaben. Auch hier wieder handelt es sich mehr um eine Tugend als um einen Fehler. Die Fähigkeit, Gegenstandstypen trotz abweichender Lage und Form zu erkennen, ist ja gerade eine positive Leistung, wie wir an den Experimenten über Reiz-Äquivalenz gesehen haben. Von der Größe absehen zu können, ist unentbehrlich, wenn man den gleichen Gegenstand in verschiedener Entfernung oder in verkleinerter oder vergrößerter Abbildung wiedererkennen will. Es gibt zwar Aufgaben, die eine genaue Kontrolle solcher Faktoren verlangen; im allgemeinen aber erfordert intelligentes und nützliches Verhalten keine mechanische Korrektheit. Und wenn der Versuchsleiter nur sagt: »Bitte kopieren Sie diese Vorlage mit diesen Steinen!« so gibt er damit noch keinen Anhalt, was für eine Art von Kopie gemeint ist.

Soll aber andrerseits der Patient Schattierungen einer bestimmten Farbe zusammenlegen und besteht er darauf, daß nur die genau gleiche Farbnuance zugeordnet werden könne, so gilt das als ein Beweis, daß er nicht abstrahieren kann. Warum aber hätte er sich anders verhalten sollen? Nehmen wir einmal an, jemand gäbe uns diese Aufgabe und unser Leben hinge von der richtigen Antwort ab. Der Prüfer legt uns einige Schattierungen von Grün vor und fragt: »Welche von diesen lassen sich mit dieser hier in eine Gruppe ordnen?« oder: »... gehören zu dieser hier?« oder: »... passen zu dieser?« Wir sehen zwar, daß sie alle grün sind, aber da es um Leben und Tod geht, lassen wir uns lieber auf kein Risiko ein und lehnen es ab, zwei Schattierungen zusammenzustellen, wenn sie nicht so gut wie identisch sind. Es ist zwar möglich, daß des Patienten Fähigkeit, Ähnlichkeiten zu sehen und danach zu handeln, wirklich beeinträchtigt war; aber ein Test wie der vorliegende liefert dafür keinen Beweis.

Zu einem sehr aufschlußreichen Problem kam es, wenn den Patienten wiederum eine Anzahl Schattierungen von Grün vorgelegt wurde und die Frage nun lautete: »Gehören alle diese zusammen? Passen sie zueinander?« Einer der Patienten verneint die Frage; er deutet auf eine bestimmte Farbe und sagt: »Grün!«, leugnet aber, daß die anderen mit dieser zusammengestellt werden könnten. Hier gerät die überkommene Methode der Begriffsbildung in Konflikt mit der intuitiven Abstraktion eines 'Typus', wovon weiter oben die Rede war. Der Versuchsleiter wertet nach dem Verfahren der traditionellen Logik aus: jeder Einzelfall, der die Qualität 'grün' besitzt, gehört in die Gattung *Grün*. Der Patient aber sieht, wie jeder andre Mensch, der seinen Augen traut, nicht einfach eine durch eine gemeinsame Eigenschaft verbundene Gruppe von Farbtönen, sondern er sieht ein reines, 'richtiges' Grün und außerdem allerhand Annäherungen. Im Vergleich zu diesem einen wahren Grün – Kretschmers »Glücksfund«! –, d. h. also zu dieser Verkörperung des reinen Typus sind die anderen bläßlichen, gelblichen, bläulichen Farben gar kein richtiges Grün. Der Patient 'versagt' hier also nicht, weil er nicht abstrahieren kann, sondern weil sein Abstraktionsverfahren von dem abweicht, das der Versuchsleiter für das einzig mögliche hält. Keineswegs läßt sich das Versuchsergebnis dahin deuten, daß der Patient die Beziehung zwischen den ihm vorgelegten Farbtönen nicht gesehen habe.

Ins Klassifizieren vernarrt

Zu einer unzweckmäßig beschränkten Auffassung von dem, was unter Abstraktionsfähigkeit zu verstehen sei, kommt es auch, wenn jemand der sogenannten kategorischen Einstellung allzu hohen Tribut zollt. Diese Einstellung hat es mit logischen Klassifikationen zu tun und mit der dazugehörigen theoretischen Terminologie. Es ist dies ein Steckenpferd einer bestimmten intellektuellen Kultur, das nicht dazu benutzt werden sollte, andere, mindestens ebenso produktive Denkverfahren, die glücklicherweise bei uns noch lebendig sind, als minderwertig abzuurteilen. Gute Beispiele kann man in den Auswertungsregeln für den sogenannten Ähnlichkeitstest finden, der eine Unterabteilung des Wechslerschen Intelligenztests bildet. Fragt man einen Prüfling, was Apfelsinen und Bananen gemeinsam haben, so wird er vielleicht nicht darauf verfallen, daß beides Früchte sind, obwohl er im täglichen Leben von dieser gemeinsamen Eigenschaft weiß und sie auch verwendet. Er hat keine Übung darin, sein Wissen in Allgemeinaussagen wie »Früchte sind kein Gemüse« zu kleiden, weil er sie nicht braucht und weil sie begriffliche Termini voraussetzen, die ihm nicht geläufig sind. Auch hier wieder handelt es sich nicht darum, daß der Betreffende die Abstraktionen nicht ausführen kann, sondern daß sie ihm isoliert, außerhalb des Sachzusammenhanges, nicht zur Verfügung stehen.

In anderen Fällen sind die Abstraktionen, auf die der Test abzielt, dem Denken gewisser Menschen in der Tat fremd. Wie soll man sich psychologisch dazu stellen? Eine der Fragen in dem Ähnlichkeitstest lautet: »Was haben Holz und Alkohol gemeinsam?« Die Auswertungsvorschriften verlangen, daß wenn jemand darauf antwortet: »Both knock you out« (»Beide legen einen um«), dies ihm als ein voller Versager anzukreiden ist. Nun ist diese Antwort aber zweifellos gescheit. Sie zeigt, daß da ein geistesgegenwärtiger und witziger Mensch an zwei nicht offensichtlich ähnlichen Dingen eine schlagende Parallele entdeckt hat. Im täglichen Leben würde man anerkennend schmunzeln. Wenn er trotzdem in dem Test eine schlechte Note dafür bekommt, so erklärt sich das daraus, daß der Test für die Bewertung die logischen Kategorien wissenschaftlicher Klassifizierungen zugrunde legt. Das läßt sich verteidigen, wenn man mittels der Prüfung feststellen will, ob jemand der im akademischen Betrieb erforderten Logik gewachsen ist. Handelt es sich aber darum, ob er eine produktive Intelligenz besitzt, so ist die Testauswertung irreführend. Als wünschenswerte und gute Antwort wird da zitiert: »Holz und Alkohol sind beides organische Substanzen« oder: »Sie bestehen beide aus Kohlenwasserstoff«. Gewiß schürfen diese Antworten tiefer; doch ist dabei zu bedenken, daß nur ein gründlich gebildeter Mensch über das Tatsachenwissen verfügt, das diese Angaben sinnvoll macht. Das logische Klassifizieren unter Oberbegriffe, auf das in unserem Erziehungswesen die Schulung des Intellekts so vorwiegend eingestellt ist, gehört nun aber gar nicht zur Hauptaufgabe des Wissenschaftlers, sondern ist nur ein Seitenertrag seiner Arbeit. Die Einteilung der Tiere in Säugetiere, Vögel, Amphibien usw. ist nur der Niederschlag von Entdeckungen, die erstaunliche funktionelle Ähnlichkeiten in äußerlich sehr verschiedenen Tierarten enthüllten. Diese Entdeckungen sind im Bewußtsein eines Naturforschers lebendig, wenn er das Linnésche Einteilungssystem anwendet; für den Durchschnittsmenschen aber sind sie nur Namenzettel, und ob er sie zu verwenden weiß oder nicht, besagt wenig für sein Denken.

Wenn sich jemand seine Abstraktionen spontan aus einem Tatsachengebiet holt, das für ihn wirklichen Erfahrungsgehalt hat, so gereicht das doch wohl seinem Denken zum Nutzen. Als eine von Goldstein-Scheerers Patientinnen Tiernamen aufzählen sollte, tat sie das in der Reihenfolge, in der die Käfige im Zoo ihrer Heimatstadt angeordnet waren. Gewiß klammerte sie sich hier an einen 'konkreten' Einzelfall; doch kann man ihr Verhalten nur dann zutreffend bewerten, wenn man berücksichtigt, daß sie damit in durchaus intelligenter Weise ihre Abstraktion auf das einzige ihr wirklich bekannte Ordnungssystem für Tiergattungen stützte. So steht es auch, wenn man jemanden fragt, welche Farben in einer Gruppe von Proben 'zusammengehören'. Seinem eigenen Bildungsgang nach mag diese Aufgabe nichts mit optischen Kategorien zu tun haben. Statt alle grünen und alle roten Töne zusammenzulegen, legte eine der Patientinnen – und hier ist zu berücksichtigen, daß die Versuche mit farbigen Wollproben angestellt wurden – nach sorgfältiger Überlegung ein kräftiges Grün mit einem Dunkelblau und Weiß zusammen und ein gesättigtes Gelb mit einem Dunkelbraun und Dunkelgelb. Dazu erklärte sie: »Das ist eine Strickjacke und ein Rock, und dies ist eine Bluse«. Ob ihr Kriterium dafür, was zusammengehört, niedriger zu bewerten ist als das Gruppieren nach gemeinsamen Merkmalen, darüber läßt sich gewiß streiten; außer wenn man dem Herumhantieren mit logischen Beziehungen automatisch den Vorzug gibt gegenüber einer Denkweise, die sich einen festen Boden in der Erfahrung sucht.

Die vorstehenden Überlegungen stützen sich hauptsächlich auf recht spezialisiertes klinisches Forschungsmaterial. Dennoch spiegelt sich darin ein theoretisches Vorurteil, das auch heute noch unter Psychologen und Erziehern allzu verbreitet ist. Es ist ihnen gewiß bekannt, daß der menschliche Geist seine Denkfähigkeiten entwickelt, indem er sinnlich gegebene Situationen meistert; sie wissen auch, daß die 'abstrakten' Begriffe der akademischen Spielart Spätprodukte ganz bestimmter Kulturumstände sind. Und dennoch neigen sie dazu anzunehmen, daß wenn diese Sonderart von Begriffen bei jemandem nicht vorzufinden ist, abstraktes Denken auch im weiteren und wichtigeren Sinne fehlt. Daher stammt der Glaube, daß bei den 'Primitiven', oder besser: bei den Naturvölkern, abstraktes Denken nicht zu finden ist. John Locke behauptet an einer Stelle, daß von Kindern und Wilden keine »abstrakten Maximen« zu erwarten sind:

»*In den Hütten der Indianer hört man solche allgemeinen Sätze selten: noch weniger findet man sie im Denken von Kindern, und im natürlichen Menschen gibt es kaum Spuren davon. Vielmehr handelt es sich hier um die Sprache und das Geschäft der Schulen und Akademien in gebildeten Nationen, die an diese Art von Gesprächen und an das Lernen durch Diskutieren gewöhnt sind; denn solche Maximen eignen sich für kunstvolle Beweisführung und fürs Überzeugen, nützen aber wenig zur Entdeckung der Wahrheit und zum Fortschritt des Wissens.*«

Ganz abgesehen von Lockes Ansichten über das Denken der Naturmenschen, wußte er doch, wie beschränkt der Wert der Verstandesoperationen war, die ihnen, seiner Meinung nach, abgingen. Damit half er, eine Umwertung vorauszunehmen, mit der es aber selbst heute noch nur langsam vorwärts geht. Denkweisen, die von der unseren verschieden, aber nicht notwendigerweise geringwertiger sind, werden leicht als Folgen kultureller Rückständigkeit abgetan. Oft werden sie sogar einem Mangel an natürlicher Anlage zugeschrieben. Betrachtet man aber die Frühstufen intellektueller Entwicklung unvoreingenommen, so trifft man auf eine geistige Haltung, die wir zu unserm Schaden in uns selber vernachlässigen.

Lebensnahes Denken

In unserm eignen Lebenskreis finden sich bei Menschen von geringer Schulbildung oft Denkweisen, die Frank Riessman, in einer Arbeit über den »Stil« des sogenannten »vernachlässigten« Kindes, charakterisiert hat. Solche Kinder, sagt er, sind

1. Körperlich und visuell, statt akustisch.
2. Auf Inhalt, statt auf Form eingestellt.
3. Nach außen, statt nach innen gewandt.
4. Auf Probleme, statt auf Abstraktes eingestellt.
5. Induktiv, statt deduktiv.
6. Räumlich, statt zeitlich.
7. Langsam, sorgfältig, geduldig, ausdauernd (auf ihnen wichtigen Gebieten), statt rasch, gescheit, beweglich, anpassungsfähig.

Hier ist allerdings weder von den geistig verkrüppelten Kindern der großstädtischen Elendsviertel, noch von der Verdummung im vorstädtischen Villenleben die Rede, denn diesen Kindern fehlen die oben beschriebenen Eigenschaften häufig. Sie sind nicht neugierig und nicht regsam, sie können sich nicht konzentrieren und sind unfähig, ihre Gedanken und Gefühle spontan auszudrücken. Von ihnen wird weiter unten kurz die Rede sein. Zunächst aber handelt es sich hier um Menschen, die kognitiv und auch motivationsmäßig zureichend ausgestattet, die aber insofern vernachlässigt sind, als ihnen die Vorbildung fehlt, die sie nötig hätten, um es in der Schule, in Intelligenztests und in gewissen typisch großstädtischen Berufsfächern zu etwas zu bringen.

Zum Teil handelt es sich um sprachliche Schwierigkeiten. Der Wortschatz und auch die Satzformen der Sprache, die vom gebildeten Mittelstand und daher auch in den Schulen gepflegt wird, beziehen sich auf Gegenstände, Gebräuche, Einrichtungen und Denkoperationen, die den 'niederen' Klassen fremd sind. Allison Davis hat darauf hingewiesen, daß so mancher Prüfling in Intelligenztests nichts mit den sogenannten Analogien anzufangen weiß, weil Ausdrücke wie: »... verhält sich zu ... wie ...« (»Laut verhält sich zu Ton wie hell zu ...?«) ihm unverständlich sind. Er hat verspielt, noch ehe er beginnt. Trotzdem aber

»benutzen fast alle allgemeinen Intelligenztests hauptsächlich zwei Arten von sprachlichen Aufgaben als die schwersten, mittels derer sie die mittelmäßigen und durchschnittlichen Schüler von den hervorragenden zu unterscheiden suchen. Diese zwei beruhen (1) auf sprachlichen Beziehungen und komplizierten akademischen Begriffen (wie sprachliche 'Analogien' oder 'Gegensätze' oder 'Syllogismen') und (2) auf selten gebrauchten Wörtern (wie sie in Wortschatzprüfungen und 'Definitionen' oft vorkommen).

Solche sprachlichen Schwierigkeiten sind in der Praxis oft entscheidend, doch gehen sie uns hier nur soweit an, als sie Unterschiede im Denken widerspiegeln. Darüber hinaus aber kommen wir zum eigentlichen Kern des Problems, wenn wir in der Fachliteratur lesen: »Was alle Intelligenztests messen, ist die Fähigkeit, mit Symbolen umzugehen. Je intelligenter ein Mensch, um so komplexer und abstrakter können diese Symbole sein.« Der Ausdruck *Symbol* kann vielerlei bedeuten. In einem früheren Kapitel war hier von Symbolen die Rede, in denen Wahrnehmung und Begriff sich vereinen. In Aussagen wie der eben zitierten wird unter Symbol aber genau das Gegenteil verstanden, nämlich ein von der unmittelbaren Sinneserfahrung abgetrenntes Gedankending. Ein weiteres Zitat mag dies belegen: »Der Mittelstand hat es für seinen Lebensunterhalt hauptsächlich mit Symbolen zu tun, der Arbeiterstand dagegen mit Dingen.« Man braucht die beiden Feststellungen nur zusammenzustellen, und schon folgt daraus, daß Intelligenz ein Vorrecht des Mittelstandes ist.

Im heute üblichen Wortgebrauch bezieht sich das Wort *Symbol* unterschiedslos auf den ganzen Bereich von Abbildern und Zeichen. Es verleiht den mechanischsten und indirektesten Beziehungen zwischen Bezeichner und Bezeichnetem eine unverdiente Würde, die nur der produktivsten Art wirklichen Bedeutens zukommt. Was die obige Aussage tatsächlich meint, ist, daß etwa die Hälfte der Bevölkerung, Geschäftsleute und Büroangestellte, Lehrer, Rechtsanwälte, Beamte und Verkäufer ihre Arbeitszeit mit bloßen Hinweisen auf wirkliche Gegenstände, wirkliche Erzeugnisse, wirkliche Handwerksleistungen zubringen, statt diese Dinge selber zu erzeugen oder anzuwenden. Die Mittelbarkeit dieser Beziehung führt leicht zu einer teilweisen oder vollständigen Entfremdung von den wirklichen Objekten der Tätigkeit. Die Verkäuferin mag die Ware zwar in ihren Händen halten, in ihr aber nur ein Mittel sehen, mit dem sich ein Verkauf tätigen läßt. Ein Anwalt mag bei einer bestimmten Rechtssache nichts andres im Sinn haben als das rein formelle Problem, wie man sich am günstigsten auf die vorliegenden Präzedenzfälle beziehen könne. Der Lehrer kann über dem Lehrmaterial vergessen, was für eine Wirklichkeit dahinter steht. Zu solcher schädlichen Abtrennung kommt es leicht, wenn einer nur mit Dingen zu tun hat, die andre Dinge vertreten. Es ist eine Krankheitserscheinung, die aber der höchsten Stufe menschlicher Intelligenz gleichgesetzt wird, wenn man unter Abstraktion die Abkehr von der unmittelbaren Erfahrung versteht.

Wird also behauptet, daß Kinder, Ungebildete und Menschen auf frühen Kulturstufen Schwierigkeiten mit 'Symbolen' haben, so muß man sich sorgfältig erkundigen, was darunter zu verstehen sei. Sind sie unfähig, abstrakt zu denken? Oder sind sie unfähig oder nicht gewillt, sich auf eine Denktätigkeit einzulassen, die keine handgreiflich vorliegende Aufgabe betrifft? Im ersten Falle wären sie unfähig zu intelligentem Verhalten; im zweiten Fall handelt es sich um eine Hemmung, bei der zu berücksichtigen ist, daß wenn einer sich weigert, Dinge außerhalb ihres Zusammenhanges zu behandeln, Vieles zu seinen Gunsten spricht.

Wiederum in der Fachliteratur lesen wir, daß es »zwei Ausdrucksstile« gibt, den motorischen und den begrifflichen; oder daß die Kinder der unteren Gesellschaftsklassen auf Gegenstände eingestellt sind, die Mittelstandskinder aber auf Ideen. An solchen Unterscheidungen mag etwas sein; doch darf man nicht vergessen, daß die beiden Haltungen einander nicht ausschließen. Wird von dem motorischen Typ etwa gesagt, daß er »besonders viel Gebrauch von den willkürlich innervierten und vor allem den großen Muskeln des Körpers« macht, so heißt das durchaus nicht unbedingt, daß er mit seinem Körper, statt mit seinem Geist arbeitet. Er mag durchaus kein hirnloser Athlet sein, sondern ein Mensch, dessen bestes Denken in seine Tätigkeit eingeht, ob diese nun schwergewichtig wie die eines Handarbeiters oder delikat wie die eines Uhrmachers ist. Worauf es hier ankommt ist nicht, daß er lieber mit seinem Körper als mit Ideen arbeitet, sondern wie er seinen Körper gebraucht. Ein motorischer Mensch muß zugleich auch auf Wahrnehmung eingestellt sein, denn um auf die Welt einzuwirken, muß er ja verstehen, was um ihn vorgeht. Die Weite und Tiefe seiner Wahrnehmung bestimmt das Intelligenzniveau seiner Tätigkeit. Offensichtlich können motorische Menschen wie Chirurgen, Mechaniker oder Bildhauer ihre Arbeit auf der allerhöchsten Intelligenzstufe verrichten; und andrerseits kann sich einer mit nichts als Ideen befassen und doch gegen betrüblichen Stumpfsinn nicht immun sein.

Hier ist auch darauf hinzuweisen, wie wichtig das tätige Handhaben für alle Arten von Problemlösen ist, ganz gleich ob es wirklich körperlich ausgeführt oder nur in der Vorstellung ausprobiert wird. Im produktiven Denken versucht man oft, ob ein System funktioniert oder ob eine Lösung richtig ist. In körperlicher Verwirklichung führt dies zu motorischer Tätigkeit. Der Psychologe E. Paul Torrance hat in einer Arbeit über die Rolle physischer Tätigkeit im schöpferischen Denken auf Untersuchungen hingewiesen, wonach bei Erfindern der Hang zum Handhaben die Findigkeit fördert. In seinen eigenen Versuchen an Kindern fand Torrance »einen verläßlichen Zusammenhang zwischen physischem Handhaben als einem Anreiz zu schöpferischem Denken und Einfällen einerseits und der Anzahl und Qualität der Reaktionen andrerseits«. Wenn das Kind sich motorisch verhält, hantiert es mit Ideen.

Bei der Erziehung von Menschen, die am besten in körperlicher Tätigkeit funktionieren, kann es sich nicht darum handeln, physische durch geistige Tätigkeit zu ersetzen. Riessman berichtet von den 'vernachlässigten' Kindern, daß sie keine Abneigung gegen abstraktes Denken haben; sie gehen nur anders dabei vor. »Für sie muß das Abstrakte dauernd und eng mit dem Unmittelbaren, Sinnlichen, Aktuellen verknüpft sein.« Sobald sie sich ein Gefühl für weitgreifende Verallgemeinerungen verschaffen, wie sie sich aus der praktischen Erfahrung ableiten lassen, erkennen sie bis zu einem gewissen Grade auch rein abstrakte Formulierungen an. Unter diesen Umständen mag es allerdings einigen Zweifel erregen, wenn Riessman behauptet, daß Lernmaschinen für solche Kinder besonders geeignet sein könnten, weil diese Kinder motorisch lernen und eine Vorliebe für Technisches haben. Man kann zwar allerlei Gerät als Lockmittel verwenden, aber wenn sich der programmierte Unterricht auf formelle Denkoperationen bezieht, die dem Kinde fremd sind, so wird sich auf die Dauer der Reiz am

Herumfingern kaum in Lernbegierigkeit umsetzen, und das Lehrverfahren wird der geistigen Einstellung des Kindes nicht entgegenkommen.

Neuerdings haben sich viele Erzieher davon überzeugt, daß Kinder eine Vielfalt von Gegenständen um sich haben müssen, deren Form, Größe und Farbe anschaulich klar ist. Jede prägnante Erscheinung ist ein Vermittler von Wahrnehmungsprinzipien, und Wahrnehmungsformen legen die Grundsteine des Denkens. Auch die Grundprinzipien von Vorgängen, etwa die Beziehung zwischen Ursache und Wirkung, müssen einfach und eindrucksvoll vorgeführt werden. Man glaubt manchmal, daß Kinder, die in einer wesentlich 'praktisch' eingestellten Umgebung aufwachsen, dadurch automatisch Gelegenheit zum Lernen haben, auch wenn sie ohne brauchbare Spielsachen sind. Das mag auch zutreffen, wenn die Kinder auf dem Lande leben oder sich in der väterlichen Werkstatt oder im Laden aufhalten dürfen. In den Elendsvierteln der Großstädte ist aber davon typisch keine Rede. Martin Deutsch hat darauf hingewiesen, daß die überfüllten Wohnungen und wimmelnden, verkommenen Straßen der Anschauung des Kindes in Wirklichkeit sehr wenig bieten. »Bilder an der Wand sind selten, und was sich im Haushalt an Spielzeug, Möbeln oder Geräten findet, ist im allgemeinen dürftig, einförmig und ohne formalen oder farbigen Reiz.« Hingegen genießt das Mittelstandskind von Geburt an den Reichtum von Sinneserlebnissen, der für alle geistige Entwicklung unentbehrlich ist. Schon früh stehen ihm meistens die erfinderischen, reizvollen, aber teuren Spielsachen zur Verfügung, womit die praktischen Tätigkeiten des Bauens, Balancierens, Zusammenstellens und Aneinanderpassens auf schön geformte und farbige Gegenstände angewendet werden und geometrische Einfachheit sich in haltbarem Material darbietet, zum Unterschied von den dürftigen und visuell unbegreiflichen Kunststoff- oder Blechimitationen von Wagen, Geräten oder menschlichen Figuren, wie sie die Massenproduktion billig auf den Markt wirft. Die ärmliche und verworrene Sinnesumgebung züchtet einen ärmlichen und verworrenen Geisteszustand. In den Volksschulen sind solche Kinder, zumindest am Anfang, ihren Altersgenossen nicht nur an Sprache und Begriffsbildung unterlegen, sondern auch an manueller Geschicklichkeit und anschaulichem Begreifen. Diese Verkrüppelung ist um so tragischer, als sie das Fundament des Denkens untergräbt.

Es ist kaum nötig, noch ausdrücklich darauf hinzuweisen, daß das ans Gegenständliche gebundene Denken nicht nur bei bildungsmäßig oder sozial verkümmerten Menschen vorkommt, sondern ein durchaus positiver Erkenntnistyp ist, der sich auch unter sehr günstigen Bedingungen findet. Es sei mir gestattet, hier aus einem Aufsatz über das Psychologiestudium zu zitieren, in dem ich zwei Studententypen gegeneinanderstellte: einen, dem es im wesentlichen um greifbare, lebensnahe Erfahrungen geht, und einen andren, der mit abstrakten Allgemeinbegriffen hantiert.

»Das eine Extrem findet man bei Studenten und Studentinnen, die sich gern mit Kindern beschäftigen, Tiere beobachten, Gerichtsverhandlungen beiwohnen oder Umfragen in der Nachbarschaft abhalten. Sie haben oft ein natürliches Feingefühl für Menschen. Aber es wird ihnen unbehaglich zumute, wenn man sie auffordert, verallge-

meinernde Folgerungen zu ziehen oder eine Theorie mit einer anderen zu vergleichen oder die Gültigkeit eines Beweises zu erwägen. Sie behandeln wissenschaftliche Begriffe mit spitzen Fingern oder aber gänzlich unbekümmert und verleihen ihnen ein seltsam poetisches Aroma. Fordert man sie auf, den bedingten Reflex zu definieren, so sagen sie: »*Sie hatten einen Hund auf dem Tisch, und sie machten eine ungefährliche Operation an seinem Unterkiefer, so daß sie die Speicheltropfen zählen konnten, und dann läuteten sie eine Glocke* ...

Auf der anderen Seite sind die gescheiten Begriffsakrobaten. Sie verlieben sich in Fachausdrücke und entdecken blitzschnell Querverbindungen zwischen Ideen, die aus recht verschiedenen Gebieten stammen. Doch sind ihre blendenden Kurzschlüsse oft rein formal und daher unproduktiv. Fern von den Tatsachen, auf die sie sich beziehen, treiben die Begriffe dahin und vermischen sich nach Belieben. Bei ausführlich dargestelltem Belegmaterial werden solche Studenten ungeduldig: 'Wozu muß er alle diese Einzelfakten aufzählen, wo der Hauptgedanke doch schon auf der ersten Seite klar war?'«

Dies sind natürlich einseitige Extremtypen. Dem Lehrer mag der eine Typ persönlich besser liegen als der andre, aber gewiß wird hier nicht behauptet, daß der erstere weniger vielversprechend sei als der letztere. So mancher Erzieher mag sich beim Lesen von Riessmans sieben Kennzeichen des vernachlässigten Kindes gestehen, daß der entsprechende Charaktertyp bei Studenten zwar beträchtliche Anforderungen an den Lehrer stellt, ihm zugleich aber auch als besonders der Mühe wert erscheinen kann. In der Tat erwähnt Riessman, kurz nachdem er jene Eigenschaftsliste bringt, daß nach Angaben eines anderen Psychologen, Irving Taylor, ein ähnlicher Typ bei besonders schöpferischen Menschen zu finden sei.

Diese Ähnlichkeit ist nicht zufällig. Weiter unten werde ich an Beispielen zu zeigen versuchen, mit welcher Intelligenz große Künstler visuelle Probleme angreifen. Zwar kann die Wendigkeit eines schnellen Verstandes ihre Vorteile haben, doch hält sich die Intelligenz eines solchen Künstlers häufiger an das, was das Auge langsam und intensiv in sich aufnimmt, wenn es das in Arbeit befindliche Werk oder die Umwelt betrachtet. Auch beim wirklich produktiven Denker und Wissenschaftler ist das so: die großen Gedanken entspringen der unermüdlichen Zuwendung zu der Sinneswelt.

Unser Erziehungssystem, einschließlich der Intelligenztests, läßt nicht nur die wirtschaftlich und sozial Minderbemittelten, sondern auch die besonders Begabten zu kurz kommen. Gerade den Menschen, die zu großen Leistungen in Kunst und Wissenschaft fähig sind, fällt das Formalwissen, auf dem unser Lehrbetrieb so vielfach besteht, häufig besonders schwer, und sie lehnen sich besonders hartnäckig dagegen auf. Jätet unser Schul- und Universitätsbetrieb vielleicht die produktivsten Köpfe aus oder hemmt er sie doch zumindest? Die statistische Korrelation zwischen Intelligenztests und schöpferischer Begabung hat sich bisher als sehr niedrig erwiesen, und die geistig regsameren Kinder fallen ihren Lehrern und Mitschülern häufig auf die Nerven und behindern den ordentlichen Unterricht. Das sind bedenkliche Anzeichen.

12 Das Denken mit reinen Formen

Die Beziehungen zwischen Begriffen und den Tatsachen, auf die sich die Begriffe beziehen, müssen sinnvoll geregelt werden. Um allgemein genug zu sein, müssen die Begriffe über die Sondereigenschaften der ihnen zugrundeliegenden Erfahrungen hinausgehen. Trotz ihrer Abstraktheit müssen sie aber die wesentlichen Züge der Bezugsdinge ständig widerspiegeln. Diese Pflicht wird leicht vernachlässigt, wenn Begriffe die Bezugsdinge nicht direkt veranschaulichen, sondern sie durch Abbilder abstrakterer Art ersetzen. Das gilt vor allem von Zahlen und vielfach auch von wissenschaftlichen und philosophischen Theorien. Die Begriffe geben dabei ihre Anschaulichkeit nicht auf, aber sie verwenden Abbilder allgemeineren Charakters. Diese sollen hier als 'reine Formen' bezeichnet werden. Sie haben den Vorteil der Einfachheit, doch besitzen sie auch besondre Eigenschaften, die bei den Tatsachen, auf die sich die Begriffe im letzten beziehen, nicht notwendig anzutreffen sind. Mathematische Begriffe, zum Beispiel, lassen sich ganz ohne Bezug auf praktische Situationen verwenden. Es fragt sich also, welche Art Anschauungsmodell ihnen auf diesem höheren Abstraktionsniveau am besten liegt. Auch steht zu erwarten, daß solche Begriffe zur Vernachlässigung von Eigenarten neigen, die für räumliche und quantitative Beziehungen unter bestimmten Kulturbedingungen lebenswichtig sind. Von diesen soll hier zuerst die Rede sein.

Lebendige Zahlen

Wenn man eine Situation auf Grund der rein quantitativen Daten behandelt, die sie enthält, kann es zu gedankenlosem und unzweckmäßigem Verhalten kommen. Will man zum Beispiel feststellen, wie viele Menschen sich an einer bestimmten Örtlichkeit unterbringen lassen, so genügt es oft nicht, nur einfach die Zahl der Plätze zu berücksichtigen. Oder etwa: zwei Halbtagslehrer sind nicht dasselbe wie ein Ganztagslehrer. Eine Arbeitszeit von acht Uhr morgens bis zwei Uhr nachmittags ist nicht dasselbe wie die von zwei bis acht. Die vierte Dimension verhält sich zur dritten nicht wie die dritte zur zweiten.

Max Wertheimer hat in einer Arbeit über die Zahlen und Zahlengebilde bei Naturvölkern gezeigt, wie sich die Quantitäten der reinen Arithmetik von denen in der praktischen Erfahrung unterscheiden. Eine Familie, eine Mannschaft oder eine Herde ist keine bloße Summe, in der jedes Einzelglied an die Stelle jedes andern treten kann oder die sich bloß der Menge nach ändert, wenn Mitglieder weggenommen oder hinzugefügt werden. Jedes Mitglied hat seine besondere Rolle im Ganzen. Diese Rolle ändert sich, wenn der Gesamtbestand der Gruppe sich ändert, und zwar je nachdem, wer ausfällt oder neu hinzukommt. Jeder zahlenmäßige Wechsel ändert also die Struktur der Gruppe. Die Gleichung $5 - 1 = 4$ bedeutet Verschiedenes, wenn in einer Familie der Vater stirbt und in einer anderen ein Säugling.

Ein Paar (Schuhe oder Augen oder Brautleute) ist nicht einfach eine Zweiheit, sondern eine symmetrische Struktur, die beschädigt wird, wenn die Zahl sich vermindert, und die untergeht, wenn sich die Zahl vermehrt. Ein Gesicht mit drei Augen hat nicht einfach ein Auge mehr. Ein Pferd + 1 Pferd = 2 Pferde; 1 Mann + 1 Mann = 2 Männer; aber 1 Pferd + 1 Mann = ein Berittener. In manchen 'primitiven' Sprachen kann man das Wort *Mutter* nicht im Plural verwenden. Es kann nur eine Mutter geben; zwei Mütter bilden keine Summe. Ebenso ist es unter bestimmten Bedingungen unmöglich, Ungleichartiges zusammenzuzählen: meine zwei Kinder und seine drei Kinder machen nicht fünf.

Besonders auf den Frühstufen des Erkennens erfaßt das Bewußtsein Quantitäten in ihrer natürlichen Beziehung zum praktischen Zusammenhang. Empfiehlt es sich also, Schulkinder der Unterklassen in die Mathematik der Mengenlehre einzuführen, indem man ihnen versichert, daß unzusammengehörige Elemente jeder Art zu einer Menge vereinigt werden können? Zum Beispiel wird in dem vom Educational Research Council des Schulbezirks Cleveland herausgegebenen Leitfaden für die Lehrer in den Unterklassen betont, daß »die Schlacht von Waterloo, die Sonne und die Zahl Zweiunddreißig« eine durchaus annehmbare Menge bilden. Edwina Deans sagt in einer Broschüre über die Mathematik im Elementarunterricht:

»*Eine 'Menge' ist eine zureichend definierte Gruppe von Elementen, die einander nicht notwendig irgendwie gleichen; zum Beispiel, ein Dreieck, ein Quadrat und ein Kreis; und ein Luftballon, eine Karre und ein Springseil. Die Elemente der einen Menge können zu denen der anderen in Einzelbeziehung gesetzt werden. Das Dreieck kann dem Ballon, das Quadrat der Karre, und der Kreis dem Springseil zugeordnet werden, um zu zeigen, daß es sich um äquivalente Mengen handelt. Beide haben die gleiche Kardinalmenge.*«

Es mag stimmen, daß sich die reine Quantität am schlagendsten illustrieren läßt, wenn man Dinge zusammenstellt, die nichts miteinander gemeinsam haben als die Quantität. In den eben zitierten Beispielen gibt man den Kindern aber keine reinen Quantitäten; diese würden ihnen, wie sogleich zu zeigen sein wird, keine Schwierigkeiten bereiten. Vielmehr sind in diesen Mengen die Beziehungen des täglichen Lebens nicht abwesend, sondern gröblich verunglimpft; sie haben für den Erwachsenen das surrealistische Aroma, das man von Lautréamonts berühmtem Ausspruch her kennt: »Beaux comme la rencontre fortuite d'un parapluie et d'une machine à coudre sur une table de dissection« (Schön wie die zufällige Begegnung eines Regenschirms und einer Nähmaschine auf einem Sektionstisch). Auch hier wieder ist die Tendenz am Werk, Abstraktion zu definieren als die Fähigkeit, die natürliche Ordnung der Dinge zu verletzen. Sind die Folgen erzieherisch harmlos? Das Kind erfährt aus dem Munde einer Autorität, nämlich seines Lehrers, daß die natürlichen Bande und Bedeutungen des täglichen Lebens keine Achtung verdienen. Es mag sein, daß systematische Entfremdungsübungen in den ersten Schuljahren die Kinder auf den Geist der höheren Mathematik vorbereiten, mit der sie sich in einer noch fernen Zukunft, vielleicht, befassen werden; doch wird dadurch das Zusammenwirken von Schule und Außenwelt nicht gerade gefördert.

Der Widersinn reiner Quantitätsbeziehungen kann künstlerisch reizvoll sein. Ich übersetze hier eine Stelle aus Jacques Préverts Gedicht ›Inventaire‹:

zwei katholische Schwestern drei Dimensionen zwölf Apostel tausendundeine Nacht zweiunddreißig Stellungen sechs Erdteile fünf Kardinalpunkte zehn Jahre guter und treuer Dienstleistungen sieben Todsünden zwei Finger an der Hand zehn Tropfen vor jeder Mahlzeit dreißig Tage Gefängnis wovon fünfzehn in Einzelhaft fünf Minuten Pause.

Im praktischen Leben richtet sich die Anzahl von Menschen oder Dingen üblicherweise nach dem angestrebten Zweck. Für einen gepflegten Haushalt gilt von jeher, daß die Zahl der Gäste bei einer Abendgesellschaft kleiner sein soll als die der Musen, aber größer als die der Grazien. Auch im Kunstwerk ist die Anzahl nicht willkürlich. Eine Sonate in drei Sätzen oder eine Tempelfassade mit sieben Säulen hat ein Mittelstück, wie es das bei einer geraden Zahl von Teilen nicht gibt. Je ein Heiliger zu beiden Seiten der Madonna bildet eine formale Gruppe, in der sich das hierarchische Prinzip veranschaulicht, während eine ungerade Anzahl von Begleitfiguren mehr den Eindruck einer alltäglichen Ansammlung macht. Die Silbenzahl 5-7-5 im dreizeiligen japanischen Haiku macht die zweite Zeile zur Mittelachse einer Symmetrie und schafft zugleich auch eine offenere und mehr dynamische Klangstruktur, als bei Zeilen mit gerader Silbenzahl der Fall wäre. Die Märchen, in denen der jüngste Sohn der erfolgreiche ist, haben immer drei Brüder, denn das sich wiederholende Verhalten der beiden älteren ist die Mindestzahl, die nötig ist, um zu zeigen, wie sich der Durchschnitt benimmt, von dem sich der Held als Ausnahmefigur abhebt. Vier Brüder wären überzählig. Zwei würden eine geschlossene, symmetrische Gruppe bilden, in der Gut und Böse, Dumm und Gescheit einander als Dualitäten die Waage halten würden. König Lear braucht drei Töchter, nicht mehr und nicht weniger; und die Dreieinigkeit braucht drei Elemente, um ein Ineinander und nicht einen Gegensatz zu veranschaulichen.

Solche Beispiele zeigen, daß, wenn Menschen die quantitativen Aspekte von Situationen nicht als bloße Zahlen behandeln wollen oder können, sie nicht einfach rückständig sind. Es gibt zu viele Fälle, in denen man bloße Anzahlen nicht ungestraft ohne Rücksicht auf ihre Rolle und Funktion im ganzen behandeln kann.

DAS DENKEN MIT REINEN FORMEN

Die Wahrnehmung von Mengen

Zahlen sind eine verhältnismäßig späte Errungenschaft des Geistes, und sie sind nicht immer am besten geeignet, Gegenstände oder andere Situationen zu beschreiben, bei denen es um Quantitatives geht. Elementarer als das Zählen ist das wahrnehmungsmäßige Erfassen von Gruppen, und dieses ist für gewisse Zwecke nach wie vor das beste Verfahren. Einem Maler mag es nie einfallen, die Figuren oder Formen in einem seiner Bilder zu zählen; wieviele er braucht, ergibt sich aus den visuellen Erfordernissen der Komposition. Ein Kind zeichnet eine Hand oder einen Fuß mit so vielen Fingern und Zehen als nötig sind, damit die Form richtig aussieht. Selbst wenn das Kind zählen kann, mag es auf die korrekte Zahl nicht ankommen, ja diese könnte sogar der anschaulichen Ordnung hinderlich sein. Wertheimer führt an, daß die Anzahl von Seilen, die einen Schiffsmast aufrecht halten, oder die Anzahl der für die Grundform eines Hauses notwendigen Pfosten nicht notwendigerweise durch Zählen bekannt ist, sondern, etwa bei den Naturvölkern, aus der anschaulichen Vorstellung der Konstellation und ihrer Funktionen folgt. Ein Hirt oder ein Gruppenleiter kann wissen, ob seine Schar vollständig ist, auch ohne sagen zu können, aus wie vielen Mitgliedern sie besteht. Die Form einer geometrischen Figur oder Punktanordnung kann einem durchaus bekannt sein, und man kann sie wiedererkennen und auch aufzeichnen, ohne sich klarzumachen, wie viele Ecken oder Seiten oder Punkte sie hat.

In vielen Fällen und für viele Zwecke kommt es auf die genaue Anzahl der Elemente nicht an. Piaget hat gezeigt, daß, wenn man Kindern die Aufgabe gibt, aus Spielmarken gelegte Figuren zu kopieren, sie der Form gerecht werden, ohne sich um die Zahl der Elemente zu kümmern. Schon im vorigen Kapitel war davon die Rede, daß es keine einfache Regel dafür gibt, wie eine brauchbare Kopie auszusehen hat. Es hat keinen Sinn, sagt Martin Heidegger einmal, »zu meinen, die neuzeitliche Wissenschaft sei exakter als die des Altertums«; auch lasse sich nicht behaupten, daß die moderne Art, das Seiende zu begreifen, angemessener sei. Das Wort, von dem unser *Mathematik* abgeleitet ist, »bedeutet für die Griechen dasjenige, was der Mensch im Betrachten des Seienden und im Umgang mit den Dingen im voraus kennt«. Nur wenn die Zahl eine dieser von den Dingen im voraus bekannten Eigenschaften ist, wird eine zahlenmäßige Mathematik auf diese angewandt. Es ist eine Vorbedingung, die für gewisse Erkenntnisformen nicht existiert und die von diesen im Interesse ihrer eigenen Art von Exaktheit abgelehnt werden muß.

Vier Gewehre machen eine sinnvolle Zahl aus, aber vier Reiskörner sind vielleicht gar nicht 'vier', sondern 'fast gar nichts', 'kein Reis übrig'. Es reizt uns zum Lächeln, wenn ein Pedant oder Einfaltspinsel, der die Dinge nach der Menge bewertet, genaue Zahlen verwendet, wo sie nicht hingehören, etwa wenn Don Juans Diener Leporello die Liebesabenteuer seines Herrn in prahlerischer Bestandaufnahme vorzählt:

> *In Italia sei cento quaranta*
> *In Almagna due cento e trent'una*
> *Cento in Francia, in Turchia novant'una*
> *Ma, ma, in Ispagna sono già mille e tre.*

Wenn aber im Matthäus-Evangelium Jesus den Petrus fragt: »Oder meinst du, daß ich nicht könnte meinen Vater bitten, daß er mir zuschickte mehr denn zwölf Legionen Engel?«, gibt die bestimmte Zahl dem Ausdruck dichterische Farbe und wird nicht wörtlich verstanden.

Es gibt also zwei ganz verschiedene Arten, eine Quantität aufzufassen – durch Zählen und Messen oder durch ein Begreifen der Wahrnehmungsstruktur. Gewiß sind auch das Zählen und das Messen Wahrnehmungsverfahren, aber sie zerkleinern die gegebene Struktur zu Einheiten und sind also anschaulich nur insofern, als sie diese Einheiten Stück für Stück nachweisen; oder sie vergleichen die vorliegende Menge mit einem von außen angelegten Maßstab. Die andere Methode besteht darin, Mengen ihrer anschaulichen Form nach zu schätzen oder zu vergleichen. Dies führt manchmal zu exakten Zahlen, etwa wenn man die Augenanordnungen auf Dominosteinen oder Würfeln als Zweien, Dreien oder Fünfen erkennt; häufig aber auch nicht. Selbstverständlich sind beide Verfahren auf ihre Weise nützlich.

Zahlen als anschauliche Formen

Die Beziehungen zwischen Zahlen sind besonders klar und prägnant. Daher führen uns reine Zahlen leicht in Versuchung. Schon seit den Pythagoräern, die für die Tonintervalle auf Flöte und Saite einfache Zahlenverhältnisse entdeckten und diese auf die Raumabstände im Planetensystem anwendeten, hat es die Philosophen und Naturforscher gelockt, die Natur in Zahlenschemata einzuzwängen. Im 17. Jahrhundert verwahrte sich der florentiner Astronom Francesco Sizi gegen Galileis Entdeckung der Jupitermonde mit den folgenden Einwänden:

> *»Der menschliche Kopf hat sieben Fenster, zwei Nasenlöcher, zwei Augen, zwei Ohren und einen Mund; so gibt es auch im Himmel zwei günstige Sterne, zwei ungünstige, zwei Leuchten und den allein unentschiedenen und anteilslosen Merkur. Daraus und aus vielen anderen ähnlichen Naturerscheinungen, die aufzuzählen zu langwierig wäre, etwa den sieben Metallen usw., schließen wir, daß die Zahl der Planeten notwendigerweise sieben ist ... Außerdem haben schon die Juden und andere alte Nationen, wie auch die modernen Europäer, die Einteilung der Woche in sieben Tage eingeführt und diese nach den sieben Planeten benannt. Wenn wir jetzt die Zahl der Planeten erhöhen, bricht dies ganze System zusammen.«*

In solchen Fällen weigert sich der Geist, den Tatsachen der Primärsituation ins Auge zu schauen, weil ein Modell reiner Mengen seine eignen Anforderungen stellt. Das

DAS DENKEN MIT REINEN FORMEN

Modell verführt den Geist durch seine elegante Einfachheit. Es ist zwar anschaulich und wahrnehmungsmäßig, aber auf einem idealisierten Niveau.

Zahlen sind Wahrnehmungsdinge; sie sind visuell und häufig taktil und akustisch. Diese Tatsache ist für den Rechenunterricht von entscheidender Bedeutung. Nur weil Erzieher sich nicht klarmachten, daß Zahlen ihren eigenen Anschauungsbereich haben, verlegten sie sich darauf, Rechenaufgaben auf Situationen des täglichen Lebens zu beziehen, um dadurch die für den Ungeschulten angeblich schwierige 'Abstraktheit' loszuwerden. So benutzt etwa der Special Training Unit der amerikanischen Armee für Rekruten mit wenig Schulbildung »eine erfundene Figur, den Gefreiten Peter, an dessen Ausbildung der funktionell eingestellte Unterricht anknüpft. Es hat sich gezeigt, daß die Leute viel besser behalten, wenn man sie lehrt, daß ein Mann vier Äpfel hatte und ein andrer ihm noch vier dazu gab, so daß der erste nun acht hatte; statt des $4 + 4 = 8$«.

Ob diese Methode vorzuziehen ist, hängt davon ab, wie man andernfalls unterrichten würde. Wenn der Rechenunterricht sich auf bloße Sprachlaute und geschriebene Nummernzeichen stützte, die man sich einzubläuen und mit denen man unverständliche und sinnlose Operationen auszuführen hätte, so würden die Rekruten, und auch sonst alle vernünftigen Menschen, sicherlich jeden Hinweis auf eine verständliche Lebenssituation erleichtert willkommen heißen. Aber die 'praktischen Beispiele' im Rechenunterricht haben ihre zwei Seiten. Das wird in manchen neueren Untersuchungen über dieses Thema klar betont. So weigert sich, zum Beispiel, Marguerite Lehr, in ihrer Einleitung zu Catherine Sterns Buch über 'structural arithmetic', zuzugeben, daß »der Zahlenbegriff *Zwei* an sich eine schwierigere Abstraktion ist als *rot* oder *Stuhl*«. Sie fährt fort:

»Die Menschheit hat sich mittels so vieler unzulänglicher Sprachformen so lange abgemüht, die hinderliche Verbindung zwei Beine, zwei Steine loszuwerden. Man grübelte über zwei Löwen, ein Paar Schuhe, den ersten Mann, den zweiten Mann und erkannte schließlich die Zwei in all ihrer Fülle und Einfachheit, mit ihren Hinweisen auf Ordnung, Größe, Form, und ihrer vollkommenen Gleichgültigkeit gegen alles: zwei wovon? – warum sollen wir absichtlich unsre Kinder anfangen lassen, als ob sie die Zeitgenossen jener ersten wilden Stämme seien?«

Die herkömmliche Methode, Rechenaufgaben als Alltagsgeschichten aufzuputzen, vernebelt die Tatsachen, auf die sich der Schüler konzentrieren soll. Doch vermengt sie wenigstens den Wirklichkeitsbereich nicht mit dem der reinen Mengen. Sie beschränkt sich auf die Alltagssituation und überläßt es dem Schüler, die darin verborgenen Zahlen zu entdecken und allein auf diese Zahlen zu achten. Zu größeren Schwierigkeiten kann es führen, wenn man diesen Alltagsbereich und den ebenso anschaulichen Bereich der Quantitäten zusammenwirft. Das führt zu Vorstellungen aus unzusammengehörigen Elementen, die einander stören. Nach dem Rechenprojekt der University of Illinois zum Beispiel lernen die Kinder ihre Mathematik durch 'Zahlenstrichspiele'. Der

Zahlenstrich ist eine horizontale Dezimalskala, auf Papier gezeichnet und mit Nummern versehen, die links mit 0 anfangen und rechts mit 25 aufhören. Dem Kind wird gesagt, daß es da 'Plus-Heuschrecken' gibt, die auf der Linie von links nach rechts hüpfen, und 'Minus-Heuschrecken', die nach links hüpfen. Eine 'Plus-4-Heuschrecke' springt jeweils vier Einheiten nach rechts; eine 'Minus-3-Heuschrecke' springt drei Einheiten nach links. In einem typischen Beispiel heißt es: »Eine Plus-4-Heuschrecke fängt bei 2 zu springen an und macht fünf Sprünge; wo kommt sie an?« Das bedeutet: $(4 \times 5) + 2 = 22$, übersetzt in diese neue Bildsprache.

Das Kind mag es nicht allzu beschwerlich finden, sich eine unsichtbare Heuschrecke auf einer sichtbaren Maßskala vorzustellen. Vielleicht gelingt es ihm auch, zwischen den Dreierspringern und den Viererspringern zu unterscheiden. Das eigentliche Hindernis aber kommt, wenn es eben die Tatsache, für die das ganze System erfunden ist, begreifen soll, nämlich die Beziehung zwischen Plus und Minus. Es soll plus und minus nach der Analogie von rechts und links verstehen; aber diese Analogie ist falsch. Der Anschauungsraum in der Welt der Heuschrecken und der Menschen ist, in der Horizontalen, richtungsmäßig neutral; d. h. eine Bewegung nach links ist einfach das Spiegelbild einer Bewegung nach rechts. Im Rechnen dagegen besteht diese Symmetrie nur dann, wenn man den Sinn der Begriffe *Addition* und *Subtraktion* vernachlässigt. Im rein Formalen gibt es allerdings eine Art von symmetrischer Entsprechung zwischen

$$3 + 4 = 7 \quad \text{und} \quad 7 - 4 = 3.$$

Doch ist das nur solange der Fall, als man den entscheidenden Tatbestand, den das Kind gerade lernen soll, unterschlägt, daß nämlich *Plus* kein Heuschreckenname und kein Wegweiser ist, sondern bedeutet, daß man etwas hinzufügt, während *Minus* heißt, daß man etwas wegnimmt. Kein solcher Unterschied liegt vor, wenn jemand in zwei verschiedenen Richtungen springt. Unterschlägt man diesen Unterschied, so wird aus dem sinnvollen Umgehen mit Quantitäten ein bloßes Jonglieren mit Nummern. Die Aufgabe ist einem ungeeigneten Wahrnehmungsbereich zugewiesen worden.

Abb. 56

Ein weiteres, einfacheres und drastischeres Beispiel sei hier noch angeführt. Das Stanford Projekt für den Mathematikunterricht in den ersten zwei Schuljahren, empfiehlt ein Verfahren, das Abbildungen praktischer Gegenstände wie Bälle, Trommeln oder Würfel direkt in die mengentheoretischen Gleichungen einfügt (Abb. 56). Nun mögen zwar Erwachsene durchaus imstande sein, den Ball oder die Trommel als ein bloßes Bildzeichen zu verstehen und sie mit Buchstaben, Nummern und anderen Zeichen in eine einheitliche Aussage zusammenzufügen. Für ein Kind aber bedeutet eine solche Abbildung ein Stückchen Wirklichkeit, das nicht zwischen die Klammern einer

Gleichung, sondern etwa in die Abbildung eines Spielzimmerregals gehört. Es ist durchaus nicht dasselbe, ob man den Begriff der Menge mit Gruppen tatsächlicher Gegenstände illustriert oder ob man die Gegenstände in die Formeln hineinsetzt.

Der Erzieher muß sich also von der Idee freimachen, daß man quantitative Beziehungen nur anschaulich machen kann, indem man sie auf praktische Umweltdinge anwendet. Zahlenverhältnisse besitzen ihre eigne Sinneswelt, die man nicht ungestraft außer acht lassen darf; sie lassen sich am besten durch 'reine Formen' darstellen, zum Beispiel durch die wohlbekannten Rechenstäbchen des Cuisenairesystems und die diesen zugrundeliegenden Dingvorstellungen.

Gewiß sind diese Stäbchen und Vorstellungen sehr abstrakt, im Vergleich zu den praktischen Situationen, auf die sich Rechenaufgaben beziehen lassen. Aber Kindern macht es keinerlei Schwierigkeit, sich abstrakte Qualitäten vorzustellen oder sie abzubilden. In ihren Zeichnungen, zum Beispiel, bilden sie die Geradheit von Beinen als gerade, parallele Striche ab, die es weder im Menschen- noch im Tierkörper gibt. Ebenso wie diese Striche den abstrakten Anschauungsbegriff der Geradheit unmittelbar, spontan und naiv wiedergeben, so lassen sich abstrakte Quantitäten anschaulich durch Holzstäbchen darstellen. Als Gegenstücke zu den vielfältigen Dingen der Wirklichkeit schafft sich das menschliche Bewußtsein einfache Formen, die den Sinnen ihre Arbeit erleichtern und ohne Mühe begreifbar sind. Mit Hilfe dieser Formen ist es möglich, ungegenständliche Vorstellungen handgreiflich abzubilden – etwa in 'abstrakten' Gemälden oder wissenschaftlichen Schaubildern oder arithmetischen Formeln. Diese Dinge und Abbilder sind im Vergleich zur Umweltwahrnehmung zwar hochgradig abstrakt, dabei aber durchaus visuelle Einzelformen, wie sie Kindern zugänglich sind. Wenn es im ›Cuisenaire Reporter‹ heißt, daß »die Abstraktionsfähigkeit beim Sechs- bis Neunjährigen ihren Höhepunkt erreicht«, so mag das nicht allzu sehr übers Ziel hinausschießen.

Erwachsene, deren Denken sich ihr Leben lang mit praktischen Dingen befaßt hat, mögen vor reinen Formen ratlos dastehen, weil diese 'nichts' bedeuten. Sie haben ja häufig auch Schwierigkeiten mit 'abstrakter' Kunst. Bei Kindern ist dies viel seltener der Fall. Weder in der Kunst noch sonstwo machen ihnen reine Formen besondre Umstände.

Quantitäten sind eine Gattung von Wahrnehmungsformen. Sie sind einfacher als Kreise oder Quadrate, denn sie besitzen nur eine einzige Dimension, die Ausdehnung; innerhalb dieser einen Dimension aber können sie sich unbegrenzt verändern und verbinden. Diese endlosen Verwandlungen erregen die Phantasie des Kindes und stellen seinen Scharfsinn auf die Probe.

Sinnlose Formen sind hinderlich

Warum haben so viele Kinder Kummer mit Zahlen? Warum fürchten selbst viele Universitätsstudenten alles Mathematische und bewahren oft ihr Leben lang eine Abneigung dagegen? Catherine Stern beantwortet diese Fragen in ihrem Buch mit einem angriffslustigen Kapitel, ›Barbarischer Rechenunterricht‹. Wie würde einem Erwachsenen zumute sein, fragt sie, wenn man ihm eine Anzahl sinnloser Silben – wie die Psychologen sie für ihre Gedächtnisversuche zu verwenden pflegten – oder ebenso sinnloser Figuren vorlegte und sie mit diesen nun Additionen und Subtraktionen ausführen ließe? Hierbei wäre auch der Sinn der Worte 'Addition' und 'Subtraktion' unbekannt, ebenso unbekannt wie die Operationen, die sie bezeichnen. Der Betreffende hätte also zu lernen, daß wenn er diese geheimnisvollen Zeichen in bestimmter Weise vereinigt, sich andre Zeichen daraus ergeben sollen; und da er auf keine Weise verstehen könnte, warum das so sein soll, müßte er sich mechanisch eindrillen, was passiert, wenn man was zusammenstellt. Die möglichen Kombinationen sind sehr zahlreich, und sie sich einzuprägen ist ein bißchen, als ob man Chinesisch lesen und schreiben lernt.

Genauso aber geht es herkömmlicherweise im ersten Rechenunterricht zu. Das Kind wird gezwungen, sinnlose Kombinationen sinnloser Zahlen zu lernen. Da die Nummern sichtbare und hörbare Formen sind, kann man zwar lernen, sie rhythmisch herzuleiern, so wie man etwa die Nationalhymne oder ein Gedicht in einer fremden Sprache vortragen kann, ohne zu wissen, worum es sich handelt. Man sagt her, daß drei und vier sieben macht, ohne eine Ahnung, was das bedeutet. Aber so ein Lernen ist langsam und beschwerlich; es fördert weder die Freude am Leben, noch schult es den Verstand. Auch macht man leicht Fehler.

Wenn ein Kind in einer Rechenaufgabe 71 statt 17 schreibt, so begeht es einen 'schlechten Fehler', wie Frau Stern das in der Ausdrucksweise der Gestaltpsychologie nennt, d. h., einen Fehler, der aus Gedankenlosigkeit entspringt. Das Kind selbst mag daran schuld sein, oder aber auch das Verfahren, nach dem man es unterrichtet hat. Wie es zu einem solchen Fehler kommt, versteht man ohne weiteres: als bloße Zeichen lassen sich 71 und 17 so leicht verwechseln wie ein Gegenstand und sein Spiegelbild, vor allem wenn dem Kind die visuelle Symmetrie von Rechts und Links noch im Wege ist.

Zu solchen Fehlern kommt es, wenn das Lernen im falschen Wahrnehmungsbereich vor sich geht. Ein lehrreiches Beispiel einer ähnlichen Sachlage bietet sich in der Musik, wo die Töne der Tonleiter mit den Buchstaben c, d, e, f, g, a, h benannt werden. Man denke sich einen Menschen, der diese Buchstabenreihe erlernt, ohne sie auf Musikalisches zu beziehen. Er lernt die richtige Reihenfolge und trichtert sich auch ein, daß man c, e, g einen Dreiklang nennt und daß der gut und solide klingt, während die Verbindung von a und h gequetscht und scharf klingt. Er mag all dies dem Lehrer aufs Wort glauben und es vielleicht auch im Gedächtnis behalten. Nun ist die Buchstabenfolge von c zu h aber gänzlich strukturlos, außer daß es sich um eine Kette von Einzelelementen handelt. Kein Sinn läßt sich darin entdecken: ein Glied ist so gut wie das andre, und die Reihenfolge ist so willkürlich wie das Alphabet. Wie anders steht es aber mit den Tönen, auf die sich diese Buchstaben beziehen! Die hörbare Tonleiter (Abb. 57) stellt zunächst einen Aufstieg der Tonhöhe dar, die jedem Ton eine andre

DAS DENKEN MIT REINEN FORMEN

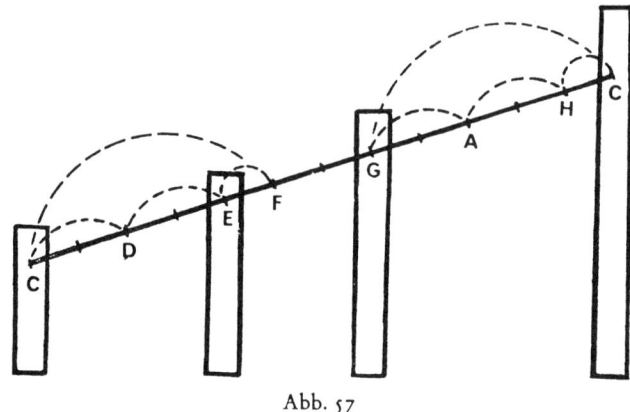

Abb. 57

Stufe anweist. Weiterhin sind die Höhenunterschiede nicht alle gleich. Die Gesamtfolge ist in zwei Tetrachorde untergeteilt, von denen jeder aus zwei Ganztönen und einem Halbton besteht, von c bis f und von g bis c, mit einer Pause zwischen ihnen. Diese Unterteilung ist nun von der andersgearteten Struktur des Dreiklangs (c, e, g) überlagert, auf den sich die Tonleiter wie auf ein Skelett stützt. Dies ergibt ein sehr kompliziertes Gefüge von Wahrnehmungskräften, in dem jeder Ton seinen eignen Charakter hat und keine zwei Verbindungen zwischen Tönen gleichartig sind. Die komplizierte Struktur der diatonischen Tonleiter ist eine Vorbedingung für die Musik des Abendlandes.

Ähnlich steht es nun in der Arithmetik (Abb. 58). Auch hier bietet sich dem Auge und Ohr eine Gruppe von Zeichen, die ohne alle Beziehung zu der Struktur der von ihnen bezeichneten reinen Quantitäten sind. Die 'Tonleiter' dieser Quantitäten besteht aus zehn Einheiten, und auch sie steigen schrittweise an. Zwei verschiedene Arten von Mengen, gerade und ungerade, wechseln einander ab; einige sind unteilbar, andre lassen sich auf mehr als eine Weise teilen. Von all diesen Eigenschaften verraten die Nummern nicht das geringste. Sie sind keine Bilder von Mengen und gewiß keine Symbole, sondern nur Zeichen. In gewissen Naturvölkersprachen weist die Zählmethode auf die zugrundeliegenden Quantitätsbeziehungen hin; die Andamanesen etwa haben ein fünfstufiges System: der eine, der andre, der mittelste, der vorletzte, der letzte.

Die zunächst wohl von Maria Montessori eingeführte und inzwischen vielfach veränderte und entwickelte Methode macht die Kinder mit den anschaulichen Eigenschaften der reinen Quantitäten vertraut. Die Nummern sind verschieden lange Kolonnen. Die waagerechte Raumrichtung dient dem Vergleich und der Abfolge der Kolonnen. Addition und Subtraktion erweisen sich anschaulich als komplementäre Verfahren, mittels derer man hinzufügt und wegnimmt. Die Anatomie jeder Zahl wird nicht durch ein Zahlwort verheimlicht, sondern den Augen und Händen des Kindes offenbar

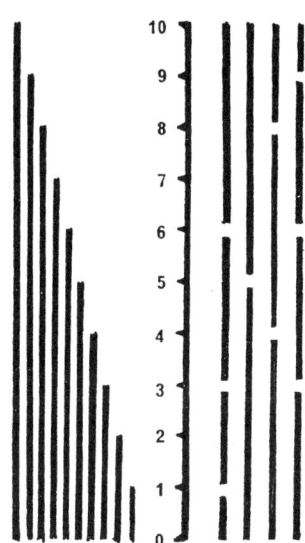

Abb. 58

gemacht. Die Zehn enthüllt sich als 1 + 2 + 3 + 4 – die schon von den Pythagoräern verehrte Tetraktys oder Vierzahl; aber 10 ist zugleich auch 5 + 5, und diese beiden Strukturen überlagern einander wie die Tetrachorde und der Dreiklang in der diatonischen Tonleiter. Gerade Zahlen zerfallen in zwei Hälften, während die ungeraden Zahlen Mittelstücke oder Überbleibsel haben. Der Unterschied zwischen Richtig und Falsch wird anschaulich sichtbar. Jeder Fehler stört die einfache Form des Gesamtsystems. Das Abzählen dient, soweit es gebraucht wird, einem sichtbaren Zweck, und die Zahlworte sind bloße nachträglich hinzugefügte Namen für die bereits vertrauten Quantitäten und Operationen.

Für ein normal begabtes Kind hat das Spiel der Quantitäten großen Reiz; es bietet Herausforderungen, Überraschungen, Befriedigung. Man braucht dem jungen Rechner nur zuzusehen, um sich davon zu überzeugen, daß die Aufgabe ihn unmittelbar sinnlich berührt. Dies schöne Erlebnis würde man nur stören, wenn man die Rechenaufgaben praktisch einzukleiden versuchte. Erzählte man dem Kinde eine Geschichte über Kaninchen und Kohlköpfe, so würden ihn diese fesselnden Naturvorgänge von der Rechenaufgabe ablenken. Sobald er aber die Rechenkunst gemeistert hat, wendet er sie gern und stolz bei jeder praktischen Gelegenheit an. Catherine Stern schreibt: »Wir behängen nicht Situationen mit Zahlen, sondern wir erfüllen die Zahlen mit Leben.«

Solche lebendigen Zahlen können dann ohne weiteres auf jede Situation angewendet werden, in der quantitative Beziehungen zu klären sind. In manchen Fällen liefern die Zahlenverhältnisse ein vollständig richtiges Modell dieser Beziehungen. Wenn der

Landmann wissen will, wieviele Kohlköpfe vier Kaninchen fressen, wenn jedes zwei frißt, so kann er die praktische Sachlage unbesorgt auf reine Quantitäten reduzieren und diese dann auf ihrem eignen Anschauungsniveau behandeln; denn die Struktur dieser abstrakteren Vorstellung ähnelt der praktischen ausreichend.

Andrerseits habe ich bereits auf Fälle hingewiesen, in denen die reinen Zahlen wesentliche Eigenschaften vernachlässigen. Dadurch können zum Beispiel Schwierigkeiten entstehen, wenn man mittels arithmetischer und algebraischer Modelle Geometrie treibt. Rein zahlenmäßige Beziehungen können den Denker zu unrichtigen Analogien verführen. In Platons ›Meno‹ fragt Sokrates den Knaben: Wenn die Seiten eines Quadrats mit dem Flächeninhalt von vier Quadratfuß je zwei Fuß lang sind, wie lang müssen die Seiten sein, wenn der Flächeninhalt zweimal so groß sein soll? Der Knabe antwortet, daß die Seiten doppelt so lang sein müssen, denn »die doppelten Linien machen ein doppeltes Quadrat«. Hier behindert das anschauliche Modell der Quantität, welche nur *eine* Dimension hat, nämlich das Mehr oder Weniger, die Vorstellung einer zweidimensionalen Sachlage. Der Knabe versagt nicht deshalb, weil er 'bloß abstrakt' denkt, sondern weil er seine Abstraktion aus einem nicht zuständigen Wahrnehmungsbereich bezieht.

Die Algebra hat eine ebenso anschauliche Grundlage wie die Arithmetik. C. Gattegno hat den psychologisch einleuchtenden Vorschlag gemacht, man solle zuerst Algebra und erst später Arithmetik lehren. Alle Wahrnehmung beruht vorwiegend auf Relationen, nicht auf absoluten Größen, und schreitet vom Allgemeinen zum Besonderen voran. Die farbigen Cuisenaire-Stäbchen handeln von Beziehungen zwischen Quantitäten, wobei ihre absolute Länge keine Rolle spielt und leicht transponierbar ist.

Wendet man aber die Algebra als bloße Formel an, so kann sie, ebenso wie die Arithmetik, dem Verständnis der Geometrie im Wege stehen. Man kann Jean-Jacques Rousseau nur von Herzen beistimmen, wenn er in seinen ›Confessions‹ schreibt:

»Ich brachte es niemals so weit, die Anwendung der Algebra auf die Geometrie wirklich zu begreifen. Mir gefiel es nicht, wie man sich da betätigt, ohne zu wissen, was man tut; und das Lösen geometrischer Aufgaben mittels Gleichungen kam mir so vor, als wenn man eine Melodie spielt, indem man eine Kurbel dreht. Als ich zum erstenmal rechnerisch herausfand, daß das Quadrat eines Binoms den Quadraten seiner zwei Glieder zuzüglich der doppelten Summe der beiden gleichkommt, weigerte ich mich, es zu glauben, bis ich mir die Figur gezeichnet hatte. Algebra als eine bloß abstrakte Angelegenheit gefiel mir sehr. Wendete man sie aber auf die Ausdehnung an, so wollte ich sehen, wie sie mit Linien zurechtkam; andernfalls war es mit meinem Verständnis zuende.«

Man braucht nur einen Blick auf Abb. 59 zu werfen, um zu sehen, *warum* das Quadrat von (a + b) gleich dem Quadrat von *a* plus dem Quadrat von *b* plus zweimal dem Rechteck *ab* ist. Trotzdem haben ganze Generationen von Schülern die Gleichung

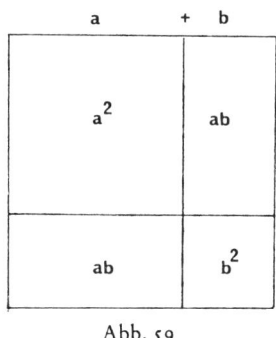

Abb. 59

ohne die Figur gelernt, nur weil Algebra, und nicht Geometrie, auf dem Lehrplan stand.

Geometrie durch Augenschein

Es handelt sich hier nicht um den Unterschied zwischen Zahlen und Strichfiguren. Vielmehr kommt es darauf an, ob eine mathematische Operation sich ausdrücklich auf die anschauliche Konfiguration bezieht, aus der hervorgeht, warum und wie es zu dem Ergebnis der Aufgabe kommt. Manchmal mangelt es daran nicht nur in Arithmetik und Algebra, sondern auch in der Geometrie. Schon Schopenhauer beschwerte sich lebhaft über die 'Taschenspielerstreiche', denen die meisten Euklidischen Beweise auffallend ähnlich sähen: »Fast immer kommt die Wahrheit durch die Hintertür herein, indem sie sich *per accidens* aus irgend einem Nebenumstand ergibt.« Er lehnte die Hilfslinien ab, die man zum Beweis des pythagoräischen Lehrsatzes verwendet. Man weiß nicht, wozu sie eingeführt werden, und erst »hinterher zeigt sich, daß es Schlingen waren, die sich unerwartet zuziehn und den Assensus des Lernenden gefangennehmen, der nun verwundert zugeben muß, was ihm seinem innern Zusammenhang nach völlig unbegreiflich bleibt . . .«

Hier handelt es sich um eine erzieherische Angelegenheit ersten Ranges. Historisch kann man den Unterschied gut daran zeigen, wie verschieden die Griechen und die Inder das Problem der geometrischen Evidenz angingen. Hermann Hankel hat in seiner Geschichte der Mathematik darauf hingewiesen, daß die griechische Geometrie schon im 5. Jahrhundert v. Chr. ablehnte, sich auf das direkte anschauliche Begreifen zu verlassen. Statt dessen wird der Beweis schrittweise mittels einer Abfolge von logisch verbundenen Aussagen aus wenigen Axiomen abgeleitet. Die Mathematiker des alten Indien hingegen wendeten eigentlich nur einen einzigen Lehrsatz, nämlich den des Hypotenusenquadrats, an. Im übrigen legten sie jede Aussage als eine auf sich selbst beruhende Tatsache vor, die ihre eigne augenscheinliche Richtigkeit besaß. Statt einer Abfolge

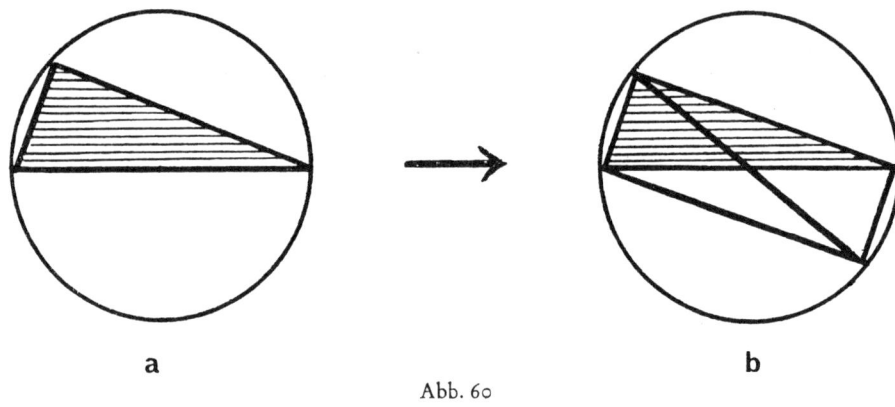

Abb. 60

von Beweisschritten zeigten die indischen Mathematiker die geeignete Figur, die allenfalls durch Hilfslinien vervollständigt war, und versahen sie ohne weiteren Kommentar nur einfach mit dem Wort 'Siehe da!'. Der Beweis bestand einfach in dem, was die Figur augenscheinlich machte.

Ganz allgemein bedient sich die Geometrie auf frühen Stufen der wahrnehmungsmäßigen Einfachheit, zum Beispiel der Symmetrie. Hankel führt den folgenden Fall an. Wenn die Inder beweisen wollten, daß ein auf dem Durchmesser errichtetes Dreieck die Kreislinie immer mit einem rechten Winkel berührt (Abb. 60a), zogen sie eine Verbindungslinie von der Spitze des Dreiecks durch den Kreismittelpunkt. Das ergab ein symmetrisch in den Kreis eingefügtes Rechteck (Abb. 60b) und damit den anschaulichen Beweis der Rechtwinkligkeit. Siehe da!

Auch bei den Griechen kann man an der Reihenfolge, in der, soweit man weiß, gewisse geometrische Entdeckungen gemacht wurden, feststellen, daß sie sich der Einfachheit symmetrischer Figuren bedienten. Der pythagoräische Lehrsatz wurde zuerst am gleichschenkligen Dreieck bewiesen und erst später an den unregelmäßigen rechtwinkligen Dreiecken. Die Winkelsumme von 180° zeigte man zunächst am gleichseitigen Dreieck auf, später am gleichschenkligen und schließlich auch am unregelmäßigen. Die euklidischen Axiome beruhen auf Intuition; und ich wies schon weiter oben darauf hin, daß die ursprüngliche Auffassung der Kegelschnitte als selbständiger und unabhängiger Figuren mit der Wahrnehmungstendenz zur einfachsten Form im Einklang ist.

Vielleicht empfiehlt es sich noch, hier ausdrücklich darauf hinzuweisen, wieso Mathematik sich auf Sinneserfahrungen stützen kann. Man hielt dies ja zuweilen für unmöglich, weil nämlich die Mathematik es mit ideal vollkommenen Formen zu tun habe. Die Wahrnehmung andrerseits sei unzuverlässig, wie sich schon an den vielen optischen Täuschungen zeige, und beziehe sich nur auf physisch realisierbare Formen. Diese aber seien immer unvollkommen. Hier muß man nun aber materielle Gegenstände nicht mit Wahrnehmungen verwechseln. Verzerrungen oder Unvollkommenheiten der physischen Formen haben auf die Wahrnehmung der Form keinen notwendigen Einfluß. Wenn jemand sagt, daß er ein Quadrat sieht, so meint er damit nicht das unvollkommene physische Einzelding, sondern die reine und vollkommene Quadratform, mit der die Geometrie es zu tun hat. Der Betreffende sieht in der Tat eine Figur mit vollkommen rechten Winkeln und gleichlangen Seiten. Ob das eine korrekte Beschreibung der tatsächlichen Linienfigur ist, die er dabei vielleicht ansieht, spielt keine Rolle – häufig hat man ja überhaupt keine Figur vor Augen, sondern stellt sie sich nur vor. Ebenso sind auch die Unebenheiten der Figuren, die der Mathematiklehrer auf die Tafel kritzelt, ohne Bedeutung für die Figuren, von denen die Rede ist. Die Mathematik hat es mit Wenn-So-Aussagen zu tun: »Wenn dies ein rechtwinkliges Dreieck ist und wenn dies die Quadrate auf seinen Seiten sind, dann...« Sieht jemand eine Strichzeichnung als die pythagoräische Figur, so kann er durch wahrnehmungsmäßige Analyse feststellen, daß das Hypotenusenquadrat gleich der Summe der Schenkelquadrate ist.

Schopenhauer verwechselte die Wahrheit des Augenscheins mit ontologischer Wahrheit, denn er hielt mit Kant den Raum für eine a priori gegebene Vorbedingung der Raumerkenntnis. Doch hatte er gewiß recht, wenn er darauf bestand, daß ein geometrischer Beweis von der unmittelbaren Anschaulichkeit der zu beweisenden Sachlage ausgehen muß. Die zum Beweise nötige Umstrukturierung darf die gegebene Figur nicht verstümmeln, indem sie mit Teilen arbeitet, die anschaulich keine echten Bestandteile der Figur sind. Schließlich ist es ja die Ausgangsfigur, über die wir aufgeklärt werden wollen, nicht irgend eine andersgeartete Teilfigur, die sich in deren Eingeweiden als ein Fremdkörper ausfindig machen läßt. Die oben zitierte indische Demonstration strukturiert die Gesamtfigur um, indem sie die Hypotenuse auf dem Durchmesser in die Diagonale eines Rechtecks verwandelt. Am Schluß aber ist das ursprüngliche Dreieck im Kreise immer noch sichtbar.

Die Forderung nach Anschaulichkeit wird auch dadurch nicht entkräftet, daß sich die Mathematik mehr und mehr von der Alltagswahrnehmung entfernt. Gewiß werden die den Operationen zugrundeliegenden reinen Formen immer abstrakter, doch wird sich die wirklich produktive Arbeit des Mathematikers nach wie vor auf diese anschauliche Grundlage beziehen, selbst wenn die zur Ausführung notwendigen Formaloperationen das nicht mehr tun.

Mathematik ist dem Augenschein so nahe verwandt, daß sie für den unverdorbenen Verstand einen unmittelbaren Reiz hat. Das zeigt sich, wenn Kindern Algebra und Arithmetik anschauungsmäßig beigebracht wird; ähnliches gilt für Erwachsene. Wenn aber die Unterrichtsmethode den Lernenden zwingt, sich auf reinen Gedächtnisdrill zu verlassen, so protestiert der Verstand, oder er verkümmert. Bietet die Anschauung Gelegenheit zu natürlichem Verständnis, so wird dem Lernenden am eigenen Erlebnis klar, warum Bert Brecht seinen Galileo sagen läßt: »Das Denken gehört zu den größten Vergnügungen der menschlichen Rasse.«

13 Wörter am rechten Platz

Alles Denken braucht Form, und alle Form entstammt einer Materialsphäre, einem Medium. So wie der Physiker oder Chemiker sich kein Geschehen vorstellen kann, dem keine Substanz oder Energie zugrunde liegt, so muß der Psychologe eine Daseinssphäre für das Denken beschaffen. Das Denken könnte etwa eine rein physiologische Gehirntätigkeit sein; und in der Tat, wenn man annimmt, daß allen Bewußtseinsinhalten Parallelvorgänge im Nervensystem entsprechen müssen, so hat man sich damit abzufinden, daß im Gehirn ein materielles Gegenstück zu allen Denkbegriffen und Begriffsoperationen benötigt wird.

Rein theoretisch könnte man sich vorstellen, daß alle Problemlösungen und Denkaufgaben vom Bewußtsein auf Gehirnmechanismen abgeschoben würden, die der Wahrnehmung entzogen wären, etwa wie man Schnellrechner verwendet, so daß die Ergebnisse dann gebrauchsfertig im Bewußtsein auftauchen würden. Mit einer solchen Auffassung müßte man sich zufriedengeben, wenn tatsächlich keine Spuren vom Denken im Bewußtsein zu entdecken wären. Es käme darauf hinaus, daß alles Denken unbewußt ist.

Wenn man etwas aber unbewußt nennt, so macht man damit eine bloß negative Aussage. Man bezieht sich dabei nur auf das, was dieses Etwas nicht ist. Hätte zum Beispiel die Psychoanalyse über bestimmte Prozesse nichts weiter zu sagen, als daß sie unbewußt sind, so wäre damit noch wenig gewonnen. Daher haben sich die Psychologen denn auch in Mutmaßungen über solche Vorgänge ergangen, indem sie sie etwa in Analogie zu entsprechenden Vorgängen im Bewußtsein behandelten oder sie metaphorisch auf physikalische Geschehnisse bezogen. Auch physiologische Beschreibungen sind im Prinzip möglich und werden zu gegebener Zeit unumgänglich werden.

Ähnlich steht es in der Denkpsychologie. Es gibt zwar physiologische Beschreibungen von Denkprozessen, aber die Mechanismen, mit denen diese Theorien arbeiten, sind vorerst kaum verfeinerter als etwa die Weichenstellsysteme der Eisenbahn. Kommt es erst einmal zu angemesseneren Erklärungen der bei der Begriffsbildung vorliegenden Gehirnvorgänge, so wird man allerdings immer noch die schwierige Aufgabe vor sich haben, aufzuzeigen, was dem *Inhalt* der Begriffe mit all ihren individuellen Abschattierungen und Variationen physiologisch entspricht. Das heißt also: es genügt nicht, die Mechanismen aufzuzeigen, mittels derer die Begriffe Hund und Katze sich im Gehirn zusammenkoppeln; auch der Inhalt dieser Begriffe wird sich ja im Physiologischen wiederspiegeln müssen – und all dies ist natürlich reine Zukunftsmusik.

Indem es also mit brauchbaren physiologischen Theorien noch gute Weile hat, steht es in der Denkpsychologie etwa wie mit der Elektrizität in der Physik. Man weiß allerlei darüber, was das Denken zuwege bringt, nicht aber was es ist. Viele Psychologen begnügen sich damit, daß das Denken in dem besteht, was es leistet; sie haben wertvolle experimentelle Kenntnisse darüber beigebracht, wozu das Denken von Mensch und Tier fähig ist. Gehört man aber zu denjenigen, die überzeugt sind, daß die Psychologie sich nicht mit bloßem Voraussagen und Lenken zufriedengeben kann, so steht man noch vor der Hauptaufgabe. Wie sind die Formen des Denkens beschaffen?

Kann man in Worten denken?

Im vierten Kapitel bekannte ich mich zu der Annahme, daß Begriffe Wahrnehmungsvorstellungen sind und daß die Denkprozesse im Verarbeiten solcher Vorstellungen bestehen. Dabei wies ich darauf hin, daß die Vorstellungsbilder auf ganz verschiedenen Abstraktionsniveaus liegen können. Doch müssen selbst die abstraktesten wenigstens einer Bedingung genügen. Sie müssen den wesentlichen Eigenschaften der Situation, auf die sich das Denken bezieht, strukturgleich sein. Es fragt sich nun, ob die Sprache einen solchen Formbereich darstellt. Sind die Sinnesqualitäten von Wörtern und Wortfolgen im Sichtbaren oder auch im Hörbaren fähig, die für Denkprobleme wesentlichen Struktureigenschaften abzubilden? Die Frage ist: Kann man in Worten denken, so wie man etwa in Kreisen oder Rechtecken oder ähnlichen anderen Formen denken kann?

Diese Frage wird zumeist fast automatisch bejaht. Die Sprache gilt im allgemeinen sogar als ein viel besseres Denkmittel als visuelle Formen oder Töne. Am weitesten geht die Behauptung, daß die Sprache für das Denken unentbehrlich und wohl das einzige zur Verfügung stehende Denkmedium überhaupt sei. So sagt etwa Edward Sapir in seinem einflußreichen Buch über die Sprache: »Das Denken ist vielleicht als ein Naturbereich von dem künstlichen Bereich der Sprache zu unterscheiden, doch scheint die Sprache der einzige Weg zu sein, der unsres Wissens zum Denken führt.«

Niemand bestreitet, daß die Sprache beim Denken hilft. Zu entscheiden ist aber, ob sie diesen Dienst mittels Eigenschaften tut, die dem Sprachmedium selbst innewohnen, oder ob sie nur indirekt auf das sprachlich Bezeichnete hinweist, d. h. auf die Bezugstatsachen, die in einem ganz anderen Medium gegeben sind. Zunächst einmal müssen wir wissen, ob die Sprache für das Denken unentbehrlich ist.

Hierauf ist mit nein zu antworten. Tiere, vor allem Affen, sind offensichtlich fähig, produktiv zu denken. Der Psychologe Roger Brown kommt zu dem Schluß, daß das tierische Denken durchgängig auf Abstraktionen beruht. Tiere reagieren auf Dinggattungen und sind dabei »erstaunlich wenig auf das Einzelding als solches eingestellt«. Mit Hilfe ihrer Anschauungsbegriffe lösen Tiere Aufgaben, die nach menschlichen Maßstäben elementar sind, trotzdem aber die eindrucksvollen Kennzeichen echten Denkens aufweisen. Tiere können zwischen Gegenständen ihrer Umgebung Beziehungen herstellen, die zur Lösung eines gegebenen Problems führen; sie können eine sich ihnen bietende Situation zweckmäßig umstrukturieren; sie können ein Lösungsprinzip auf andre, strukturell ähnliche Umstände übertragen. Und all dies ohne die Hilfe der Sprache.

Allerdings ist das tierische Denken dem menschlichen wohl in zumindest einer Hinsicht prinzipiell unterlegen. Es ist wahrscheinlich auf unmittelbar Gegebenes beschränkt. Ein Schimpanse kann zwar seine Fähigkeit zu abstraktem Denken sehr gescheit dazu verwenden, sich aus einer Einfriedigung zu befreien oder ein Werkzeug zu verschaffen. Doch gibt es keinen Beleg dafür, daß er sich überlegen könne, wie ein kurzer Stock zu verlängern sei, wenn sich ihm das Problem nicht eben jetzt praktisch stellt. Zwar ergibt sich aus den Versuchen, daß das Denken der Schimpansen nicht völlig auf das beschränkt ist, was er gerade vor Augen sieht. Er kann sich umdrehen und seine Bettdecke aus seinem Schlafraum holen, wenn er damit etwas von außerhalb des Käfiggitters zu sich heranschleifen will. Vermutlich aber kann sein Denken nicht unabhängig von seinen unmittelbaren praktischen Bedürfnissen arbeiten. Wittgenstein notiert: »Wir sagen, der Hund fürchtet, sein Herr werde ihn schlagen; aber nicht: er fürchte, sein Herr werde ihn morgen schlagen. Warum nicht?«

Wie man sich vor solcher Beschränkung auf das unmittelbar Gegebene befreit, ist hier nicht unsre Sache. Das Wichtige ist, daß das menschliche Denken diese seine Unabhängigkeit keineswegs notwendigerweise der Sprache verdankt, und weiter, daß es sich dabei um keine Eigenschaft des Denkens selber handelt. Unabhängiges theoretisches Denken kann ohne Worte vor sich gehen, und die Fähigkeit, über ein Problem nachzudenken, während man am Schreibtisch sitzt oder spazierengeht, hat damit zu tun, wie der Organismus seine Erkenntnisfähigkeiten benutzt, nicht aber mit der Natur dieser Fähigkeiten selber. In vieler Beziehung ist es gewiß leichter, über etwas nachzudenken, wenn man es vor Augen hat, obwohl die hartnäckige Anwesenheit der Dinge einem das Denken auch behindern kann. Eine Schachpartie spielt sich leichter, wenn man das Brett vor sich hat, als wenn man blind spielt, doch muß man unter Umständen seine Aufmerksamkeit vom sich Darbietenden abwenden, um die Lösung zu finden. Der Charakter der Denkoperationen hängt nicht davon ab, ob das Denkobjekt anwesend ist oder nicht. Bereich, Anwendung und Ziele des tierischen Denkens sind gewiß beschränkt, aber die Leistungen, die der tierische Verstand ohne sprachliche Hilfe vollbringt, weisen alle Merkmale echten Denkens auf.

Wörter als Abbilder

Die Sprache ist also dem Denken nicht unentbehrlich, aber sie ist sicherlich von größtem Nutzen. Es fragt sich, auf welche Weise. Da die Sprache aus visuellen, akustischen, taktilen Sinnesformen besteht, kann man untersuchen, wie diese sich zum Umgehen mit Struktureigenschaften eignen. Dabei müssen wir zunächst vom Wortsinn, also von den Bezugsdingen, ganz absehen; denn diese gehören in eine andere Wahrnehmungssphäre. Wir müssen die Sprachformen als solche betrachten.

Vergleichsweise könnte man die Frage stellen, ob sich mit den Formen der Musik denken läßt. Weiter ober war von den verwickelten Tonhöhenbeziehungen in der diatonischen Tonleiter der abendländischen Musik die Rede. Eine aus fünf gleichgroßen Schritten bestehende pentatonische Tonleiter entspräche wohl einer einfacheren Denkweise. Doch gerade die sogenannte primitive Musik bietet ein verblüffend kompliziertes Ineinander von Strukturfaktoren. Die Musik hat unendlich viele Längenverhältnisse, Verschiedenheit der Rhythmen, der Beziehungen zwischen Melodie und Harmonie, der Intensitäten, der Instrumentalklänge. Das Gehirn muß sein Äußerstes hergeben, um eine solche Vielfalt zu meistern und zu ordnen. Das musikalische Denken beschränkt sich dabei aber fast ganz auf die Formmittel des Mediums selber, wenn auch der Inhalt einer jeden musikalischen Aussage von menschlichen Erlebnissen jenseits der Tonwelt angeregt und auf diese auch beziehbar ist.

Untersucht man nun die Wortsprache in derselben Weise, so erweisen sich ihre Sinnesdimensionen als äußerst begrenzt. Gewiß ist da kein Mangel an Tönen, Geräuschen und Rhythmen; jede Sprache ist an diesen Ausdrucksmitteln sogar reicher als die meisten Musiksysteme. Aber Vielfalt gewährleistet noch keine Struktur, und die Strukturfähigkeiten der Sprachformen sind sehr beschränkt. Wohl können Wörter und Wortfolgen verschieden lang sein; auch bestehen sie alle aus einer begrenzten Anzahl festgelegter Elemente, und es lassen sich Gleichklänge und andre akustische und visuelle Ähnlichkeiten verwenden. Doch sind diese Sinnesdimensionen der Sprache strukturell so grob, daß sich keine im geringsten verfeinerte Form auf ihnen aufbauen läßt. Im Vergleich zur einfachsten Melodie ist ein Gedicht als bloße hörbare Form eine wesentlich irrationale Abfolge von Geräuschen, die vom Taktmaß oder von Ausdrucksformen der Betonung und des Rhythmus zusammengehalten wird. Was ich hier sage, wird dem Leser unsinnig vorkommen, wenn er nicht im Auge behält, daß ausdrücklich nur von der Sprache, also bloßer Sinnesform die Rede ist; von dem also, was ein Hörer empfängt, wenn er von den Lauten eines Gedichts oder von den Zeichen auf dem Papier kein Wort versteht. Die Klänge und sichtbaren Formen der Sprache erlangen ihre feine Schönheit, ihre Ordnung und Bedeutung nur in Hinsicht auf den Sinn der Worte.

Der Gleichklang der Sprachlaute kann Verbindungen schaffen; Rhythmus bildet Wortgruppen; Vorsilben und Nachsilben bezeichnen Wortkategorien. Aber das bloße Zusammenfassen von sonst beziehungslosen Formgruppen leistet strukturell recht wenig. So kommt zum Beispiel nicht einmal der grammatisch grundlegende Unterschied zwischen Ding und Handlung im Klanglichen zum Ausdruck, obwohl Sprachlaute durchaus statischen oder dynamischen Charakter haben können. Allerdings gibt es Klangunterschiede zwischen Hauptwörtern und Tätigkeitswörtern, aber diese bedeuten ein bloßes Sortieren und spiegeln klanglich den Charakterunterschied zwischen Ding und Tätigkeit zumeist nicht wieder. Ebenso stellt auch die lineare Abfolge der Wörter ein prägnantes Strukturelement dar; aber wie primitiv ist der Gebrauch, den die Sprache davon machen kann, wenn man wiederum zum Vergleich an die Musik denkt. In gewissen Sprachen kann man Substantive und Verben an ihrer Stellung im Satz unterscheiden. Aber da diese nichts als Tonhäufchen sind, haben die Anordnungen den Sinnen wenig zu bieten.

Da das sprachliche Medium als solches so formlos ist, kann man nicht in Worten denken, außer wenn man sich mit so simplen Aussagen zufriedengeben will wie: a klingt wie b; oder a kommt immer vor b; oder a dauert länger als b. Das ist zu karge Kost für den menschlichen Verstand.

Nun gibt es allerdings eine Art von kognitiver Operation, die sich innerhalb des Sprachbereichs selbst ausführen läßt; sie ist nützlich, kann aber schwerlich als produktives Denken bezeichnet werden. Man kann lernen, daß Wörter gewisse Begriffe benennen und in bestimmter Weise aufeinander bezogen sind. Man kann sich zum Beispiel rein sprachlich einprägen, daß zehn weniger drei sieben ist.

Der Sinn der Aussage kann dabei vergessen werden oder unbekannt sein. Sobald man dem Apparat die Tonfolge »zehn weniger sieben« verabreicht, kommt »drei« automatisch heraus. Kein Hinweis über das bloß Sprachliche hinaus ist dazu nötig. Der Gewinn liegt in einem Speicher- und Auffindungsverfahren, das Information zugänglich macht. Man kann dazu Maschinen verwenden. Aber mit wirklichem Denken hat all dies nichts zu tun.

Die Sprache kann also mittels analytischer Urteile, wie Kant sie genannt hat, Information verschaffen. In solchen Urteilen ist das Prädikat nur eben eine bereits bekannte Eigenschaft des Subjekts und bringt diese Eigenschaft zu ausdrücklicher Kenntnis. Die Aussage »Alle Körper haben Ausdehnung« ist analytisch, wenn Ausdehnung eine der in der Definition physischer Körper enthaltenen Qualitäten ist. Die Erfahrungswelt braucht dazu nicht befragt zu werden. Die Urteile können rein sprachlich zustandekommen. Jemand erzählt mir etwa, daß Frau X. in Kansas City lebt und einen Psychiater zu finden versucht. Ich meinerseits kenne den Dr. Y., dessen Name in meinem Gedächtnis mit der Stadt Kansas City assoziiert ist. Ich kann der Dame also Auskunft geben, ohne wesentlich über das rein Sprachliche hinauszugehen; und natürlich könnte eine Sortiermaschine das gleiche leisten, indem sie alle auf Psychiater in Kansas City bezüglichen Lochkarten mit Windeseile heraussonderte. Fragte man mich nun aber, ob Dr. Y., seiner Persönlichkeit und seiner Methode nach, wohl geeignet wäre, mit Frau X. eine gute Beziehung herzustellen, so wäre zur Beantwortung wahrscheinlich ein, im Kantischen Sinne, synthetisches Urteil nötig, in dem das Prädikat zum Subjekt etwas in dessen Verbaldefinition noch nicht Enthaltenes hinzuzufügen hätte. Worte reichen hier nicht aus; ich muß auf das zurückgreifen, was ich über die beiden Personen weiß, und daraus versuchsweise eine Verbindung schaffen, die vorher noch nicht bestand. Dazu ist etwas von wirklichem Denken nötig.

Rein sprachliches Denken ist das Musterbild gedankenlosen Denkens, das automatisch auf das schon Aufgespeicherte zurückgreift. Es ist nützlich, notwendig, aber unfruchtbar. Der Wert der Sprache für das Denken kann also nicht auf einem Denken in Worten beruhen. Es muß sich vielmehr um Hilfeleistungen handeln, deren sich das Denken bedienen kann, während es in einer geeigneteren Materialsphäre, etwa mit Vorstellungsbildern, arbeitet.

Worte deuten auf Wahrnehmungen

Das visuelle Medium überragt alle anderen darin, daß es für alle Eigenschaften von Gegenständen, Ereignissen und Beziehungen Strukturäquivalente zu bieten hat. Die Vielfältigkeit möglicher sichtbarer Formen ist der Menge möglicher Sprachlaute vergleichbar. Worauf es aber vor allem ankommt, ist, daß sie sich zu spontan begreifbaren Gestalten ordnen lassen, wovon die geometrischen Formen die bedeutendsten Beispiele sind. Der Hauptvorzug der visuellen Materialsphäre besteht wohl darin, daß sie Formen in zwei- und dreidimensionalem Raum darstellt, während die Wortsprache eindimensional aufreiht. Dieser mehrdimensionale Raum eignet sich nicht nur für Vorstellungsmodelle physischer Dinge und Geschehnisse, sondern liefert auch anschauliche Dimensionen für die symbolische Abbildung theoretischer Denkmodelle.

Aus der Sprachwissenschaft ist uns bekannt, daß Wörter, die in ihrer späteren Form nicht auf unmittelbare Wahrnehmungen hinzuweisen scheinen, dies ursprünglich taten. Viele sind noch immer unverkennbar bildlich. Das in den modernen europäischen Sprachen für 'Tiefgründigkeit' verwendete Wort *profund* enthält das lateinische Wort für 'Grund', *fundus*. Man beschreibt also auch heute noch die Tiefe eines Brunnens und die eines Gedankens mit den gleichen Worten, und S. E. Asch hat in einer Untersuchung über Metaphern gezeigt, daß sich vergleichbare Beispiele von solch »naiver Physik« in den bildlichen Ausdrücken höchst verschiedener Sprachen vorfinden. In diesem allgemeinen Sprachgebrauch spiegelt sich natürlich der psychologische Vorgang wieder, der 'unanschauliche' Begriffe von anschaulichen ableitet. Der Begriff der Tiefgründigkeit stammt eben tatsächlich von dem Erlebnis der physischen Tiefe ab; ja man kann sagen, daß die Tiefe nicht nur ein handlicher bildlicher Ausdruck zur Beschreibung des gemeinten geistigen Phänomens, sondern überhaupt die einzige Art und Weise ist, sich dies Phänomen vorzustellen. Geistestiefe läßt sich nicht begreifen ohne eine Vorstellung von physischer Tiefe. Daher denn der bildliche Charakter aller theoretischen Sprache, wovon Benjamin Lee Whorf Beispiele gegeben hat:

»*Ich 'erfasse' den 'Faden' seiner Beweisführung, aber wenn sein 'Niveau' mir 'zu hoch' ist, so 'entzieht' sich ihm meine Aufmerksamkeit, und ich 'verliere Kontakt' mit seinem 'Gedankengang', so daß, wenn er schließlich 'zu dem kommt', worum 'es geht' unsre 'Ansichten' 'weit auseinander' 'gehen' und die 'Dinge', die er sagt, mir 'viel' zu willkürlich 'erscheinen' und mir wie ein 'Haufen' Unsinn 'vorkommen'.«*

Tatsächlich ist Whorf hier noch viel zu sparsam mit seinen Anführungszeichen, denn auch alle die übrigen Wörter, einschließlich der Verhältnis- und Bindewörter, leiten ihre Bedeutungen aus sinnlichen Quellen ab. Natürlich helfen auch die anderen Sinne dabei mit, unanschauliche Dinge denkgerecht zu machen. Ein Mensch mag scharfsinnig oder undurchdringlich sein; Theorien mögen in Einklang oder Mißklang miteinander stehen; die Lösung eines politischen Problems wird mit Spannung erwartet; die Skandalgeschichte stinkt nach Korruption. Man kann sich darauf verlassen, daß die Sinne die anschaulichen Gegenstücke zu allen Denkbegriffen liefern können, einfach deshalb, weil diese Begriffe ja ursprünglich aus der Sinneserfahrung stammen. Noch schärfer ausgedrückt: das menschliche Denken kann nicht über die Formen hinausgehen, die ihm die Sinne liefern.

Die Sprache ist also ein beredter Zeuge dafür, daß sich das Denken im Sinnlichen abspielt. Wenn dem aber so ist, was haben die Worte selber beizusteuern? Die Antwort darauf erfordert eine kurze Zwischenerörterung über ein allgemeineres Erkenntnisproblem.

Intuitives und intellektuelles Erkennen

Es gibt zwei Arten von anschaulichem Denken, die intuitive und die intellektuelle. Intuitives Erkennen spielt sich in einem Feld von Wahrnehmungskräften ab, die sich miteinander in freier Wechselwirkung befinden. Als Beispiel diene das Verfahren, mit dem sich jemand ein Werk der Malerei verständlich macht. Indem sein Blick über die gerahmte Fläche schweift, nimmt der Betrachter die Formen und Farben und ihre Beziehungen zueinander wahr. Die Wahrnehmungen der Teile beeinflussen einander so, daß der Betrachter das Gesamtbild als das Ergebnis des wechselseitigen Einflusses aller Komponenten erhält. Bei dieser Wechselwirkung handelt es sich um einen sehr komplizierten Feldprozeß, von dem im allgemeinen wenig ins Bewußtsein dringt. Nur das Endergebnis wird bewußt als das wahrgenommene Bild, dem eine bestimmte Organisation eignet und dessen Formen und Farben je von ihrem Ort und ihrer Funktion im Ganzen bestimmt sind.

Bei sehr vielem Denken und Problemlösen handelt es sich um ein intuitives Vorgehen dieser Art. Die Intelligenzleistungen der Sinne, die, wie zu Anfang dieses Buches gezeigt wurde, die Größe, Form, Farbe, usw. des Gesehenen bestimmen, beruhen auf Wechselwirkungen in Wahrnehmungsfeldern. Ähnlich wird die kompositionelle Ordnung eines Kunstwerks intuitiv geschaffen und bestimmt. Und in den Wissenschaften beruht das produktive Denken ebenfalls auf dem Umstrukturieren sinnlicher Gegebenheiten, auf 'synoptischem Denken', wie der deutsche Kunsterzieher Wolfgang Klafki es genannt hat.

Daneben aber gibt es ein zweites, grundsätzlich anderes Erkenntnisverfahren, nämlich das intellektuelle. Nehmen wir an, daß einem Betrachter nicht nur daran liegt, ein Bild als ganzes intuitiv zu erfassen, sondern daß er die verschiedenen Komponenten und Beziehungen, aus denen das Werk besteht, aussondernd erkennen möchte. Dazu beschreibt er jede Form und jede Farbe und macht sich eine Liste aller dieser Bildteile. Dann untersucht er die Beziehungen zwischen allen Einzelelementen, etwa die wechselseitige Wirkung von Assimilation und Kontrast. Wenn all dies getan ist, stellt er die Einzelergebnisse zusammen und rekonstruiert daraus das Ganze.

Dieser Beobachter hat also Teile und Teilbeziehungen aus dem Wahrnehmungsfeld ausgesondert, um den Charakter jeder Einzelheit zu bestimmen. Auf diese Weise verschafft er im Kräftefeld der Wahrnehmung den Einzelgegebenheiten, die durch den vielfältigen Einfluß von Allem auf Alles recht unstabil und abhängig werden, eine neue Festigkeit und Umrissenheit. Die aus der unmittelbaren Erfahrung gewonnenen Wahrnehmungsbegriffe konsolidieren sich so und erwerben eine für das Denken unentbehrliche Beständigkeit.

Die Komponenten eines intuitiven Denkprozesses stehen miteinander in dauernder Wechselwirkung. Die Glieder eines intellektuellen Prozesses hingegen reihen sich in linearer Abfolge aneinander. Wenn jemand die Einzelbeziehungen aufspüren will, die zusammen ein Kunstwerk ausmachen, so muß er sie einzeln untersuchen und nacheinander zusammenfügen. Typische Beispiele intellektueller Denkprozesse sind das Aufeinanderreihen von Begriffen in sprachlichen Aussagen, das Abzählen oder Addieren von Größen oder die Verkettungen logischer Sätze in Syllogismen oder mathematischen Beweisen.

Ich kann es mir nicht versagen, hier ein Zitat einzuschieben, das N. R. Hanson in einem lateinischen Traktat des 18. Jahrhunderts über die Pflanzen der Schweiz fand, geschrieben von dem Anatomen, Physiologen und Dichter Albrecht von Haller, der dem deutschen Leser vor allem durch sein Lehrgedicht ›Die Alpen‹ bekannt ist. Gegen Ende eines seiner Kapitel beschreibt Haller die verschiedenen Arten von Liliengewächsen und merkt danach an, daß er von hier aus in natürlicher Ordnung zu Binsen, Kalmus und ähnlichen Pflanzen übergehen könnte, indem er die Staubbeutel als gemeinsames Merkmal benutzte; daß die natürliche Ordnung ihn aber ebenso gut von den Lilien zu den Orchideen führen würde, die ähnliche Wurzeln, Blätter, Blüten und Früchte, aber ganz andere Staubfäden hätten. Worauf er hinzufügt:

»*Natura in reticulum sua genera connexit, non in catenam: homines non possunt nisi catenam sequi, cum non plura simul possint sermone exponere.*« *(Die Natur verknüpft ihre Gattungen in einem Netzwerk, nicht in einer Kette; die Menschen hingegen können nur einer Kette folgen, da sie in ihrer Rede nicht mehrere Dinge zugleich vorbringen können.)*

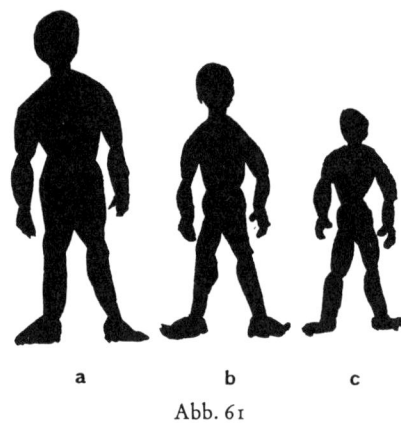

a   b   c
Abb. 61

Intellektuelle Prozesse sind schrittweise Verbindungen zwischen festen Einheiten. Man vergleiche das etwa mit dem, was vor sich geht, wenn jemand intuitiv die Größenbeziehungen zwischen den drei Figuren in Abb. 61 bestimmt. Er macht sich die Orte der Drei innerhalb der räumlichen Gesamtfigur deutlich. Legt man ihm aber statt der Zeichnung die folgenden Sätze vor:

A ist größer als B
B ist größer als C
Daher ist A größer als C,

so muß er mit zwei selbständigen Vorstellungen arbeiten und diese irgendwie zu einer dritten vereinigen.

Künstler sprechen mißbilligend von einem 'intellektuellen' Verfahren, wenn sie finden, daß jemand Kompositionselemente benutzt, die nicht aus der Anschauung des Werkes selbst stammen, sondern von Methoden abgeleitet sind, die von außenher herangebracht wurden. Geometrische Konstruktionen, Nachahmung von Abgesehenem, Tricks und Formeln aller Art können Fremdkörper hervorbringen, die sich dem Ganzen intuitiv nicht einfügen. Jedoch besteht kein notwendiger Widerstreit zwischen intuitivem und intellektuellem Vorgehen. Im Gegenteil ist für produktives Denken in der Kunst wie auch in der Wissenschaft eine Zusammenarbeit zwischen dem freien Kräftespiel im Wahrnehmungsfeld und dem Umgehen mit mehr oder weniger festgelegten Einheiten, die sich als Invarianten unter wechselnden Umständen aufrechterhalten, durchaus bezeichnend.

Die Sprache nun hilft dem menschlichen Geist, intellektuelle Einheiten zu verfestigen und zu bewahren. Sie tut das zum Beispiel mit den Sinnesbegriffen, die sich aus der direkten Erfahrung entwickeln. Die Allgemeinformen der Wahrnehmung sind in das Kontinuum der Sehwelt eingebettet. Der Begriff Baum beruht auf einer endlosen Vielfalt von Bäumen verschiedener Form, Farbe, Größe; er wohnt jedem Exemplar der

Gattung inne, ist aber mit keinem identisch. Weiterhin ist der Bereich eines solchen Typenbegriffs auch nicht klar umschrieben, sondern geht in Nachbarbegriffe über. Das Baumhafte grenzt ans Gebüschhafte, Gemüse grenzt an Frucht, Geige an Bratsche, das Romantische ans Gotische, Fräulein Hanna an Fräulein Klara. Das Denken braucht klar umschriebene Typen, und die Wahrnehmung ist darauf auch eingerichtet, aber die Rohstruktur der Erfahrung liefert keine scharfen Unterschiede, kein einfaches Entweder-Oder; sie ist voller Bereiche, Abschattierungen, Stufungen.

Hier hilft die Sprache aus. Sie versieht jeden Typus mit einem deutlichen, ausgeprägten Zeichen und drängt damit das Vorstellungsmaterial zur Bildung entsprechend prägnanter Abbilder. Das Reich der Töne ist zur Erzeugung sprachlicher Namen ideal geeignet. Es ist viel weniger ein Kontinuum als die Sehwelt. Auf einem Geräuschteppich oder einem Hintergrund von Stille kann es wohlumrissene Lautformen präsentieren. Eindeutige Lautformen erscheinen auf solchem Hintergrund wie Buchstaben auf dem leeren Papier.

Das Reich des Hörbaren liefert einen unerschöpflichen Vorrat sinnleerer Tonformen, die leicht hervorzubringen und nachzuahmen sind. Da sie nicht in der Natur fertig aufgefunden, sondern vom Menschen geschaffen sind, erfüllen diese Wortformen wenigstens annähernd die Optimalbedingungen für ordentliches Denken. Jeder Typus erhält sein einzigartiges, unterscheidbares Zeichen. Zwar sind die visuellen und akustischen Formvariabeln der Sprache primitiv, doch reichen sie aus, um beim Aussortieren der Sinneswelt tatkräftig mitzuhelfen. Wörter sind wie Zeiger, die am laufenden Umriß eines Gebirgsprofils die hervorragenden Bergspitzen aussondern helfen. Gewiß sind diese Gipfel nicht von den Zeigern geschaffen; sie sind objektiv gegeben. Aber die Zeiger bestärken den Betrachter im Unterscheiden.

Das heikle Verhältnis zwischen Sprache und anschaulichem Denken ist von einigen Anhängern des sogenannten linguistischen Determinismus vereinseitigt und vergröbert worden. Sie beschreiben die Sinneserfahrung als formloses Rohmaterial, als eine unordentliche Anhäufung von Einzelgegebenheiten. In widersinniger Umkehrung dessen, was in Wirklichkeit vor sich geht, beschreiben sie die sprachlichen Begriffe als die Gußformen, in die das Rohmaterial geschüttet werden muß, wodurch dann dem chaotischen Weltbild, mit dem wir es sonst zu tun hätten, eine subjektive Ordnung auferlegt wird. Die Worte sind es angeblich, die ein Ding vom andern scheiden, Ähnlichkeiten und Unterschiede entdecken und Gattungen bilden.

Frühe Verfechter dieser eigentümlichen Verranntheit waren Herder und Humboldt im 18. Jahrhundert. Zu unseren eigenen Lebzeiten haben sich Ernst Cassirer und die Sprachforscher Sapir und Whorf die Theorie in mehr oder weniger radikaler Fassung zu eigen gemacht. Das Seherlebnis, sagt Herder in seiner Preisschrift über den Ursprung der Sprache »ist so helle und überglänzend, es liefert eine solche Menge von Merkmalen, daß die Seele unter der Mannigfaltigkeit erliegt«. Die sichtbare Welt ist in »unendliche Mannigfaltigkeit zerstreuet«. Er nennt den Gesichtssinn »zu fein«, denn was er uns sagt, ist »verwirrend und kopfleerend«. »Das Gesicht stellt uns Alles auf Einmal vor, und schreckt also den Lehrling durch die unermeßliche Tafel des Nebeneinander ab«. Anderthalb Jahrhunderte später schließt sich Cassirer dieser Meinung an, indem er von der »Rhapsodie der Wahrnehmung« spricht. Nach Whorf wiederum zeigt sich uns die Welt als »ein kaleidoskopischer Fluß von Eindrücken, den unser Verstand organisieren muß – und das bedeutet hauptsächlich: das Sprachsystem unseres Verstandes«. Die Welt des Sichtbaren wird zu einem bunten Angsttraum, wahrlich eine Erfindung, die zu den Dienern am Wort paßt.

Nach Herder unterscheiden sich menschliche Wesen von den instinktbesessenen Tieren durch ihre Besonnenheit (Reflexion):

»Der Mensch beweiset Reflexion, wenn die Kraft seiner Seele so frei wirket, daß sie in dem ganzen Ozean von Empfindungen, der sie durch alle Sinnen durchrauschet, Eine Welle, wenn ich so sagen darf, absondern, sie anhalten, die Aufmerksamkeit auf sie richten, und sich bewußt sein kann, daß sie aufmerke. Er beweiset Reflexion, wenn er aus dem ganzen schwebenden Traum der Bilder, die seine Sinne vorbeistreichen, sich in ein Moment des Wachens sammeln, auf Einem Bilde freiwillig verweilen, es in helle ruhigere Obacht nehmen und sich Merkmale absondern kann, daß Dies der Gegenstand und kein andrer sei.«

Und diese Besonnenheit verdanken wir, Herders Ansicht nach, der Sprache. Unsre Zeitgenossen drücken sich unverwundener aus. »Nicht erst die Fügung und Gliederung der Begriffswelt«, sagt Cassirer, »sondern die phänomenale Struktur der Wahrnehmung selbst ist es, worin sich die Kraft der sprachlichen Formung vielleicht am deutlichsten und am schlagendsten erweist«. Und bei Whorf heißt es: »Das Segmentieren der Natur gehört zum Wesen der Grammatik. Wir zerschneiden und organisieren die Breite und den Fluß der Ereignisse auf unsre Weise hauptsächlich deswegen, weil wir daran durch unsere Muttersprache wie durch ein Abkommen gebunden sind, nicht weil die Natur an sich in einer für jedermann sichtbaren Weise gerade so aufgeteilt ist.«

Zur Veranschaulichung der Theorie beschreibt Herder, wie der Primitive, wenn er sich einem Lamm – »weiß, sanft, wolligt« – gegenüber sieht, seine Fähigkeit zur Reflexion ausübt, indem er nach einem Merkmal für das Tier sucht. Plötzlich blökt das Schaf, und siehe da! schon hat er das unterscheidende Merkmal gefunden.

»Dies Blöken, das ihr (der Seele) den stärksten Eindruck macht, das sich von allen andern Eigenschaften des Beschauens und Betastens losriß, hervorsprang, am Tiefsten eindrang, bleibt ihr. Das Schaf kommt wieder. Weiß, sanft, wolligt – sie sieht, tastet, besinnt sich, sucht Merkmal – es blökt, und nun erkennet sie's wieder! 'Du bist das Blökende!' fühlt sie innerlich, sie hat es menschlich erkannt, da sie es deutlich, das ist, mit einem Merkmal erkannte und nannte.«

Für dies Vorurteil, wonach die visuellen Eigenschaften von Dingen dem Erkennen unzugänglich sind, außer wenn sie mit etwas Tönendem assoziiert und auf diese Weise der Sprache wesensverwandt werden, habe ich den Namen 'die Fabel vom blökenden Lamm' vorgeschlagen.

Der Nutzen der Sprache

Obwohl kein Grund besteht, diesen Forschern zu glauben, daß die Wahrnehmung der Sprache bedarf, um ihre Arbeit zu leisten, trifft es gewiß zu, daß Wörter haltbare Etiketten sind, die der Wahrnehmung beim Hervorheben von Erscheinungsgattungen helfen. Die Sprache leistet aber noch mehr. Psychologen haben darauf hingewiesen, daß sprachliche Benennungen als Kategorien anzusehen sind. Die Benennung legt bis zu einem bestimmten Grade das Abstraktionsniveau fest, auf dem das bezeichnete Ding wahrgenommen wird und werden soll. Man kann ein und dasselbe Einzelwesen meinen, wenn man von einem Tier, einem Säugetier, einer Katze, einer Hauskatze oder von dem Kater Joschi spricht. Die Abstraktionsstufe wird nicht willkürlich gewählt, sondern hängt – zumindest bei Erwachsenen, die die Sprache beherrschen – von dem Allgemeinheitsgrad ab, den die gegebene Sachlage erfordert. Wenn Mäuse im Haus sind, braucht man eine Katze, ganz gleich welche. Aber wenn Joschi gewünscht wird, kann keine andre Katze ihn ersetzen.

Nun drückt sich das Abstraktionsniveau, auf dem man einen Gegenstand oder ein Ereignis betrachtet, allerdings schon in der Wahrnehmung selbst aus. Es macht einen sichtbaren Unterschied, ob ich einen Koffer als 'etwas', was mir im Weg ist, betrachte, oder ob ich ihn kaufen will und daher von allen Seiten beaugenscheinige. Doch sind diese Verschiedenheiten des Wahrnehmungsniveaus ziemlich subtil und werden dadurch verunklärt, daß sie sich auf das gleiche Anschauungsding beziehen. Daher wird das gemeinte Abstraktionsniveau besser verankert, wenn man es durch eine sprachliche Benennung festlegt.

Diese Unterstützung durch Worte ist vor allem willkommen, wenn eine Aussage verschiedene Abstraktionsstufen auf das gleiche Ding bezieht. 'Löwen sind Katzen' – dazu muß ich die gleiche Tierart auf zweierlei Weise sehen, was möglich, aber umständlich ist. Andrerseits weisen die Sprachlaute, wegen ihrer Willkürlichkeit, allerdings nicht auf das den Begriffen 'Löwe' und 'Katze' Gemeinsame hörbar hin, sondern sind einfach zwei verschiedene Geräusche. Hier hilft die Sinnesvorstellung, und eben weil die beiden Ausdrucksmittel ihre Schwächen gegenseitig ausgleichen, arbeiten sie so gut zusammen.

Oft ist das Sprachetikett nicht einfach willkürlich, sondern gibt einem Einzelding oder einer Gattung eine Bezeichnung, die es als Mitglied einer umfasenderen Kategorie ausweist. Nennt man eine Tierart 'Insekten', so beschreibt man sie damit als *insecta*, d. h. als aus Segmenten bestehende Körper. In Platons Parodie auf die hemmungslosen Etymologen, dem ›Cratylus‹, gibt Sokrates viele Beispiele. Heroen etwa heißen so, weil sie einem Liebesbund entspringen, und in *heros* steckt *eros*. Ein ernsthafteres, aber ebenso frei erfundenes Beispiel: Hätte man den Mond im Altertum für ein abgetrenntes Stück der Erde gehalten, so hätte man ihn vielleicht Perdita und nicht Luna genannt und ihn damit sprachlich unter die verlorenen, statt unter die leuchtenden Dinge eingereiht.

Mittels solcher kategorialer Namen kann die Sprache Klassifikationsänderungen besiegeln, die mit einem Ding praktisch vor sich gehen. Der Maler Georges Braque hat angemerkt: »Ein Kaffeelöffel neben einer Tasse erhält eine andere Funktion, wenn ich ihn zwischen meinen Hacken und meinen Schuh schiebe. Er wird zum Schuhanzieher.« Mit einem solchen Funktionswechsel geht eine deutliche Umstrukturierung der Wahrnehmung Hand in Hand; der Löffelstiel wird etwa zum Hebel. Der bleibenden Gleichheit des Dinges steht der sprachliche Unterschied von 'Kaffeelöffel' und 'Schuhanzieher' entgegen. Im allgemeineren Sinne widersetzt sich also die Sprache der Wahrnehmungstendenz, Dinge als reine Formen zu sehen. Da die Sprache aus praktischen Bedürfnissen entstanden ist, so deutet sie auf funktionelle, statt auf formale Kategorien und geht damit über die bloße Erscheinung hinaus. Wenn also ein Kunsterzieher erreichen möchte, daß seine Schüler reine Formen und nicht Gebrauchsgegenstände sehen, wird er den Einfluß sprachlicher Benennungen auf das Gesehene abzuschwächen suchen.

Der Satz 'Löwen sind Katzen' diente als Beispiel dafür, wie sprachliche Formulierungen die anschauliche Gegenständlichkeit von Beziehungen verstärken können, die nicht physisch tatsächliche Situationen beschreiben, sondern theoretisch sind. Der Satz legt zwei getrennte Sinneseinheiten vor und verbindet sie durch die räumliche Beziehung des Einbegreifens: Löwen gehören ins Gebiet der Katzen. Die Formulierung hilft also, den 'Schauplatz' für eine rein logische Beziehung herzustellen. Dieser Beistand ist äußerst wertvoll, da ja das Denken dauernd Dinge aufeinander bezieht, die in der physischen Welt der Zeit und des Raumes nicht zusammen auftreten. Der Satz 'Alexander war größer als Napoleon' behandelt die zwei Männer zunächst als Quantitäten, den einen als größer, den andern als kleiner. Den Worten entspricht ein psychischer Vorgang, der äußerst schwer zu beschreiben ist, weil er nämlich Vorstellungen auf zwei verschiedenen Abstraktionsniveaus miteinander verbindet. Die Vorstellungen von Alexander und Napoleon sind als solche unverbunden, wie auch immer sie im Bewußtsein des Denkenden sonst beschaffen sein mögen. Hinzu kommt nun eine Vorstellung von der Beziehung zwischen ihnen, die auf irgend eine Weise den Größenunterschied verbildlicht – eine sehr abstrakte Vorstellung, die von denen der beiden Männer getrennt ist, diese aber zugleich verbindet. Die übergeordnete, rein formale Vorstellung der Größenbeziehung läßt sich gegen die robustere Körperlichkeit von Alexander und Napoleon schwer behaupten. Die sprachliche Formulierung hilft also hier dem anfälligeren, abstrakteren Teil der Vorstellung. Wittgenstein hat einmal gesagt: »Im Satz wird eine Welt probeweise zusammengestellt. (Wie wenn im Pariser Gerichtssaal ein Automobilunglück mit Puppen etc. dargestellt wird.)«

Die Bildvorstellungen logischer Bindeglieder

Wenn es wahr ist, daß die Sprache als ein visuelles oder akustisches Ausdrucksmittel Denkbegriffen kaum Form geben kann, so muß das für alle sprachlichen Komponenten gelten, denn alle Begriffe bedürfen einer Sphäre, in der sie zur Anschauung kommen können. Wie steht es da mit Begriffen, die keine greifbaren Dinge bezeichnen? Vorstellungen von Begriffen wie 'Haus' oder 'Kampf' bieten wenig Schwierigkeiten, und so steht es auch mit Beziehungen zwischen physischen Dingen wie 'grösser als' oder 'einbegriffen in'. Wie sehen nun aber die anschaulichen Gegenstücke von 'wenn, weil, wie, obwohl, entweder-oder' aus? Dies sind Bindewörter und Verhältniswörter, auf die Sigmund Freud in einem sehr ähnlichen Zusammenhang zu sprechen kommt. Wenn er die Traumarbeit untersucht, die den zugrundeliegenden Traumgedanken anschauliche Form zu geben hat, stellt er die Frage, wie sich die für das Denken so wichtigen logischen Beziehungen wahrnehmungsmäßig darstellen lassen. Er weist auf ein ähnliches Problem in den bildenden Künsten hin. In der Tat sind die Traumbilder und die Bilder der Kunst den Denkvorstellungen in mancher Weise verwandt; doch bringt der Vergleich auch Unterschiede zum Vorschein, die uns mit den Eigenarten der Denkvorstellungen näher vertraut machen.

Der Hauptunterschied besteht wohl darin, daß Denkvorstellungen ihre Aufgabe nur dann erfüllen können, wenn sie alle für den Denkvorgang benötigten Komponenten enthalten; sie sind ja der Seinsbereich, in dem das Denken vor sich geht. Ein Traum oder Gemälde hingegen ist ein bloßes *Produkt* der Gedanken, die man aus dem Abbild zu rekonstruieren versuchen kann. Nach Freud kann der Traum einen Vorgang als Ursache eines anderen bezeichnen, indem er die beiden Episoden einfach aufeinander folgen läßt. Das heißt also, daß der Traum die Kausalbeziehung nicht ausdrücklich vorführt, sondern nur auf sie hindeutet, so wie man auch im Sprechen und Schreiben häufig die logischen Verbindungen ausläßt. Die Beziehung wird durch bloßes Nacheinander aufgezeigt, und es bleibt dem Hörer oder Leser überlassen, die passenden Verbindungen auf Grund seines Verständnisses zu ergänzen. So etwas ist im anschaulichen Denken nicht möglich; denn was dort keine ausdrückliche Form annimmt, ist nicht da und kann nicht von anderswoher verschafft werden. Es gibt kein Anderswo.

Wenn der Traum Ähnlichkeit, Gleichsetzung oder Vergleich ausdrückt, indem er mehrere Abbilder in ein einziges verschmilzt, erzeugt er einen Widerspruch zwischen dem, was gemeint ist, und dem, was gezeigt wird. Er gibt also ein Rätsel auf. In der Denkvorstellung würde ein solcher Widerspruch das Denken unmöglich machen. Oder nehmen wir das von Freud angeführte Beispiel der Stanza della Segnatura. Raffael versammelt auf einem Berge oder in einer Halle Dichter oder Philosophen, die zu verschiedenen Zeiten und an verschiedenen Orten lebten, und überläßt es dem Betrachter zu verstehen, daß diese Männer nur gedanklich, nicht aber geographisch zusammengehören. Ebenso symbolisieren Minotaur und Zentaur die Vereinigung von tierischem und menschlichem Wesen nur für das Verständnis des Betrachters. Wörtlich gesehen, bietet sich ihm nichts als zwei Exemplare einer phantastischen Zoologie.

Denkvorstellungen können leisten, was in Träumen und Bildern unmöglich ist, weil sie verschiedene und getrennte Abstraktionsstufen in *einer* Sinnessituation zusammenbringen können. Sie können, um noch einmal auf das obige Beispiel zurückzukommen, die Gedächtnisbilder von Alexander und Napoleon raumzeitlich unverbunden lassen, wie es den geschichtlichen Tatsachen entspricht, und sie zugleich mit der ebenfalls anschaulichen, aber abstrakteren Beziehung des Größenvergleichs überlagern.

Man kann sich leicht der räumlichen Vorstellungen bewußt werden, die den Binde- und Verhältniswörtern entsprechen. Da sie theoretische Beziehungen sind, lassen sie sich am besten durch recht abstrakte, topologische Formen darstellen. 'Aber', zum Beispiel, unterscheidet sich in seinem Schrankencharakter von 'obwohl', das den Fluß der Handlung nicht anhält, sondern ihn nur mit einer Komplikation belastet. Kausalbeziehungen sind, wie Michottes Experimente gezeigt haben, unmittelbar wahrnehmbare Vorgänge; daher bringt das Wort 'weil' einen bewirkenden Faktor ins Spiel, der die Situation vorwärtstreibt. Im 'trotz' spiegelt sich das siegreiche Überwinden einer Hürde. Wie anders ist dagegen das Hin und Her der Ortsveränderung im 'entweder-oder' oder im 'statt'; wie verschieden die stabile Bindung von 'mit' und 'von' von dem streitbaren 'gegen'!

Überschätzte Sprache

Die Sprache steht also in Wechselverbindung mit den anderen Wahrnehmungsbereichen, die dem Denken als wichtigstes Medium dienen; Sprache ist nicht einfach »das schließlich dem fertigen Gedanken angeheftete Namensschildchen« – eine Auffassung, die Sapir naiv genannt hat. Die Sprache beeinflußt die Organisation der Gedanken, indem sie die von der Wahrnehmung geformten Begriffe bestätigt und bewahrt. Diesen Einfluß haben die radikaleren Fassungen des linguistischen Determinismus in grob einseitiger Weise dargestellt. Es wird da behauptet, daß der Wortschatz und die Satzbildung der Sprache das Weltbild eines Volkes gestalten. So heißt es bei Humboldt:

»Der Mensch lebt mit den Gegenständen hauptsächlich, ja, da Empfinden und Handeln in ihm von seinen Vorstellungen abhängen, sogar ausschließlich so, wie die Sprache sie ihm zuführt. Durch denselben Akt, vermöge dessen er die Sprache aus sich herausspinnt, spinnt er sich in dieselbe ein, und jede zieht um das Volk, welchem sie angehört, einen Kreis, aus dem es nur insofern hinauszugehen möglich ist, als man zugleich in den Kreis einer anderen hinübertritt.«

Diese Lehre hat ihren Antrieb wohl in dem introvertierten Bedürfnis, den menschlichen Geist als den Schöpfer der Außenwelt anzusehen. Wäre ihr mehr an den Tatsachen gelegen, so könnte sie wohl kaum die naheliegende Frage vermeiden, wie denn der besondere Wortschatz und die Grammatik einer Sprache ursprünglich zustandegekommen seien; auch würde sie dann wohl Spracheigenarten nicht so hemmungslos als Kennzeichen der geistigen Haltung bezeichnen, ohne den geringsten Beleg dafür, daß das sonstige Benehmen einer Volksgruppe diesen sprachlichen Besonderheiten tatsächlich entspricht. Vielleicht stimmt es, daß die Wintun-Indianer, die, nach Dorothy Lee, in ihrer Sprache Einzahl und Mehrzahl nicht unterscheiden, »zunächst das Allgemeinmenschliche erkennen und wahrnehmen und erst in zweiter Linie die bestimmte Person«. Schließlich sprechen ja viele andre Tatsachen dafür, daß das menschliche Erkennen vom Allgemeinen seinen Ausgang nimmt und sich erst im Laufe der Entwicklung differenziert; doch trifft das ebenso für Völker zu, die zwischen Singular und Plural sorgfältig unterscheiden. Mit höchstem Mißtrauen liest man dagegen, daß der eindimensionale Charakter der Sprache, wiederum nach Dorothy Lee, ein eindimensionales Weltbild erzeugen soll:

»Die Eingeborenen der Trobriand-Inseln kodifizieren und sehen wohl auch die Wirklichkeit unlinear, im Gegensatz zu unserer linearen Ausdrucksweise. Grundlegend für meine Untersuchung der Wirklichkeitskodifikation in diesen beiden Gesellschaften ist die Annahme, daß jedes Mitglied einer bestimmten Gesellschaft die erlebte Wirklichkeit nicht nur durch den Gebrauch der bestimmten Sprache und andere formhaltige Verhaltenseigenschaften seiner Kultur kodifiziert, sondern tatsächlich die Wirklichkeit nur so begreift, wie sie sich ihm in diesem Kode darbietet.«

Nach dieser Ansicht fügen sich die Wahrnehmung und das Denken vorgeformten Verschlüsselungsformeln passiv ein. Vorausgesetzt ist dabei, daß alle seelischen Regungen eines Menschen oder einer Gruppe nach dem gleichen Strukturmuster zugeschnitten sind. So einförmig ist der menschliche Geist aber nicht. Ein einziges Beispiel aus der Anthropologie möge hier ausreichen. Marcel Mauss hat darauf hingewiesen, daß in Polynesien und in China eine strenge Trennung der Geschlechter alle Einrichtungen des gesellschaftlichen Lebens bestimmt, zum Beispiel die Anweisung von Beschäftigungen oder den Besitz von Eigentum. Dabei unterscheiden die Sprachen dieser Kulturen aber die Geschlechter nicht. Andrerseits kann man mit einer Sprache aufgewachsen sein, die drei Geschlechter unterscheidet, und dennoch die Welt durchaus nicht dreigeschlechtig aufgeteilt sehen. Weder sieht ein Tisch männlich aus, noch eine Uhr weiblich; noch wirkt ein Mädchen als ein Neutrum. Und wird man dann in ein englischsprechendes Land verpflanzt, so verändert sich das Weltbild durch die sprachliche Reduktion auf ein einziges Geschlecht in keiner nennenswerten Weise.

Man kann den wichtigen Beitrag der Sprache nur dann sachgemäß einschätzen, wenn man sich klarmacht, daß sie den primären Denkmedien als ein bloßes Hilfswerkzeug untersteht. Die Sprache dient vor allem der Bewahrung und Befestigung, und daher neigt sie auch negativ dazu, die Erkenntnis zu verknöchern. In einem früheren Kapitel dieses Buches war davon die Rede, daß es zwei Arten von Typenbegriffen gibt. Entweder sie kristallisieren sich zu einer bestimmten, einfachen und wohlgestalten Form oder sie sammeln um das Zentrum verschiedene Spielarten, soweit sie unter den Begriff gehören. Das erstere Verfahren ist handlicher für die Zwecke des Einordnens, Erkennens, Übermittelns, während das zweite für ein breitangelegtes, anpassungsfähiges, wirklich produktives Denken unentbehrlich ist. Die Sprache aber unterstützt das erstere Verfahren, weil ein Name ein permanentes Etikett ist und daher einen ebenso starren Begriff begünstigt. Das Wort 'Dreieck' verspricht eine ebenso festgelegte Vorstellung.

Glücklicherweise behält das von den sprachlichen Benennungen befürwortete stereotype Denken nicht immer die Oberhand. Es stimmt aber gewiß, daß Wörter dazu beitragen, Vorstellungen zum Gefrieren zu bringen. Whorf, der im Versicherungswesen arbeitete, hat an praktischen Beispielen gezeigt, wie ein solches verhärtetes Denken zu gefährlichen Unfällen führen kann. Doch sind seine Deutungen in sofern psychologisch irreführend, als er behauptet, daß der Wortsinn der Benennungen Schuld sei an der Gedankenlosigkeit, mit der man häufig die so benannten Dinge behandelt. Wenn zum Beispiel das Wort 'leer' zwei verschiedene Bedeutungen hat, nämlich erstens, daß der Vorrat im Behälter zuende ist, und zweitens, daß der Behälter im chemischen Sinne rein ist, so stammt der Wortsinn deutlich aus der anschaulichen Erfahrung und erhält sich in dieser auch aufrecht. Welche Vorstellung die Oberhand hat, hängt vom Denkzusammenhang ab. Wenn jemand sich mit 'aufgebrauchten Vorräten' zu befassen hat, so wird er im ersteren Sinne denken, ist er aber für Reinlichkeit, d. h. für die Abwesenheit unerwünschter Substanzen, verantwortlich, so wird er die Situation im letzteren Sinne ansehen. All dies könnte gänzlich ohne Worte vor sich gehen, doch ist zuzugeben, daß wenn eine dieser Vorstellungen durch ein bestimmt definiertes Wort verstählt wird, sie sich hartnäckiger behaupten mag.

Der Psychologe James Deese hat eine Anzahl von Begriffen zusammengestellt, für die es im Englischen keine allgemein bekannten und verständlichen Gattungsnamen gibt. Darunter sind die folgenden:

Lichtquellen
Dinge, die ihre Größe und Form ändern
Teile des Körpers (einschl. Organe, Glieder usw.)
Pflanzenleichen
Alle Oberflächen eines Innenraums
Lebewesen mit Beinen
Gegenstände mit Beinen
Sitzgelegenheiten.

Wenn der Leser diese Kategorien an sich ausprobiert, wird er finden, daß er für einige von ihnen eine deutliche Vorstellungsbasis hat, obwohl in der Umgangssprache nur Beschreibungen, aber keine Benennungen für sie zur Verfügung stehen. Das Beispiel von den 'Sitzgelegenheiten' erinnert an Experimente, die E. G. Sarris vor Jahren ausgeführt hat, um festzustellen, was ein Hund unter 'Stuhl' versteht. Ein Hund hatte gelernt, auf einen bestimmten Stuhl von alltäglicher Form zu springen, sobald er den Befehl 'Stuhl!' hörte. Die Versuche ergaben, daß der Hund den Befehl auf jeden Gegenstand anwendete, auf den er springen, auf dem er liegen und von dem er hinunterschauen konnte, ganz gleich was das Ding für Menschen bedeutete. In Fällen dieser

Art wird die der Kategorie zugrundeliegende Allgemeinwahrnehmung noch verstärkt durch die allen zugehörigen Gegenständen gemeinsame Funktion (»Etwas zum Heraufspringen«). Auch fehlen dem Hunde gewisse Begriffskategorien, die einen Menschen bei der Verallgemeinerung hindern könnten. Ein Hund hat weniger Hemmungen als ein Mensch, etwa einen Koffer zu den Sitzgelegenheiten zu rechnen. Ein Begriff, der alle Teile des Körpers umfassen soll, läßt sich nicht leicht bilden, weil die funktionellen Unterschiede zwischen Gliedmaßen und inneren Organen so vordringlich sind. Ähnlich steht es mit den Unterschieden zwischen Fußboden, Wänden und Decke. Wenn eine kategoriale Vorstellung schwer zustandezubringen ist, so kann man das nicht einfach damit erklären, daß keine sprachliche Benennung dafür vorhanden ist. Viel wahrscheinlicher fehlt, umgekehrt, das Wort, weil sich die Vorstellung nicht gebildet hat. Doch ist auch hier wieder zuzugeben, daß man seiner Umwelterfahrung einen Begriff leichter entnimmt, wenn man in seiner Sprache ein Wort dafür zur Verfügung hat.

Die Beziehung zwischen Sprache und Sinnesbedeutung ist aber jedenfalls heikel. Da Wörter beständige Zeichen sind, machen sie glauben, daß der ihnen entsprechende Sinn ebenso beständig ist. So ist es aber offensichtlich nicht, obwohl nach Susanne K. Langer eines der wesentlichen Merkmale jeder echten Sprache darin besteht, daß sie aus Wörtern von festgelegter Bedeutung zusammengesetzt ist. In Wirklichkeit haben Wörter aber je nach dem Zusammenhang und für verschiedene Menschen oder Menschengruppen ganz verschiedene Bedeutungen. Wenn in einer Währung die Münzen plötzlich von Tag zu Tag und von Mensch zu Mensch ihren Wert ändern würden, so wären sie etwa so zuverlässig wie unsere Sprache. Philosophen und Wissenschaftler mühen sich dauernd mit den sprachlichen Hüllen ab, in die sie ihre Gedanken verpacken müssen, wenn sie sie aufbewahren und übermitteln wollen. Soll man einen geläufigen Fachausdruck beibehalten und nur eben seine Bedeutung ändern, wobei es dann aber scheinen mag, als ob man noch den alten, ausgewechselten Begriff im Sinne habe? Oder soll man ein neues Wort prägen und Gefahr laufen, nicht verstanden zu werden? Zu allen diesen Beschwerlichkeiten kommt es, weil Wörter, als bloße Beschriftungen, mit dem lebendigen Denken, das in einer anderen Bewußtseinssphäre vor sich geht, Schritt zu halten versuchen. »Die Geburt eines neuen Begriffes«, sagt Sapir, »kündigt sich unweigerlich durch die Zerrung und Ausweitung des alten Sprachmaterials an«. Diese Geburtswehen finden hauptsächlich im Denken selber statt. Sie kommen zustande, weil die Struktur des zur Untersuchung stehenden Tatbestandes von einer neuen, geeigneteren Struktur unter Druck gesetzt wird, wogegen das Bewußtsein sich wehrt. Der Kampf gegen die alte Terminologie ist nur ein Widerschein des im Denken vor sich gehenden eigentlichen Kampfes. Wenn der Verstand gezwungen wird, eine Sachlage in einem neuen Lichte zu sehen, so bedeutet das eine echte Herausforderung. Dann aber die Sprache der neuen Einsicht anzupassen, ist nur eine unbequeme Formalität. Der Psychologe Eric Lenneberg hat dies deutlich gemacht: »Worte beschriften die Prozesse, mit denen die Gattung auf ihre Umwelt reagiert.« Da diese Prozesse unaufhörliche Veränderungen in sich schließen, kann der Sinn der ihnen entsprechenden Benennungen ebenfalls nicht beständig sein.

Der Einfluß der linearen Form

Das intellektuelle Denken reiht, wie schon erwähnt, anschauliche Begriffe in linearer Abfolge auf. Der Geist ist in einer vierdimensionalen Welt von zeitlichen Geschehnissen und räumlichem Beieinander befangen, und er betätigt sich in ihr einerseits intuitiv, indem er die Wechselwirkungen von Feldkräften erfaßt, andrerseits intellektuell, indem er sich eindimensionale Pfade durch die räumliche Landschaft bahnt. Das intellektuelle Denken baut die Simultanstruktur des Räumlichen ab. Es verleiht auch allen Aufreihungen eine Richtung, die durch einen Pfeil symbolisierbar ist. Die Gleichheitsbeziehung, zum Beispiel, kann zwar vom Auge als ein symmetrisches Zueinander von zwei Gegebenheiten aufgefaßt werden – etwa Zwillinge auf einer Bank –, wird vom intellektuellen Denken aber in eine gerichtete Abfolge verwandelt, in der ein Ding aktiv dem ihm folgenden gleichgesetzt wird.

Die Wortsprache ist deshalb eine eindimensionale Kette von Worten, weil sie vom intellektuellen Denken zur Bezeichnung von Begriffsfolgen verwendet wird. Das verbale Medium als solches ist nicht notwendig linear. Zu künstlerischen Zwecken kann man zum Beispiel mehrere Wortreihen zur gleichen Zeit verwenden, wie es bei Opernduetten oder -quartetten regelmäßig geschieht. Ja man kann Wortfolgen gänzlich unlinear machen, indem man eine Gruppe von Sprechern Wortfetzen in unregelmäßigen Abständen simultan vortragen läßt. Auch kann man Wörter frei über eine Bildfläche oder Buchseite verstreuen, wie es etwa in den sogenannten konkreten Gedichten geschieht.

Die Sprache ist also deshalb linear, weil jedes Wort und jede Wortgruppe einen Begriff bezeichnet und solche Begriffe intellektuell nur im Nacheinander verbunden werden können. Da Wörter keine Abbilder, sondern bloße Zeichen sind, kann die in der Aussage 'Kirschen an Bäumen' gemeinte Raumbeziehung in der Wortfolge nicht ausgedrückt werden. Die drei Begriffe – Kirschen, an und Bäume – werden nur eben aufgezählt. Aus demselben Grunde läßt sich auch Tätigkeit nicht direkt sprachlich ausdrücken. Susanne K. Langer hat das sehr einleuchtend beschrieben:

> »Wenn Tatsachen in Sätzen wiedergegeben werden, verwandeln sie sich insofern, als die in ihnen enthaltenen Beziehungen allesamt zu Objekten werden. So betrifft die Tatsache, daß A den B getötet hat, die unerfreuliche Beziehung zwischen A und B. Diese Beziehung können wir sprachlich nur ausdrücken, indem wir sie benennen, und damit zaubern wir blitzschnell ein neues Ding in die Welt – das Töten, das nun der Gruppe A und B einfach hinzugefügt wird. Zwar enthält der in dem Satz dargestellte Vorgang zweifellos eine Abfolge von Tätigkeiten seitens des A und des B, aber sie ist nicht die Abfolge, die sich uns in der Wortkette darzubieten scheint, nämlich erst A,

dann das Töten und dann B. Alle Drei waren durchaus gleichzeitig vorhanden. Aber Wörter haben eine lineare, gesonderte, sukzessive Ordnung: sie sind nacheinander aufgezogen, wie die Perlen am Rosenkranz...«

Man sieht an den Beispielen, daß die sprachlichen Abfolgen von intellektuellen Begriffen sich häufig auf eine intuitiv vorstellbare Situation beziehen und zum Heraufbeschwören dieser Situation dienen können. Die Aussage 'Kirschen an Bäumen' ist vom Sprecher der räumlichen Vorstellung eines Obstgartens entnommen und kann im Hörer oder Leser eine ebensolche Szene hervorbringen. 'A tötet B' kann eine Mordszene ins Bewußtsein bringen. In solchen Fällen wird die Sprache zur Brücke zwischen Vorstellungen. Dabei ist aber der lineare Charakter des Vermittlungsinstruments nicht ohne Wirkung auf die Abbilder, die es hervorruft. Zwar kann die Vorstellung das Tätigkeitshafte beisteuern, daß im Gesprochenen selbst fehlt, aber der so heraufbeschworenen Tätigkeit haftet häufig etwas Lineares an. Die Gleichzeitigkeit einer Wechselwirkung etwa läßt sich sprachlich nicht unmittelbar ausdrücken. Die klassische Abhandlung über dies Problem ist Lessings ›Laokoon‹, der von den Grenzen der Malerei und Poesie handelt. Nach Lessing ist die Malerei, die es mit Formen und Farben im Raum zu tun hat, darauf eingerichtet, von Gegenständen zu handeln, weil diese im Raum miteinanderbestehen; wohingegen die Dichtung es mit Abfolgen in der Zeit, also mit Vorgängen, zu tun hat. Die Malerei kann allerdings Tätigkeit mittelbar durch Gegenstände ausdrücken, und die Dichtung beschreibt Dinge indirekt durch Vorgänge. Wenn aber die Sprache es unternimmt, eine visuelle Situation durch Aufzählung der Teile zu beschreiben, so versucht der Geist oft vergeblich, die Stücke zu der gemeinten Vorstellung zusammenzusetzen. Statt Lessings eigene Beispiele zu zitieren, will ich eines aus den Briefen von Lichtenberg verwenden, der in London David Garrick auf der Bühne gesehen hatte und nun einem deutschen Freund beschreiben wollte, wie der berühmte Schauspieler Hamlets Reaktion auf das Erscheinen des Geistes darstellte:

»Garrick, auf diese Worte, wirft sich plötzlich herum und stürzt in demselben Augenblicke zwei bis drei Schritte mit zusammenbrechenden Knien zurück, sein Hut fällt auf die Erde, die beiden Arme, hauptsächlich der linke, sind fast ausgestreckt, die Hand so hoch als der Kopf, der rechte Arm mehr gebogen und die Hand niedriger, die Finger stehen auseinander und der Mund offen, so bleibt er in einem großen, aber anständigen Schritt, wie erstarrt, stehen, unterstützt von seinen Freunden, die mit der Erscheinung bekannter sind und fürchteten, er würde niederfallen; in seiner Miene ist das Entsetzen so ausgedrückt, daß mich, noch ehe er zu sprechen anfing, ein wiederholtes Grausen anwandelte.«

In wievielen Lesern wird diese Aufzählung von Einzelbeobachtungen eine Vorstellung von der Szene wachrufen, die Lichtenberg im Theater vor sich sah? Es ist dies eine Schwierigkeit, derentwegen viele Schriftsteller spontan das Prinzip benutzen, das Lessing theoretisch formuliert hat. Sie beschreiben das, was ist, durch das, was vor sich geht. Das statische Verzeichnis der in der Situation anwesenden Dinge wird sozusagen auf Flügeln des Geschehens eingeführt. Es ist ein dem Wesen der Sprache angemessenes Verfahren. Es verfolgt lineare Beziehungen durch den gegebenen Tatbestand hindurch und führt jede dieser Teilbeziehungen als eine eindimensionale Abfolge von Handlungen vor. Dabei ist die Reihenfolge der Vorführung nicht willkürlich, sondern vom Sinn bestimmt. Sie beginnt etwa mit einer besonders bezeichnenden und lebhaften Einzelheit und entwickelt von dort weitere Facetten der Situation wie die aufeinanderfolgenden Schritte einer Beweisführung. Dadurch wird die Beschreibung zur Deutung. Der Schriftsteller bedient sich der Eigenart des Sprachmaterials, um seinen Leser zu leiten, so wie ein Film den Zuschauer von Einzelheit zu Einzelheit führen und auf diese Weise die Gesamtsachlage in einem geordneten Nacheinander entfalten kann. Besonders in den Einleitungssätzen einer Erzählung ist dies Verfahren deutlich und wirkungsvoll, wenn der Erzähler die Anfangsszene mit ein paar geschickt gewählten Teilansichten aus dem Nichts hervorzaubert. Als ein meisterhaftes Beispiel für diese Expositionstechnik weise ich auf die ersten Sätze von Henry James' ›The Turn of the Screw‹ hin. Weniger bekannt ist vielleicht der Anfang von Albert Camus' Erzählung, ›La femme adultère‹:

»*Eine magere Fliege hatte angefangen, den Autobus zu durchkreisen, obwohl die Fenster geschlossen waren. Nicht recht am Platze hier, flog sie geräuschlos und müde hin und her. Janine verlor sie aus dem Blick, sah sie dann auf der regungslosen Hand ihres Mannes landen. Es war kalt. Die Fliege zitterte bei jedem der sandigen Windstöße, die an den Fensterscheiben schürften. Im sparsamen Licht des Wintermorgens rollte und schaukelte der Wagen im blechernen Lärm und Achsengeräusch und kam kaum vorwärts. Janine betrachtete ihren Gatten. In ergrauenden Grannen wuchs ihm das Haar über die niedrige Stirn, und mit seiner großen Nase und dem unregelmäßigen Mund sah Marcel wie ein schmollender Faun aus. Bei jeder Vertiefung in der Chaussee spürte sie, wie er sich ihr entgegenwarf. Dann sackte sein Rumpf wieder zusammen, lastete auf den gespreizten Beinen, und so saß er wieder mit starrem und trägem Blick geistesabwesend da. Nur seine dicken, haarlosen Hände, die durch das über die Hemdsärmel hinausreichende und die Handgelenke bedeckende Flanellunterzeug nur noch kürzer aussahen, schienen in Tätigkeit. Sie klammerten sich so krampfhaft um das Leinenköfferchen zwischen seinen Knien, daß sie das zögernde Vorwärtstasten der Fliege offenbar nicht spürten.*«

Wie in der Nebelkammer des Physikers schlägt sich im Bewußtsein des Lesers die Spur des Insektenfluges nieder; sie mißt die Enge des Autobusses aus und belebt den Innenraum mit Tätigkeit. Der Wind wird nicht einfach als ein Zubehör der Szene eingeführt, sondern durch seine dynamische Wirkung. Dauereigenschaften der Situation, wie etwa die kalte Luft, erscheinen wie auftretende Schauspieler in einem geeigneten Augenblick der Abfolge. Eine fortdauernde Handlung wie das Hin und Her des Fluges kann zu drei verschiedenen Zwecken in drei getrennte Auftritte geteilt werden: das Umherirren im beengten Raum, das Aufzeigen der im Gegensatz zur Fliege reglosen Hand, die Unempfindlichkeit des Mannes gegen Berührung. Der Schriftsteller hat einige bezeichnende Züge herausgegriffen und sie unter Betonung bestimmter Eigenschaften beschrieben. Auf diese Weise bringt er die abstrakten Grundkräfte der Handlung zur Anschauung: den verzweifelten Kampf gegen die einengenden Wände, die Scharfäugigkeit der Frau, den nur vom Besitztrieb bewegbaren Mann, die Berührung ohne Gemeinsamkeit, die Kälte, das ungelenke Vorwärtsschütteln ohne Fortschritt, das lastende Gewicht. Hier wird also eine statische Situation durch sinnvoll geregeltes Abtasten für die Anschauung wachgerufen. Das wird dadurch möglich, daß das eindimensionale Sprachmedium dem auch zwei- und dreidimensionalen visuellen Medium auferlegt wird. Die Sprache verhält sich hier wie eine Art Schablone, die das von den Worten Gemeinte in eine Abfolge zwängt.

Natürlich kann ein solches Nacheinander sprachlicher Aussagen auch dazu dienen, eine Simultansituation schrittweise aufzubauen, so wie sich ein Gemälde aus Pinselstrichen zusammensetzt. Jedoch braucht man sich nur zu vergegenwärtigen, wie ein Maler einen ähnlichen Gegenstand darstellt – zum Beispiel Daumier in seiner Schilderung der Insassen eines Eisenbahnabteils –, um zu sehen, wie grundlegend anders das literarische Verfahren ist.

Das Werk eines Malers ist in seiner Ganzheit simultan gegeben. Eine literarische Schilderung dagegen wächst durch schrittweise Berichtigung. Jedes Wort, jeder Satz nähert das bereits Gegebene dem beabsichtigten Gesamtsinn weiter an. Dieser Aufbau eines Vorstellungsbildes durch allmähliche Veränderung macht die sprachliche Darstellung besonders lebendig. Und zwar handelt es sich dabei nicht nur um das Auswählen und Aufreihen von Einzelzügen, wie ich es an dem Beispiel aus Camus gezeigt habe. Die erste Strophe eines Gedichtes von Dylan Thomas, ›The Marriage of the Virgin‹ mag dies noch weiter beleuchten:

> *Walking alone in a multitude of loves when morning's light*
> *Surprised in the opening of her nigthlong eyes*
> *His golden yesterday asleep upon the iris*
> *And this day's sun leapt up the sky out of her thighs*
> *Was miraculous virginity old as loaves and fishes,*
> *Though the moment of a miracle is unending lightning*
> *And the shipyards of Galilee's footprints hide a navy of doves.*

Die Beschreibung beginnt mit 'Walking', einem reinen, körperlosen Schreiten, und erst in der fünften Zeile erreicht der Leser das zugehörige Subjekt, das Wunder der Jungfräulichkeit; erst jetzt also weiß er, was es war, das da schritt. Diese auf Vervollständigung drängende Offenheit der Form erzeugt eine spannungshafte Erwartung, wobei die der Vorstellung innewohnende Dynamik den weiten Abstand zwischen den Wörtern auf dem Papier wettmacht. In einem unmittelbar sinnlichen Ausdrucksmittel wie der Musik liegt diese Art Spannung im Gehörten selbst und nicht nur indirekt in dem von den Wortzeichen aufgerufenen Sinn.

Inzwischen wird nun auch das 'Walking', ein Schreiten ohne Schreitenden, näher bestimmt durch 'alone' und dann durch 'in a multitude of loves', wodurch das Vorstellungsbild schrittweise berichtigt und bereichert wird. Umgekehrt haben wir in 'morning's light' ein Ding ohne Handlung, das aber durch das erste Wort der nächsten Zeile sogleich näher bestimmt wird als 'Licht, das jemanden oder etwas überrascht'. Diese sofortige Belebung des Dinges durch das darauffolgende Tätigkeitswort ist ein gutes Beispiel für den typischen Effekt der Sprache auf das Vorstellungsbild, den ich hier klarzumachen versuche. Das transitive Verb 'surprised' eröffnet wiederum eine weitausgreifende Synkope; sie kündet dem Leser ein Objekt an, das aber erst in der nächsten Zeile mit 'his golden yesterday' geliefert wird. Diese spannungsreichen Verbindungen über weite Strecken verklammern den mechanischen Ablauf der Wörter. Inzwischen tragen auch rein klangliche Eigenschaften zur Struktur des Gedichtes bei. Sie schaffen inhaltliche Beziehungen durch Gleichklänge der Form, etwa wenn 'sky' an 'thighs' anklingt oder 'old' an 'loaves'. Die Parallele zwischen 'multitude of loves' in der ersten Zeile und der religiösen Anspielung 'navy of doves' in der letzten verfestigt die Einheit der Strophe inhaltlich wie auch rein klanglich. Es versteht sich, daß Beziehungen dieser Art nicht zustandekommen könnten, wenn die Sprachlaute nicht dauernd in unmittelbarer Beziehung zu ihrem Vorstellungsgehalt aufgefaßt würden.

Wortbegriffe und Sinnesbegriffe

Da alle dem menschlichen Geist zugänglichen Ausdrucksmittel anschaulich sein müssen, so ist auch die Sprache ein Sinnesmedium. Es empfiehlt sich daher nicht, sprachliche von nichtsprachlichen Darstellungsmitteln zu unterscheiden, in der Annahme, daß Nichtsprachen Anschauungsbilder verwenden, Sprachen dagegen nicht. Eine Wortsprache ist ein sichtbares und hörbares Gebilde und als solches, wie schon erwähnt, in begrenztem Maße fähig, Inhalte durch wahrnehmungsmäßige Strukturanalogien zu charakterisieren. So bezeichnet die Sprache zum Beispiel häufig Einzelbegriffe durch in sich geschlossene Lautformen und kann Denkprozesse und Erlebnisse in ihrer Abfolge wiedergeben. Im Prinzip sind diese Formbeziehungen ebenso bildmäßig wie etwa in einer Zeichnung die Darstellung zweier Hunde durch zwei getrennte Formen oder die sinngemäße Zeitfolge, in der auf der Bühne oder im Film eine Handlung erzählt wird. Doch ist die Sprachstruktur andrerseits zu dürftig, um solche unmittelbar sinnlichen Beziehungen weittragend zu verwenden. Sie vollbringt ihr Werk daher hauptsächlich mit Hilfe von Zeichen, die den Erfahrungstatsachen als Benennungen auferlegt werden.

Es ist für alle Ausdrucksmittel, nicht nur für die Sprache, charakteristisch, daß sie einerseits isomorphe, andrerseits aber auch nichtisomorphe Beziehungen auf ihre Inhalte verwenden. Sie arbeiten also teils mit Abbildern, teils mit bloßen Zeichen. In dieser Beziehung besteht kein prinzipieller Unterschied zwischen verbalen und nichtverbalen Ausdrucksmitteln. Proportionsmäßig ist der Unterschied allerdings groß. In der darstellenden Kunst wie auch in der Musik sind nichtisomorphe Beziehungen durchaus selten. In der Wortsprache dagegen herrschen sie vor. So führt also eine Stufenleiter von Ausdrucksmitteln von denjenigen, die vorwiegend isomorph, zu anderen, die es besonders wenig sind. Es gibt da Zwischenformen wie etwa die onomatopoetische Lautmalerei in der Dichtung oder die mehr oder weniger konventionellen Ideogramme oder Bildallegorien. Die Wortsprache ist also hier nicht als eine Sonderkategorie anzusehen.

Es war bereits davon die Rede, daß die Wortsprache nicht aus festgelegten Dauerformen besteht und sich daher in dieser Beziehung von den unendlich abwandelbaren Formen der Bilddarstellung nicht prinzipiell unterscheidet. Gewiß sind keine zwei Blumenbilder genau gleich, wohingegen das Wort *Blume* unveränderlich ist. Jedoch besteht die Sprache nicht in erster Linie aus Wörtern, sondern aus Bedeutungen. Schon Sapir hat darauf hingewiesen, daß das Wort 'Haus' als ein bloß akustischer oder kinästhetischer oder visueller Wahrnehmungsgegenstand kein sprachliches Faktum ist: »Erst wenn diese Erfahrungstatsachen, vielleicht zusammen mit anderen, zu ihnen gehörigen, sich automatisch mit der Vorstellung eines Hauses verbinden, werden sie zu Symbolen, zu Worten, zu Sprachelementen.« Die standardisierte Lautform ist also ein Teil des sprachlichen Begriffes, aber keineswegs sein Kern. Sie kann in keiner Weise die ungeheure Bereichs- und Bedeutungsverschiedenheit ausschalten, die für Begriffe so bezeichnend ist. Die Sprache garantiert den Begriffen in keiner Weise die für das Denken und die Verständigung wünschenswerte Stabilität.

Roger Brown hat sich dahin ausgesprochen, daß Anschauungsbilder, wie Titchener sie beschreibt, für Denkzwecke kaum annehmbar sein würden, weil sie so unberechenbar individuell sind, so voller Zufallseigenschaften und unstabil. Titcheners Vorstellung von einer Kuh – »ein längliches Rechteck mit einem besonderen Gesichtsausdruck, eine Art von übertriebenem Schmollen« – baue sich auf Merkmalen auf, die in der Definition einer Kuh niemals vorkommen. Das trifft gewiß zu, aber alle Begriffe sind ähnlich unberechenbar unter solchen Bedingungen. Ein Begriff, über den jemand nachdenkt, ist niemals so beharrlich wie ein Gegenstand, der sich physisch vor seinen Augen befindet. Der Strauß von gelben Chrysanthemen, den ich augenblicklich betrachte, ist zwar allen Veränderlichkeiten der Auffassung, Aufmerksamkeit und Bezogenheit unterworfen; doch verbleibt ihm die beständige Grundlage, die ihm die physische Reizsituation sichert, solange ich ihn betrachte. Das Gedächtnisbild ist in keiner solchen unabhängigen und objektiven Basis verankert. Es ist den Einflüssen einer lebenslänglichen Erfahrung ausgesetzt. Deshalb muß sich jedes Denkelement für seine genaue Ausprägung auf den Zusammenhang verlassen. Wenn der Experimentalpsychologe eine Versuchsperson fragt, was in ihm vorgeht, wenn er an den Begriff *Kuh* denkt, so schwebt der Begriff im leeren Raum oder formt sich unter dem Einfluß eines Zufallszusammenhanges und ist entsprechend unberechenbar. Fragt man aber denselben Menschen, was der Unterschied zwischen einer Kuh und einem Elefanten ist oder wie er sich die Wirkung der Kühe auf den Automobilverkehr in Indien vorstellt, so verschärft sich die Vorstellung.

Die Wandelbarkeit von Wortbedeutungen wird nur allzu deutlich, wenn etwa ein unbedachter Lehrer seinen Schülern aufgibt, ein bestimmtes Wort im Wörterbuch nachzusehen und dann Sätze zu erfinden, die das Wort enthalten. In einem von James Deese veröffentlichten Fall erzielte ein Lehrer von ungefähr zwölfjährigen Kindern bei diesem Verfahren die folgenden Ergebnisse mit dem englischen Wort *chaste*. Ein Schüler fand, daß chaste *von einfacher Form* bedeuten kann und produzierte daher den Satz: »The amoeba is a chaste animal«, was nach normalem Sprachgebrauch nur bedeuten kann: Die Amöbe ist ein keusches Tier. Andre Kinder benutzten das Wort im Sinne von *unbefleckt* oder *rein* und schrieben daher: »The milk was chaste« oder »The plates were still chaste after much use«. Zu diesem vergnüglichen Unsinn kam es, weil der Lehrer die Kinder gezwungen hatte, Teilformen des Begriffes in blinder Zusammenhanglosigkeit zu verwenden. Die im Wörterbuch angeführten Wortsinne sind eine bloße Anhäufung solcher Teilformen, die man nur dann sinnvoll anwenden kann, wenn man weiß, in welchen Zusammenhang sie gehören. Sobald man den Begriff in eine sinnvolle Aussage einfügt, hebt der Zusammenhang die hingehörigen Teilbedeutungen hervor. Besonders Definitionen können die Bedeutung eines Begriffes klarmachen, indem sie ihn mittels eines Netzwerkes von Beziehungen festlegen. Doch muß man sich klarmachen, daß auch Definitionen nicht den Sinn des Begriffes 'als solchen' festlegen, sondern ihn nur in bezug auf ein bestimmtes Beziehungsnetz ausprägen. Die zoologische Definition einer Kuh etwa hat wenig mit der Göttin Hathor oder mit Jean Dubuffets Bild *Die Kuh mit der zarten Nase* zu tun.

Da jeder Wortbegriff durch die besondere Aussage oder Definition oder durch den Zusammenhang auf eine seiner Teilbedeutungen festgelegt wird, ist die ihm zugeordnete Vorstellung nicht grundsätzlich verschieden von einer bildlichen Darstellung. Gewiß sehen die Augen von dem Wortbegriff unmittelbar nicht mehr als das ihm entsprechende, gänzlich willkürliche Sprachzeichen, während das sichtbare Bild Abbildungselemente enthält. Dennoch sind der Wortbegriff *Ruhender Akt* und eine Bildhauerarbeit, die dies Motiv darstellt, nur dem Grade nach voneinander verschieden. Beide Sehgegenstände, die Wörter und die Bronze, sind mit gedanklichen Assoziationen behangen, die über das unmittelbar Wahrgenommene hinausführen. Die Bronzefigur ist natürlich viel spezifischer und beschränkt den Bereich möglicher Bedeutungen viel stärker. Sie ist viel weniger anpassungsfähig. Man kann Bilder oder Bilderstücke nicht so ohne weiteres zu einem neuen Ganzen verschmelzen, wie man es mit Wörtern oder Ideogrammen kann. An Bildmontagen sieht man meistens die Säume, während die von Worten hervorgerufenen Vorstellungen zur wirklichen Einheit werden. Die Formen und Farben der bildenden Kunst bilden die besonderen Kompositionen, die die künstlerische Aussage darstellen. Hingegen sind die Formen der Wortsprache zum Massenhinweis auf Vorstellungen geschaffen, deren Besonderheit erst mittelbar durch die Zusammenstellung von normierten Benennungen entsteht.

14 Das Denken in der Kunst

Das Denken beruht auf Abbildern, und zum Abbilden muß man denken. Daher ist das anschauliche Denken in den Künsten besonders zuhause. Dies soll hier an einigen Beispielen aufgewiesen werden.

Ist es nicht einseitig, die Kunst als anschauliches Denken zu betrachten? Die Kunst hat doch andere Aufgaben zu erfüllen, die sogar vielfach als ihre wichtigsten angesehen werden. Sie erschafft Schönheit, Vollkommenheit, Einklang, Ordnung. Sie bringt Dinge zur Ansicht, die unsichtbar oder unzugänglich oder bloße Phantasieschöpfungen sind. Sie erregt Lust und Unlust. Nichts von alledem wird hier geleugnet; jedoch ist zur Erfüllung dieser Aufgaben viel anschauliches Denken nötig. Um etwas Schönes hervorzubringen, muß sich der Künstler mit Auswahls- und Gestaltungsproblemen herumschlagen; und einen Gegenstand sichtbar machen, heißt, seine Wesenszüge erfassen. Man kann weder den Frieden noch eine exotische Landschaft noch einen Gott darstellen, ohne sich den Charakter des Themas bildmäßig zur Klarheit zu bringen. Und wenn Paul Klee in seinem Tagebuch schrieb: »Ich schaffe *pour ne pas pleurer*, das ist der letzte und der erste Grund«, so versteht es sich, daß das Malen und Zeichnen einen so großen Künstler und weisen Menschen nur deshalb über seinen Schmerz hinwegsetzen konnte, weil es ihm zeigte, was es denn in diesem Leben zu beweinen gibt und wie man trotzdem leben kann.

Andrerseits erweisen sich manche Eigenschaften der Kunst als Vorbedingungen für anschauliches Denken. Gewiß bescheren uns Schönheit, Vollkommenheit, Harmonie und Ordnung angenehme Gefühle, indem sie uns in eine den menschlichen Bedürfnissen angepaßte Welt versetzen; aber sie sind zugleich auch unumgänglich nötig, um Gedanken klar, zusammenhängend und verständlich auszudrücken. Das ästhetisch Schöne schafft den strukturellen Gleichklang von Darstellung und Bedeutung.

Denken in Kinderzeichnungen

Wenn man anschauliches Denken in Bilddarstellungen nachweisen will, so muß man sich nach Formen und Formbeziehungen umsehen, die in einfacher Entsprechung Begriffe und Begriffsbeziehungen widerspiegeln. Überzeugende Beispiele finden sich auf

DAS DENKEN IN DER KUNST

Frühstufen der geistigen Entwicklung, zum Beispiel in Kinderzeichnungen. Man findet dort einfache Formen, die sich auch in der Darstellung komplexer Gegenstände deutlich hervorheben. Allerdings können Kinder häufig nur unbestimmte Annäherungen dessen produzieren, was sie wirklich darstellen wollen. Die Formen und räumlichen Beziehungen sind nur andeutungsweise ausgeführt, weil die Arbeit dem Kinde technisch noch nicht recht von der Hand geht und weil es die Ausdrucksmöglichkeiten wohlgebildeter Formen noch nicht erprobt hat. Auch zeichnen und modellieren Kinder ja nicht nur zu den Zwecken, die uns hier besonders angehen. Sie haben Freude an der rein körperlichen Betätigung ihrer Glieder, am Bewegungsrhythmus, am ungestümen Herumhantieren. Es macht ihnen Spaß, wenn etwa auf dem Papier etwas auftaucht, wo vorher nichts da war, besonders wenn kräftige Farben und kunterbunte Formen die Sinne ansprechen; auch macht es ihnen Freude, etwas zu beschmieren, anzugreifen, zu zerstören. Sie ahmen gerne nach, was sie anderswo gesehen haben. Von all diesen Antrieben finden sich Spuren in ihren Zeichnungen, die daher selten ein reiner Niederschlag des bloßen Denkens sind.

Abb. 62

Trotzdem läßt sich unschwer belegen, was wir hier zeigen wollen. Abb. 62 ist ein von einem Mädchen von drei Jahren und neun Monaten gezeichnet. Es ist die Darstellung eines Reiters: das Oval ist das Pferd und die waagerechte Linie bedeutet

»das, worauf der Mann sitzt«. Zweifellos ist die Zeichnung recht einfach, wenn man sie mit der wirklichen Form der dargestellten Gegenstände vergleicht. Wichtiger ist aber, daß die Zeichnung nicht eine mechanische, obschon ungeschickte Kopie des Modells ist, sondern ganz deutlich einen Geist zeigt, der sich frei bestrebt, an seinem Gegenstand wichtige Struktureigenschaften zu entdecken und die ihnen am besten und einfachsten entsprechenden Gegenwerte mit den Ausdrucksmitteln der Linienzeichnung auf zweidimensionaler Fläche herauszuarbeiten. Das Pferd ist nicht als solches charakterisiert, sondern ist auf sehr abstraktem Niveau nur eben 'etwas zum Reiten', eine bloße Basis für den ebenso abstrakt reduzierten Mann. Ein Ding wird als Hintergrund für ein anderes, von ihm umschlossenes behandelt. Aber diese Beziehung ist recht lose: der kleine Mann schwebt nur eben von ungefähr in dem Oval. Daher wird die Grundlinie eingeführt, die einen soliden räumlichen Unterbau bietet – nicht als eine Abbildung der Rückenkante des Pferdes, sondern als eine abstrakte, wenn auch völlig anschauliche Stütze.

Was das Kind zu Papier bringt, sind also Anschauungsbegriffe, die der unmittelbaren Erfahrung entspringen, dabei aber den Gegenstand höchst abstrakt mittels bezeichnender Form-, Beziehungs- und Funktionseigenschaften abbilden. Die vom Kind erfundenen Linien sind den reinen Formen allgemeiner Anschauungsbegriffe näher verwandt

Abb. 63

als der naturgemäßen Eigenform von Pferd und Reiter. Dadurch kommt aber zum Ausdruck, worum es dem Kinde bei dem Reiterthema eigentlich geht: ein Herr auf dem Hochsitz, wohlbeschützt und umfriedet und zuverlässig unterbaut. Bei aller Begrifflichkeit der Erfindung entspringt die Darstellung ganz und gar einer intensiven Wirklichkeitsbeobachtung und deutet das Wesen des gemeinten Dinges, ohne sich im geringsten aus dem Bereich des Sichtbaren zu entfernen.

Manchmal gerinnt ein Anschauungsbegriff zu einer festen, fast formelhaften Gestalt, die fast ohne Veränderung ganz verschiedenen Darstellungen dient. Abb. 63 zeigt die Zeichnungen eines sechsjährigen Mädchens zum Valentinstage, an dem man in Amerika seinem Herzliebchen einen Kartengruß schickt und der also im Zeichen des Herzens steht. Die Herzform wird hier zur Abbildung von Nasen, Broschen, Abendkleid, Armen, Flügeln (?) und Verzierungen der Krone verwendet. Gewiß ist das Motiv konventionell, doch dient es dazu, einen Anschauungsbegriff in vielerlei Anwendungen zu erforschen. Es handelt sich um eine wohlgestaltete, leicht auffaßbare Grundform, mittels derer eine Vielzahl genügend ähnlicher Dinge visuell gedeutet werden kann. Diese anschauliche Unterordnung unter einen allgemeineren Begriff schafft eine gemeinsame Kategorie für Nasen, Broschen, Arme usw. Damit wird ein bißchen Ordnung in der Formenfülle der wirklichen Welt geschaffen.

Die Wahl und Zuordnung von Anschauungsbegriffen erfordert Problemlösungen von der Art, wie sie weiter oben als die Intelligenz der Wahrnehmung beschrieben wurden. Einen Gegenstand wahrnehmen, heißt, einfache, auffaßbare Form in ihm finden. Dasselbe gilt für die Darstellungsbegriffe beim Abbilden. Diese leiten sich von den Eigenschaften des Ausdrucksmaterials (Zeichnen, Malen, Modellieren) ab und stehen in Wechselwirkung mit den Wahrnehmungsbegriffen. Die Lösung solcher Probleme braucht viel Verstand, und schon in kleinen Kindern fällt sie erstaunlich verschieden aus. Selbst wenn man Tausende von Kinderzeichnungen gesehen hat, ist man stets von neuem davon beeindruckt, auf wie unerschöpflich verschiedene und originelle Weise ein Kind aus ein paar Strichen eine menschliche Figur machen kann.

Zum Denken gehört nicht nur das Formen und Zuordnen von Begriffen. Es gilt auch, die Beziehungen zu entziffern, aus denen komplizierte Strukturen zusammengesetzt sind. Das Abbilden ist eines der Mittel, sich in der Welt zurechtzufinden. In Abb. 64 sieht man einen von einem etwa Achtjährigen gezeichneten Luftballonverkäufer. Auf einem wirklichen Jahrmarkt ist so ein Mann ein verwirrender Anblick. Die Ballons fliegen ihm unbändig um den Kopf, er bahnt sich einen Weg durch die wogende Menge, er bewegt seine Arme, er beugt sich zu einem Kinde nieder, dreht sich um, bindet einen Ballon los, nimmt das Geld in Empfang. Es ist keineswegs einfach, in diesem Durcheinander die Grundstruktur zu erkennen, die den Mann und seine Ware sinnvoll zusammenhält. Man muß dazu das sich Darbietende ausgiebig und aktiv erforschen. Echtes Denken ist auch nötig, um für die einmal begriffene Struktur den besten Gegenwert in dem zweidimensionalen Medium der Zeichnung zu erfinden. In der Zeichnung des Kindes ist von dem Durcheinander der Wirklichkeit nichts mehr zu entdecken. Die Raumanordnung ist die direkte Übersetzung der funktionellen Ordnung. Der Mann als die Hauptfigur ist in die Mitte gesetzt. Er ist die Mittelachse einer symmetrischen Anordnung, in der zum Ausdruck kommt, daß funktionell hier kein

Abb. 64

Unterschied zwischen der rechten und der linken Seite besteht. Wie zwei geometrisch regelmäßige Gruppen von Radien laufen die Bindfäden in den beiden Händen zusammen. Die Ballons sind kreisförmig um die Mittelfigur angeordnet, wodurch anschaulich gezeigt wird, daß sie alle homotypisch sind, d. h. die gleiche Funktion im Ganzen haben. Der Hintergrund ist leer gelassen, ohne ablenkendes Beiwerk. Die ganze Komposition dient der Klärung des Themas. Keineswegs kopiert das Bild eine Einzelansicht, die das Kind in einem bestimmten Augenblick wirklich hatte; vielmehr ist es die deutlichste Darstellung einer hierarchischen Ordnung. Es ist die Frucht langen Forschens, währenddessen sich das Kind mit dem Durcheinander des Erschauten herumschlug, bis es in all der Unordnung eine befriedigende Ordnung fand.

Auf höheren Entwicklungsstufen wird die Kompositionsordnung natürlich komplizierter, und dementsprechend stellt der Bildner die Welt auch als ein verwickelteres Kräftespiel dar. Die Taucher auf Abb. 65 stammen von einem etwas älteren, ägyptischen Kind. Auch hier muß man sich wieder klarmachen, was das Kind von so einer Szene denn in Wirklichkeit gesehen haben kann. Nur dann versteht man, mit welcher Freiheit es die Erfahrungsgegebenheiten in eine gänzlich unabhängige an-

Abb. 65

schauliche Deutung umgeschaffen hat, die rein aus den Mitteln der Flächendarstellung heraus erfunden ist. Im wirklichen Leben kann man möglicherweise beobachten, wie die Taucher aus den Booten klettern und im Wasser verschwinden. Nur ein Unterwasserfilm könnte zeigen, wie sie von oben herabsinken, ihre Arbeit verrichten und dann wieder aufsteigen. Aber das sind alles Teilansichten. Nur die Zeichnung kann das senkrechte Kontinuum schaffen, den Querschnitt, der die Gesamtbeziehung dessen, was beim Tauchen vor sich geht, als einen einheitlichen Vorgang zeigt. Obwohl im wörtlichen Sinne durchaus unnatürlich, erläutert das Bild alle Funktionen und Zusammenhänge mit einleuchtender Klarheit. Im Bereich der Bildfläche ist seine visuelle Logik unmittelbar überzeugend und belehrend.

Die Boote umgreifen die ordentlich aufgereihte Mannschaft, ohne sie teilweise abzudecken, wie das in der Wirklichkeit der Fall wäre. Die Männer, die die Seile halten, sind alle gleichartig behandelt, weil sie ja auch funktionell gleich sind: sie tun alle dasselbe. Nur die Steuerleute, die etwas anderes zu tun haben, unterscheiden sich auch in Form und Farbe. Die Seile zeigen dem Auge deutlich ihren Verlauf; sie verheddern sich nicht miteinander, außer in dem einen Fall, wo die Raumverteilung eine Überschneidung unvermeidlich macht. Gegen das gleichmäßige Blau des Wasserhintergrundes setzen sich die übrigen Farben deutlich ab. Die unregelmäßige Verteilung der Taucher zeigt an, daß sie im unbegrenzten Raum schweben, zum Unterschied von der statischen Anordnung auf dem festen Boden der Boote. Und die Figuren der Taucher selber beschreiben in aller Deutlichkeit, wie sie sich an den Seilen festhalten, wie die Körbe und Gewichte angebunden sind usw.

Es ist im Sinne unserer Aufgabe, daß diese Kinderzeichnungen hier so behandelt werden, als wären sie bloße Lehrdiagramme wie Landkarten oder ähnliches Anschauungsmaterial. Außerdem aber hat natürlich eine solche schöne Zeichnung auch andere künstlerische Qualitäten. Sie berichtet nicht nur über das Tauchen, sondern vermittelt auch den Gefühlswert, das Erlebnis eines solchen Vorganges. Diese Wirkung wird durch die ästhetischen Eigenschaften von Gleichgewicht, Ordnung und Ausdruck erzielt. Man spürt die übergeordnete Kontrollfunktion der Boote, das freie Ausschwärmen der roten Figuren im Wasser, das Gewicht der hängenden Körper. Diese Ausdruckseigenschaften sind aber dem anschaulichen Lehrwert des von dem Kinde erfundenen Bildes keineswegs fremd. Hier, wie auch überall sonst in der Kunst, ist die 'Schönheit' keine von außen zugefügte Dekoration, keine bloße Zugabe, sondern ein unentbehrlicher Bestandteil der Aussage. Die gefühlsmäßigen wie auch die rein mitteilungsmäßigen Eigenschaften der Bilder sind in vollem Einklang mit dem, was das Kind verstand, empfand und mitteilen wollte.

Dabei beziehen sich auch die vom anschaulichen Denken geklärten Sachlagen nie bloß auf die Außenwelt. Indem sich das Kind die entscheidenden Faktoren der Tauchersituation klarmacht, entdeckt es in ihr zugleich Beziehungen zu ähnlichem Erleben in seiner eignen Existenz und klärt diese zugleich mit jener: das Herabhängen, 'abhängig' zu sein auch im übertragenen Sinne, das Eintauchen in eine furchterregende Dunkelheit, wobei man aber doch von oben sicher gehalten und geleitet wird, das Abenteuer, die Pflichterfüllung, die Gemeinschaft mit den Gefährten und dennoch das Alleinsein des Einzelnen. Schließlich muß doch dieser Erlebnisanklang einer der wichtigsten Antriebe sein, der Menschen dazu bringt, sich wissensmäßig damit zu befassen, was in andrer Leute Leben vor sich geht und zu verstehen zu versuchen, wie es damit beschaffen ist.

Persönliche Probleme anschaulich durchdacht

Oft handelt es sich um viel persönlichere Probleme. Abb. 66a und b zeigen zwei im Abstande von acht Wochen zustandegekommene Zeichnungen eines siebenjährigen Mädchens, deren Familie kürzlich aus Europa nach Amerika übergesiedelt war. In

Abb. 66a

Europa war sie in einer ziemlich strengen Schule gewesen, und sie konnte sich daher zunächst nicht an das zwanglosere Treiben in einer amerikanischen Volksschule gewöhnen. Zuhause berichtete sie weinend: »Hier sagt mir keiner, was ich tun soll!« In der Bekümmernis der ersten Wochen zeichnet sie Abb. 66a. Sie stellte sich in der Zeichnung zweimal dar, als die Mittelfigur in der oberen Reihe und als das Kind unten rechts. Man sieht sie umgeben von drei Mädchen mit ungebändigt 'amerikanischer' Haartracht: ihrer älteren Schwester, der es in der neuen Schule gut gefiel, einer Studentin, die ihr Geigenstunde gab und an deren undamenhaft sportlicher Tracht sie Anstoß nahm, und Nancy, ein amerikanisches Kind. Neben diesen fröhlich lächelnden Figuren zeichnete sie sich selbst trübselig und mit rinnenden Tränen, kümmerlichem Haar, ohne Arme oder umfriedet von dem schutzbietenden Springseil.

Die zweite Zeichnung entstand zu einer Zeit, als sie angefangen hatte, sich mit ihren Spielkameradinnen und mit Amerika im allgemeinen zu befreunden. Der Gegensatz zwischen den Figuren ist nun verschwunden. Sie sehen alle gleich aus, und sie lächeln alle. Die Haartracht ist ein Kompromiß zwischen Wohlanständigkeit und einem kekken Kringel, und in drei von vier Fällen beengt das Springseil den Kopf nicht. Diese Zeichnungen setzen voraus, daß das Mädchen zu einiger Klarheit über seine Lage gekommen war. Sie mußte sich deutlich gemacht haben, daß sie von ihrer Umgebung abstach, daß es um sie herum unziemlich formlos zuging und schließlich, daß ein glücklicherer Zustand erreicht war. Für diese thematischen Motive entwickelte sie anschauliche zeichnerische Formen. In der bildnerischen Darstellung machte sie sich ihren Kummer und ihre Fröhlichkeit greifbar und verständlich. Sie umschrieb und bestimmte ihr Problem auf dem Papier.

In dem sich neuerdings entwickelnden Gebiet der Kunsttherapie kann man beobachten, wie Patienten mit künstlerischen Mitteln an ihren persönlichen Problemen arbeiten. Vor allem hat die Amerikanerin Margaret Naumburg Fälle veröffentlicht, an denen man sehen kann, wie sich in den Frühstadien etwa die bloße, noch undefinierte Bedrohung und die ungerichtete Angst ausdrückt und wie sich dann allmählich die Ursachen der Krise immer deutlicher abzeichnen. Wenn die Behandlung erfolgreich ist,

Abb. 66b

so ist in den späten Zeichnungen die feindliche Macht auf ihr rechtes Maß zurückgeführt, an ihren Platz gewiesen und im Zusammenhang begriffen. Im allgemeinen ist die Kunsttherapie natürlich nur ein Teil der Behandlung, während derer der Kranke sich aus seinen Schwierigkeiten herauszuarbeiten versucht. Bis zu einem gewissen Grade sind also die Zeichnungen und Malereien eine bloße Spiegelung des seelischen Ringens, das da in dem Patienten vor sich geht. Doch läßt sich nicht verkennen, daß dieser Kampf auch in der künstlerischen Arbeit selbst ausgefochten wird. Es handelt sich nicht einfach darum, Beobachtungen und Erkenntnisse zu Papier zu bringen. Die Mächte, denen der Patient zuerst ungreifbar ausgesetzt ist, werden in sichtbare Form gebannt und dadurch definiert, und die Beziehungen zwischen ihnen werden untersucht und klargestellt. Indem das Problem darstellbar gemacht wird, wird es zugleich auch verstanden und in Angriff genommen.

Manchmal erfüllen die Kinderarbeiten ihren Zweck besser als die der erwachsenen Patienten. Zwar sind auch die Kinder natürlich nur Laien, aber mit ihrem unverbildeten Formsinn können sie alle ihnen zugänglichen Ausdrucksmittel der bildnerischen Erscheinung in den Dienst der Bedeutung stellen. In diesem Sinne ähneln ihre Arbeiten auf ihrem eigenen bescheidenen Niveau dem Werk des Künstlers. Im Durchschnittserwachsenen hingegen verwässert sich unter den heutigen kulturellen Umständen der Formsinn, statt mit der geistigen Entwicklung Schritt zu halten. Elemente echten Ausdrucks lassen sich zwar entdecken – eine Frau, die ihr Kind an sich klammert, ein aus der Finsternis hervorstarrendes Ungeheuer –, aber im übrigen wird nur eben mit konventionellen Mitteln eine Geschichte erzählt, ohne daß die Form- und Farbgestaltung den Sinn unmittelbar vermittelt. Solche Bilder sehen häufig verworren, irreführend und schwächlich aus, obwohl sie dem Inhalt nach das Gemeinte mitteilen.

Man ist versucht, aus dem, was wir über die seelische Wirkung von Bilddarstellungen wissen, zu folgern, daß Kunstbetätigung dieser Art nur dann ihre volle Wirkung tun wird, wenn die Darstellung schon im rein Wahrnehmungsmäßigen der Komposition symbolisch das Kräftespiel übermittelt, das dem Thema zugrundeliegt. Das unmittelbar Wahrnehmbare ist ja unsere ursprüngliche Wissensquelle und muß daher den

Sinn der bildnerischen Aussage vor Augen stellen, wenn diese ihre volle therapeutische Wirkung tun soll. Ist dies nicht der Fall, so wird es vermutlich nur zu einer teilweisen und mittelbaren Wirkung gekommen. Daraus folgt aber, daß Kunsttherapie am besten immer zugleich auch Kunsterziehung ist und also nicht nur auf die Klärung des Inhaltlichen aus sein soll, sondern ebenso auf die der visuellen Erscheinung. Nur wenn das Bild sich dem Auge deutlich macht, kann es darauf rechnen, dem Geist gute Dienste zu leisten. Margaret Naumburg benutzt eine 'Kritzeltechnik', die den Patienten dazu veranlassen soll, »auf einem großen Blatt Papier freischwingende Formen von Kurven und Zickzacklinien spontan hervorzubringen«. Wahrscheinlich hilft dies Verfahren nicht nur, den Fluß unbewußter Inhalte zu fördern, sondern auch, den ursprünglichen Formsinn von der Leblosigkeit und Verkrampfung des üblichen Amateurzeichnens zu befreien.

Denkmechanismen im Zeichnen

Das für jede echte künstlerische Tätigkeit erforderliche Organisieren der Formen verwendet viele und vielleicht alle vom theoretischen Denken her bekannten Mechanismen. So wird zum Beispiel in der Philosophie und der Wissenschaft, aber auch im täglichen Leben ein Problem häufig zunächst für einen örtlich begrenzten Bereich durchgearbeitet, was dann Veränderungen nötig macht, wenn man das Problem in einem breiteren Zusammenhang angreift. Auch im Zeichnen finden wir solch örtlich begrenztes Denken. Kleine Kinder setzen den Schornstein häufig schief, statt senkrecht auf die Dachkante (Abb. 67). Das hat seinen guten Sinn, wie man leicht einsieht, wenn man das Verfahren nicht einfach als falsch abtut, sondern es als die örtliche Lösung eines räumlichen Problems erkennt. Der Schornstein ruht auf dem schrägen Dach, und in bezug auf dieses steht er in der 'falschen' Zeichnung in der Tat senkrecht. In örtlicher Begrenzung gesehen, ist dies die einzige richtige Lösung. Erst im weiteren Bezugssystem der Gesamtsituation erweist sich das Dach als schräg, das heißt, als von dem räumlichen Koordinatensystem des Ganzen abweichend. Um ins beabsichtigte Gleichgewicht zu kommen, muß sich der Schornstein nun also der Senkrechten des umfassenderen Raumes anpassen. Das schafft aber eine unbehaglich und falsch aussehende Beziehung zwischen dem Schornstein und dem unmittelbar darangrenzenden Dach – eine Beziehung, die erst in der weiteren Sicht gerechtfertigt wird.

Ein anderes grundsätzliches Erkenntnisproblem ist das der Wechselwirkung. Auf frühen Denkstufen werden alle Dinge als voneinander unabhängige Einheiten behandelt. Manchmal wird keinerlei Beziehung zwischen ihnen in Betracht gezogen. So wie kleine Kinder nebeneinander, aber selten schon miteinander spielen, so schweben in ihren Zeichnungen die einzelnen Figuren oder Gegenstände oft unbekümmert im Raum, ohne miteinander aktiv in Verbindung zu treten. Selbst wenn eine solche Beziehung angedeutet ist, verursacht sie zunächst keine Verformung in den Teilhabern sel-

Abb. 67

ber. In der oben besprochenen, sehr primitiven Zeichnung der Abb. 62 deutet nichts an der ovalen Pferdeform auf die Einwirkung des Reiters, und umgekehrt beeinflußt das Reiten die Form der menschlichen Gestalt noch nicht. Nur das räumliche Zueinander weist darauf hin, daß die zwei Teilhaber zusammengehören sollen. Auf der nächsten Stufe opfern die beiden Partner etwas von ihrer Selbständigkeit im Interesse der Wechselwirkung. In Abb. 68a und d sind die Beine des Reiters oder Sitzenden ausgelassen, damit die gemeinsame Grenzlinie solider wird. Jedoch dringt der eine noch nicht in das Gebiet des anderen ein. Dazu kommt es nun in Abb. b und e. Hier sind beide Partner zwar vollständig ausgeformt, durchdringen einander aber. Sie sind zu einer festeren Einheit verschmolzen, dadurch aber in ihrer Eigenform nicht beeinträchtigt. Das führt dazu, daß gewisse Teile der Bildfläche nun zu beiden Partnern gehören, was häufig fälschlich als ein Transparenzeffekt gedeutet wird. Statt dessen handelt es sich um unbekümmert durchgeführte Überlagerungen. Diese erzeugen einen visuellen Wettstreit, einen Konflikt, der auf weitere Vereinheitlichung drängt.

In Abb. 68c hat der Clown, in Anpassung an den Reitakt und den Elefanten, Profilstellung angenommen. Außerdem hat er auch ein Bein geopfert, was ein viel größeres Zugeständnis darstellt als das bloße Auslassen der Beine in a und d. In frühen Kinderzeichnungen fehlen die Glieder ja häufig. Ihre Anwesenheit aber ausdrücklich anzuerkennen und sich dann doch zu der Amputation zu verstehen, erfordert eine viel rücksichtslosere Beeinträchtigung der Grundvorstellung von der menschlichen Gestalt. Hier sieht sich das Kind handgreiflich, wenn auch auf einem ziemlich neutralen Gebiet, dem oft so lästigen Problem der Wechselwirkung gegenüber. Der Teil muß sich im Interesse des Ganzen verändern und das besondere Aussehen und Verhalten des Teils ist nur aus seiner Funktion im Ganzen zu verstehen. Als ein kognitives Problem bereitet die Wechselwirkung auf allen Stufen des theoretischen Denkens beträchtliche Schwierigkeiten; als ein praktisches Problem der sozialen Beziehung von Mensch zu Mensch meistert es mancher sein Leben lang nicht.

In den zwei etwas höher entwickelten Beispielen von Abb. 68f und g führt die Wechselwirkung zu Verformungen im Körper selber. Die starre Urform der menschlichen Gestalt wird nun gelenkig, biegsam, krümmbar. Es handelt sich dabei um einen Denkunterschied, dessen allgemeiner Charakter durch einen Hinweis auf die Sprache beleuchtet werden kann. Gewisse Sprachen bilden Sätze, indem sie unveränderliche Wörter einfach aneinanderreihen. Die Beziehungen zwischen diesen Wörtern werden

DAS DENKEN IN DER KUNST

Abb. 68

entweder nur durch die Reihenfolge ausgedrückt, wie im Chinesischen, oder durch Hilfswörter, etwa Präpositionen, wie die Possessivform im englischen *of* oder im japanischen *no*. Die Beugungsmethode hingegen greift in den Körper des Haupt- oder Zeitworts ein und macht dadurch die Wechselwirkung zwischen den Komponenten der Aussage ausdrücklich sichtbar und hörbar. Das geschieht zum Beispiel im Lateinischen und im Deutschen. Schon das Wort *Beugung* und ebenso die lateinischen Ausdrücke *Flexion* und *Deklination* weisen auf die Parallele hin, um die es hier geht. Zwar hat schon Sapir warnend darauf hingewiesen, daß man die flektierenden Sprachen nicht ohne weiteres für die höher entwickelten halten darf, doch läßt sich eine Entwicklung von unveränderlicher zu veränderlicher Wortform durchaus feststellen. Margaret Schlauch erwähnt, daß »die flektierenden indoeuropäischen Sprachen sich von einer früheren Stufe her entwickelt haben mögen, auf der die Grundformen der Wörter und die Partikeln als ganz oder halbwegs unabhängige Elemente lose aneinandergereiht waren«.

Typisch für Denkprozesse ganz im allgemeinen sind auch die verworrenen, 'häßlichen' Übergangsformen, zu denen es kommt, wenn jemand eine gut organisierte Konzeption aufgibt, um zu einer höheren, komplexeren und angemesseneren fortzuschreiten. Das Risiko, das man bei einem solchen Streben nach Fortschritt eingeht, ähnelt dem eines Bergsteigers, der eine sichere Stellung aufgibt, um zur nächst höheren heraufzuklettern. In Abb. 69 sind drei Arten der Hausdarstellung schematisch wiedergegeben, so wie man sie typisch in Kinderzeichnungen findet. Abb. 69a ist zwar unanfechtbar klar, gibt aber keinerlei Hinweis auf Dreidimensionalität und sieht daher unzureichend aus, sobald sich höhere Ansprüche einstellen. Abb. 69c ist eine neue, komplexere und ebenfalls unanfechtbar klare Lösung, in der jetzt Vorderansicht und Seitenansicht voneinander unterschieden sind. Abb. 69b stellt eine der vielen Übergangsformen zwischen den beiden dar: das Kind hat seine sichere Basis verloren, es

a b c

Abb. 69

tastet nach einer neuen Lösung, folgt unbestimmten Andeutungen, ist nicht folgerichtig in der Anwendung von Strukturprinzipien und probiert von ungefähr herum.

Die daraus entstehende Unordnung mag zwar unansehnlich aussehen, zeigt aber den nach Klärung suchenden Geist am Werk. Es handelt sich um ein zielgerichtetes, produktives und daher unentbehrliches und erzieherisch willkommenes Experimentieren. Grundsätzlich verschieden davon ist die Konfusion, die entsteht, wenn der natürliche Formsinn durch falsche Lehrmethoden oder andere störende Einflüsse beeinträchtigt wird. Eben dieser selbe Unterschied zwischen produktiver und unproduktiver Verwirrung läßt sich auch auf anderen Gebieten beim Lernen beobachten.

Die einfachen Form- und Farbanordnungen der frühen Zeichnungen werden allmählich in jeder Beziehung vielfältiger. In den ersten Jahren wird die Erscheinung der sichtbaren Welt geordnet, indem die Projektionsverzerrungen, Zufallsansichten, Überschneidungen usw. von der Darstellung ausgeschlossen bleiben. Später dann werden die komplizierenden Einzelheiten der Sinneserfahrung aufgefaßt und in die Darstellung einbezogen, wodurch ein reicheres Abbild der Wirklichkeit entsteht. Eine solche Vielfältigkeit, die einer höheren Entwicklungsstufe entspricht, ist bezeichnend für die Arbeiten älterer Kinder.

Abb. 70

In den frühen Zeichnungen werden die geometrischen Elemente – der Kreis, die gerade Linie, das Oval und das Rechteck – direkt dargestellt, obwohl die Form nicht technisch vollkommen ausfällt. Diese Grundformen verbinden sich zu menschlichen Figuren, Tieren oder Bäumen, behalten aber dennoch ihre Eigenform. Später dann verschmelzen diese Einzelformen zu nuancierten Ganzen. Abb. 70, ein von einem fast Fünfjährigen gezeichnetes 'urzeitliches Tier', ist ein eindrucksvolles Beispiel. Um eine solche Form aufzufassen, organisiert sie der Gesichtssinn wie üblich, indem er die andeutungsweise darin enthaltenen Grundformen auffindet. Diese Grundformen sowie auch die Struktur, in der sie zusammengefügt sind, werden in der gegebenen Form ansichtig, obwohl sie nicht ausdrücklich in ihr enthalten sind. Der Denkaufwand, der nötig ist, um eine subtilere Form aufzufassen, ist natürlich entsprechend größer.

Abstrakte Formen in der darstellenden Kunst

Von den Frühstufen führt eine stetige Entwicklung zu den Schöpfungen großer Kunst. Im reifen Werk haben wir den Niederschlag eines hochdifferenzierten Formsinns, der die verschiedenen Bildkomponenten in einer einheitlichen Kompositionsordnung zusammenfaßt. Dabei wird aber die Intelligenz des Künstlers nicht nur in der formalen Struktur offenbar, sondern auch in der Tiefe der Bedeutung, die er der Struktur zu geben weiß. In Rembrandts *Christus mit den Jüngern in Emmaus* (Abb. 71) wird der in der biblischen Erzählung symbolisierte religiöse Gehalt durch das Ineinander zweier Kompositionsschemata anschaulich gemacht. Das eine hat seinen Mittel- und Höhepunkt in der Gestalt Christi, welche die Symmetrieachse zwischen den beiden Jüngern bildet. Diese dreieckige Anordnung wird durch die ebenso symmetrische Hintergrundsnische verstärkt und auch durch das von der Mitte her ausstrahlende Licht. Es ist die herkömmliche Hierarchie religiöser Darstellungen, die in der göttlichen Figur gipfeln. Jedoch ist zu bemerken, daß die symmetrische Gruppe hier nicht in das Zentrum der Bildfläche gesetzt, sondern etwas nach links verschoben ist, wodurch Platz für einen zweiten Höhepunkt bleibt. Dieser ist in dem Kopf des jungen Dieners gegeben. Das zweite Dreieck ist steiler und wegen seines Mangels an Symmetrie dramatischer. Hier ist der Kopf Christi nicht länger dominant, sondern in die Seitenkante des Dreiecks eingefügt. Man darf wohl sagen, daß Rembrandt in dieser Grundstruktur seines Bildes die protestantische Auffassung des Neuen Testaments veranschaulicht. Die Demut des Gottessohns ist kompositionell nicht nur in der leicht von der Mittelachse abweichenden Kopfneigung ausgedrückt; sie wird auch in der untergeordneten Stellung sichtbar, die ihm in der sekundären Abwandlung des Kompositionsdreiecks angewiesen ist. Die sozial niedrigste Figur der Gruppe, der Diener, nimmt hier die Spitzenstellung ein.

Es versteht sich, daß damit nur das einfachste Gerippe des Rembrandtbildes beschrieben ist. Wollte man dem Kunstwerk ausführlicher gerecht werden, so müßte man zeigen, wie das Thema bis in alle Einzelheiten durchgeführt ist. Worauf es hier ankommt, ist, daß das kompositionelle Grundschema kein bloß formales Arrangement

Abb. 71   Rembrandt, Christus in Emmaus, 1648. Musée du Louvre, Paris

Abb. 71a

ist. Es dient keiner rein dekorativen Schönheit, sondern versinnbildlicht, wie ich zu zeigen versuchte, den Grundgedanken des Werkes. Es stellt den tieferen Sinn in geometrischer Form abstrakt-symbolisch dar. Sonst wäre das Bild vielleicht eine bloße naturgetreue Erzählung der biblischen Anekdote.

Was es mit echt anschaulichem Denken in der Kunst auf sich hat, wird besonders deutlich, wenn man es mit 'intellektuellen' Bildkomponenten vergleicht, die zwar durchaus ihren rechtmäßigen Platz in der Darstellung haben, dennoch aber dem rein Bildmäßigen nur von außen her angefügt sind. Jan Vermeers *Goldwägerin* (Abb. 72) wird im Museumsführer der Washingtoner Nationalgalerie als eine Allegorie bezeichnet: »Die junge Frau wägt ihre irdischen Güter vor einer Darstellung des Jüngsten Gerichts, auf der Christus die Seelen wägt.« Nur wenn man diese Parallele zwischen den beiden Handlungen aufgefaßt hat, kann man den Sinn des Bildes verstehen. Die Beziehung ist aber im Wesentlichen intellektuell; sie ist nicht in der Bildgestaltung selbst ausgedrückt. Wenn man etwas vom Jüngsten Gericht weiß, kann man den Inhalt der Hintergrundsgeschichte mit der des Vordergrundes vergleichen. Der Maler weist auf die Beziehung nur eben dadurch hin, daß er den Kopf der Frau unmittelbar unter die Christusfigur setzt. Die bildliche Beziehung ist zwingend, aber doch unspezifisch.

Darüber hinaus ist nun das intellektuelle Thema aber auch bildmäßig veranschaulicht. Das auffälligste Formelement des Hintergrundes ist die dunkle, streng vertikale Rahmenkante, die genau durch die Mitte der Komposition läuft. Diese höchst kraftvolle Form ergreift die Hand der Frau und bremst ihre Bewegung. Dadurch wird die weltliche Vordergrundhandlung gehemmt, und das Licht, das von oben her den Glanz des Flitterkrams überstrahlt, scheint die Augen der Frau zu blenden und sie an weiterer Tätigkeit zu hindern. Auch hier also übermittelt die Grundkomposition den tiefsten Sinn des Werkes ganz unmittelbar. Die ikonographischen Angaben geben dem allgemein menschlichen Thema nur eben seine religiöse Sonderbedeutung.

Man sieht an solchen Beispielen, mit welchen Mitteln ein Kunstwerk mehr erreichen kann als das bloße Abbilden von Einzelgeschehnissen oder Dingen. Das Bild ist getragen von einer abstrakten Konfiguration von Formen oder, genauer, von visuellen Kräften. Da diese Grundform so abstrakt ist, weist sie über den Sonderinhalt hinaus auf etwas Allgemeineres hin. Sie stellt in ihrer konkreten Form eine Kategorie von Dingen dar. Das gilt für die Wahrnehmung ganz im allgemeinen, um so mehr aber für die Kunst, wo die Formen ja ausdrücklich und ausschließlich für die Anschauung geschaffen sind. Zum Unterschied von den Dingen der praktischen Wirklichkeit, deren formaler Ausdruck zumeist unrein und nur annähernd ist, bietet der Künstler die stärkste, reinste und genaueste Verkörperung des Sinnes, den er bewußt oder unbewußt übermitteln will.

Die formalen Träger der unmittelbar anschaulichen Bedeutung, die von der traditionellen Kunst in die dargestellten Gegenstände eingebettet werden, sind auch in der sogenannten abstrakten Kunst gegenwärtig, ja sie sind in dieser oft besonders rein ausgeprägt. Ich möchte dies an einem Vergleich von Camille Corots *Mutter und Kind*

Abb. 72 Jan Vermeer van Delft, Die Goldwägerin, um 1657. National Gallery of Art, Washington D. C., Widener Collection

am Strand (Abb. 73) mit Henry Moores *Zwei Formen* (Abb. 74) zeigen. In dem Corot enthüllt sich, ebenso wie in den soeben besprochenen zwei Bildern, das abstrakte Grundthema im Strukturskelett der Komposition (Abb. 73a). Das Kind sitzt symmetrisch und frontal wie ein in sich beschlossenes kleines Monument da; wohingegen die

Abb. 73 Camille Corot, Mutter und Kind am Strand. John G. Johnson Collection, Philadelphia

Abb. 73a

Gestalt der Mutter in eine übergreifende Wellenform eingefügt ist, in der sich schützende Fürsorge unmittelbar ausdrückt. Moores Holzskulptur ist ebenso reich und nuanciert und stellt ein recht ähnliches Motiv dar. Die kleinere Form ist kompakt und selbständig wie Corots Kind, obwohl sie zugleich auch deutlich ihrem Partner entgegenstrebt. Die größere erfüllt sich ganz in ihrer Bewegung auf die kleinere hin, über die sie sich beugt, die sie beherrscht, niederhält, umschließt und empfängt. Man kann in diesem Werk, wenn man will, Anklänge an menschliche oder Natursituationen finden, etwa an die Beziehung zwischen Mutter und Kind, wie Corot sie darstellt, oder auch an die zwischen dem männlichen und dem weiblichen Prinzip. Solche Assoziationen beruhen auf Ähnlichkeiten in den zugrundeliegenden Kräftegruppierungen; sie illustrieren an Sonderbeispielen, wieso uns Moores ungegenständliches Werk menschlich angeht; aber sie sind keine zwingenden Eigenheiten des Werks selbst.

Ebenso wie ein Chemiker einen Stoff von den Verunreinigungen isoliert, die dessen Charakter und Wirkungen verschleiern, reinigt das Kunstwerk bedeutungsvolle Erscheinungen. Es bietet abstrakte Themen in ihrer Allgemeinheit dar, reduziert sie aber nicht zu bloßen Diagrammen. Die Vielfalt der Erfahrungswelt spiegelt sich in komplexen Formen wieder. Das Kunstwerk ist ein Wechselspiel von Anschauung und Gedanken. Die Individualität des Einzelwesens und die Allgemeinheit des Typus vereinigen sich im Bilde. Indem Wahrnehmung und Begriff einander beleben und erleuchten, offenbaren sie sich als zwei Ansichten einer einzigen Erfahrung.

Abb. 74 Henry Moore, Zwei Formen, 1934. The Museum of Modern Art, New York

15 Modelle für die Gedankenwelt

Wie der Künstler, so deutet auch der Wissenschaftler die Innen- und die Außenwelt mit der Hilfe von Abbildern. Natürlich ist das Erdenken von anschaulichen Modellen nicht die einzige Beschäftigung des Wissenschaftlers. Der Physiker, Biologe oder Soziologe verwendet viel Zeit darauf, Tatsachen zu sammeln, zu zählen und zu messen; er muß ihre Zuverlässigkeit prüfen und seine Voraussagen experimentell erproben. Doch dies sind alles Hilfsoperationen, mittels derer die Entdeckungen und Erklärungen vorbereitet und bestätigt werden. Zum Entdecken und Erklären aber braucht man Anschauungsmodelle. »Wir beweisen mit der Logik«, sagt Henri Poincaré, »aber wir entdecken mit der Intuition.«

Solange ein Anschauungsbild sich nicht in Formen bringen läßt, die so einfach und klar aufeinander bezogen sind, daß der Verstand es begreifen kann, ist es ein irrationaler Einzelfall. Erst wenn wir Allgemeineigenschaften in ihm entdecken, verstehen wir das Sonderding als eine Art Ding. Im vorigen Kapitel war davon die Rede, daß in der Kunst diese Grundstrukturen besonders auf frühen Entwicklungsstufen deutlich zu erkennen sind. So steht es auch mit den Frühformen in der Wissenschaft. Es empfiehlt sich daher, von Beispielen auszugehen, die aus den Anfangszeiten der Wissenschaft stammen oder in denen sie sich mit weitgefaßten Allgemeinproblemen befaßt.

Formen der Kosmologie

Sehr geeignet für unseren Zweck sind Theorien über Natur und Ursprung der physischen Welt. Die Menschheit hat sich von jeher mit diesem Thema beschäftigt, das seinem Wesen nach auf die weitgreifendsten Eigenschaften des Seienden abzielt und daher auch mit Anschauungsbildern von sehr allgemeiner Form arbeiten muß. Schon bei flüchtiger Betrachtung früher Kosmologien stößt man auf Merkmale, die uns von den Künsten her geläufig sind. Die von der unmittelbaren Sinneswahrnehmung suggerierten Formen treten in Wechselwirkung mit den ‹reinen Formen›, mit denen das Bewußtsein dem Erfahrungsmaterial gerecht zu werden versucht. So sehr bedarf der Geist verständlicher Formen, daß er sich die Welt zunächst etwa als eine von einem kreisförmigen Horizont umschlossene Fläche vorstellt, auf der die Gebirge und sonstige Unregelmäßigkeiten liegen. Über dieser einfachen Grundfläche erhebt sich das halbkugelige Sternengewölbe des Himmels. Den Horizont umgürtet wie ein ringförmiger Burggraben der homerische *okeanos*, auf dessen Wassern die himmlische Halbkugel sich geheimnisvoll gründet. Diese frühe Welt ist in sich geschlossen und so einfach, wie der nach verständlicher Form suchende Verstand sie sich wünscht – so einfach wie eine Kinderzeichnung.

Uns kommt es hier nicht auf die historische Abfolge an, sondern auf die psychologische Entfaltung theoretischer Begriffsbildungen. Diese psychologische Entwicklung führt vom Einfachen zum Vielfältigen, indem sich der seelische Apparat allmählich verfeinert und die Beobachtungen der Außenwelt entsprechend reicher werden. Andrerseits aber beginnt alle Beobachtung natürlich mit den komplizierten Gegebenheiten der Erfahrungswelt, so daß es auch zu Vereinfachungen der Denkmodelle kommt, wenn der Verstand sich vom Sosein des Gegebenen freier macht. Aristoteles wußte, daß wenn ein Schiff sich entfernt, es allmählich unter den Horizont sinkt; er wußte auch, daß während einer Finsternis die Erde einen kreisförmigen Schatten auf den Mond wirft und daß wenn man über weite Landstrecken reist, andre Sternbilder am Himmel erscheinen. Verfeinerte Beobachtungen dieser Art verlangten, daß man sich die Erde als rund vorstelle, und das führte zu einem Modell, das noch einfacher und eleganter war als das ursprüngliche, nämlich zu der Vorstellung von einer Weltkugel, umgeben von den konzentrischen Schalen der Himmelssphären. Doch versteht sich der Verstand nur ungern zu solchen, der direkten Anschauung direkt widersprechenden Denkmodellen. Man versucht es zunächst gern mit Zwischenlösungen, mit Kompromissen. So behauptete zum Beispiel Anaximander, daß die Erde ein Zylinder sei, dreimal so breit wie hoch und rund wie ein Stück Säulenschaft, auf dessen oberer Fläche wir herumwandern.

In Kinderzeichnungen spaltet sich die ursprüngliche Kreisform häufig in eine Schar von konzentrischen Kreisen auf, und so wird auch aus dem astronomischen Himmelsgewölbe bald ein System konzentrischer Schalen. Jede Schale trägt einen der Planeten; die am weitesten außen liegende ist mit den Fixsternen besetzt und bildet den Abschluß des Weltenraums. Dabei dauerte es aber recht lange, bevor der konzentrische Charakter der Weltvorstellung auf die Erde selbst vollständig angewandt wurde. Man hielt etwa an einer Trennung zwischen der vom Licht beschienenen Oberwelt der Lebendigen und der dunklen Unterwelt fest, in der die Toten und die bösen Geister ihr Wesen trieben. Der kognitive Widerspruch zwischen der wahrnehmbaren Form der Erfahrungswelt und dem ebenso anschaulichen kosmischen Gedankenmodell ließ sich nur langsam auflösen.

Diese frühen Modelle sind so solide geometrisch, daß man versucht ist, sie rein statisch aufzufassen. Man muß aber nicht vergessen, daß alle Formen als gerichtete Kräfte wahrgenommen werden und auch nur als solche Bedeutung haben. Im praktischen Leben zum Beispiel sind Wände nicht so sehr geometrische Flächen als vielmehr Begrenzungen, die Menschen und Dinge umschließen, abwehren, beschützen usw.; und in einer Kinderzeichnung ist, wie wir gesehen haben, der ein Springseil darstellende Bleistiftstrich nicht bloß eine tote Linie, sondern eine schutzbietende Befestigung. In den uns umgebenden Dingen sehen wir häufig die Vorgänge, die sie hervorgebracht haben, und die Handlungen, zu denen sie fähig sind. Diese dynamische Anschauungsweise entspricht ja auch dem, was wir über den objektiven Zustand der materiellen Welt wissen. In der modernen Physik heißt es, daß materielle Körper nichts andres sind als eine dem Menschengeist zugängliche Erscheinungsweise von Kraftfeldern.

So wird denn auch von aller Frühzeit an die Architektur des Kosmos als etwas durch Tätigkeit Geschaffenes angesehen. Die Geschichte der Welt beginnt, wenn Form aus dem Formlosen entsteht. Die Erde, so berichtet die Bibel, war wüst und leer. Die griechischen Philosophen sahen die Ursubstanz als grenzenlos, beweglich und schmiegsam wie Wasser und Luft, in denen ja auch eine formlose Lebendigkeit am Werke scheint. Jedoch hat F. M. Cornford darauf hingewiesen, daß das Wort *Chaos* ursprünglich nicht eine primitive Unordnung bezeichnet, sondern eine gähnende Kluft. Es bezieht sich also auf eine erste Form der Ordnung, nämlich auf die Teilung in zwei Zeugungsmächte. Möglicherweise stammt diese in den Kosmogonien so vieler Völker anzutreffende Vorstellung einfach von der Polarität der Geschlechter ab; doch drängt sie sich vielleicht auch unabhängig von der biologischen Erfahrung auf, wenn nämlich die Kosmogonie keine Vorstellung eines vom Geschaffenen unterschiedenen Schöpfers enthält. Unter solchen Umständen kann der Urakt der Kosmogonie als eine Spaltung in mindestens zwei Mächte vorgestellt werden, von denen jede zugleich Schöpfer und Schöpfung ist. Dies Wechselspiel der Gegensätze mag dann in der Dualität der Geschlechter sein irdisches Modell finden. In der klassischen Philosophie der Chinesen zum Beispiel entsteht alles Seiende aus dem Zusammenwirken der beiden großen Gegenspieler, des Jing und Jang, die herkömmlich als die zwei ineinander verschlungenen Hälften eines kreisförmigen Symbols dargestellt werden. In der Bibel erscheinen die zwei Urmächte in der Form von Himmel und Erde. Nach dem babylonischen Schöpfungsmythus entsteht aus dem Salz- und Süßwasser des formlosen Urmeers der Urschlamm, der sich als ein riesiger Ringwall am Horizont absetzt. Aus diesem Horizontwall bilden sich Himmel und Erde als zwei riesige Scheiben, die dann vom Wind auseinandergetrieben werden. Der Wind bläst die beiden zu einem sackförmigen Hohlraum auf, in dem wir leben und dessen Unterseite die Erde und die Oberseite der Himmel ist.

In dem babylonischen Denkmodell wird also der Abstand zwischen Himmel und Erde dynamisch als das Ergebnis einer Ausweitung gesehen, und ebenso ist das Himmelsgewölbe das Werk einer sich ausbreitenden Kraft. Die Kosmogonie bezieht sich nicht nur auf die Vergangenheit als eine bloße Geschichte des Entstehens, sondern erhält sich auch in der Architektur des Universums als ein ihm für immer anhaftendes Kräftesystem.

Im allgemeinen verkörpern sich die kosmologischen Formen und Vorgänge in mythischen Erzählungen. Wie aber in der Kunst der erzählerische Inhalt nur eben der

Träger innewohnender Kräfte ist, so ist auch die 'Hochzeit' von 'Himmel' und 'Erde', die durch die Anziehungskraft des Eros zustandekommt, wesentlich ein eingekleidetes Kräftespiel. Allerdings lassen sich auch umgekehrt anthropomorphe Züge noch dann nachweisen, wenn die Mythen bereits zu Theorien der Himmelsmechanik geworden sind. Wenn Aristoteles annahm, daß materielle Körper sich aus einem ihnen innewohnenden Streben vorwärtsbewegen, so war da gewiß eine Analogie zu menschlicher Zielstrebigkeit im Spiel. Irdische Dinge, sagt er, bewegen sich in gerader Linie, entweder vom Mittelpunkt der Erde fort wie das Feuer oder auf ihn zu, denn »jeder Körper bewegt sich naturgemäß nach dem Ort hin, an dem er ohne Zwang ruht«. Die Kugelgestalt der Erde kommt dynamisch zustande, indem alle ihre Teile symmetrisch nach der Mitte hin Druck ausüben.

Die Himmelskörper sollen sich deshalb in Kreisen bewegen, weil der Kreis die einfachste natürliche Form ist und weil er der Rundheit dieser Körper entspricht. Die dem Kreis und der Kugel zugebilligte Priorität stammt ganz aus der Wahrnehmung; ebenso die Vorstellung, daß die Bewegung eines Dinges seiner Form entspricht. Der menschliche Geist hat niemals ganz aufgegeben zu glauben, daß die wahrnehmungsmäßig einfachsten Formen auch in der Natur vorherrschen. Er zögert selbst dann noch, wenn ausdrückliche Beobachtungen ihn anders belehren, so etwa wenn Galileo sich weigerte, Kepler zu glauben, daß die Planeten sich in Ellipsen um die Sonne als einen der Brennpunkte bewegen. Die Entdeckung ging Galilei gegen den Strich, weil ihm der Kreis als die einzige natürliche Bewegung galt, wohingegen geradlinige Bewegungen nur durch Einwirkungen von außen her zustandekommen konnten. Die Sonne befand sich im Mittelpunkt eines Systems vollkommener Kreise, und die Umlaufsgeschwindigkeit der Planeten mußte konstant sein. Insofern also war der Kampf um wissenschaftlichen Fortschritt ein Familienzwist innerhalb des Wahrnehmungsgebiets, ein Kampf zwischen Naturbeobachtung und der Tendenz zur einfachsten Form. Erwin Panofsky spricht über Galileos Vorurteil und erwähnt dabei, daß die Ellipse, der verzerrte Kreis, von der Hochrenaissance ebenso nachdrücklich abgelehnt wurde, wie sie dann bei den Manieristen beliebt war. In der Malerei komme die Ellipse erst bei Correggio vor.

Kepler begründete die Priorität der geradlinigen Bewegung für die irdische Welt und zeigte am Beispiel der Muskelbewegungen im menschlichen Körper, daß Rotation nur durch künstlichen Eingriff, mittelbar und unvollkommen, zustandekommt. Aber erst eine spätere Generation gelangte dazu, die Planetenbewegung als die Resultante zweier geradliniger Antriebe zu verstehen, nämlich eines Impulses im Körper selber und einer Anziehungskraft von einem äußeren Zentrum her. Im Jahre 1692 schreibt Newton an Richard Bentley:

»Auf den letzten Teil Ihres Briefes habe ich zu antworten, daß wenn die Erde (ohne den Mond) mit ihrem Mittelpunkt an irgendeine Stelle des orbis magnus *versetzt würde und dort ohne alle Gravitation oder Projektion verharrte und wenn ihr nun sowohl eine Schwerkraftsenergie wie auch ein Transversalantrieb von passender Größe in*

MODELLE FÜR DIE GEDANKENWELT

Richtung einer Tangente zum orbis magnus *auferlegt würden, so würde nach meiner Vorstellung die Summe dieser Anziehung und dieser Projektion eine Kreisbewegung der Erde um die Sonne hervorrufen.*«

Die Kreisform war in ihrer Einfachheit und Unteilbarkeit so unmittelbar überzeugend, daß man sich nur mit der größten Anstrengung über den Augenschein hinwegsetzen konnte. Dabei läßt sich keineswegs behaupten, daß Newton zu seiner Einsicht gekommen sei, indem er sich mit seinen Überlegungen aus der Sinnessphäre entfernte. Vielmehr handelte es sich darum, ein elementares Anschauungsmodell durch ein komplizierteres zu ersetzen. Der Wettstreit zweier in verschiedene Richtungen treibender Kräfte, wodurch die Kreisbewegung entsteht, ist nicht nur weniger einfach als die ältere Vorstellung von einer in der Runde schwingenden Einzelkraft; sie läßt sich auch nur indirekt, d. h. in ihrer Resultante, beobachten und erfordert daher die Hilfe zusätzlicher Vorstellungsbilder. Man muß etwa die Modellvorstellung von einem an einen Strick gebundenen, herumwirbelnden Stein hinzuziehen, um das kosmische Wirbeln zu begreifen, das keinen Strick aufweist und daher keine Anziehung sichtbar macht.

Beispiele dieser Art zeigen, wie irreführend es wäre zu behaupten, daß die Sinne in der wissenschaftlichen Arbeit die Erfahrungsdaten nur mechanisch registrieren, wie eine photographische Kamera es tut, und daß das Verarbeiten des Rohmaterials späteren und vielleicht ganz unsinnlichen Prozessen vorbehalten bleibt. Die Sinneswahrnehmung ist keineswegs ein bloßes Sammeln, sondern ein aktives Erforschen, bei dem Form aufgesucht und auferlegt wird. Das wahrnehmende Bewußtsein zielt auf Verständnis ab, kann aber nur dann verstehen, wenn das Gegebene sich in verwendbare Modelle fügen läßt. Die frühesten Modelle entstammen der unmittelbaren Sinneserfahrung. Der Gesichtssinn bemüht sich dabei, wie schon früher dargelegt, um die einfachsten, mit der Reizsituation vereinbarten Formen. Diese Wechselwirkung zwischen den Forderungen des Angeschauten und den Formungstendenzen im Betrachter bleibt auch für höhere Erkenntnisstufen bezeichnend. Doch sind die Forderungen der Objektwelt nun nicht mehr auf dasjenige beschränkt, was unmittelbar ins Auge fällt, sondern entspringen einem viel weiteren Erfahrungsbereich, dem die Wahrnehmung gerecht werden muß. Was Newton in den Planetenbewegungen sah, mußte zu allem stimmen, was er über Bewegungsphänomene ganz im allgemeinen wußte.

Man kann noch an anderen Beispielen aus dem gleichen Problemgebiet zeigen, daß es sich hier in der Tat um Sinnesvorstellungen handelt. Ich erwähnte schon, daß nach Aristoteles alle natürlichen Bewegungen durch Impulse betrieben werden, die im Ding selbst tätig sind. Das war nicht nur eine Theorie 'über' Bewegung. Es war, wie wir heute auf Grund von Michottes Experimenten über Kausalitätswahrnehmung mit Sicherheit behaupten können, eine inhärente Eigenschaft dessen, was Aristoteles tatsächlich vor Augen sah. Wenn man ein sich aus eigener Kraft vorwärtstreibendes Ding sieht, so ist das etwas ganz andres, als wenn man es als von außen her vorwärtsgestoßen oder magnetisch angezogen sieht. Die in einem sichtbaren Vorgang tätigen Kräfte sind Qualitäten der Wahrnehmung selbst, nicht etwas, das später als Erklärung hinzugefügt wird – etwa im Sinne David Humes, der behauptete, daß wir »alle Geschehnisse als durchaus lose und getrennt« wahrnehmen und daß man sie zwar als in Raum und Zeit benachbart, nicht aber als innerlich verbunden sehen kann. Die Experimente zeigen aber, daß wenn man zum Beispiel einen Gegenstand sieht, der auf einen anderen, ruhenden zuläuft und ihn berührt, worauf nun der zweite sich in Bewegung setzt, diese neue Bewegung als von dem Anprall der ersten bewirkt oder auch nur als von ihr ausgelöst gesehen wird. Michotte hat genau angeben können, unter welchen objektiven Bedingungen der eine und der andre Eindruck spontan erzielt wird, und die beiden Typen von Wahrnehmungen sind ohne Zweifel grundsätzlich verschieden.

So steht es auch mit den entsprechenden Vorstellungsbildern. Wenn Galileo behauptete, daß die Planeten sich nicht aus eigener Kraft vorwärtsbewegen, sondern durch einen ursprünglichen, von der Trägheit dauernd wirksam gemachten Anstoß, so *sah* er die Sachlage nicht mehr so, wie Aristoteles sie gesehen hatte. Was er in seiner Trägheitstheorie beschreibt, ist diese neue Kausalvorstellung. Die Veränderung, zu der es da kam, war ein Umstrukturieren der Problemsituation, wie wir es aus der Denkpsychologie kennen. Die in einer bestimmten Sachlage wahrgenommene Kräftekonfiguration wird derart verändert, daß sie eine Lösung des Problems hergibt.

Der Leser wird vielleicht zugeben, daß man sich beim Nachdenken über die physische Welt anschaulicher Bildvorstellungen bedient, aber es mag ihm schwerfallen zu glauben, daß dies ebenso für unsinnliche Problemstellungen zutrifft. Tatsächlich aber lassen sich die äußerst abstrakten Formmodelle, von denen hier die Rede gewesen ist, ebenso gut auf nichtphysische Situationen anwenden, denn auch bei diesen handelt es sich um Kräftesysteme. Ja das Denken geht dabei in so ähnlicher Weise vor, daß man sich auf den Unterschied im Thema ausdrücklich aufmerksam machen muß, um sich davon zu überzeugen, wie mühelos das Bewußtsein vom einen zum andren gleitet.

Das Unanschauliche wird anschaulich

Als Beispiel mag uns die Kugelform dienen. Sie ist von jeher dazu verwendet worden, physikalische, biologische und philosophische Tatbestände zu beschreiben. Auch hier kann man wieder beobachten, wie Konzeptionen sich aus einfachen Anfängen zu hochdifferenzierten Begriffsbildungen entwickeln. Man benutzt die runde Form spontan und überall in der Welt, um etwas darzustellen, was keine Form oder keine bestimmte Form oder alle Formen hat. In diesem elementarsten Sinne stellt etwa Parmenides die Ganzheit und Vollständigkeit der Welt als eine Kugel dar, die hier als ein bloßer Behälter für eine, abgesehen von ihrer Umgrenzung, gleichförmige und unteilbare Masse von konstanter Dichte dient. Auch diesmal geht es uns nicht um die historische, sondern um die psychologische Ideenfolge, und so finden wir als eine erste Stufe höherer Strukturierung die ausdrückliche Beziehung zwischen Umfang und Zentrum. Wenn diese Beziehung noch recht statisch verstanden wird, dient sie nur dazu, den Gegensatz zwischen dem sehr Großen und dem sehr Kleinen zu symbolisieren. Thomas von Aquino etwa vergleicht Gott, den Allumfassenden, mit der Außenfläche der Kugel, während der Mittelpunkt die Winzigkeit der Kreatur darstellt. Der Mystiker Johannes Scheffler versteht im 17. Jahrhundert die Beziehung zwischen den beiden als eine dynamische Wechselwirkung: die runde Umfangsfläche konvergiert nach dem Zentrum hin, wenn der Mensch Gott in sich einbegreift, und umgekehrt weitet sich die Mitte zur Peripherie aus, wenn der Mensch sich in der Größe Gottes auflöst:

Als Gott verborgen lag in eines Mägdleins Schoß,
Da war es, da der Punkt den Kreis in sich beschloß.

So heißt es in einem der Zweizeiler des Cherubinischen Wandersmannes.

Die dynamische Auffassung der Beziehung zwischen Mitte und Umfang drückt sich häufig in der Vorstellung aus, daß die Kugel zustandekommt, indem sie sich vom Zentrum her ausbreitet und daß dieses der beherrschende Kräftepunkt bleibt. So sieht etwa Johannes Kepler den Mittelpunkt als den Ursprung des Kreises; dieser gebärt und formt den Umfang. Dementsprechend sind für Kepler alle Bewegungskräfte des Planetensystems in der Energie der zentral gelegenen Sonne konzentriert und gehen von dieser aus.

Ein ähnliches Modell auf dem Gebiet der Biologie findet sich in der aristotelischen Vorstellung von dem Herzen als dem Zentralorgan des menschlichen Körpers. Das Herz gilt da als der embryonale Kern, aus dem der übrige Körper hervorgegangen ist und der die bleibende Zentralquelle aller Lebenskräfte bildet. Das zeigt sich an den Blutgefäßen, die das Blut in alle Richtungen verteilen. Umgekehrt konvergieren die Sinnesbotschaften von der Außenfläche des Körpers nach der Mitte zu.

Das Kugelmodell hat verschiedenen christlichen Denkern dazu gedient, den Begriff der Dreieinigkeit zu klären. Das Zentrum der Kugel (oder des Kreises), ihr Umfang und der Raum zwischen den beiden sind als Teile ausreichend getrennt voneinander und dennoch im Ganzen so verschmolzen, daß sie die Einheit in der Dreiheit verbildlichen können. Dabei läßt sich an Beispielen zeigen, wie die gleiche geometrische Form ganz verschieden strukturiert werden kann, je nachdem was für ein Kräftesystem als in ihr verkörpert gesehen wird. Im 15. Jahrhundert zum Beispiel setzt Nicolas Cusanus Gottvater als das schöpferische Prinzip in den Mittelpunkt, aus dem dann der Sohn als eine Gott ebenbürtige Kraft hervorgeht. Der Heilige Geist vereinigt die beiden und umschließt das Ganze mit der Umfangsfläche. Etwa ein Jahrhundert später verändert sich diese Auffassung bei Kepler: »Das Abbild des dreieinigen Gottes ist in der Kugel-(fläche), nämlich des Vaters im Zentrum, des Sohnes in der Oberfläche und des Heiligen Geistes im Gleichmaß der Bezogenheit zwischen Punkt und Zwischenraum (oder Umkreis).« Auch hier wieder enthält die Vorstellung mehr als eine bloße Verteilung statischer Instanzen. Gottvater ist der Ursprung, dessen Kraft durch den Heiligen Geist als Vermittler verbreitet und von dem Sohn in allen Richtungen der Kugelfläche ausgeteilt und offenbart wird. Wie mühelos der Sinn dieser Anschauungsmodelle zwischen dem Geistigen und dem Physischen hin und her gleitet, zeigt sich in Keplers Vorstellung, daß das Bild der Dreieinigkeit sich in dem astronomischen Kosmos verkörpere. Gott ist die Sonne, die Quelle von Licht, Bewegung und Leben; der Sohn erscheint in der Fixsternschale, die das Sonnenlicht wie ein Hohlspiegel zurückwirft; und der Heilige Geist weilt in dem von den Ausstrahlungen der Sonne und den Lüften des Himmels erfüllten Raum.

Als ein drittes Beispiel sei noch ein anderer protestantischer Mystiker, Jakob Böhme, zitiert, bei dem die theologische und die astronomische Konzeption ebenfalls eine einheitliche Vision schafft. Hier wird nun der Sohn als die konzentrierte Sonnenkraft in die Mitte gesetzt; diese breitet sich durch den Heiligen Geist in alle Richtungen aus; und Gottvater umspannt das Ganze mit dem Himmelsgewölbe.

Modelle haben ihre Grenzen

In dem Maße als die Naturwissenschaften mehr und mehr darauf bestehen, theoretische Vorstellungen durch exakte Beobachtung nachzuprüfen, beschränkt sich die Anwendung des Kugelmodells zunehmend auf diejenigen physikalischen Systeme, denen es so genau wie möglich entspricht. Die geometrische Form, die das Naturbild von Anfang an wegen ihrer sinnlichen Einfachheit beherrschte, bleibt auch jetzt noch auf das Sonnensystem, das Atommodell usw. anwendbar.

Es handelt sich dabei übrigens um mehr als einen bloßen glücklichen Zufall. Die Parallele zwischen visueller und physikalischer Struktur läßt sich verstehen, wenn man die psychologische Tendenz zur einfachsten Form auf ihre physiologische Basis im Nervensystem und damit auf die Welt des Physischen zurückführt, in der ein Naturgesetz auf Gleichgewicht, Ordnung und regelmäßige Form dringt. Es ist die Tendenz zur Spannungsverminderung, die im zweiten Satz der Wärmelehre ihre statistische Formulierung findet.

Die Anschauungsmodelle der Wissenschaft sind natürlich immer nur vereinfachende Annäherungen an den wirklichen Tatbestand in der physischen Welt. Das liegt im Wesen der Beziehung zwischen den Konzeptionen des menschlichen Verstandes und den von ihnen beschriebenen Naturtatsachen. Das antike Modell der konzentrischen Sphären findet sich noch in der Kosmologie Dantes, der die Planetensphären den sieben freien Künsten zuordnet, und sogar bei Kopernikus; und in unserem 20. Jahrhundert ersteht es wieder in dem Atommodell von Rutherford und Bohr.

Ein paar Hinweise mögen genügen, um den dynamischen Charakter der Kugelmodelle noch weiter zu erläutern. Wie schon erwähnt, glaubte man noch zu Lebzeiten Galileis, daß die Planeten in vollkommen kreisförmigen Bahnen um die in der Mitte stehende Sonne rotieren. In Newtons Neudeutung spielt die Sonne die Rolle der zentralen Anziehungskraft, und die elliptischen Planetenbahnen sind Kompromisse in dem Widerstreit zwischen den Planeten, die ihre eigene Bahn verfolgen wollen, und der Sonne, die sie zu sich heranziehen will. Im Atommodell endlich ist die negative Ladung der Elektronen gegen die gleichgroße positive Ladung des Kerns ausgewogen.

Der Sinn der Anschauungsmodelle in der Wissenschaft beruht, ebenso wie derjenige der kompositionellen Formen in der Kunst, einzig und allein auf den von ihnen hervorgebrachten visuellen Kräften. Dabei ist aber zu beachten, daß sich diese Kräfte weder in Abbildern noch in anderen physischen Gegenständen unmittelbar leibhaftig darstellen; sie können nur psychologisch von diesen hervorgerufen werden. Die Zeichnung eines Kreises und seines Mittelpunkts enthält objektiv nichts von den Kräften, die der Betrachter in ihr wahrnimmt. Kein materielles Ding bietet dem Auge mehr als ruhende oder sich bewegende Formen und Farbflecke. Gewiß kann man den dynamischen Charakter verstärken, indem man etwa in der Graphik oder Malerei mit Licht und Schatten arbeitet; oder indem man im Film, im Tanz oder auf der Bühne wirkliche Bewegung vorführt. Dies sind aber nur Gradunterschiede, und es bleibt dennoch bei der Grundtatsache, daß die visuelle Dynamik im Nervensystem des Betrachters zustande kommt und nicht im Abbild selbst oder in der Außenwelt. Diese wichtigste Qualität visueller Modelle existiert also nur in der Wahrnehmung oder Vorstellung. Und selbst die dynamischen Erzeugnisse des Bewußtseins sind in ihrer Fähigkeit, Kräftesysteme abzubilden, recht begrenzt. Es gibt wichtige Verhaltensweisen, die sich nur in Annäherung darstellen lassen. Von diesen sollen einige hier besprochen werden, weil sie von komplexeren und subtileren Konzeptionen einen Begriff geben.

Der Prozeß der Wechselwirkung zum Beispiel scheint dem forschenden Verstande nicht unmittelbar zugänglich zu sein. Die Kugelmodelle der Dreieinigkeit werden oft mit der Ermahnung vorgelegt, daß man die drei Komponenten nicht als getrennt, sondern als ineinander enthalten anzusehen habe. Sie beeinflussen einander nicht bloß von festen Stellungen aus; auch erzeugen sie einander nicht einfach. Vielmehr ist gemeint, daß der Mittelpunkt ausgeweitet im Umfang enthalten ist und daß der Umfang zusammengefaltet im Mittelpunkt liegt, wobei die Koexistenz der beiden den Zwischenraum in sich abwandelndem Verhältnis füllt. Mit dieser Art von Wechselwirkung, die ja allenthalben anzutreffen ist, kann sich der Verstand nur so abfinden, daß er ihre Komponenten oder ihr Endergebnis aufzeigt. Leibniz sah sich vor diesem Problem, wenn er die individuelle Monade als den mathematischen Zentralpunkt beschrieb, in dem alle Radien zusammenlaufen. Zwar ist die Mitte ohne räumliche Ausdehnung, aber sie versammelt dennoch in sich die unendlich vielen Sinnesbotschaften, die sich von überall her radial einstellen und die sie nun ihrerseits in einer ihr eigenen Welt zur Entfaltung bringt. Diese Vielfalt in der Einheit läßt sich nur gedanklich andeuten, nicht aber ausdrücklich vorstellen, weil eben ein Abbild nie mehr als *ein* Ding auf einmal zeigen kann.

Figur und Grund

Wenn man es mit dem Verhalten von Kräften zu tun hat, so stellt sich ein Bedürfnis nach Bildformen ein, mit denen sich die Stetigkeit des Fließens oder zumindest der Ausdehnung darstellen läßt. Diesem Bedürfnis widersetzt sich aber der Verstand, der die Wirklichkeit zunächst in geschlossenen Einzelformen zu erfassen sucht. Alle frühen Abbildungen bedienen sich der Unterscheidung von Figur und Grund: ein klar umschriebener Gegenstand wird auf einen von ihm geschiedenen Grund gesetzt, der grenzenlos, formlos, gleichförmig und von untergeordneter Bedeutung ist und häufig ganz unbeachtet bleibt. In der Wahrnehmungspsychologie ist diese Elementarorganisation von Edgar Rubin untersucht worden. Unabhängig von ihm hat Gustaf Britsch sie für die Kunst beschrieben; er formulierte die früheste Form des anschaulichen Denkens folgendermaßen: »Ein gemeinter Farbfleck grenzhaft abgehoben von einer nichtgemeinten Umgebung.«

Britsch nahm auch den Vergleich voraus, um den es uns hier zu tun ist. In Egon Kornmanns Formulierung heißt es da:

»Er erkannte, daß die unmittelbaren spezifischen Erkenntnisse über Gesichtssinneserlebnisse den begrifflichen Zusammenhängen vorausgehen; und er fand, daß dementsprechend frühe Welt-Theorien (z.B. bei den Vorsokratikern) in ganz neuem Lichte erscheinen, wenn man die Denktatsachen der Gesichtsvorstellungszusammenhänge versteht, auf denen die Begriffsbildungen beruhen. So entspricht der ersten Stufe des allseitig gegen erstes unbeurteiltes U (= ἄπειρον) abgegrenzt gedachten A-Gemeinten ein anderes Weltbild als der Stufe, die ein A-Gemeintes vorstellen kann, das grenzlos in weiterbeurteiltes U übergeht.«

(A bedeutet den gemeinten Bestand, U die nichtgemeinte Umgebung.) Folgen wir Britschs Hinweis, so finden wir in der Tat, daß sich die sinnespsychologische Unterscheidung von Figur und Grund in der philosophischen Unterscheidung widerspiegelt, die von den Milesiern, vor allem von Anaximander, zwischen einer geometrisch geformten, aus den vier Elementen bestehenden Welt und der grenzenlosen, unbestimmten Materie *(apeiron)* gemacht wurde. Die Materie hatte die Welt erschaffen und umgab sie. Die Wahrnehmungstypen Form und Formlosigkeit wurden als Gegensätze behandelt. Dietrich Mahnke, auf dessen Buch ›Unendliche Sphäre und Allmittelpunkt‹ ich mich im vorliegenden Kapitel ausgiebig stützen konnte, weist darauf hin, daß Parmenides und später Platon das Grenzenlose noch als eine Unvollkommenheit behandelten und es daher nicht für wirklich seiend hielten.

Weiterhin besteht auch eine ununterbrochene Tradition, wonach die menschliche Seele als ein sphärisches Gebilde behandelt wird, das aus der Umgebung Botschaften empfängt und auf diese zurückwirkt; die Umgebung wird dabei als ein von der Seele getrenntes und relativ unstrukturiertes Ding angesehen. Nach Kepler sind alle »Seelenfunktionen, d. h. sowohl der Geist als das diskursive Denken, als auch sogar die

MODELLE FÜR DIE GEDANKENWELT

Sinnesempfindung eine Art Zentrum, gesehen im Verhältnis zu den Bewegungsfunktionen als der Peripherie.« Der Romantiker Friedrich von Hardenberg sieht das Ich als durch eine sphärische Grenzfläche gegen die Umwelt abgesetzt, wobei die Außenseite dieser Begrenzung nach außen, die Innenseite auf das Ich hin gerichtet ist.

Im 20. Jahrhundert behält dann Freud in seiner Vorstellung vom Ich und Es die Hauptzüge des alten Modells durchaus bei. Als Reaktion auf die Umwelt entwickelt die Seele die Sinnesfunktion in ihrer Außenschicht, die zu einer schützenden Rinde gegen Beschädigungen von außen wird. Als Mittler zwischen Umwelt und Seele befaßt sich das Ich mit den Anforderungen der 'Wirklichkeit' und hält andrerseits im Interesse der Selbsterhaltung die libidinöse Angriffskraft des Es im Zaum. Alle diese Vorstellungen sind noch im Rahmen der wahrnehmungsmäßigen Unterscheidung von Figur und Grund. Erst in den biologischen und psychologischen Theorien eines J. von Uexküll oder Kurt Lewin wird die Wechselwirkung zwischen Organismus und Umwelt als ein 'übergangsloser' Prozeß behandelt. Von ähnlichen Entwicklungen in der Naturwissenschaft wird sogleich die Rede sein.

Abb. 75

Auch auf den Frühstufen der bildenden Kunst beobachten wir eine solche Entwicklung. Wenn ein Kind zum erstenmal versucht, einen Kopf im Profil zu zeichnen (Abb. 75a), so fängt es typisch mit dem unmodifizierten Kreis an und fügt diesem als Grundlage die Nase, den Mund, das Haar, den Hals usw. hinzu. Das Ergebnis ist sozusagen eine Figur-und-Grund-Situation im Querschnitt. Die Kreislinie des Kopfes dient als Grund, auf dem die Anhängsel als getrennte, selbständige Einheiten ruhen. Später dann schmilzt diese Zweiheit in eine kontinuierliche Form, welche die Sekundärform von Nase, Mund usw. als bloße Unterteile in sich enthält (Abb. 75b). Beispiele finden sich in der Entwicklung der Malerei und auch der Skulptur.

Die gleiche Verfeinerung der Formauffassung kann dann auch die Beziehung des Vordergrunddinges als ganzem zum Hintergrund neu definieren. In den Frühzeiten werden Figuren und Gegenstände als Vordergrunddinge gegen einen leeren oder selbständig strukturierten Hintergrund abgesetzt, wie noch auf den mittelalterlichen Goldgrundmalereien. Unter bestimmten Umständen differenziert sich dann diese Dualität in ein kontinuierlich modelliertes Bildrelief. Statt der eindeutigen Unterscheidung von Figur und Grund haben wir in Europa, beginnend mit der Renaissance, eine stetige Skala von Form- und Farbabstufungen. Beispiele dafür werden bei Britsch, Kornmann und in der amerikanischen Fachliteratur bei Schaefer-Simmern eingehend analysiert.

Läßt sich nun nicht der Übergang von der Korpuskulartheorie zur Feldtheorie in der Physik als eine ähnliche Vorstellungsentwicklung ansehen? Die Korpuskulartheorie sieht klar umschriebene, selbständige Körper als 'Figur' im leeren oder doch qualitativ andersartigen Raum, der die Rolle des 'Grundes' spielt. Die herkömmliche Vorstellung vom Planetensystem hat diesen Charakter und ebenso das Atommodell von Rutherford und Bohr. Solche klaren Unterscheidungen sind dem äußeren wie dem inneren Auge willkommen. Man spürt in sich eine eigentümliche Mischung von Unbehagen und Erkennensfreude, wenn ein solches System nun in ein kontinuierliches elektrisches Feld umdefiniert wird. In diesem werden die Objekte oder Partikeln nach Schrödinger als »mehr oder weniger zeitweilige Einheiten in einem Wellenfeld« betrachtet, wobei »ihre Form und ihr allgemeines Verhalten dennoch so klar und deutlich durch die Wellengesetze bestimmt ist, daß viele Prozesse sich so abspielen, *als ob* diese zeitweiligen Einheiten substantielle und permanente Dinge wären«. Die ältere Vorstellung ist in mehr als einer Beziehung verändert. Der Bruch zwischen leerem Grund und tätigem Ding ist aufgegeben. James Clerk Maxwell schreibt über Michael Faraday, den Vater der Feldtheorie:

»Faraday sah mit seinem inneren Auge Kraftlinien im Raum, wo die Mathematiker Kraftzentren sahen, die aus der Entfernung ihre Anziehung ausübten; Faraday sah das Medium, wo sie bloße Abstände sahen; Faraday suchte den Sitz der Phänomene in tatsächlichen Vorgängen, die sich im Medium abspielten, während jene anderen sich damit zufrieden gaben, ihn in einer tätigkeitsanregenden Kraft gefunden zu haben, die ihren Einfluß auf die elektrischen Strömungen über einen Abstand hinweg ausübte.«

Beseitigt ist auch die Unterscheidung zwischen Materie und Kraft. Aus dem gegenständlichen Ding wird ein Bündel von Energie. Und dieser grundsätzliche Übergang vom statischen Zustand zum dynamischen Geschehen führt dann weiter zu der Vorstellung, daß Situationen nicht unwandelbar, sondern zeitlichen Veränderungen unterworfen sind.

Die Belebung eines vorher als statisch verstandenen Begriffes wirkt erfrischend und erfreulich auf den menschlichen Verstand. Aber der Übergang zu einem komplexeren Anschauungsmodell ist zugleich auch beunruhigend. Die Vorstellung von säuberlich umschriebenen Dingen, wie sie in Umrißzeichnungen dargestellt werden, muß aufgegeben werden, und die vom Zeitablauf unberührte Stabilität der Begriffe, die dem Denken so bequem ist, entspricht nun der Wirklichkeit nicht mehr.

Das Unendliche und die Kugel

Grenzenlosigkeit ist beängstigend. »Ich protestiere gegen die Verwendung unendlicher Größen«, rief der Mathematiker Gauß im 19. Jahrhundert aus; sie sind »in der Mathematik niemals statthaft«. Es empfiehlt sich, hier kurz auf einige Anschauungsmodelle einzugehen, die unendliche Ausdehnung darstellen, denn sie weisen uns auf die Grenzen der menschlichen Anschauung und damit zugleich des menschlichen Verstehens hin. Der Mathematiker kann sich die Unendlichkeit ebensowenig vorstellen wie der Durchschnittsmensch. Er behilft sich mit zwei Annäherungen. Er kann eine Zahlenabfolge beginnen und dann die Bestimmung treffen, daß sie sich in alle Ewigkeit fortsetzen soll. Ein Beispiel hierfür ist die Reihe der ganzen Zahlen, 1, 2, 3, ... Dabei warnen die Mathematiker Courant und Robbins uns aber: »Man kann das Symbol ∞ nicht in das System der natürlichen Zahlen einbegreifen und zugleich die Grundregeln der Arithmetik aufrechterhalten.« Andererseits kann der Mathematiker sich auch einen mit unendlich vielen Einheiten angefüllten Behälter vorstellen, wie es Georg Cantor in seiner Mengentheorie getan hat. Beide Ansätze sind aus Anschauungsbildern abgeleitet.

Wenn Kinder die Sonne oder eine Lampe mit ihren Ausstrahlungen darstellen wollen, zeichnen sie eine Gruppe von Radien, die von einem zentralen Punkt oder einer Scheibe ausgehen. Zwar haben diese Radiallinien eine begrenzte Länge; doch sie sind als endlos vorgestellt. Gemeint sind Kraftlinien, die sich von einer festen Basis aus unbegrenzt in alle Richtungen erstrecken. Es ist sozusagen eine einseitige Unendlichkeit, die an ihrem einen Ende einen Anfang hat, wie die Zahlenreihe in der Arithmetik. Ein solches geometrisches Sonnenmuster diente Plotin dazu, sich die Tätigkeit des Geistes vorzustellen. Nach ihm verhält sich Gott in seiner Einzigartigkeit zu der Vielfältigkeit der intelligibelen Ideen wie der Kreismittelpunkt zu den Halbmessern, und so steht es auch mit dem Verhältnis der Weltseele zu den Einzelseelen und dem der Einzelseele zu ihren verschiedenen Tätigkeiten im Körper. Doch ist Plotins Geistessphäre weder endlich wie die Kugelform des physischen Universums, noch räumlich unendlich. Plotin behandelt also die Unendlichkeit als eine positive Qualität des Wirklichen, aber die Beziehung zwischen Form und Unendlichkeit ist noch ungeklärt.

Mahnke weist in seiner ausführlichen historischen Untersuchung darauf hin, daß im Buch der Vierundzwanzig Philosophen, also im 12. Jahrhundert, zum erstenmal die Formulierung auftaucht, die dann durch die Schriften des Cusaners und Giordano Brunos so berühmt wurde, daß nämlich Gott eine unendliche Kugel sei, deren Mitte überall und deren Umfang nirgends ist. Nicolaus von Cues wendet dies Anschauungsmodell zunächst auf Gott an, dann aber auch auf das Universum als die Schöpfung Gottes; und in der Renaissance wird es sogar für die individuelle Menschenseele benutzt, etwa bei Marsilio Ficino. Hier wird das Bild des begrenzten Behälters in Beziehung zu der Vorstellung vom Unendlichen gesetzt, wobei ein Schritt vorweggenommen ist, den die exakte Mathematik erst zu Beginn unseres Jahrhunderts getan hat.

In der klassischen Naturphilosophie kommt die Unendlichkeit als eine positive Qualität, d. h. nicht als bloßer formloser Hintergrund, vor und zwar in der Anschauung, die den Formbegriff auf die kleinsten Einheiten der Materie reduziert. Für die Atomisten – Leukippus, Demokrit, Epikur und später Lukretius – war das Universum gleichförmig und grenzenlos, aber nicht als ein Kontinuum, sondern als eine Vielheit von Elementarteilchen, die im leeren Raum umherwimmelten. Nach Auffassung der Atomisten hatte die Welt keinen Mittelpunkt; sie begnügten sich aber damit, die Lehre von einer zentrierten Welt als »eine müßige Grille von Narren« abzutun, wie man bei Lukretius lesen kann. »Im Unendlichen kann es keinen Mittelpunkt geben«. Den Atomisten gelang es also noch nicht, den Widerspruch zwischen der Vorstellung von einer zentrierten Welt, in deren Mittelpunkt uns das Zeugnis unserer Sinne setzt, und der von einer endlosen Gleichförmigkeit aufzulösen. Erst der Begriff der unendlichen Kugel nimmt dies Problem ernstlich in Angriff. Nur nebenbei sei hier daran erinnert, daß zwei Zeitgenossen des Cusanus, die italienischen Künstler und Architekten Alberti und Brunelleschi, mittels der geometrisch konstruierten Zentralperspektive die Unendlichkeit in die Malerei einführten. Dies Konstruktionsprinzip enthielt aber ein Paradoxon, indem es das Unendliche an einen bestimmten Punkt des malerischen Raums setzte. Es bildete das unendlich Große als das unendlich Kleine ab und beschrieb die Welt als zusammenschrumpfend und nicht als sich ausweitend. Erst später versuchten sich die Maler daran, das Erlebnis des endlosen Raumes darzustellen, vor allem in den Deckengemälden der Barockarchitektur.

Cusanus behandelte den Mittelpunkt der endlosen Welt nicht nur negativ als etwas, das es nicht gab; vielmehr existierte dieser für ihn überall. Er hatte sich davon überzeugt, daß die Erde nicht im Zentrum des Alls sein könne und daß alle Bewegung relativ sei. Wir können eine Bewegung nur dadurch erkennen, sagte er, daß wir sie auf etwas Feststehendes beziehen, nämlich auf Pole oder Mittelpunkte, »und diese nehmen wir bei der Messung der Bewegung im voraus an«. Damit schuf er die Grundlage für den Relativismus des 20. Jahrhunderts. Relativität kann man sich nur mittels eines ziemlich komplizierten Anschauungsbildes verdeutlichen; man muß mindestens zwei einander ausschließende Systeme aufeinander beziehen – eines, für das der Gegenstand in Bewegung, und ein anderes, für das er in Ruhe ist. Wahrscheinlich kann man sich so etwas nur vorstellen, indem man zwischen zwei Bildern abwechselt, ebenso wie das beim Umschlagen von Figur und Grund geschieht oder wenn man die Innen- und die Außenansicht eines Gebäudes aufeinander beziehen will. Nur indem man sich von beiden Bezugssystemen freimacht, kann man zu der außerhalb beider liegenden Haltung gelangen, die für das reine Absolute im Sinne Einsteins Voraussetzung ist.

Sind wir eigentlich berechtigt, die Spekulationen der Vergangenheit mit modernen Theorien, die auf exakter Beobachtung und Berechnung beruhen, auf die gleiche Stufe zu stellen? Wir sind es zumindest für die Zwecke der vorliegenden Untersuchung, da es ja hier nicht um die Richtigkeit der Begriffskonstruktionen geht, sondern um ihre sinnliche Form – ihre *themata*, wie der Physiker Gerald Holton die Prinzipien genannt hat, die wissenschaftlichen Konzeptionen zugrundeliegen. Er hat dabei Denkmodelle im Auge, die sich weder auf Erfahrungsbeobachtungen wie das Ablesen von Zeigerstellungen noch auf analytische Aussagen mittels Integralrechnung, Logik oder Mathematik stützen. Holton läßt es dahingestellt, ob diese *themata* »mit Anschauungen wie der Platons oder Keplers oder der Jungschen Urbilder zu assoziieren seien; mit Mythen, im positiven Sinne des Wortes, mit synthetischer Erkenntnis a priori, mit intuitivem Begreifen oder der Ratio im Sinne Galileis; mit einer realistischen oder absolutistischen oder irgendeiner sonstigen Wissenschaftsphilosophie«. Ich betrachte diese *themata* hier als Anschauungsbilder und kann nur hoffen, daß selbst diejenigen Leser, denen daran liegt, die moderne Wissenschaft grundsätzlich von aller älteren Naturforschung zu unterscheiden, die formellen Ähnlichkeiten zwischen Denkmodellen beider Art bemerkenswert finden werden.

Die moderne Kosmologie schwankt auch heute noch zwischen zwei ursprünglich von den Griechen erdachten Grundvorstellungen hin und her. Im 18. Jahrhundert stellten Denker wie Thomas Wright und Immanuel Kant die Behauptung auf, daß unser Sonnensystem ein Teil einer Galaxis und daß das Weltall voller ähnlicher Galaxien ist. Indem sie von empirischen Einzelbeobachtungen auf eine allgemeinere Sachlage schlossen, nahmen sie also das von den Atomisten her überkommene Weltbild eines gleichförmig erfüllten unendlichen Raumes wieder auf. Kant war sich ausdrücklich darüber klar, wie ähnlich das von ihm verwendete Verfahren dem der arithmetischen Reihe ist:

»Wir sehen die ersten Glieder eines fortschreitenden Verhältnisses von Welten und Systemen, und der erste Teil dieser unendlichen Progression gibt schon zu erkennen, was man von dem Ganzen vermuten soll. Es ist hier kein Ende, sondern ein Abgrund einer wahren Unermeßlichkeit, worin alle Fähigkeit der menschlichen Begriffe sinkt, wenn sie gleich durch die Hilfe der Zahlwissenschaft erhoben wird.«

Um zu dieser Verallgemeinerung zu gelangen, mußte man das sinnlich unmittelbar Gegebene mutig umstrukturieren und es so auf ein gänzlich anderes Anschauungsmodell bezüglich machen. Eine erstaunlich anpassungsfähige Vorstellungskraft war nötig, um erstens das Sonnensystem als in den fernen Sternenstreifen der Milchstraße, der die Erde zu umspannen scheint, eingewoben zu sehen und sich dann weiter diese Galaxis als elliptisch vorzustellen, wodurch sie mit Nebelflecken wie dem der Andromeda vergleichbar wurde. Man kann an diesem Beispiel auch wieder feststellen, wie sich der Denker beim Umstrukturieren zwar vom unmittelbaren Augenschein freimachen muß, dabei aber keineswegs den Bereich der Sinnesanschauung überhaupt verläßt, sondern nur von einem zu einem anderen Vorstellungsmodell übergeht.

An die Stelle der Vorstellung vom unendlichen Kontinuum setzte man diejenige eines zentrierten Weltalls, um zu einer Theorie über den Ursprung des Universums zu gelangen. Obwohl sich Kant bewußt war, daß in einem unendlichen Raum keinem Einzelpunkt das Vorrecht zukommt, als Mitte zu gelten, so nahm er doch an, daß ein

Raumgebiet von größter Dichtigkeit zum Brennpunkt gedient habe, von dem die Natur ihren Ausgang nahm, indem sie sich von dort in alle Richtungen unendlich ausbreitete. Wir haben es hier also wieder mit Plotins Modell von einer einem Zentrum entspringenden Ausstrahlung von Kräften zu tun, und diese Vorstellung findet sich auch in unserer Zeit wieder bei Georges Lemaître, nach dem sich das in ständiger Ausdehnung begriffene All aus einem Atomkern entwickelt hat. Und man wird unweigerlich an die unendliche Kugel der mittelalterlichen Denker gemahnt, deren Mittelpunkt nirgends und überall war, wenn man liest, wie der Astronom Fred Hoyle im Jahre 1950 die Theorie vom sich ausdehnenden Universum durch den Vergleich mit einem Ballon illustriert, auf dessen Oberfläche sich eine Unzahl von Punkten befindet und der allmählich zu unendlicher Größe aufgeblasen wird:

»*Der Vergleich mit dem Ballon bringt uns zu einem sehr wichtigen Punkt. Er zeigt uns, daß wir nicht annehmen können, wir befänden uns in der Mitte der Welt, nur weil wir beobachten, daß sich alle Galaxien von uns entfernen. Denn für jeden der Punkte auf der Ballonfläche gilt, daß sich alle anderen Punkte von ihm entfernen. Mit anderen Worten, in welchem Sonnensystem man sich auch befindet, man wird feststellen, daß die anderen auf der Flucht vor einem sind.*«

Nicolaus von Cues wäre mit einem solchen Gedankengang vertraut gewesen.

Wie weit die Einbildungskraft reicht

Es mag ratsam sein, das vorliegende Kapitel mit einigen Hinweisen auf die Begriffe der vierten Dimension und des sogenannten gekrümmten Raumes zu beschließen, die bei Diskussionen über Einsteins allgemeine Relativitätstheorie häufig zur Sprache kommen. Einsteins Vorstellung von einer endlichen, aber grenzenlosen Welt scheint heutzutage zugunsten eines 'offenen Universums' aufgegeben zu sein; doch verdient sie hier Erwähnung als die verfeinertste Fassung des Versuches, in der Physik die Kugelform mit der Unendlichkeit in Einklang zu bringen. Die vierte Raumdimension wiederum ist eine rein mathematische Konstruktion, ein erster Schritt in die Mathematik der höheren Dimensionen. Ob es möglich ist, sich diesen mathematischen Schritt durch Denkmodelle zu veranschaulichen, ist eine Streitfrage, über die man sich in der Fachliteratur nicht einig ist. Falls er der Anschauung überhaupt zugänglich ist, so wohl allenfalls in der Form von Annäherungen und höchstwahrscheinlich nur durch seine Wirkungen und Projektionen auf die dritte Dimension. Doch möchte ich mich mit diesem Problem hier nicht befassen.

In anderer Weise wird über die dritte Raumdimension hinausgegangen, wenn es sich darum handelt, die nichteuklidische Geometrie verständlich zu machen. In Anwendung auf die Astrophysik hat dies Verfahren zu dem populären Mißverständnis geführt, daß die Relativitätstheorie eine vierte Raumdimension voraussetze, weil diese nötig sei, um Platz für den 'gekrümmten Raum' zu schaffen. Auf Grund dieses Mißverständnisses wurde dann behauptet, daß die moderne Wissenschaft hier an die Grenze gelangt sei, jenseits derer die theoretischen Konstruktionen der Wissenschaft nicht nur in der Praxis, sondern ganz prinzipiell dem anschaulichen Verständnis nicht mehr zugänglich seien.

Es war wohl Helmholtz, der in einem seiner populärwissenschaftlichen Vorträge zuerst die Eigenschaften des nichteuklidischen Raums mit einer hypothetischen Bevölkerung verglich, die in einer zweidimensionalen Welt lebte. Wenn deren Welt eine Kugelfläche wäre, so würde in ihr die euklidische Geometrie nicht mehr gelten. Die kürzeste Verbindung zwischen zwei Punkten wäre nicht die gerade Linie; die Winkelsumme im Dreieck würde nicht festliegen, aber immer größer als 180° sein; auch das Verhältnis zwischen Halbmesser und Umfang im Kreise würde nicht immer dasselbe sein und würde von der Größe des Kreises abhängen. Man stelle sich nun diese ganze Situation um eine Dimension transponiert vor. Es ergäbe sich dann eine dreidimensionale, in einem vierdimensionalen Raum gekrümmte Welt. Da ist es dann aber mit der sinnlichen Anschauung zu Ende, denn es handelt sich bei dem hier vorgeschlagenen Schritt in der mathematischen Abfolge nicht einfach darum, eine vorstellbare Dimension rein quantitativ über das anschaulich vorstellbare Maß hinaus zu erweitern – wie etwa beim unendlich Großen oder unendlich Kleinen – sondern um eine Annahme, die mit der menschlichen Raumerfahrung prinzipiell unvereinbar ist. Nach Helmholtz sind wir »auf Grund unserer körperlichen Organisation« unfähig, uns die vierte Dimension vorzustellen. Ob dem so ist, bleibt, wie schon erwähnt, noch ungeklärt. Falls ja, dann aber wahrscheinlich nicht, weil unsere dreidimensionalen Gehirne unfähig sind, sich eine tatsächlich existierende vierdimensionale Welt vorzustellen; denn wenn eine solche Welt existierte, so würden unsere Gehirne ja vermutlich ebenfalls vierdimensional sein.

Der Vergleich mit der zweidimensionalen Welt enthält die Annahme, daß es Wesen geben könne, die eine Raumdimension weniger haben als die Welt, in der sie existieren, und daß sie aus diesem Grunde sich nichts Dreidimensionales vorstellen könnten. Dies ist aber eine sinnlose Annahme. Sobald wir nämlich von einer rein mathematischen Analogie zu einer physischen übergehen, müssen wir uns klarmachen, daß jene hypothetischen Wesen und ihre Welt nur dann existieren könnten, wenn sie zumindest eine Minimaldicke besäßen; und dies gälte auch für ihre Gehirne. Weder körperlich noch geistig würden sie zweidimensional sein, sondern nur eben räumlich gequetscht.

Eine vierte Raumdimension ist wahrscheinlich deshalb nicht vorstellbar, weil die Geometrie es mit Beziehungen zu tun hat, für die der sinnliche und physische Raum bis zur dritten Dimension eine willkommene Verbildlichung liefern kann, darüber hinaus aber nicht. Jenseits dieser Grenze müssen sich geometrische Operationen – wie alle vieldimensionalen Berechnungen, etwa die der Faktorenanalyse in der Psychologie – mit bruchstückhafter Anschauung begnügen oder ganz ohne diese auskommen. Und das bedeutet vermutlich, daß auch das Verständnis dessen, was man da ganz legitim tut, mit bloßen Teilvorstellungen, statt eines wirklichen Erfassens, auskommen muß.

Tatsächlich aber behauptet die moderne Physik keineswegs, daß eine vierte Raumdimension existiert. Es handelt sich da, nach Arthur Eddington, um »eine fiktive Konstruktion«. Noch einmal sei hier auf die Analogie zu einer hypothetischen zweidimensionalen Welt verwiesen: solange man sich diese Welt als im dreidimensionalen Raum wirklich gekrümmt vorstellte, würde ihre Geometrie der euklidischen in keiner Weise prinzipiell widersprechen, obwohl sie natürlich mit der Geometrie in einer ebenen Fläche nicht übereinstimmen würde. Etwas grundsätzlich Neues liegt erst dann vor, wenn diese geometrischen Verformungen in einer Welt auftreten, von der man nicht weiß, daß sie gekrümmt ist, oder die in der Tat nicht gekrümmt ist. In einer solchen Welt werden die Abweichungen von Euklid zu Inhomogenitäten des Raumes. Die Zeit, die benötigt wird, um eine bestimmte Einheitsstrecke zu durchqueren, würde sich dann mit der Länge der Gesamtstrecke vergrößern; und wenn man lange genug in derselben Richtung vorwärtswanderte, würde man sich schließlich wieder am Ausgangsort finden.

Erscheinungen dieser Art sind in der Tat für den nichteuklidischen dreidimensionalen Raum charakteristisch. Wenn man einen solchen Raum gekrümmt nennt, so ist das nur ein bildlicher Ausdruck für Inhomogenität; und der dreidimensionale Raum des Weltalls ist nach Einstein eben inhomogen. Einstein schreibt: »Gemäß der allgemeinen Relativitätstheorie sind die geometrischen Eigenschaften des Raumes nicht selbständig, sondern durch die Materie bedingt.« Die Geometrie des Universums ist durch Schwerkraftsfelder verzerrt. Einem Laien steht es nicht zu, ein Urteil darüber abzugeben, ob der Vergleich mit einer entsprechend gekrümmten Welt es dem Mathematiker oder Physiker ermöglicht, die Wirkung der Unebenheiten im dreidimensionalen Raum zu berechnen. Fest steht aber, daß wenn man die bloß sinnbildliche Beschreibung für eine wörtlich zu nehmende Darstellung dessen ansieht, was im Weltall tatsächlich vorhanden ist, die menschliche Anschauung in die Irre geführt wird.

Daher wäre also die moderne Vorstellung vom physikalischen Raum der anschaulichen Vorstellung im Prinzip nicht unzugänglich. Ob sie es in der Praxis ist, ist eine andere Frage. Nichteuklidische Tatbestände scheinen der Anschauung nicht grundsätzlich verschlossen zu sein. In einem andren Buch habe ich die Perspektive der Raumwahrnehmung als ein Beispiel dafür angeführt: Gegenstände verkleinern sich mit wachsendem Abstand vom Beobachter, dabei wird ihre Größe aber trotzdem als unverändert gesehen. Bewegung beschleunigt sich mit wachsendem Abstand, aber ihre Geschwindigkeit wird dennoch auch als gleichbleibend gesehen. Im euklidischen Sinne sind das Widersprüche, und dennoch fügen sich diese Erscheinungen in ein ausreichend einheitliches Bild, weil die Unebenheit des Wahrnehmungsraumes als eine konstante Bedingung in die Seherfahrung eingebaut ist.

Ob die Unebenheiten des physischen Raumes einer über das Normalmaß hinaus entwickelten Anschauungskraft zugänglich sind, ist schwer zu sagen. Schon Einstein benutzt den Vergleich mit einer ungleichförmig erhitzten Metallplatte: ein metallenes Maßstäbchen würde unter dem Einfluß der wechselnden Temperatur seine Länge verändern und daher zu Messungen führen, die einer inhomogenen Geometrie entsprächen. Morris Kline vergleicht die geodätischen Verhältnisse, die sich im Einsteinschen Raum durch die Anwesenheit von Massen ergeben, mit dem Effekt von Gebirgen auf der Erdoberfläche. Wie hilfreich solche Vergleiche sind, kann uns nur die Praxis lehren. Vielleicht muß man sich auch hier wieder mit bloßen Annäherungen begnügen.

Jedenfalls läßt sich wohl behaupten, daß wir nur so weit darauf hoffen dürfen, daß etwas dem menschlichen Verständnis erreichbar ist, als es sich in der Anschauung begreifen läßt. Gewiß gibt es höchst nützliches Wissen, das dem Verständnis nicht zugänglich ist und vielleicht auch nicht zu sein braucht. Es gibt ja Formaloperationen, die wir ausführen, Tatsachen, von denen wir wissen, Teilansichten, die wir uns vorstellen können, ohne sie wirklich zu verstehen. Ebenso wie ein kompliziert gebautes Gemälde oder ein Musikwerk sogar vom Künstler selber wahrscheinlich nur aus Teilformungen zusammengesetzt werden kann, in seiner Vollständigkeit aber unübersehbar bleibt, so ist wohl jedes große Menschenwerk größer als der Geist, der es erschuf.

16 Erzieherisches Schauen

In dem vorliegenden Buch ging es darum, die Einheit von Wahrnehmung und Denken wieder herzustellen. Es zeigte sich, daß das Sehen sich keineswegs darauf beschränkt, Tatsachenmaterial über bestimmte Sinnesqualitäten, Gegenstände oder Vorgänge einzusammeln, sondern daß es im Begreifen von Allgemeineigenschaften besteht. Es bildet Arten von Dingen, Arten von Gegenständen, Arten von Geschehnissen ab und schafft damit die Grundlage für alle Begriffsbildung. Hierbei ist das menschliche Bewußtsein nicht auf die von den Augen unmittelbar und in der Gegenwart empfangenen Reize beschränkt. Vielmehr arbeitet es mit einem reichen Gedächtnisvorrat von Vorstellungen und bildet aus dem Ertrag einer lebenslangen Erfahrung ein System von Anschauungsbegriffen. Das Denken verwendet diese Begriffe in der Wahrnehmungswelt selbst oder auch im Wechselspiel zwischen unmittelbar Gesehenem und bloß Vorgestelltem. Ebenso betätigt sich das anschauliche Denken in der Phantasie des Künstlers, der Erkenntniswelt des Wissenschaftlers und ganz allgemein überall, wo jemand sich mit Problemen 'im Kopf' abgibt.

Wenn unsere Behauptungen haltbar sind, müssen sie einen tiefgreifenden Einfluß auf unsere Einstellung zur Kunst und Wissenschaft und überhaupt auf alle Erkenntnistätigkeit haben, die sich innerhalb dieser beiden Pole abspielt. Die Kunst, so wie wir sie hier behandeln, ist vor allem eines der Werkzeuge, mit denen sich der menschliche Geist in der Welt zurechtzufinden sucht. Zwar hat die Kunst noch andere Zwecke, doch wurde schon darauf hingewiesen, daß diese nur erfüllt werden können, wenn die Kunst sich vorerst als ein Erkenntnismittel betätigt. Die Mittel und Zwecke der Kunst haben also mit denen der Wissenschaft vieles gemein, und diese Gemeinsamkeiten sind uns hier wichtiger als die Unterschiede, die unleugbar ebenfalls vorhanden sind. Doch wird im Folgenden auch über diese Unterschiede einiges zu sagen sein.

Vom Zweck der Kunst

Es könnte sein, daß wir in unserer Zeit die Künste daran gehindert haben, ihre wichtigste Aufgabe zu erfüllen, indem wir sie allzu weihevoll behandelten. Wir haben sie über den Zusammenhang mit dem täglichen Leben hinausgehoben und mit unserer Verehrung in die Verbannung getrieben; wir haben sie in einschüchternden Schatzhäusern gefangen gesetzt. Gewiß kann man zumindest von den Museen und Schulen in den Vereinigten Staaten sagen, daß sie viel getan haben, um diese Vereinsamung der Kunst zu mindern. Kunstwerke sind heutzutage zugänglicher und vertrauter. Doch handelt es sich bei der Kunst ja um mehr als die großen Einzelwerke, die wenigen, hohen Gipfel. Die Kunst kann ihr heilsames Werk nur dann tun, wenn wir diese Spitzenerrungenschaften als die eindrucksvollsten Beispiele einer viel umfassenderen Bemühung ansehen, bei der es darum geht, allen Lebensumständen eine begreifbar anschauliche Form zu geben. Es ist heute nicht mehr möglich, an eine von den schönen Künsten der Malerei und Bildhauerei aristokratisch regierte Hierarchie zu glauben, in der die sogenannten angewandten Künste, die Architektur, die Formgebung für Gebrauchsgegenstände, das Kunsthandwerk, die Gebrauchsgraphik usw. als bloße unreine Kompromisse in die Niederungen verbannt werden. Was viele Künstler heute tun, läßt sich nicht mehr in die traditionellen Kategorien der Pinsel- und Meißelarbeit zwängen; sie schaffen Gegenstände und Anordnungen, die ihren Platz im täglichen Leben selber finden müssen, wenn sie überhaupt einen Sinn haben sollen. Man braucht nur noch einen Schritt weiter zu tun und steht dann vor der Aufgabe, die Gesamtform des menschlichen Daseins zur Hauptaufgabe der Kunst zu machen. In einer solchen geformten Welt können dann die Kunstwerke im engeren Sinne des Wortes erst einen wirklich sinnvollen Platz bekommen und ihre Wirkung ausüben.

Diese weitere Sicht, die Ananda K. Coomaraswamy so eindrucksvoll als »die Normalansicht von der Kunst« beschrieben hat, muß nun psychologisch und erzieherisch dahin ergänzt werden, daß wir die Kunst als eine Anschauungsform behandeln und uns klarmachen, daß anschauliche Form das Tätigkeitsfeld alles produktiven Denkens ist. Nur so können wir die Kunst aus ihrer sterilen Einzelhaft erlösen.

Schon zu Anfang dieser Untersuchung sprach ich davon, wie sehr die Kunst auf allen Stufen des Erziehungswesens vernachlässigt wird. Der Hauptgrund dafür ist, daß die Kunsterzieher selber ihre Sache nicht überzeugend genug vertreten haben. In der kunsterzieherischen Fachliteratur wird der Wert der Kunst vielfach als selbstverständlich vorausgesetzt und mit ein paar Schlagwörtern abgetan. Man neigt vielfach dazu, das Künstlerische als ein gänzlich abgesondertes Lehrgebiet zu betrachten und anzunehmen, daß Kunst und Wissenschaft, Intuition und Intellekt, Empfindung und Verstand nebeneinander bestehen, aber nicht ineinandergreifen. Wenn sich etwa herausstellt, daß Mittelschüler oder Gymnasiasten wenig von Kunstgeschichte wissen oder daß sie eine Radierung nicht von einer Lithographie unterscheiden können, so kann man dazu nur dann sinnvoll Stellung nehmen, wenn man belegbare Gründe dafür hat, daß eine solche Sachkenntnis erzieherisch nützlich ist. Wir hören und lesen, daß die Künste wertvoll sind, weil sie den Geschmack entwickeln, und auch hier muß man erst einmal entscheiden, ob guter Geschmack ein Luxusartikel für reiche Leute oder aber eine lebenswichtige Eigenschaft ist. Dann wieder heißt es, Kunst sei ein Teil unserer Kultur und gehöre daher zur Allgemeinbildung, wobei sich ein verantwortungsvoller

Erzieher die Frage vorlegen muß, ob denn alle Kulturgüter von allen benötigt werden und allen zugänglich sind und ob ihnen allen die gleiche Wichtigkeit zukommt. Auch wird gesagt, daß die Künste die menschliche Persönlichkeit entwickeln und bereichern und die schöpferischen Anlagen zur Ausbildung bringen; und da möchte man nun wissen, ob die Künste darin anderen Lehrfächern voraus sind und inwiefern. Man kann sich gegen einseitige Verstandespflege nicht wirksam wehren, indem man ein romantisches Vorurteil gegen die Wissenschaft als das Werkzeug der Mechanisierung zur Schau trägt. Es mag sein, daß das heutige Wissenschaftswesen den Geist verärmlicht, doch muß man sich dann fragen, ob dem nicht vielleicht am besten abzuhelfen ist, indem man die Lehrmethoden in den wissenschaftlichen Fächern verbessert. Die Künste eignen sich nicht als eine Zuflucht vor den Wissenschaften. Und keineswegs sind pedantische, sterile und mechanisierte Geister nur in der Wissenschaft zuhause; die Künste sind gleicherweise damit versorgt.

Sobald man sich darüber klar ist, daß alles schöpferische Denken in allen Erkenntnisgebieten anschauliches Denken ist, versteht man ohne weiteres, warum der Kunsterziehung eine zentrale Stellung in allem menschlichen Lernen zukommt. Die beste Schulung in anschaulichem Denken kann im Kunstunterricht geboten werden. Gewiß kann der Wissenschaftler und der Philosoph seine Schüler ermahnen, sich nicht mit bloßen Worten zu begnügen, sondern immer mit klar organisierten Modellen von angemessener Form zu arbeiten. Doch sollte ihm dabei die Hilfe des Künstlers zur Verfügung stehen, da dieser der Fachmann im Gestalten von anschaulichen Formen ist. Der Künstler weiß, was für Formarten und Darstellungsmethoden es gibt, und er weiß, wie man die visuelle Phantasie entwickelt. Er hat gelernt, sich mit komplexen Wahrnehmungssituationen abzugeben und Probleme visuell zu lösen.

Bilder sind Aussagen

Künstler und Kunsterzieher machen den besten Gebrauch von ihren Fähigkeiten, wenn sie davon ausgehen, daß jede künstlerische Tätigkeit eine Aussage über etwas darstellt. Im weitesten Sinne läßt sich behaupten, daß jede visuelle Form, sei es nun ein Gemälde, ein Bauwerk, ein Ornament oder ein Stuhl, etwas über die Natur des menschlichen Daseins aussagt. Allerdings braucht die Aussage durchaus nicht bewußt zu sein. Nur wenige Künstler wären fähig, ihre Absichten so ausdrücklich in Worten zu beschreiben, wie etwa Van Gogh es konnte. Mit guten Gründen würden sich viele sogar dagegen wehren, und in der Tat lehrt die Erfahrung, daß Künstler, denen es um eine bestimmte moralische oder soziale Botschaft geht, meistens scheitern. Sie laufen Gefahr, ihre Vorstellungen an stereotype Symbole zu binden. Ebenso darf man auch in der Kunsterziehung nur mit Vorsicht auf ausdrückliche Themen dringen. Doch könnten Übungen von der Art, wie ich sie im siebenten Kapitel beschrieben habe, nützlich sein. Ungegenständliche Darstellungen von Begriffen wie *Vergangenheit, Gegenwart und Zukunft* könnten einen ähnlichen Zweck erfüllen wie die traditionellen Stilleben, Landschaften oder Porträts. Das Thema bestände dabei in einem zu entwickelnden Kräftemuster. Wenn ein Schüler seine Vorstellung von einem bestimmten Begriff gründlich ausarbeiten will, muß er einfallsreich, diszipliniert, beharrlich sein. Das sind Eigenschaften, ohne die jede künstlerische Arbeit unmöglich ist und die den Kunstunterricht erzieherisch wertvoll machen. Statt der in unseren Experimenten verwendeten, ziemlich schematischen Themen kann man phantasieanregendere benutzen, wie sie etwa Paul Klee als Bezeichnungen seiner Bilder hat: *Von Gleiten zu Steigen; Verjüngung; Beginnende Kühle; Stolz; Gegenströmung bei Vollmond; Suchen und Finden; Letzte Hoffnung; Böse Musik.*

An solchen Übungen kann der Schüler lernen, daß sich aus rein formalen Qualitäten kein Maßstab dafür ableiten läßt, was passend und was unangebracht ist. Eigenschaften wie Harmonie, Gleichgewicht, Buntheit, Einheitlichkeit lassen sich nur dann beurteilen, wenn man, bewußt oder unbewußt, etwas Bestimmtes auszudrücken hat. Wenn man die richtigen Formen und Farben zu finden trachtet, so sucht man dabei zugleich nach dem Inhalt, und die Bemühung, die man darauf verwendet, sein Thema klar, harmonisch, ausgewogen und zusammenhängend darzustellen, ist zugleich eine Bemühung um die Klärung des Inhalts selbst. Der Schüler lernt auf diese Weise auch, daß jede durchorganisierte Form ein Sinnträger ist, ob nun absichtlich oder nicht; und weiterhin, daß zumeist nichts menschlich oder künstlerisch Brauchbares zustande kommt, wenn man sich nur eben gehen läßt und seinen Gefühlen freien Lauf gibt. Dionysische Orgien erzeugen Lustgefühle und sind notwendige Reaktionen auf hinderliche Beengung, jedoch erfordern sie auch ihr apollinisches Gegengewicht. Produktiver Kräfteaufwand ist auf Formung abgestellt.

Zwischen der traditionellen Abbildung von Naturgegenständen und der symbolischen Darstellung von Begriffen besteht kein grundsätzlicher Unterschied. Um eine menschliche Figur oder einen Blumenstrauß abzubilden, muß man eine Formstruktur begreifen. Und ein solches Umgehen mit Strukturen ist die beste Vorbereitung für anschauliche Erkenntnistätigkeit. Zur Schulung des Geistes kommt es allerdings nicht, wenn man auf ein bloß mechanisches Kopieren von Gegenständen aus ist, wobei man meßbare Genauigkeit verlangt und das Sehvermögen als Metermaß verwendet. Mechanisch genaue Abbildungen sind für gewisse Zwecke notwendig, lassen sich aber besser mit Apparaten herstellen und tragen zur geistigen Entwicklung wenig bei. Das Gehirn ist nicht auf mechanisches Abbilden eingerichtet; es hat sich im Laufe der biologischen Entwicklung als ein Werkzeug der Erkenntnis herausgebildet und eignet sich daher vorwiegend für Tätigkeits*arten* und für das Erkennen von Ding*arten*.

Dabei ist es noch nicht gar so lange her, daß sklavisch getreues Abbilden als der erzieherische Hauptzweck von Malen und Zeichnen galt. Noch zu Anfang des 20. Jahrhunderts erklärte ein führender Kunsterzieher, Georg Kerschensteiner, daß sich das Darstellen der menschlichen Figur für den Zeichenunterricht in den Volksschulen nicht eigne, da »jene Darstellungen fast immer nur teilweise oder höchstens im allgemeinen annähernd erscheinungs- oder formgemäß sind. Der Zeichenunterricht darf sich aber so wenig wie ein anderer Unterricht mit Annäherungen begnügen.«

Diese rein messende Bewertung von Abbildern stammt natürlich von den exakten Naturwissenschaften, wie sie sich seit der Renaissance im Abendland entwickelt haben. Dabei ist aber zu bemerken, daß selbst in der exakten Wissenschaft die Meßbarkeit an sich keinen Eigenwert darstellt, sondern nur als ein Mittel zum Verständnis der wesentlichen Tatsachen dient. Wie genau die Messungen zu sein haben, hängt von der Natur der Tatsachen ab, die es zu behandeln gilt. In Experimenten werden die quantitativen Belege nur eben so weit getrieben, als nötig ist, um festzustellen, daß die Ergebnisse nicht nur auf Zufall beruhen, das heißt, nicht nur auf dem jeder empirischen Situation innewohnenden 'Geräusch'. Keplers Messungen der Planetenbahnen mußten genau genug sein, um eine sichere Unterscheidung zwischen Kreis und Ellipse zu gestatten. Dasselbe galt für Iwan Pawlows Experimente, in denen er feststellen wollte, ob Hunde Ellipsen von Kreisen unterscheiden können. Pawlow verfeinerte seine Ergebnisse so weit, bis er wußte, wie scharf das Unterscheidungsvermögen der Tiere ist und wie ähnlich die Figuren sein konnten, bevor den Tieren unbehaglich zumute wurde.

Der Toleranzgrad wissenschaftlicher und technischer Messungen hängt vom Zweck ab. Darüber hinaus wird Genauigkeit zur bloßen Pedanterie, und was der Wissenschaftler wirklich wissen will, besteht nicht in Zahlen. Wenn er entdeckt, daß die menschliche Keimzelle 46 Chromosomen enthält, möchte er wissen, warum das so ist, und die endgültige Antwort auf eine solche Frage ist keine Quantität. Sowohl in der Wissenschaft wie in der Kunst geht es im letzten um Qualitatives, und auf beiden Gebieten sind Messungen nur Mittel zum Zweck.

Normalbilder in der Kunst

Wenn also mit dem mechanischen Kopieren nichts anzufangen ist, wie steht es mit Johann Pestalozzis ABC der visuellen Anschauung, dem er gegenüber dem sprachlichen Alphabet den Vorzug gab, weil das begriffliche Denken auf der Anschauung beruhe? Worum es Pestalozzi zu Beginn des 19. Jahrhunderts ging, das verdient gewiß unsere Aufmerksamkeit:

> *»Ich muß hier bemerken, daß das ABC der Anschauung nur als das wesentliche und einzig wahre Unterrichtsmittel für die richtige Beurteilung der Formen aller Dinge vorkommt. Indessen ist dieses Mittel bis jetzt ganz vernachlässigt und bis zur vollkommenen Unkunde desselben aus den Augen gesetzt worden. Für Zahl- und Sprachkenntnisse hingegen hatte man hundertfältige solcher Mittel. Indessen ist der Mangel der Unterrichtsmittel über die Form nicht bloß als eine einfache Lücke in der Bildung der menschlichen Erkenntnisse anzusehen, sondern er erscheint als die Lücke des eigentlichen Fundaments aller Erkenntnisse. Er erscheint als die Lücke der Erkenntnisse in einem Punkt, dem die Zahl- und Sprachkenntnisse wesentlich untergeordnet werden*

müssen. *Mein ABC der Anschauung soll diesem wesentlichen Mangel des Unterrichts abhelfen und ihm die Basis sichern, auf welche die übrigen Unterrichtsmittel alle gegründet werden müssen.«*

Zu diesem höchst anerkennenswerten Zweck aber zwang Pestalozzi die Kinder, Winkel, Rechtecke, Linien und Bogen zu zeichnen, die nach seiner Meinung das Alphabet der Gegenstandsformen ausmachten, so wie die Buchstaben die Bausteine der Wörter sind. Sein Verfahren hatte das ganze 19. Jahrhundert hindurch Anhänger. Peter Schmid ließ seine Schüler genaue Zeichnungen von stereometrischen Körpern, Kugeln, Zylindern und Quadern anfertigen, die als Elemente komplexerer Naturdinge gedacht waren, und noch im Jahre 1893 riet Konrad Lange den Zeichenlehrern, geometrisch vereinfachte Darstellungen eines Tisches, Stuhls, Bettes, einer Fahne oder Kirche auf die Tafel zu zeichnen und diese von den Kindern kopieren zu lassen. Geometrische Hilfskonstruktionen finden sich schon im 13. Jahrhundert, im Skizzenbuch des französischen Architekten Villard de Honnecourt, der Anweisungen gab, wie man tierische und menschlichen Figuren aus Dreiecken, Rechtecken oder Sternen zusammensetzt.

Die Form eines Gegenstandes aus dem ihm zugrundeliegenden Strukturskelett abzuleiten, hat offensichtliche Vorteile. Künstler skizzieren gewöhnlich zunächst die Gesamtformen, die dann bei weiterer Ausarbeitung die Komposition zusammenhalten. Doch muß man dies Verfahren sorgfältig von bloßen Tricktechniken unterscheiden, mittels derer man stereotype Zeichnungen mechanisch anfertigen kann, und ebenso auch von schematischen Normalmodellen, die der Schüler getreulich abzukonterfeien hat. Dies letztere Verfahren kann leicht die Vorstellung erwecken, daß es für jeden Gegenstandstyp eine bestimmte, normierte und objektiv richtige Form gibt und daß die in der Wirklichkeit anzutreffenden Exemplare bloße Abweichungen von diesem Urtyp sind. Alles kommt hier darauf an, daß man zwar in dieser Idee einen Kern von physikalischer und psychologischer Wahrheit anerkennt, dabei aber große Vorsicht anwendet, wenn man sie auf die kunsterzieherische Praxis bezieht. Denn in der Kunst bejaht der menschliche Geist den ganzen Reichtum der Erscheinungswelt. Er legt dieser Welt nicht einfach präformierte Schemata auf, sondern durchsucht sie nach verständlichen Formen und antwortet dann mittels solcher Formen auf das, was er sehend entdeckt. Sieht man die gemalten Gegenstände in einer Landschaft oder in einem Stilleben auf ihre Besonderheit hin an, so findet man, daß sie den Normalformen eines Baums, eines Bauernhauses, eines Fisches oder einer Artischocke nur sehr mittelbar entsprechen. Der Wahrheitsgehalt der Formen in einem Kunstwerk beruht nicht in erster Linie auf dem, was sie über die abgebildeten Gegenstände als solche objektiv berichten, sondern bezieht sich auf viel allgemeinere Konfigurationen von Kräften, die wir in der besonderen Komposition verkörpert sehen. Damit ist gemeint, daß wenn etwa Van Gogh die Figur eines Sämannes gegen eine große gelbe Sonne stellt, er von der Normterminologie kaum mehr als einen allgemeinen Hinweis auf diese Gegenstände verwendet und daß seine Formerfindung vielmehr als eine besondere Aussage über das Wesen von Mensch, Licht und Arbeit gelesen werden muß. Dies wäre ihm niemals möglich gewesen, wenn er gezwungen gewesen wäre, Normalformen von Sonne, Mensch und Baum zu verwenden.

In der Kunst stellt sich die Sinneswelt dem Schüler also als ein Symbol bedeutungsvoller Kräftekonfigurationen dar, und zwar auf eine ganz andere Art, als das bei der wissenschaftlichen Verwendung der Sinnestatsachen geschieht. In der Kunst können Ansichten, die in bezug auf das objektive Sosein der Dinge rein zufällig sind, zu Trägern sinnvoller Formkompositionen werden, über deren Wahrheit oder Falschheit nach ganz anderen Maßstäben zu urteilen ist als den in der Wissenschaft verwendeten. Und zwar bejaht die Kunst nicht nur die Vielfältigkeit der objektiven Erscheinung, sondern darüber hinaus auch die Bedeutung der individuellen Schau, wodurch noch eine weitere Mannigfaltigkeitsdimension eingeführt wird. Da die Kunst nicht vorwiegend von der objektiven Natur der materiellen Dinge handelt, kann sie der Sonderdeutung und Sondererfindung Raum geben.

Dabei geht es in der Kunst sowohl wie in der Wissenschaft um das Begreifen der Kräfte, die unser Dasein formen, und beide verlangen selbstlose Hingabe an das in der Erfahrung Gegebene. Die Zufallslaunen des bloß Subjektiven sind weder in der Wissenschaft noch in der Kunst zulässig, weil beide auf ihre besondere Weise der Wahrheit dienen. Beide erfordern Genauigkeit, Ordnung und Disziplin, denn ohne diese ist keine verständliche Aussage möglich. Beide entdecken in der Sinneswelt die *signatura rerum*, wie man im Mittelalter sagte, d. h. die Kennzeichen der Dinge, aber sie gehen dabei auf verschiedene Weise vor. Die Ärzte des Mittelalters glaubten, daß gelbe Blumen die Gelbsucht heilen und daß der Roteisenstein Blutungen stillt, und im weniger wörtlichen Sinne sucht auch noch die moderne Wissenschaft in der Erscheinung der Dinge nach Zeichen von deren Wesen und Eigenschaften. Dem Künstler kann Gelb und Rot zur Offenbarung des Strahlens oder der Leidenschaft dienen; und der Kunst ist die Vielfalt persönlicher und kultureller Stile willkommen, weil die Verschiedenheit der Anschauungsweisen eine ebenso rechtmäßige Qualität der Wirklichkeit ist wie das Sein der Dinge selber.

Aus diesem Grunde bedeutet Genauigkeit in der Kunst etwas ganz anderes als Genauigkeit in der Wissenschaft. In einer wissenschaftlichen Vorführung hat die Sondererscheinung des Gezeigten auf die Beweiskraft des Experiments nur so weit Einfluß, als sie für die untersuchten Tatsachen bezeichnend ist. Die besondere Form der Glasgefäße, die Größe der Zeigerskalen, die genaue Farbe eines chemischen Stoffes kann ganz bedeutungslos sein. In einem Diagramm mag es auf die Proportionen, Winkel, Farben der schematischen Darstellung nicht ankommen. In der Wissenschaft ist eben die Erscheinung der Dinge ein bloßes Anzeichen, das über sich selbst hinaus auf verborgene Kräftesysteme hinweist. Die Experimente im Laboratorium und die Diagramme im Lehrbuch sind keine wissenschaftlichen Aussagen, sondern bloße Illustrationen solcher Aussagen. In der Kunst hingegen ist das Abbild selbst die Aussage. Es enthält und führt die Kräfte vor, von denen es handelt. Daher sind alle seine sichtbaren Eigenschaften wesentlich für die zu übermittelnde Botschaft. In einem Stilleben findet diese Botschaft ihren Ausdruck in den besonderen Farben und Formen der Flaschen, der Tücher, der Früchte.

Sehen und Begreifen

Die Kunst lehrt den Schüler, daß seine unmittelbare Sinneserfahrung und seine Reaktion auf diese wichtig sind. In diesem Sinne ergänzt sie die wissenschaftliche Haltung, die über das unmittelbar Gegebene hinausgehen muß und die Sondersicht des einzelnen Betrachters nur so weit berücksichtigen darf, als sie zur Ausbildung der einen, objektiv gültigen Vorstellung von dem zu untersuchenden Gegenstand beiträgt. Wenn ein Student der Biologie oder der Psychologie einen Naturvorgang oder eine Probe menschlichen Verhaltens betrachtet, so genügt es nicht, daß er das, was er sieht, zu einem Wahrnehmungsbild formt. Er muß darüber hinaus dies direkt gegebene Abbild auf ein anderes beziehen und zwar auf eine Vorstellung von dem in dem betrachteten Ding wirksamen Kräftesystem. Das Verhältnis zwischen den beiden ist häufig durchaus nicht einfach, weil nämlich die Oberfläche der Naturdinge nicht in der Absicht geformt ist, das innere Wirken dem menschlichen Auge zugänglich zu machen. Die Natur ist von keinem Formgeber entworfen. Ihre sichtbare Erscheinung ist nur ein mittelbares Nebenprodukt ihrer physischen Existenz.

Wenn ein erfahrener Arzt, Mechaniker oder Physiologe eine Wunde oder eine Maschine oder ein mikroskopisches Präparat betrachtet, 'sieht' er Dinge, die dem Neuling entgehen. Ließe man den Fachmann und den Laien genaue Kopien des Geschehens zeichnen, so würden die Zeichnungen durchaus verschieden ausfallen. N. R. Hanson hat darauf hingewiesen, daß es sich bei diesem 'Sehen' nicht bloß um verschiedene Deutungen der gleichen Wahrnehmung handelt. Fachmann und Laie sehen tatsächlich verschiedene Dinge, und verschiedene Fachleute sehen auch ihrerseits Verschiedenes vor sich:

»*Man macht es sich zu leicht, wenn man behauptet, daß Tycho und Kepler, Simplizius und Galilei, Hooke und Newton, Priestley und Lavoisier, Soddy und Einstein, De Broglie und Born, Heisenberg und Bohm alle dieselbe Beobachtung machen, sie aber verschieden benutzen. Wissenschaftliche Meinungsverschiedenheiten kann man so nicht erklären. Wären die Beobachtungen nicht in bestimmter Hinsicht verschieden voneinander, so ließen sie sich auch nicht verschieden anwenden.*«

Wie ist es aber möglich, daß die gleiche Netzhautprojektion zu verschiedenen Wahrnehmungen führt? In welchem konkreten Sinne sehen die Beobachter Verschiedenes? Zunächst einmal sind viele Figuren zweideutig, entweder weil sie so unbestimmt sind, daß man sie nach verschiedenen Formstrukturen organisieren kann, oder weil sie mehr als *eine* prägnante Organisation hergeben. Jedes Psychologielehrbuch enthält Beispiele der Umkippfiguren, die zwischen zwei einander ausschließenden Fassungen hin- und herpendeln. Diese sind aber nur die schlagendsten Beispiele dafür, daß die meisten visuellen Figuren auf mehr als eine Weise gesehen werden können. Max Wertheimer hat gezeigt, wie eine geometrische Figur durch Umstrukturierung eine einfache Lösung möglich macht (Abb. 76). Die Wahrnehmungstendenz zur einfachsten Gestalt läßt uns hier spontan ein Quadrat mit einem schräg darüberliegenden Parallelogramm sehen. Will man aber den Flächeninhalt von Quadrat und Parallelogramm finden, wenn die Seiten a und b gegeben sind, so sieht man die Figur besser als zwei einander teilweise überlagernde Dreiecke, deren jedes den Inhalt $\frac{ab}{2}$ hat. Hier gibt der gleiche Reiz also durch zwei verschiedene Gruppierungen der Teile zwei verschiedene Gesamtfiguren her, von denen sich die eine besser für die Problemlösung eignet als die andere. Hat der Betrachter aus irgendeinem Grunde rechtwinklige Dreiecke im Sinn, so verfällt er eher auf die Lösung. Besser noch, wenn man ihm einen Zeichenfilm zeigte, in dem zwei Dreiecke sich auf leerem Hintergrunde tummelten und schließlich in der Stellung von

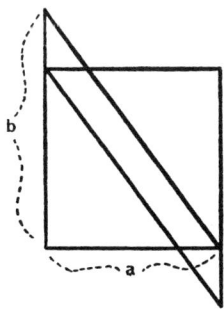

Abb. 76

Abb. 76 zur Ruhe kämen, so würde sich ihm die Lösung ganz unmittelbar ergeben. Der Zusammenhang in der zeitlichen Abfolge würde die günstigere Fassung nahelegen.

In anderen Fällen ändert sich nicht die Gruppierung der Teile, sondern der Charakter der dynamischen Vektoren. Die räumliche Orientierung des umkippbaren Würfels (Abb. 77) hängt von der Richtung ab, in der man die diagonalen Vektoren sich bewe-

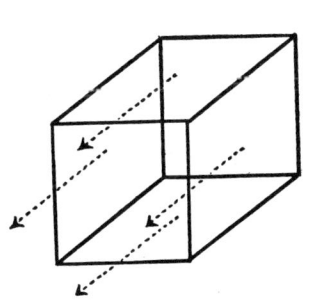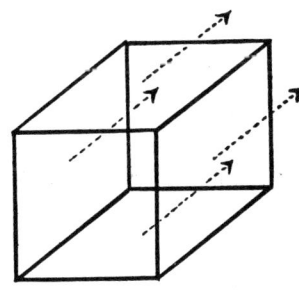

Abb. 77

gen sieht. Diese Vektoren sind aber einzig und allein durch die Formen gegeben, und eine Figur kann also zum Träger für mehr als eine Kräftekonfiguration dienen.

Manchmal ist die erwünschte Zielstruktur in der Problemsituation vollständig enthalten. Die zwei Dreiecke setzen die Abb. 76 tatsächlich zusammen. Wenn der Jäger, der Vogelfreund, der Mathematiker oder der Biologe weiß, wie das zu findende Ding aussieht, so spürt er es selbst in einem komplizierten Wirrwarr auf. Hierher gehören auch die schon erwähnten Fälle, wo jemand auf Grund früherer visueller Erfahrungen die Wahrnehmung eines unvollständigen Dinges ergänzt. Der Fachmann sieht das fehlende Stück als eine Lücke im Ganzen. In einer Fußspur im Sande *sehen* wir den Fuß, der nicht da ist. Ein Schüler, der von der geologischen Verschiebung der Erdteile gehört hat, sieht die Umrisse des amerikanischen und des afrikanischen Kontinents nicht als voneinander unabhängige Zufallsformen, sondern als ineinander passend wie Feder und Nute oder wie männlich und weiblich. Statt zweier Landmassen sieht er nur eine, auseinandergerissene; wobei die Dynamik der getrennten Hälften, die wie die Scherben eines zerbrochenen Kruges als zueinandergehörig gesehen werden, in der Wahrnehmung enthalten, nicht ihr bloß als eine gedankliche Folgerung angefügt ist.

Jedoch verlangt die anschauliche Lösung eines Problems nicht unbedingt, daß die Modellvorstellung, an der die entscheidende Umstrukturierung vollzogen wird, in der Problemsituation selbst sichtbar ist. Um die heliozentrische Wendung zu vollziehen, brauchte Kopernikus keineswegs, wie Hanson annimmt, »den Horizont sich senken und sich von unserem Fixstern wegbewegen zu sehen«. Schon seit Jahrtausenden hatte man astronomische Beobachtungen auf kosmische Modelle von rotierenden Kugeln und Schalen bezogen, und die anschaulichen Umformungen, die nötig waren, um die Beziehung zwischen dem unmittelbar Wahrgenommenen und den 'reinen Formen' herzustellen, waren durchaus im Bereich der menschlichen Vorstellungskraft. Kopernikus hatte nur noch einen weiteren Anschauungsbegriff hinzuzufügen, nämlich die Relativität der Bewegung, die ihm aus der Alltagserfahrung vertraut war. Zu dem entscheidenden Umstrukturierungsakt kam es, als er das sinnliche Phänomen der relativen Bewegung auf das kosmische Modell anwendete. Seine Sinneserfahrungen bei Sonnenaufgang brauchte er dazu nicht umzustrukturieren.

In solchen Fällen arbeitet der Denker also mit zwei getrennten Vorstellungen, nämlich der unmittelbaren Erfahrung und dem Modell, an dem die Umstrukturierung vollzogen wird. Dennoch besteht eine anschauliche Beziehung zwischen den beiden, und ohne diese Verbindung zwischen allen wesentlichen Charakteristiken des zu untersuchenden Phänomens ist kein wirkliches Verständnis möglich. Gewiß kann man allerlei höchst nützliche Beziehungen entdecken und erlernen, die auf rein erfahrungsmäßiger Assoziation beruhen. Man kann zufällig herausfinden, daß Kurare ein Pfeilgift ist, das die Muskeln entspannt, oder daß die Zimmertemperatur sich ändert, wenn man am Thermostat herumspielt, ohne dabei im geringsten zu begreifen, wie es zu diesen Wirkungen kommt. Solch mechanisches 'Konditionieren' kann praktisch wertvoll sein und sogar zu Fortschritt führen, aber da das Denken sich dabei um die entscheidenden

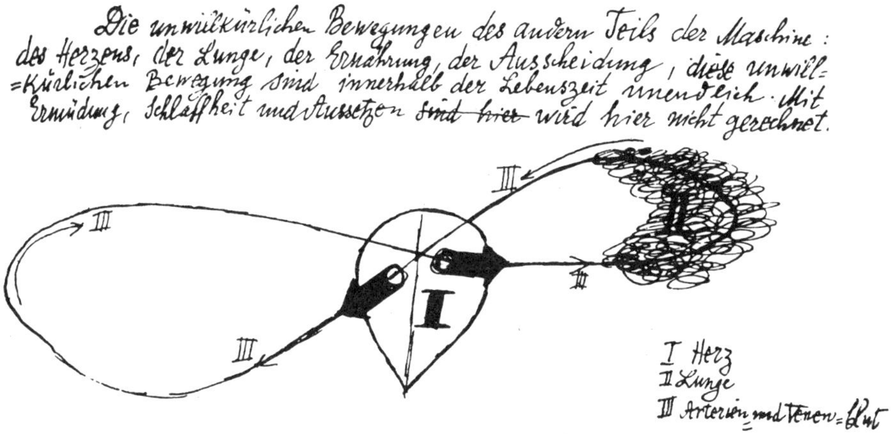

Die unwillkürlichen Bewegungen des andern Teils der Maschine: des Herzens, der Lunge, der Ernährung, der Ausscheidung, diese unwill=küklichen Bewegung sind innerhalb der Lebenszeit unendlich. Mit Ermüdung, Schlaffheit und Aussetzen sind hier wird hier nicht gerechnet.

I Herz
II Lunge
III Arterien und Venen = Blut

Abb. 78 Paul Klee, Zeichnung des menschlichen Herzens. Kunstmuseum Bern, Paul Klee-Stiftung

Tatsachen herumdrückt, betätigt es sich nicht wirklich produktiv. Solche Beispiele liefern uns also keine brauchbaren Modelle für das produktive Denken.

Was macht Abbildungen lehrreich?

Wenn das Denken wissenschaftlich eingestellt ist, sucht es nach der einen richtigen Vorstellung, die sich hinter den Erscheinungen verbirgt. Die Erziehung muß die Kluft zwischen der verwirrenden Vielfalt der unmittelbaren Wahrnehmung und dem relativ einfachen Endmodell überbrücken. Der wissenschaftliche Unterricht muß also genau das bieten, was man in der Kunsterziehung vermeidet, nämlich eine ausreichend einfache Darstellung dieses Endmodells, das den Schüler befähigt, sich im Dschungel des Wirklichen zurechtzufinden. Der Schüler soll etwa lernen, wie das menschliche Herz aussieht und funktioniert. Betrachtet man den anatomischen Tatbestand, so führen einen die vertrackten Herzkammern, die verwickelten Arterien und Venen, die unsymmetrische Form und Anordnung von Dingen, die symmetrische Funktionen erfüllen, in die Irre, als ob man sich unter den Schlangen der Laokoongruppe zurechtfinden wollte. Es mag von Wichtigkeit sein, daß der Schüler schließlich dahin gelangt, in diesem komplizierten Naturschauspiel das zugrundeliegende Prinzip zu sehen; vielleicht möchte er sogar begreifen, warum der menschliche Körper für eine so einfache Aufgabe eine so umständliche Apparatur entwickelt hat. Doch wird ihm der Weg zu diesem Endziel unnötig schwer gemacht, wenn man ihm nicht von Anfang an eine Art Zielschablone verschafft. Abb. 78 ist Paul Klees Zeichnung, mit der er seinen Schülern am Bauhaus das Prinzip des menschlichen Herzens erklärte. Alle Formen sind hier zur einfachsten Darstellung des Grundvorgangs reduziert. Die Herzkammern, deren Unterteilung ausgelassen ist, sind symmetrisch dargestellt. Symmetrisch sind auch die zwei Kreisläufe, von denen der eine das Blut zur Reinigung in die Lungen pumpt und dann wieder zum Herzen führt und der andre es von dort zur Arbeit durch den Körper und wieder zurück in die Pumpe treibt. Klees Vereinfachungen der anatomischen Tatsachen können vielleicht zu Mißverständnissen führen; aber jedenfalls hat er die freie Formenwelt des Künstlers dazu benutzt, den wesentlichen Grundmechanismus mit der Einfachheit einer Kinderzeichnung darzustellen. Hat der Schüler dies Grundprinzip begriffen, so kann er sich nach Bedarf an die verzwickte Wirklichkeit heranarbeiten.

Brauchbare Abbildungen sind unumgänglich, wenn man dem Schüler helfen will, mittels der abstrahierenden Wahrnehmung zu lernen. Viele Lehrbücher und populärwissenschaftliche Zeitschriften wie etwa der ›Scientific American‹ tun das ausgezeichnet. Andere wieder lassen ihren Zeichnern die Zügel schießen, die sich gern als ‘Künstler’ fühlen, wenn sie sich in allerlei Formspielereien ergehen, dabei den Leser aber nur verwirren. Dann wieder findet man Beispiele von Abbildungen, die wenig Rücksicht auf das Entwicklungs- und Sachkenntnisniveau des Schülers nehmen, nach dem sich die Abstraktionsstufe der Darstellung doch richten sollte. Zwar machen wir es nicht mehr wie die medizinischen Lehrbücher des Mittelalters, in denen Doktor und Patient in vollem Kostüm und ausführlich dargestelltem Ordinationszimmer erscheinen, wenn es sich um nichts weiter handelt als zu zeigen, wie man Blutegel ansetzt oder einen Bruch schient. Und doch braucht es viel erzieherische Erfahrung und bildnerische Phantasie, um das richtige Verhältnis zwischen getreuer Abbildung und zweckmäßiger Vereinfachung zu treffen. Das Abstraktionsniveau der Abbildung sollte dabei dem des Unterrichts angepaßt sein. Wieviel Einzelheiten soll etwa eine Landkarte enthalten? Wie viel Komplikation kann der Schüler anschaulich bewältigen?

Dies ist vor allem zu berücksichtigen, wenn man die Schüler ihre eigenen Zeichnungen machen läßt. Hat der Lehrer es mit Kindern zu tun, die in ihren spontanen Malereien noch recht einfache, geometrische Formen verwenden, so wird er heutzutage in der Zeichenstunde darauf wohl gebührend Rücksicht nehmen; aber im Geographieunterricht besteht dann vielleicht derselbe Lehrer darauf, daß dieselben Kinder die der Wahrnehmung und dem Gedächtnis unzugänglichen Verkrümmungen von Küstenumrissen oder Flußwindungen mechanisch durchpausen. Wenn ein Student abzeichnen soll, was er unter dem Mikroskop sieht, kommt er mit bloßer Genauigkeit nicht aus. Er muß entscheiden, worauf es ankommt und was an charakteristischen Formen in dem zufälligen Beispiel, das ihm da vorliegt, zu finden ist. Seine Zeichnung ist also keinesfalls eine Reproduktion; sie ist vielmehr ein Abbild dessen, was er wahrnimmt und begreift, wobei er mehr oder weniger aktiv und intelligent vorgehen kann. Die Disziplin des intelligenten Schauens gehört nicht nur in den Kunstunterricht; ja sie läßt sich auch in diesem nur erzielen und pflegen, wenn der natürliche Formsinn nicht in anderen Lehrfächern ruiniert wird. Jeder Versuch, in einem Ozean von Blindheit eine Insel von Anschauungsintelligenz zu erstellen, ist zum Scheitern verurteilt. Das anschauliche Denken ist unteilbar; es existiert überall oder nirgends.

In der Praxis vernachlässigt der Unterricht in Wissenschaft und Technik die Pflege des Anschauungsvermögens, und die Künstler machen sich im allgemeinen recht wenig aus der schönen Aufgabe, dem lernenden Menschen die Tatsachenwelt sichtbar verständlich zu machen. Ich betrachte dies als eine viel schwerere Krankheit unserer Zivilisation als die 'kulturelle Wasserscheide', über die sich C. P. Snow mit so viel Aufwand beklagt hat. Ihm ging es darum, daß Wissenschaftler nicht genug gute Literatur lesen und daß die Schriftsteller und Dichter nichts von Wissenschaft verstehen. Dem mag so sein, aber die Beschwerde ist allzu oberflächlich. Einen 'ganzen' Menschen haben wir nicht schon dann vor uns, wenn er sich ein bißchen von allem aneignet, sondern erst dann, wenn er die Gesamtheit seiner geistigen Fähigkeiten im Einklang auf alles, was er tut, anwendet. Wenn Snow davon spricht, daß sich aus dem 'Zusammenprall' von Wissenschaft und Kunst 'schöpferische Möglichkeiten' ergeben könnten, so übersieht er die tiefere Verwandtschaft der beiden. Ein Wissenschaftler kann durchaus mit den Gedichten von Wallace Stevens oder den Stücken von Samuel Beckett vertraut sein und dennoch niemals gelernt haben, wie die Anschauungskraft der Dichter auf sein eigenes fachliches Denken anzuwenden ist. Und es gibt Maler, die mit großem Verständnis über Biologie und Physik lesen, dabei aber wenig von dieser Intelligenz in ihren Bildern zeigen. Die Spaltung liegt eben viel tiefer.

Wenn also die abstrahierende Wahrnehmung im Unterricht unbedingt zu pflegen ist, so darf man dabei doch nicht vergessen, daß Abstraktion leicht zur Entfremdung führt, falls die Verbindung mit der direkten Erfahrung nicht gewahrt wird. Das Denken ist immer in Versuchung, vereinfachende Modelle so zu behandeln, als wären sie die Wirklichkeit selber. Der Physiker Gerald Holton hat seine Kollegen nachdrücklich darauf hingewiesen, daß die durchschnittliche Experimentaldemonstration in Universitätsvorlesungen »ein sorgfältig zugerichtetes, abstrahiertes, vereinfachtes, abgerahmtes und durch die Waschmaschine gedrehtes Exemplar« ist. Anstelle des tatsächlichen Phänomens bietet sie ein bloßes Analogon, etwa wenn »ein mechanisch in Bewegung gesetztes Tablett mit Stahlkugeln dazu dient, ein Elementarphänomen wie die Brownsche Molekularbewegung zu diskutieren, ohne dieses den Studenten auch nur im geringsten vor die Augen zu bringen«. Man nimmt da eine Naturerscheinung aus ihrem Zusammenhang, als ob sie vollständig und von allem übrigen unabhängig wäre, und stellt sie, tatsächlich oder doch im bildlichen Sinne, vor einen leeren Hintergrund, wobei alle Unreinlichkeiten des wirklichen Geschehens sorgfältig weggeputzt sind. Auf diese Weise wird der Student weder auf die verwirrende Vielfältigkeit des Tatsächlichen vorbereitet, noch erlebt er die Entdeckerfreude des Abenteurers, der sich seinen Weg durch das Gestrüpp des Gegebenen zu bahnen sucht und des Erfolges nicht gewiß sein kann. In diesem Sinne kommen selbst Photographien und Filme wirklicher Laboratoriumsexperimente oder Natursituationen der unmittelbaren Erfahrung nicht gleich.

Diese Warnungen gemahnen uns daran, daß die Wissenschaft, ebenso wie die Kunst, ihre Aufgabe nur dann erfüllen kann, wenn sie den ganzen Bereich von der direkten empirischen Wahrnehmung zu den abstraktesten Begriffsmodellen umspannt und eine dauernde Wechselbeziehung zwischen all diesen Abstraktionsniveaus aufrechterhält. Stilisierte Abbilder, stereotype Begriffe und bloße Statistiken verhelfen nur zu einem Spiel mit leeren Formen, wenn sie ohne Zusammenhang mit den Dingen sind, auf die sie sich beziehen; und umgekehrt ist Verständnis nicht schon garantiert, wenn dem Lernenden das Rohmaterial der Tatsachen vorgesetzt wird.

Anschauungsmittel haben ihre Probleme

Die bloße Verwendung von Anschauungsmitteln im Unterricht führt an sich nicht schon zum anschaulichen Denken. Der Psychologe Lawrence K. Frank hat sich dagegen gewandt, daß solche visuellen Lehrmittel als untergeordnete Hilfsmaterialien behandelt werden, wobei sprachliche Verständigung durch Reden und Schreiben nach wie vor als die allein wichtige Methode gilt. Es genügt nicht, den Schülern authentische Photographien, Zeichnungen, Modelle vor die Nase zu setzen oder ihnen die tatsächlichen Dinge und Vorgänge zugänglich zu machen. Das allein gewährleistet noch kein intelligentes Verständnis. Es war gewiß von großem Wert, daß die Erzieher gegen die Blutleere der überkommenen Lehrmethoden reagierten, indem sie darauf drangen, die Schüler in unmittelbare Berührung mit der Wirklichkeit zu bringen. Jedoch erfüllt visuelles Material die Vorbedingungen für anschauliches Denken nur dann, wenn man bei seiner Beschaffung davon ausgeht daß, wie ich im vorliegenden Buch auszuführen versucht habe, aktives Verständnis im Wahrnehmungsbereich selbst zustandekommt, was voraussetzt, daß die wesentlichen Eigenschaften des vorliegenden Tatbestandes im Bilde anschaulich herausgearbeitet sein müssen. An andrer Stelle habe ich dies folgendermaßen formuliert:

»*Alles anschauliche Lernen beruht auf der Voraussetzung, daß jedes Abbild eine Aussage ist. Das Bild gibt nicht die Dinge selber, sondern Aussagen über die Dinge. Man kann auch sagen, daß ein Ding als eine Gruppe von Aussagen dargestellt wird.*«

Wenn eine Abbildung die entscheidenden Merkmale nicht anschaulich macht, so ist es trotz aller Authentizität nutzlos, unverständlich, verwirrend und schlimmer als gar keine Abbildung. Die bildliche Darstellung muß also die Grundregeln der Wahrnehmung befolgen, aus denen hervorgeht, auf welche Weise Formen und Farben bestimmen, was wir sinnlich auffassen. Gewiß sind auf diesem Gebiet bereits große Fortschritte gemacht worden; doch bleibt noch viel zu tun. Ich kann im Folgenden nur ein paar praktische Beispiele geben.

Wieviel wissen wir eigentlich darüber, was Kinder und überhaupt Lernende tatsächlich sehen, wenn ihnen eine Lehrbuchabbildung, ein Film oder ein Fernsehprogramm vor die Augen kommt? Auf die Antwort kommt alles an, denn wenn der Schüler nicht sieht, was er sehen soll, so fehlt ihm die Grundlage für alles Lernen. Vor allem bei photographischem Material wird häufig allzu leichtfertig vorausgesetzt, daß wenn ein Bild einen bestimmten Gegenstand darstellt, es ihn auch wirklich zeigt. Authentisch ist es gewiß und auch annähernd realistisch, d. h. so wie die Welt, die wir von Geburt an um uns herum gesehen haben. Aber genügt das, um Verständnis zu garantieren?

In einem seiner Bücher über Filmtheorie erzählt Béla Balázs die folgende Geschichte:

»Irgendwo auf dem ukrainischen Land, hunderte Kilometer von der letzten Bahnstation, lebte ein Mann, früher Besitzer und nach der Revolution Verwalter eines Gutes. Er war seit fünfzehn Jahren in keiner Stadt gewesen. Er hat die Weltgeschichte mitgemacht, aber noch nie einen Film gesehen. Ein äußerst gebildeter Intellektueller, der sich alle neuen Bücher, Zeitungen, Zeitschriften kommen ließ, der einen guten Radioapparat besaß, der in ständigem Kontakt mit der Welt und in allen geistigen Dingen auf dem Laufenden war. Nur im Kino war er noch niemals gewesen.

Dieser Mann kam nun einmal nach Kiew und sah zum erstenmal einen Film. Eine sehr einfach gemachte, naive Faibanks-Geschichte. Kinder saßen um ihn herum und freuten sich. Unser Mann starrte mit gerunzelter Stirne, in äußerster Konzentration auf die Leinwand, zitternd und keuchend vor Aufregung und Anstrengung. Er war ganz erschöpft, als man herauskam. 'Nun, wie hat es dir gefallen?' fragte mein Freund. 'Sehr! Ungeheuer interessant. Aber . . . was ist in diesem Film eigentlich vorgegangen?' . . . Er hatte den Film nicht begriffen. Die Handlung, der Kinder mühelos folgen konnten, hatte er nicht erfaßt.«

Die Geschichte mag nun authentisch sein oder nicht; sie ist jedenfalls sehr lehrreich. Es gibt vielerlei Belege dafür, daß man auf die Verständlichkeit photographischer Abbildungen nicht einfach rechnen kann. Joan and Louis Forsdale haben Material gesammelt, aus dem hervorgeht, daß, wenn Eskimos oder afrikanische Eingeborene solche Bilder zum erstenmal vor Augen bekamen, sie nicht sehen konnten, was sie darstellten. Im Extremfall sehen solche Neulinge nur einfach ein flaches Ding; oder sie fassen von einem langen Film nur irgendeine unbedeutende Einzelheit auf. Oder eine Schwenkaufnahme sieht ihnen so aus, als ob die Landschaft in Bewegung ist. Von manchen dieser Schwierigkeiten weiß man, daß sie auch bei uns bestehen; andere kommen wahrscheinlich bei unseren Kindern vor, aber wir wissen nicht genug darüber.

Aus einer der von den Forsdales angeführten Untersuchungen geht hervor, daß die rechtwinklige Begrenzung von Abbildern dem menschlichen Verstande nicht ohne weiteres einleuchtet. Der wirkliche Raum hat keine Grenzen; wenn also im Film die Menschen hinter dem Bildrand verschwanden, wollten die Afrikaner wissen, wo sie geblieben seien. Auch die Unterbrechungen des Zeitablaufes und des räumlichen Zusammenhanges machen Schwierigkeiten. Ein amerikanischer Filmhersteller fand zum Beispiel, daß Zuschauergruppen in Iran die Beziehung zwischen Großaufnahme und Totalaufnahme nicht verstanden. Wenn gezeigt werden sollte, daß die Großaufnahme eines Auges oder eines Fußes zu dem Tier gehörte, das gerade vorher auf der Leinwand erschienen war, mußte der gesamte Übergang von der einen zu der anderen Ansicht vorgeführt werden.

Unter unseren eigenen Verhältnissen lernen die meisten Kinder frühzeitig, was es mit solchen zeitlichen und räumlichen Diskontinuitäten auf sich hat, doch können auch sie in Verwirrung geraten, wenn ihnen die Umstände nicht vertraut sind. Barbara S. Bartz hat eine sehr nützliche Untersuchung über das Verständnis für Landkarten bei Grund- und Mittelschulkindern veröffentlicht. Sie fand da zum Beispiel, daß Kinder manchmal glauben, am Rande der Karte sei das Land zu Ende. Umrandungslinien sind oft so scharf, daß sie den Eindruck der Vollständigkeit vermitteln. Es ist daher in vielen Fällen besser, die Karten bis zur Seitenkante reichen zu lassen, statt sie mit einem weißen Rand zu umrahmen. Das Großaufnahmenproblem stellt sich auch ein, wenn Einfügungen in der Landkarte Ergänzungen geben, die auf der Hauptkarte keinen Platz haben, oder etwa eine Stadt in größerem Maßstab darzustellen.

Es versteht sich, daß älteren Kindern diese Dinge leichter fallen als jüngeren und daß auch soziale und wirtschaftliche Unterschiede hier eine Rolle spielen. Auf die Intelligenz des Kindes kommt natürlich viel an und auf den Lehrer, der die Kinder mit mehr oder weniger Geschick im Landkartenlesen unterweist. Dabei gehört es zur Schulung des Lehrers, daß er sich die Schwierigkeiten klarmacht, die aus dem Unterschied zwischen Alltagswahrnehmung und Landkarte für das Kind erwachsen, und daß er die für die Wahrnehmung entscheidenden psychologischen Grundregeln kennt. Wie schon oben bemerkt, sollte das Abstraktionsniveau der geographischen Darstellung immer auf das Auffassungsniveau des Lernenden und auf den Zweck des Unterrichts eingestellt sein. Beispielsweise empfiehlt Bartz, daß die Maßstabsangaben, die anzeigen, wie viele Kilometer einem Zentimeter auf der Karte entsprechen, nicht detaillierter sein sollten, als für den Gebrauch nötig ist. Ein Mittelschulkind braucht Angaben für kürzere Strecken als das Vorschulkind, das die Verhältnisse nur im großen Ganzen auffassen kann.

Vielerlei Schwierigkeiten ließen sich vermeiden, wenn die zugrundeliegenden Wahrnehmungsprinzipien ausdrücklich bekannt wären und angewendet würden. Maßstabsunterschiede zum Beispiel sollten immer aufs deutlichste klargemacht werden, weil die tatsächlich auf dem Papier gegebenen Größenverhältnisse leicht zu Irrtümern führen. Kinder vergleichen häufig die Größe von zwei Ländern, die auf Karten verschiedenen Größenmaßstabs gegeben sind. (Man mag sich hier auch an die unvermeidliche Fehlerquelle beim Gebrauch von Lichtbildern erinnern, auf denen Insekten riesenhaft die Projektionsfläche ausfüllen und ein Miniaturporträt ebenso groß erscheint wie eine Wandmalerei.) Es seien hier auch die Verzerrungen erwähnt, die sich ergeben, wenn die Kugelflächen der Erde in der Ebene abgebildet werden – ein Problem, mit dem sich die Landkartenzeichner ja seit Jahrhunderten abgemüht haben. Dahin gehört zum Beispiel die Tatsache, daß wenn ein Kurvensystem angewendet wird, die Himmelsrichtungen nicht für alle Breiten die gleichen sind, sondern sich vor allem nach den Polen zu drastisch verschieben.

Auch bei der Verwendung von Farben kommt es zu Mißverständnissen, die sich vermeiden ließen. Im Prinzip dienen Farben auf Landkarten zur Darstellung qualitativer Unterschiede: Spanien ist etwa blau, Frankreich grün, Italien gelb. Doch werden Buntfarbenunterschiede gelegentlich auch zur Darstellung von Gradabstufungen verwendet, etwa um Höhenlagen anzudeuten. W. H. Nault hat hierzu bemerkt:

»*Unsre Untersuchungen zeigen, daß Kinder Buntfarbenveränderungen (etwa von grün zu braun zu blau) als Qualitätsabänderungen deuten, während sie Helligkeitsunterschiede auf quantitative Verschiedenheit beziehen. Viele Kinder verstanden, daß hellblaue Tönung seichtes Wasser bedeutet, während dunkelblau tiefes Wasser darstellt. Wurde aber ein Purpurton oder Rotblau verwendet, um die größten Tiefen darzustellen, so mißdeuteten zwei Drittel der Kinder dies im Sinne von qualitativen Unterschieden – Inseln, Korallenriffe usw. Wir haben gefunden, daß die Verwendung von Farben dem Landkartenzeichner schwierige Probleme stellt. Lange bevor die Kinder sich mit Landkarten abzugeben haben, erlangen Farben bestimmte Bedeutungen für sie: rot bedeutet heiß, blau ist kalt, grün ist Gras, blau ist Wasser. Aus diesem Grunde werden die Landkartenfarben oft spontan mißdeutet.*«

Zur Lösung solcher Probleme sind Künstler, Formgeber und Psychologen, die praktische und theoretische Erfahrung mit Wahrnehmungsprinzipien haben, durchaus unentbehrlich.

Ähnlich steht es mit anderem bildlichem Anschauungsmaterial in Lehrbüchern, Modellen, graphischen Darstellungen, Filmen usw. Wir brauchen genaue Untersuchungen darüber, was Personen, für die diese bestimmt sind, tatsächlich sehen. Leider begnügen sich die Handbücher über Lehrmittel dieser Art, zumindest in Amerika, mit oberflächlichen Ermahnungen, daß die Darstellungen klar, naturgetreu und einfach zu sein haben, vernachlässigen aber die zugrundeliegenden Wahrnehmungsprinzipien vollständig, obwohl sie es auf anderen Gebieten an technischen Einzelanweisungen gewiß nicht fehlen lassen.

Ein einziges Beispiel mag genügen, um die noch allzu verbreitete Blindheit für die unumgänglichen visuellen Voraussetzungen zu illustrieren. Der Kinderpsychologe Jean Piaget, der sich sein Leben lang mit Wahrnehmungsproblemen beschäftigt hat, benutzt in einer seiner Untersuchungen die Abb. 79, um das Verständnis von Kindern zu prüfen. Verstehen sie, wie ein Wasserhahn funktioniert? Wenn der Griff in die Waagerechte gedreht wird, öffnet sich innen der Kanal und läßt das Wasser durchlaufen; andernfalls wird der Durchgang gesperrt. Wie gut das Kind die Prüfung besteht, wird natürlich vorwiegend davon abhängen, ob es in der Zeichnung einen Wasserhahn erkennen kann und die wesentlichen Merkmale verständlich abgebildet findet. Nun frage man sich, ob das kreuzförmige Ding in Abb. 79a ein Wasserhahn ist. Das 'Rohr' ist flach und nicht rund und hängt beziehungslos im leeren Raum. Es geht oben nicht weiter und empfängt auch auf keinerlei sichtbare Weise Wasser von irgendwoher. Die Schraffierung deutet nicht auf Flüssigkeit in einer Höhlung und leitet nicht anschaulich in den schwarzen Streifen über, der die Kanalöffnung darstellen soll. Der Kanal erscheint vor dem Griff, nicht hinter ihm, und der Griff wiederum ist nicht vor der Röhre. Sieht man in Abb. 79b einen senkrechten Griff vor einer Röhre oder nicht vielmehr

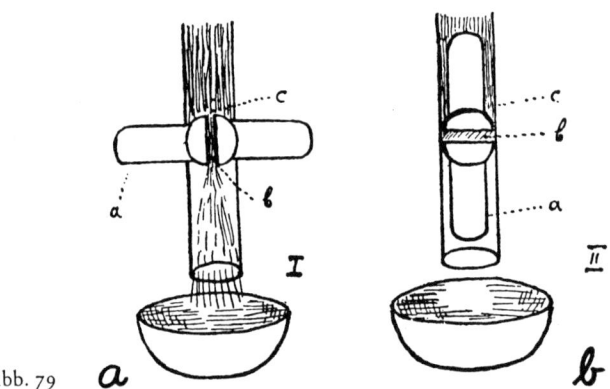

Abb. 79

eine Art Stöpsel im Innern eines Rechtecks oder möglicherweise eines Rohrs? Gewiß kann manch einer, der sich jahrelang mit dürftigen Abbildungen in Lehrbüchern, Katalogen usw. herumgeschlagen hat, indirekt herausklügeln, was gemeint ist, besonders wenn ihm eine Unterschrift dabei hilft. Dennoch steht wohl fest, daß wenn das Kind die Aufgabe richtig löst, so nicht mit Hilfe, sondern trotz der Abbildung; und wenn es durchfällt, so vielleicht nicht deshalb, weil es das Prinzip des Wasserhahns nicht verstehen kann, sondern weil es der Zeichnung in die Falle gegangen ist.

Auf den Funktionswert kommt es an

Unbrauchbare Abbildungen dieser Art können mehr oder weniger abstrakt sein. Selbst eine viel naturgetreuere Darstellung könnte ganz ungeeignet sein, die Haupteigenschaften der physischen Situation zum Ausdruck zu bringen. Was solch Material wertlos macht, ist nicht, daß es zu viel oder zu wenig von der Wirklichkeit abbildet, sondern daß es zweideutig und irreführend ist. So sind etwa die anatomischen Zeichnungen von Leonardo da Vinci nicht nur deshalb so einzigartig, weil er die künstlerische Fähigkeit hatte, abzubilden, was er sah, sondern weil er jeden Teil des menschlichen Körpers sozusagen als eine von einem Kollegen erfundene Vorrichtung betrachtete. In jedem Muskel, jedem Knochen, jeder Sehne sah er den Zweck, für den sie geformt waren, und er stellte sie als Werkzeuge dar. Räumliche Beziehungen dienten ihm zur Darstellung funktioneller Zusammenhänge.

Emanuel Winternitz hat schlagende Beispiele von Leonardos Interesse für Analogien und Parallelen aufgezeigt. Eine der Zeichnungen »stellt eine schematische Anordnung von Sehnen und Muskeln dar, die an der Wirbelsäule befestigt sind. Leonardo zeichnet die Muskeln nicht in ihrer natürlichen Breite, sondern als bloße Bindfäden, um klar und übersichtlich zu zeigen, wie sie die Wirbelsäule aufrechthalten. In seinen Randbemerkungen auf dem gleichen Blatt vergleicht er die Wirbelsäule und ihre Stränge mit dem Mast und den Seilen eines Schiffs«. Leonardo entdeckte ein Verfahren, mittels dessen die Schallöcher eines Blasinstruments, die für den Griff der Hand zu weit auseinanderliegen, durch Drähte geöffnet und geschlossen werden können, und Winternitz vermutet, daß dieser Einfall ihm von den Sehnen der Hand gekommen war, weil diese die Fingerspitzen über einen Abstand hinweg bewegen.

Leonardo konnte zwischen praktisch weit voneinander getrennten Mechanismen Ähnlichkeiten entdecken, weil er alle Dinge auf ihren Funktionswert hin ansah. Karl Duncker, der diesen Begriff des Funktionswertes in die Psychologie eingeführt hat, hat gezeigt, daß das produktive Denken überall zwischen wesentlichem Prinzip und nebensächlichem Zubehör unterscheidet. In seinen Experimenten gab er den Versuchspersonen zum Beispiel das folgende Problem:

»Nehmen Sie an, daß ein Patient ein Magengeschwür hat, das nicht operiert werden kann, und daß Ihnen Strahlungen zur Verfügung stehen, die bei genügender Intensität organisches Gewebe zerstören. Mit welchem Verfahren können diese Strahlen das Geschwür beseitigen, ohne zugleich das umliegende gesunde Gewebe zu beeinträchtigen?«

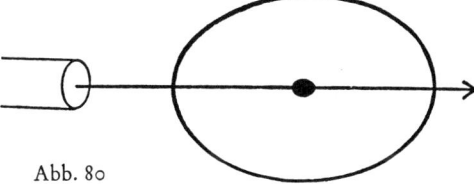

Abb. 80

Er gab Abb. 80 als eine erste Annäherung an das Problem. Man kann nach der Lösung zunächst auf einem sehr abstrakten Niveau suchen und sich fragen: Wo hat der Körper eine Öffnung, durch die man die Strahlen ohne weiteren Schaden senden kann? Dieser Einfall führt dann sogleich dazu, daß man den Körper auf eine geeignete Öffnung hin absucht. Duncker nennt dies das Verfahren »von oben her«. Doch kann man auch »von unten« ausgehen, indem man zunächst eine Bestandaufnahme alles dessen macht, was anatomisch gegeben ist, in der Hoffnung, daß man dabei auf die Lösung stoßen wird. Im erfolgreichen Denken arbeiten diese beiden Verfahren typisch zusammen, und sie entsprechen natürlich den beiden Extremformen von Lehrmaterial, die wir oben besprachen: die stark abstrahierte Darstellung des Grundprinzips und die Mannigfaltigkeit der tatsächlichen Wirklichkeitssituation.

In beiden Fällen aber muß die Aufmerksamkeit des Betrachters auf den dem Gegenstand innewohnenden Funktionswert gerichtet werden. Duncker zeigt, zu was für närrischen Irrtümern es führt, wenn sich jemand nur eben von ungefähr an die Form einer nützlichen Vorrichtung erinnert, ohne eine klare Vorstellung von dem Prinzip zu haben, dem die Form dient. Erfindern ist es, wie schon die Leonardo-Beispiele zeigten, immer um den Funktionswert zu tun. Auch Formgeber müssen den Unterschied zwischen Prinzip und Verkörperung stets vor Augen haben, denn nur so können sie wissen, innerhalb welcher Grenzen sie ihrer Formphantasie die Zügel schießen lassen dürfen. Der Formgeber David Pye hat überzeugend dargetan, daß die Funktion niemals die Form eindeutig festlegt, sondern nur ihren Bereich umschreibt. Ein Rad kann zwar nicht viereckig sein, aber innerhalb der runden Form sind vielerlei Abwandlungen möglich. Ein Keil kann hunderte von Formen, Größen und Verhältnissen annehmen, und das gleiche gilt von Zapfen, Stangen, Haken oder Tassen. Eine Funktion ist eben ein Prinzip, das nicht eine Sonderform, sondern einen Formtyp zu seiner Verkörperung erfordert.

Zu guter Letzt

Was ich hier vorgebracht habe, mag allzu theoretisch klingen. Doch sind da Grundsätze im Spiel, die, falls sie gültig sind, jeder Erzieher dauernd im Sinn haben muß. Es genügt nicht, programmatisch den Wert von Anschauungsmitteln im Unterricht zu preisen. Es genügt auch nicht, daß der Lehrer aus Pflichtgefühl oder zur Erleichterung ein paar Minuten lang den Vorführungsapparat anstellt, so daß sich die Kinder eine Weile im Dunkeln amüsieren. Was, meiner Meinung nach, jeder Erzieher als einen unentbehrlichen Bestandteil seiner beruflichen Ausbildung braucht, ist eine gründliche Schulung des Gefühls für Anschaulichkeit. Der Unterschied zwischen einer Abbildung, die ihren Zweck sichtlich erfüllt, und einer, die darin versagt, ist jedermann zugänglich, wenn sein natürlicher Sinn für wahrnehmbare Form gepflegt und nicht unterdrückt wird.

Die experimentellen und theoretischen Voraussetzungen für eine auf Anschauung gegründete Erziehung kann die Psychologie liefern. Die entsprechende praktische Erfahrung läßt sich am besten durch künstlerische Tätigkeit erwerben. Dabei empfiehlt es sich aber nicht, den Sinn für das Anschauliche als künstlerisch oder ästhetisch abzustempeln, denn damit verbannt man ihn in eine privilegierte Zone, in der nur der talentierte Fachmann zuhause ist. In viel allgemeinerem Sinne verstehen wir unter anschaulichem Denken die Fähigkeit, Sinnesformen als Abbilder von Kräftekonfigurationen zu sehen, die unserem Dasein zugrundeliegen, und zwar sowohl der Tätigkeit des Geistes wie auch der des Körpers, den Einrichtungen der Gesellschaft und dem Gefüge unserer Ideen.

Die Kunst tut ihr Werk am besten, wenn sie nicht als solche bezeichnet wird. Sie zeigt, daß wenn Formen, Dinge und Vorgänge ihr eigenes Wesen zur Schau stellen, sie die tiefen, einfachen Grundkräfte wahrnehmbar machen, in denen der Mensch sich selbst erkennt. Die Kunst ist eine der Belohnungen, die uns zufallen, wenn wir denken, indem wir sehen.

Anmerkungen

(Die eingeklammerten Zahlen beziehen sich auf die alphabetische Liste der Literaturangaben)

Kapitel 1: Frühe Regungen

Schopenhauer: (257) Buch 1, paragr. 10

Schauen vom Denken getrennt, S. 13-15

Baumgarten: (18); Croce, Kap. 4 (45).
Freie und mechanische Künste: Leonardo (176) S. 12.
Platon über Musik: ›Staat‹ 530.

Mißtrauen gegen die Sinne, S. 15-18

Das goldne Kalb: 2. Buch Mose 32.
Primitives Denken: Lévy-Bruhl (181) Kap. 6 und 7.
Taoismus: Waley (287) S. 55, 58.
Parmenides über Vernunft: Kirk und Raven (145) Fragment 6, S. 271.
Heraklit: Kirk und Raven (145) Fragment 88, S. 189.
Demokrit: Kirk und Raven (145), Fragment 125, S. 424.

Platon in zweierlei Ansicht, S. 18-20

Platon über logische Operationen: Cornford (42), S. 267; ›Phädrus‹ 265.
Platon über Wahrnehmung der Wirklichkeit: ›Staat‹ 515;; über Anamnese: ›Meno‹ 81; über Wahrheitsschau: ›Phädrus‹ 247, ›Phädon‹ 99; über wahres Sehen: ›Staat‹ 508 und 510.

Aristoteles von unten und von oben her, S. 20-23

Aristoteles über Systematisieren bei Tieren: ›Analytica Posteriora‹ 100a; über Induktion: ›Anal. Priora‹ 68b.
Platonische Genera: Cornford (42) S. 269.
Aristoteles über Wahrnehmung 'eines Solchen': ›Anal. Post.‹ 87b; über Universalien: ›De Interpretatione‹ 17a und ›Metaphysik‹ 981a; sowie auch ›Anal. Post.‹ 88a; über Denken in Bildern: ›Über die Seele‹ 431a.
Syllogismus als petitio principii: Cohen und Nagel (38) S. 177-181.

Kapitel 2: Die Intelligenz des Sehens (I)

Was heißt Wahrnehmung?, S. 25-27

Helmholtz: (111) Teil 3, paragr. 26; auch sein Aufsatz über Theorie des Sehens in (112).

In die Ferne schweifen, S. 27-28

Piaget: (229) S. 14.
Jonas: (137) S. 147

Die Sinne sind verschieden, S. 28-29

Reizverminderung: Heron (117).

Das Sehen ist wählerisch, S. 29-33

Auswählendes Sehen: zitiert aus Arnheim (3) S. 29.
Boethius: zitiert nach Strunk (268) S. 80.
Leonardo da Vinci: (175) Bd. 1, S. 250.
Visuelle Sättigung: Pritchard (240); Arnheim: ›Contemplation and Creativity‹ in (9) S. 292-301; Woodworth und Schlosberg (309) S. 270, 559.
Sehen bei Fröschen: Lettvin (178), Muntz (204), Pfeiffer (221).
Visuelle Auslöser: Lorenz (185) und Tinbergen (276).

Die Fixation löst ein Problem, S. 33-35

Fixationsmechanismen: Koffka (155) Kap. 3, paragr. 5; Sherrington (263) Kap. 7, S. 187.
Köhler über Intelligenz: (153) S. 3.
James über Aufmerksamkeit: (135) Kap. 11, besonders S. 438.

Tiefenwahrnehmung, S. 36-37

Frühe Theorien über Formwahrnehmung: Held (110).

ANMERKUNGEN

Formen sind Begriffe, S. 37–38
Anschauungsbegriffe: Arnheim (3) Kap. 2.

Wahrnehmung braucht Zeit, S. 39–40
Stufen der Gestaltbildung: Flavell (67), Hausmann (105), Sander (251), Ehrenfels (60).
Unterschiedliche Formwahrnehmung: Hebb (107) S. 29.

Maschinen lesen Figuren, S. 40–42
Figurenidentifizierung: Deutsch (52), Selfridge und Neisser (261), Uhr (282).

Das Unvollständige ergänzen, S. 42–44
Transparenz: Arnheim (3) S. 265.

Kapitel 3: Die Intelligenz des Sehens (II)

Die Umgebung wird abgezogen, S. 45–47
Helmholtzs Theorien: Handbuch der physiologischen Optik (111) Bd. 3, paragr. 26, 33; auch seine Vorlesungen über das Sehen in (112).

Helligkeit und Form an sich, S. 47–50
Helligkeitskonstanz: Woodworth und Schlosberg (309) Kap. 15.
Abstandswahrnehmung: Gilinsky (88)
Größenkonstanz: Gibson (86) Kap. 9; Koffka (156) Kap. 7, S. 305; Ittelson (131).

Drei Einstellungen, S. 50–52
Wechselwirkungsmodelle: Arnheim (5).

Die Umstände einbegriffen, S. 53–54
Badt: (15) S. 101.

Abstrahierte Form, S. 54–58
Geometrische Umformungen: Courant (43) S. 42.
Gurwitsch: (98) S. 165ff.; Wertheimer über 'gute Fortsetzung' (301).
Kinetische Tiefenwirkung: Wallach und O'Connell (289).

Einfachheitsprinzip: Arnheim (3) S. 220ff.
Hogarth: (121) Einleitung.

Beständigkeit und Wechsel, S. 59–60
Windelband: (304) Teil I: Die Philosophie der Griechen, paragr. 4 u. 6.

Kapitel 4: Im Zueinander

Beziehungen brauchen Struktur, S. 61–66
Assoziation und Gestalt: Asch (14) und Köhler (154).
Picasso: Gilot (90) S. 120.
Palladio: die Kirche ›Il Redentore‹ in Venedig wurde 1592 eingeweiht.
Figuralzusammenhang: zuerst erforscht von Gottschaldt (96) Teil 1.
Formwahrnehmung in Vögeln: Hertz (118)
Schimpansen: Köhler (153) S. 104.
Michotte: (195) S. 97, 211.

Paarung wirkt auf die Partner, S. 66–71
Haiku: Henderson (114) S. 19, 40.
Gruppierung von Gemälden: unveröffentlichte Versuche am Sarah Lawrence College im Jahre 1966.
Metapher: Arnheim (1).
Levertov: ›To the Reader‹ in (179), S. VII.
Goethe über Farben: (92) Aphorismen (Licht und Farbe) S. 653.
Figurale Nachwirkung: Köhler und Wallach (152) Abb. 2 und 24; die Deutung der Wahrnehmungssituation stammt von mir. Siehe auch Ganz (78).
Aristophanes: Platons ›Symposion‹ 189–193.
Bambusröhren: Köhler (153) S. 127.

Wählen durch Sehen, S. 71–72
Figur und Grund: Klüvers Versuche an Affen (150) S. 316.
Kinderreaktionen: auf Form und Farbe, Landreth (166) S. 245; auf visuelle Muster, Fantz (65).

Vergleichendes Sehen, S. 72–75

Raumwahrnehmung in Ratten: Hebb (108) S. 27.

Lashley: Zitat über Abstraktion (171); Rattenexperimente mit Kreisen (170); Zitat über Reaktionen von Affen auf farbige Kreise, Lashley und Wade (172) S. 82.

Was sieht gleich aus?, S. 75–77

Schimpansen und Dreiecke: Hebb (108) S. 29.
Raumorientierung: Arnheim (3) Kap. 3; Teuber (271) S. 1612; Landreth (166) S. 243; Ghent (84); Köhler (151) S. 15–19.
Octopus: zitiert bei Teuber (271).

Die Seele und der Schnellrechner, S. 77–83

Künstliche Intelligenz: Minsky (198); Abb. 10 und 11 sind von dort mit Erlaubnis des Verfassers entnommen.
Thorndike: (274) und (273).
Meßbare Einfachheit: Hochberg und McAlister (119).

Kapitel 5: Die Vergangenheit im Jetzigen

Wahrnehmungsbereitschaft: Bruner (28).
Metzger: (192) S. 694.

Kräfte im Gedächtnisfeld, S. 85–88

Formgedächtnis: Woodworth (309), Ausgabe von 1938; Koffka (156) S. 493ff.
Unvollständige Kreise: Hebb und Foord (106).
Landkartenskizzen: unveröffentlichte Studentenversuche am Sarah Lawrence College.
Flüssiges Medium: Lewin (183) S. 160, 196.

Die Ergänzung von Wahrnehmungen, S. 88–90

Ergänzungen: Michotte (194); Titchener über »gebundene Bilder« (277) S. 75, 87.
Hemianopsie: Koffka (156) S. 146; Teuber (271) S. 1616ff.
Piaget: Verschwinden von Gegenständen (223); auch (225) Kap. 1.

Das Innere ist sichtbar, S. 90–91

Sechehaye: (259) S. 3 und 25.

Sichtbare Lücken, S. 91–92

Giacometti: Lord (184) S. 60.
Dreyer: Kracauer (161) S. 90.
Van den Berg: (284) S. 28.
Tätigkeitsdinge: Werner (294) Kap. 2.

Das Wiedererkennen, S. 93–98

Chaplin: ›Der Goldrausch‹ stammt aus dem Jahre 1925.
›Preperception‹: James (135) S. 442ff.
Erwartungseinflüsse: James (135) S. 429; Gottschaldt (96) Teil 2; Bruner und Minturn (29).
Roger Price: (239).
Mantegna: ›Judith und Holofernes‹ Nationalgalerie in Washington.

Kapitel 6: Die Gedankenbilder

Innere Form: Panofsky (214) S. 32, 46ff.

Wie sehen Gedächtnisbilder aus?, S. 100–101

Aristoteles: ›De Memoria et Reminiscentia‹ 449b.
John Locke: ›An Essay Concerning Human Understanding‹, Einleitung, Abschn. 8 und Buch 4, Kap. 7, Abschn. 9.
Holt: (123).

Kann man ohne Bilder denken?, S. 101–103

Unanschauliches Denken: Mandler und Mandler (187) Abschn. 4.
Woodworth: (311) S. 74, 106.
Piaget: (227).
Titchener: (278) S. 187.

Bilder von Einzelnem und Allgemeinem, S. 104–108

Griechische ›eidola‹: Kirk und Raven (145) S. 422; Held (110).
Eidetische Bilder: Jaensch (133); Riekels Kapitel in Saupe (253); Klüver (149).

ANMERKUNGEN

Penfield: (219) Kap. 3.
Berkeley: ›A Treatise Concerning the Principles of Human Knowledge‹, Einleitung, Abschn. 10 und Teil I, Abschn. 5.
Koffka: (158).
Amodale Ergänzungen: Michotte (194).
Binet: (21) S. 138ff.
Träume: Hall (101).

Andeuten und Aufleuchten, S. 108-110
Titchener: (278) S. 13, 21.

Wie abstrakt kann ein Bild sein?, S. 110-115
Galton: (76).
Silberer: (264).
Darwin über Ausdruck: (47).
›Der Blaue Reiter‹: Selz (262) Kap. 16, 17.
Ribot: (244).

Kapitel 7: Begriffe nehmen Gestalt an

Abstrakte Gebärden, S. 116-118
Efron über Gebärden: (58).

Versuche mit Zeichnungen, S. 120-128
Einige der Bleistiftzeichnungen sind mit Tinte nachgezogen worden, um sie im Druck deutlicher zu machen; dies beeinflußt die Strichqualität der Originale etwas, verändert die Formen sonst aber nicht.

Die Denkarbeit wird sichtbar, S. 129-133
Schaffensprozeß in Picassos ›Guernica‹: Arnheim (6).

Kapitel 8: Bilder, Symbole und Zeichen

Drei Funktionen von Abbildern, S. 134-138
Symbole und Zeichen: Langer (168) Kap. 3.
Verkehrszeichen: Krampen (163).
Lorenz über Auslöser: (185).
Sternes Zeichnung: ›Tristram Shandy‹, Buch 6, Kap. 40.

Wie Abbilder ihren Zweck erfüllen, S. 138-141
Courbet: Hofmann (120) S. 11ff.
Magritte: ›Der Wind und das Lied‹ aus den Jahren 1928/29 ist in einer Privatsammlung.
Picassos ›Stierkopf‹: Paris, 1943.
Krampen: (163).
Modley: Kepes (143) Bd. 6, S. 108-125.
Warenzeichen: Doblin (54).

Was Warenzeichen besagen, S. 141-145
Ausdruck in der Musik: Rigg (246) und Pratt (237).
Schopenhauer über Musik: (257) Buch 3 und Zusätze, Kap. 39; auch Langer (168) Kap. 8.
Warenzeichen: Kamekura (139).

Erfahrungen und Ideen, S. 145-148
Goethe: Zur Farbenlehre (92), Materialien zur Geschichte der Farbenlehre, Siebzehntes Jahrhundert.
Hegel: ›Ästhetik‹, Teil 2, Abschn. 1: ›Die symbolische Kunstform‹.
Picassos ›La Vie‹: Boeck und Sabartés (23) S. 124.
Fry über Pfister: (74).
Pfister: (222); auch Kramer (162).
Freud über Tagträume: (72).

Kapitel 9: Was Abstraktion nicht ist

Eine schädliche Zweiteilung, S. 150-153
Locke über Abstraktion: ›An Essay Concerning Human Understanding‹, Buch 2, Kap. 11, Abschn. 9.
Pellet: (218) S. 9, 60.
Hume über Berkeley: ›A Treatise of Human Nature‹, Teil I, Abschn. 7.
Berkeley über Universalien: ›A Treatise Concerning the Principles‹ usw., Einleitung, Abschn. 15.
Einführung in die Logik: Cohen (39) S. 103, 107; auch Cohen und Nagel (38) Kap. 18, Abschn. 5.

Beruht Abstraktion auf Verallgemeinerung?,
S. 153–159
Locke über Verallgemeinerung: ›An Essay‹ usw. Buch 1, Kap. 1, Abschn. 15 und Buch 2, Kap. 32, Abschn. 6.
James über Dissoziation: (135) Bd. 1, S. 506.
Inhelder und Piaget: (130), Schlußfolgerungen, S. 284.
Bergson: (20) Kap. 3.
Laporte: (169) S. 117.
Langer über Primärabstraktion: (167).
Medawar: in Edge (56) S. 8.

Im Anfang war das Allgemeine, S. 159–164
Pavlov: (217) Vorlesung 2, S. 20.
Lashley und Wade: (172) S. 81ff.
Piaget: (225) Kap. 1, paragr. 6.
Teale: (270) S. 214.
Boas: in Hymes (129) S. 121.
James über Wirrwarr: (135) Bd. 1, S. 488.
Gesell und Ilg: (81) Kap. 2, S. 18.
Piaget über Synkretismus: (228) Kap. 4, paragr. 1.
Unscharfe Reize: Koffka (156) S. 493–505.
Thomas von Aquino: zitiert nach Gessner (82).
Bouissou: (25) S. 45, 96.
Verallgemeinerung primär: Brown (27) Kap. 8.

Teilmenge und Abstraktion, S. 164–166
Boethius: nach Gessner (82).
Kouwenhoven: (160).

Kapitel 10: Was Abstraktion ist

Wertheimer: (299); auch Asch (12) und (11).
Jonas: (136).
Spinoza: Verbesserung des Verstandes, paragr. 95.
Asch über Persönlichkeit: (11).

Typen und Behälter, S. 168–171
Kretschmer über Typen: (165).
Galtons Überlagerungsmodell: (76).

Seiffert: 260.
Hempel und Oppenheim: (113).

Statische und dynamische Begriffe, S. 171–175
Locke: ›Essay‹, Buch 3, Kap. 3, Abschn. 10.
Galton über Durchschnitt: (77) S. 62.
Aristoteles: ›De Memoria‹ 450a.
Berkeley über Dreiecke: ›Treatise‹, Einleitung, Abschn. 16.
Poncelet: (234) Einleitung, S. XIV. Figuren von mir hinzugefügt.

Begriffe sind Höhepunkte, S. 175–178
Prägnanzstufen: Wertheimer (301).
Rausch: (243) S. 906ff.
Schopenhauer über das Wasser: (257) Buch 3, Paragr. 51.
Ivins über griechische Geometrie: (132).

Kapitel 11: Auf festem Boden

Abstraktion als Abkehr, S. 181–184
Abstraktion und Einfühlung: Worringer (313); Arnheim (2).
Goldstein und Scheerer: (94).
Cameron: In Hunt (127) Kap. 29, S. 904.
Pikas: (232) S. 39.

Die Extraktion von Prinzipien, S. 184–186
Valéry: (283).
Wittgenstein: (308) S. 219.

Gegen den Strich, S. 186–191
Duncker: (55) S. 108.
Goldstein und Scheerer: ich habe einen Fehler in ihrer Abb. 18 verbessert; sie enthält 5 Quadrate, statt 4.
Versuche in Nigeria: Jahoda (134).
Über Goldstein und Scheerer: Brown (27) S. 287ff.

Ins Klassifizieren vernarrt, S. 191–194
Wechsler-Bellevue Test: (292).
Locke über abstrakte Maximen: ›Essay‹, Buch 1, Kap. 1, Abschn. 27.

ANMERKUNGEN

Lebensnahes Denken, S. 194–198
Riessman: (245) S. 73.
Davis: (48) S. 78ff.
Was der I. Q. mißt: Tyler (281) S. 52.
Mittelstand: Miller und Swanson (197) S. 339.
Zwei Ausdrucksstile: Miller und Swanson, Kap. 15, und Goldberg (93).
Torrance: (280) S. 110ff.
Riessman: (245) S. 69.
Deutsch: (53) in Passow (215).
Zwei Studententypen: Arnheim (8) S. 86.
Begabte Kinder: Torrance (280); Getzels und Jackson (83).

Kapitel 12: Das Denken mit reinen Formen

Lebendige Zahlen, S. 199–201
Wertheimer: (298).
Educational Research Council: (57).
Mengentheorie: Deans (49).
Préverts Gedicht: (238) S. 243.

Die Wahrnehmung von Mengen, S. 202–203
Piaget: (224) Kap. 4.
Heidegger: (109) S. 70ff.
Leporellos Bestandaufnahme: »In Italien 640, in Deutschland 231, 100 in Frankreich, in der Türkei 91; aber in Spanien sind's schon 1003«.
Legionen Engel: Matthäus 26:53.

Zahlen als anschauliche Formen, S. 203–206
Über Francesco Sizi: Panofsky (213) S. 11.
Rechenunterricht in der Armee: Ginzberg und Bray (91) S. 71.
Marguerite Lehr: in Stern (267).
Illinois Projekt: Deans (49) S. 57.
Stanford Projekt: Deans (49) S. 74.
Cuisenairestäbchen: Cuisenaire und Gattegno (46) und Gattegno (79, 80).

Sinnlose Formen sind hinderlich, S. 206–211
Stern: (267).
Montessori: (201) Kapitel 19.

Platon: ›Meno‹ 82.
Gattegno: (79) S. VIII.
Rousseau: ›Confessions‹, Buch 6.

Geometrie durch Augenschein, S. 211–213
Schopenhauer: (257) Buch 1, Paragr. 15.
Griechische Geometrie: Hankel (103) S. 205ff.
Indischer Beweis: Hankel, S. 207.
Brecht: ›Leben des Galilei‹, dritte Szene.

Kapitel 13: Wörter am rechten Platz

Kann man in Worten denken?, S. 215–216
Sapir: (252) S. 15.
Brown über tierisches Denken: (27) S. 268.
Wittgenstein: (308) Teil I, 650.

Wörter als Abbilder, S. 217–219
Kant: ›Kritik der reinen Vernunft‹, Einleitung, Abschn. 4.

Worte deuten auf Wahrnehmungen, S. 219–220
Asch über Metaphern: (13).
Whorf: (302) S. 146.

Intuitives und intellektuelles Erkennen, S. 220–224
Synoptisches Denken: Klafki (146) S. 36.
Von Haller: (102) Bd. 2, S. 130; Hanson (104) S. 69. Ich habe das in Hansons Zitat ausgelassene Wort ›possint‹ ergänzt.
Sprache: Herder (116).
Cassirer: (34) S. 27; auch (35) Bd. 3, S. 15 der engl. Ausg.
Whorf: (302) S. 213, 240.
Die Fabel vom blökenden Lamm: Arnheim (9) S. 136–150.

Der Nutzen der Sprache, S. 225–226
Wörter als Kategorien: Brown (27) S. 205ff. und Wallach (290).
Platon: ›Cratylus‹ 398.
Wittgenstein: (307) S. 7.

Die Bildvorstellungen logischer Bindeglieder,
S. 226–228
Freud: (73) Kap. 6, Abschn. c.
Raffael: ›Die Schule von Athen‹ und ›Parnassus‹ (1508–1511) sind in der Stanza della Segnatura im Vatikan.
Michotte: (195).

Überschätzte Sprache, S. 228–232
Sapir: (252) S. 15.
Humboldt: ›Über die Kawi-Sprache auf der Insel Java‹, Einl., Paragr. 9, S. LXXIV.
Lee: (173) S. 105.
Mauss: (190) S. 125.
Whorf über fehlerhaftes Denken: (302) S. 135.
Deese: (50).
Sarris: nach Werner (294) S. 61 d. engl. Ausg.
Langer: (168) Kap. 5.
Sapir über die Geburt von Begriffen: (252) S. 17.
Lenneberg: (174) S. 334.

Der Einfluß der linearen Form, S. 232–236
Langer: (168) Kap. 4, S. 80.
Lessing: (177) besonders Abschn. 16.
Lichtenberg: ›Briefe aus England‹, Brief an Heinrich Christian Boie vom 1. Oktober 1775.
Camus: ›La femme adultère‹ (31).
Lineares im Hörspiel: Arnheim (7), Kap. 7.
›Abteil dritter Klasse‹: Daumiers ›Un wagon de troisième classe‹ ist im New Yorker Metropolitan Museum.
Dylan Thomas: In (272) S. 65.

Wortbegriffe und Sinnesbegriffe, S. 236–238
Sapir: (252) S. 11.
Brown über Titchener: (27) S. 90ff.
Deese: (50) S. 649.
Dubuffet: ›Die Kuh mit der zarten Nase‹ vom Jahre 1954 ist im New Yorker Museum of Modern Art.

Kapitel 14: Das Denken in der Kunst

Paul Klee: Zitat aus dem Jahre 1905, nach Grohmann (97) S. 433.

Denken in Kinderzeichnungen, S. 239–245
Kinderzeichnungen: einige der Beispiele zuerst veröffentlicht in Arnheim (10) und hier mit Genehmigung des Braziller-Verlages, New York, abgebildet.
Darstellungsbegriffe: Arnheim (3) Kap. 4.

Persönliche Probleme anschaulich durchdacht, S. 245–248
Europäisches Kind: aus einer Seminararbeit von Frl. Judith Bernstein.
Naumburg: (209, 210).

Denkmechanismen im Zeichnen, S. 248–252
Wechselwirkung: Arnheim (5).
Sapir: (252) S. 123.
Schlauch: (256) S. 147.

Abstrakte Formen in der darstellenden Kunst, S. 252–257
Christus in Emmaus: Lukas 24: 28–31.

Kapitel 15: Modelle für die Gedankenwelt

Poincaré: (233) S. 129.

Formen der Kosmologie, S. 258–263
Homerischer Ozean: Rüstow (250).
Anaximander: Kirk und Raven (145) S. 134.
Cornford: Munitz (203) S. 26.
Babylonische Genesis: Jacobsen in Munitz, S. 11.
Aristoteles: Munitz (203) S. 93. (›Über den Himmel‹).
Galilei und die Kreisform: Panofsky (213) S. 20ff.
Newtons Brief: nach Munitz (203) S. 215.
Michotte: (195).
Hume: ›Treatise‹, Buch 1, Teil 3, Abschn. 6.

ANMERKUNGEN

*Das Unanschauliche wird anschaulich,
S. 263–265*

Das Bild der Kugel: zumeist nach Mahnke (186).

Scheffler: Angelus Silesius, ›Cherubinischer Wandersmann‹.

Aristoteles über das Herz ›De iuventute‹ und ›De partibus animalium‹ nach Mahnke S. 225.

Kepler über Dreieinigkeit: ›Dei triuni imago in sphaerica superficie, Patris scilicet in centro, Filii in superficie, Spiritus in aequalitate σχέσεως inter punctum et ambitum‹. Nach Pauli (216) S. 117.

Modelle haben ihre Grenzen, S. 265–266

Leibniz: Nach Mahnke (186) S. 17

Figur und Grund, S. 267–269

Rubin: (249)

Britsch: (26) S. 131.

›Apeiron‹: Kirk und Raven (145) S. 108 und Mahnke (186) S. 238ff.

Kepler über Seelenfunktionen: Pauli (216) S. 142.

Freud: (71) Teil 1, Kap. 1.

Schrödinger: (258).

Faraday: Newman (212) S. 65.

Das Unendliche und die Kugel, S. 270–273

Gauss über Unendlichkeit: nach Kline (148) S. 396.

Courant und Robbins: (44) S. 77.

Plotinus: nach Mahnke (186) S. 67

Lucretius: ›De natura rerum‹, Buch 1 Abschn. 1050.

Kusanus: nach Mahnke, S. 76ff.

Holton über ›Themata‹: (124) S. 99.

Kant: (140) Teil 1.

Hoyle: (126) nach Munitz (203) S. 423ff.

*Wie weit die Einbildungskraft reicht,
S. 273–276*

Einstein: (61) Paragr. 31.

Vierte Dimension: Manning (188).

Helmholtz: über geometrische Axiome: (112) S. 227 d. engl. Ausg.

Eddington: nach Munitz (203) S. 321.

Einstein über Geometrie des Raumes: (61) Paragr. 32.

Nichteuklidische Perspektive: Arnheim (3) Kap. 5.

Einstein: (61) § 24.

Kline: (148) S. 445.

Kapitel 16: Erzieherisches Schauen

Vom Zweck der Kunst, S. 277–279

Coomaraswamy: (40, 41).

Bilder sind Aussagen, S. 279–281

Kerschensteiner: nach Weber (291) S. 56.

Normalbilder in der Kunst, S. 281–284

Pestalozzi: (220) Brief 7: Die Meßkunst, S. 109.

Schmid und Lange: Weber (291) S. 26ff.

Villard de Honnecourt: (286).

›Signatura rerum‹: z. B. Pauli (216) S. 117.

Sehen und Begreifen, S. 284–287

Hanson: (104) S. 19

Wertheimer: (300).

Verschiebung der Kontinente: Hurley (128).

Was macht Abbildungen lehrreich?, S. 287–290

Snow: (265).

Holton: (125).

*Anschauungsmittel haben ihre Probleme,
S. 290–294*

Frank: (69) S. 456.

Bilder als Aussagen: Arnheim (4) S. 148.

Balázs: (16) S. 2.

Forsdale: (68).

Landkarten: Bartz (17) und Nault (208).

*Auf den Funktionswert kommt es an,
S. 294–296*

Leonardo: Winternitz (305, 306).

Funktionswert: Duncker (55).

Pye: (241) Kap. 3.

Literatur

1 ARNHEIM, RUDOLF. Abstract language and the metaphor. In Arnheim (9) S. 266-284.
2 ARNHEIM, RUDOLF. Abstraction and empathy in retrospect. Confinia Psychiatrica 1967, Bd. 10, S. 1-15.
3 ARNHEIM, RUDOLF. Kunst und Sehen. Berlin: de Gruyter, 1965.
4 ARNHEIM, RUDOLF. The myth of the bleating lamb. In Arnheim (9) S. 136-150.
5 ARNHEIM, RUDOLF. Perceptual analysis of a symbol of interaction. In Arnheim (9) S. 222-244.
6 ARNHEIM, RUDOLF. Picassos Guernica. München: Rütten und Loening, 1964.
7 ARNHEIM, RUDOLF. Radio. London: Faber und Faber, 1936. Neuauflage: New York: Da Capo Press, 1972.
8 ARNHEIM, RUDOLF. Second thoughts of a psychologist. In Taylor (269) S. 77-95.
9 ARNHEIM, RUDOLF. Toward a psychology of art. Berkeley und Los Angeles: Univ. of California Press, 1966.
10 ARNHEIM, RUDOLF. Visuelles Denken. In Gyorgy Kepes (Hrsg.): Visuelle Erziehung. Brüssel: La Connaissance, 1967. Originalausg. Kepes (143).
11 ASCH, SOLOMON E. Forming impressions of personality. In Henle (115) S. 237-285.
12 ASCH, SOLOMON E. Max Wertheimer's contribution to modern psychology. Social Research 1946, Bd. 13, S. 81-102.
13 ASCH, SOLOMON E. The metaphor: a psychological inquiry. In Henle (115) S. 324-333.
14 ASCH, SOLOMON E. Perceptual conditions of association. In Henle (115) S. 187-200.
15 BADT, KURT. Die Farbenlehre Van Goghs. Köln: M. DuMont Schauberg, 1961.
16 BALÁZS, BÉLA. Der Geist des Films. Halle: Knapp, 1930.
17 BARTZ, BARBARA S. Map design for children. Chicago: Field Enterprises, 1965.
18 BAUMGARTEN, ALEXANDER GOTTLIEB. Meditationes philosophicae etc. Halle: Grunert, 1735.
19 BENDER, LAURETTA. A visual-motor gestalt test and its clinical use. Research Monogr. Nr. 3. Amer. Orthopsychiatric Ass., 1938.
20 BERGSON, HENRI. Matière et mémoire. Paris: Presses Universitaires, 1946.
21 BINET, ALFRED. L'étude experimentale de l'intelligence. Paris: Costes, 1921.
22 BOAS, FRANZ. On grammatical categories. In Hymes (129) S. 121-123.
23 BOECK, WILHELM und JAIME SABARTÉS Picasso. New York: Abrams. 1955.
24 BORING, EDWIN G. A history of introspection. Psych. Bull. 1953, Bd. 50, S. 169-189.
25 BOUISSOU, RENÉ. Essay sur l'abstraction et son rôle dans la connaissance. Gap: Jean. 1942.
26 BRITSCH, GUSTAF. Theorie der Kunst. München: Bruckmann, 1926.
27 BROWN, ROGER. Words and things. New York: Free Press, 1958.
28 BRUNER, JEROME S. On perceptual readiness. Psych. Review 1957, Bd. 64, S. 123-152.
29 BRUNER, JEROME S. und A. L. MINTURN. Perceptual identification and perceptual organization. Journ. of general Psych. 1955, Bd. 53, S. 21-28.

LITERATUR

30 BÜHLER, KARL. Tatsachen und Probleme zu einer Psychologie der Denkvorgänge. Archiv für die gesamte Psychologie 1908, Bd. 12, S. 1–92.
31 CAMUS, ALBERT. L'exil et le royaume. Paris: Gallimard, 1957.
32 CAPELLE, WILHELM. Die Vorsokratiker. Stuttgart: Kröner, 1935.
33 CASSIRER, ERNST. The concept of group and the theory of perception. Philos. and Phenom. Research 1944, Bd. 5, S. 1–35.
34 CASSIRER, ERNST. Language and myth. New York: Dover, 1946.
35 CASSIRER, ERNST. Philosophie der symbolischen Formen. Berlin: B. Cassirer, 1923/29.
36 CASSIRER, ERNST. Substanzbegriff und Funktionsbegriff. Berlin: Cassirer, 1910.
37 COBB, STANLEY. Borderlands of psychiatry. Cambridge, Mass.: Harvard Univ. Press, 1944.
38 COHEN, MORRIS R. und ERNEST NAGEL. An introduction to logic and scientific method. New York: Harcourt Brace, 1934.
39 COHEN, MORRIS R. A preface to logic. New York: Meridian, 1956.
40 COOMARASWAMY, ANANDA K. Christian and oriental philosophy of art. New York: Dover, 1957. (Erstausgabe: Why exhibit works of art? London: Luzac, 1943.)
41 COOMARASWAMY, ANANDA K. Figures of speech or figures of thought. London: Luzac, 1946.
42 CORNFORD, FRANCIS MACDONALD. Plato's theory of knowledge. London: Routledge and Kegan Paul, 1935.
43 COURANT, RICHARD. Mathematics in the modern world. Scientific American, Sept. 1964, Bd. 211. S. 41–49.
44 COURANT, RICHARD und HERBERT ROBBINS. What is mathematics? New York: Oxford Univ. Press, 1951.
45 CROCE, BENEDETTO. Estetica come scienza dell'espressione e linguistica generale. Bari: Laterza, 1928.
46 CUISENAIRE, GEORGES und CALEB GATTEGNO. Numbers in color. Mount Vernon, N. Y.: Cuisenaire, 1954.
47 DARWIN, CHARLES. The expression of the emotions in man and animals. London: Watts, 1934.
48 DAVIS, ALLISON. Social-class influences upon learning. Cambridge: Harvard Univ. Press, 1962.
49 DEANS EDWINA. Elementary school mathematics. Washington: U. S. Department of Health, Education and Welfare, 1963.
50 DEESE, JAMES. Meaning and change of meaning. Amer. Psychologist 1967, Bd. 22, S. 641–651.
51 DENNIS, WAYNE (Hrsg.) Readings in general psychology. New York: Prentice-Hall, 1949.
52 DEUTSCH, J. A. A system for shape recognition. Psychol. Review 1962, Bd. 69, S. 492–500.
53 DEUTSCH, MARTIN. The disadvantaged child and the learning process. In Passow (215) S. 163–179.
54 DOBLIN, JAY. Trademark design. Dot Zero Nr. 2. New York: Finch, Pruyn and Co., 1966.
55 DUNCKER, KARL. On problem-solving. Psychol. Monographs 1945, Bd. 58, Nr. 270.
56 EDGE, DAVID (Hrsg). Experiment. London: British Broadcasting Corp., 1964.
57 Educational Research Council of Greater Cleveland. Key topics in mathematics for the primary teacher. Chicago: Science Research Associates, 1961.
58 EFRON, DAVID. Gesture and environment. New York: King's Crown Press, 1941.
59 EHMER, HERMANN K. (Hrsg.) Kunstunterricht und Gegenwart. Frankfurt a. M.: Diesterweg, 1967.

60 EHRENFELS, CHRISTIAN VON. Über ›Gestaltqualitäten‹. In Weinhandl (293) S. 11–43.
61 EINSTEIN, ALBERT. Über die spezielle und die allgemeine Relativitätstheorie. Braunschweig: Vieweg, 1922.
62 EISNER, E. W., und D. W. ECKER (Hrsg.) Readings in art education. Waltham, Mass.: Blaisdell, 1966.
63 ELLIS, WILLIS D. (Hrsg.). A source book of gestalt psychology. New York: Harcourt Brace, 1939.
64 EVANS, C. R. und A. D. J. ROBERTSON (Hrsg.). Brain physiology and psychology. Berkeley und Los Angeles: Univ. of California Press, 1966.
65 FANTZ, ROBERT L. The origin of form perception. Scientific American, Mai 1961, S. 66–72.
66 FIELD, J. (Hrsg.). Handbook of physiology. Washington: Amer. Physiol. Society, 1959.
67 FLAVELL, JOHN H. A microgenetic approach to perception and thought. Psychol. Bull. 1957, Bd. 54, S. 197–217.
68 FORSDALE, JOAN ROSENGREN und LOUIS. Film literacy. Teachers College Record 1966, Bd. 67, S. 608–617.
69 FRANK, LAWRENCE K. Role of the arts in education. In Eisner und Ecker (62) S. 454–459.
70 FREEMAN, KATHLEEN. Ancilla to the pre-socratic philosophers. Oxford: Blackwell, 1952.
71 FREUD, SIGMUND. Abriß der Psychoanalyse. Schriften aus dem Nachlaß. London: Imago, 1941.
72 FREUD, SIGMUND. Der Dichter und das Phantasieren. Gesammelte Werke, Bd. 7. London: Imago, 1940.
73 FREUD, SIGMUND. Die Traumdeutung. Leipzig und Wien: Deuticke, 1922.
74 FRY, ROGER. The artist and psychoanalysis. London: Hogarth Press, 1924.
75 FUCHS, WILHELM. Experimentelle Untersuchungen über das simultane Hintereinandersehen auf derselben Sehrichtung. Zeitschrift für Psychologie 1923, Bd. 91, S. 145–235.
76 GALTON, FRANCIS. Inquiries into human faculty and its development. London: Dent, 1907.
77 GALTON, FRANCIS. Natural inheritance. London: Macmillan, 1889.
78 GANZ, LEO. Mechanism of the figural aftereffects. Psychol. Review 1966, Bd. 73, S. 128–150.
79 GATTEGNO, CALEB. For the teaching of elementary mathematics. Mount Vernon, N. Y.: Cuisenaire, 1963.
80 GATTEGNO, CALEB. Modern mathematics with numbers in color. Reading, Berks.: Educ. Explorers, 1960.
81 GESELL, ARNOLD und FRANCES L. Ilg. Infant and child in the culture of today. New York: Harper, 1943.
82 GESSNER, JAKOB. Die Abstraktionslehre in der Scholastik bis Thomas von Aquin. Dissertation, Freiburg Univ., 1930.
83 GETZELS, J. W. und P. W. JACKSON. Creativity and intelligence. New York: Wiley, 1962.
84 GHENT, LILA. Form and its orientation. Child Development 1964, Bd. 35, S. 1127–1136.
85 GIBSON, JAMES J. Constancy and invariance in perception. In Kepes (143) Bd. 3, S. 60–70.
86 GIBSON, JAMES J. The perception of the visual world. Boston: Hougthon Mifflin, 1950.
87 GIBSON, JAMES J. The senses considered as perceptual systems. Boston: Houghton Mifflin, 1966.
88 GILINSKY, ALBERTA. Perceived size and distance in visual space. Psychol. Review 1951, Bd. 58, S. 460–482.
89 GILLISPIE, CHARLES COULSTON. The edge of objectivity. Princeton: Princeton Univ. Press, 1960.

90 GILOT, FRANÇOISE und CARLTON LAKE. Life with Picasso. New York: McGraw-Hill, 1964.
91 GINZBERG, ELI und DOUGLAS W. BRAY. The uneducated. New York: Columbia, 1953.
92 GOETHE, JOHANN WOLFGANG VON. Naturwissenschaftliche Schriften, Bd. 2. Leipzig: Insel Verlag.
93 GOLDBERG, MIRIAM L. Factors affecting educational attainment in depressed urban areas. In Passow (215) S. 68–99.
94 GOLDSTEIN, KURT und MARTIN SCHEERER. Abstract and concrete behavior. Psychol. Monographs 1941, Bd. 53, no. 239.
95 GOMBRICH, E. H. Art and illusion. New York: Pantheon, 1960.
96 GOTTSCHALDT, KURT. Über den Einfluß der Erfahrung auf die Wahrnehmung von Figuren. Psychol. Forschung 1926, Bd. 8, S. 261–317, und 1929, Bd. 12, S. 1–87.
97 GROHMANN, WILL. Kunst und Architektur zwischen den beiden Kriegen. Frankfurt a. M.: Suhrkamp, 1953.
98 GURWITSCH, ARON. Théorie du champ de la conscience. Bruges: De Brouwer, 1957.
99 HABER, RALPH NORMAN. Nature of the effect of set on perception. Psychol. Review 1966, Bd. 73, S. 335–351.
100 HADAMARD, JACQUES. The psychology of invention in the mathematical field. Princeton: Princeton Univ. Press, 1945.
101 HALL, CALVIN S. What people dream about. Scientific Amer., Mai 1951, Bd. 184, S. 60–63.
102 HALLER, ALBERTUS v. Historia stirpium indigenarum Helvetiae inchoata. Berne: Societas Typographica, 1768.
103 HANKEL, HERMANN. Zur Geschichte der Mathematik in Altertum und Mittelalter. Hildesheim: Olms, 1965.
104 HANSON, NORWOOD RUSSELL. Patterns of discovery. Cambridge: Cambridge Univ. Press, 1965.
105 HAUSMANN, GOTTFRIED. Zur Aktualgenese räumlicher Gestalten. Archiv für die gesamte Psychologie 1935, Bd. 93, S. 289–334.
106 HEBB, DONALD O. und ESME N. FORD. Errors of visual recognition and the nature of the trace. Journal of Exper. Psych. 1945, Bd. 35, S. 335–348.
107 HEBB, DONALD O. The organization of behavior. New York: Wiley, 1949.
108 HEBB, DONALD O. A textbook of psychology. Philadelphia: Saunders, 1958.
109 HEIDEGGER, MARTIN. Holzwege. Frankfurt a. M.: Klostermann, 1950.
110 HELD, RICHARD. Object and effigy. In Kepes (143) Bd. 2, S. 42–54.
111 HELMHOLTZ, HERMANN VON. Handbuch der physiologischen Optik. Hamburg und Leipzig: Voss, 1896.
112 HELMHOLTZ, HERMANN VON. Populäre wissenschaftliche Vorträge. Braunschweig: Vieweg, 1876.
113 HEMPEL, CARL G. und PAUL OPPENHEIM. Der Typusbegriff im Lichte der neuen Logik. Leiden: Sijthoff, 1936.
114 HENDERSON, HAROLD G. An introduction to haiku. Garden City: Doubleday Anchor, 1958.
115 HENLE, MARY (Hrsg.). Documents of gestalt psychology. Berkeley und Los Angeles: Univ. of California Press, 1961.
116 HERDER, JOHANN GOTTFRIED VON. Über den Ursprung der Sprache. Herders Werke, Bd. 4. Leipzig und Wien: Bibliogr. Institut, 1901.
117 HERON, WOODBURN. The pathology of boredom. Scient. Amer. Januar 1957, S. 52–56.
118 HERTZ, MATHILDE. Wahrnehmungspsychologische Untersuchungen am Eichelhäher, 1. Zeitschrift für vergleichende Physiologie 1928, Bd. 7, S. 144–194.

119 HOCHBERG, JULIAN und EDWARD MCALISTER. A quantitative approach to figural goodness. Journal of Experim. Psych. 1953, Bd. 46, S. 361-364.
120 HOFMANN, WERNER. The earthly paradise. New York: Braziller, 1961.
121 HOGARTH, WILLIAM. The analysis of beauty. Oxford: Clarendon, 1955.
122 HOLT, JOHN. How children fail. New York: Dell, 1964.
123 HOLT, ROBERT R. Imagery: the return of the ostracized. Amer. Psychologist 1964, Bd. 19, S. 254-264.
124 HOLTON, GERALD. Presupposition in the construction of theories. In Woolf (312) S. 77-108.
125 HOLTON, GERALD. Conveying science by visual presentation. In Kepes (143) Bd. 1, S. 50-77.
126 HOYLE, FRED. The nature of the universe. New York: Harper, 1950.
127 HUNT, J. McV. (Hrsg.). Personality and the behavioral disorders. New York: Ronald, 1944.
128 HURLEY, PATRICK M. The confirmation of continental drift. Scient. Amer., April 1968, Bd. 218, S. 52-64.
129 HYMES, DELL. (Hrsg.). Language in culture and society. New York: Harper, 1964.
130 INHELDER, BÄRBEL und JEAN PIAGET. La genèse des structures logiques élémentaires. Neuchatel: Delachaux & Niestlé, 1959.
131 ITTELSON, WILLIAM H. The constancies in perceptual theory. Psychol. Review 1951, Bd. 58, S. 285-294.
132 IVINS, WILLIAM M., JR. Art and geometry. Cambridge: Harvard Press, 1946.
133 JAENSCH, ERICH R. Über den Aufbau der Wahrnehmungswelt und ihre Struktur im Jugendalter. Leipzig: Barth, 1923.
134 JAHODA, GUSTAV. Assessment of abstract behavior in a non-Western culture. Journal of Abnormal and Social Psych. 1956, Bd. 53, S. 237-243.
135 JAMES, WILLIAM. The principles of psychology. New York: Dover, 1950.
136 JONAS, HANS. Homo pictor und die Differentia des Menschen. Zeitschrift für philosophische Forschung 1961, Bd. 15, S. 161-176.
137 JONAS, HANS. The nobility of sight. In Jonas (138) S. 135-152.
138 JONAS, HANS. The phenomenon of life. New York: Dell, 1968.
139 KAMEKURA, YUSAKU. Trademarks and symbols of the world. New York: Reinhold, 1965.
140 KANT, IMMANUEL. Allgemeine Naturgeschichte und Theorie des Himmels. Sämtliche Werke. Bd. 2. Leipzig: Insel, 1912.
141 KAUFMANN, WALTER. Hegel. Garden City: Doubleday, 1965.
142 KELLOGG, RITA, with Scott O'Dell. The psychology of childen's art. San Diego: CRM-Random House, 1967.
143 KEPES, GYORGY (Hrsg.). Vision and value Serie: 1. Education of vision; 2. Structure in art and in science; 3. The nature and art of motion; 4. Module, proportion, symmetry, rhythm; 5. The man-made object; 6. Sign. image, symbol. New York: Braziller, 1965/66.
144 KINDER, JAMES S. Audio-visual materials and techniques. New York: Amer. Book Co., 1959.
145 KIRK, G. S. und J. E. RAVEN. The presocratic philosophers. Cambridge: Univ. Press, 1962.
146 KLAFKI, WOLFGANG. Probleme der Kunsterziehung in der Sicht der allgemeinen Didaktik. In Ehmer (59) S. 27-45.
147 KLEE, PAUL. Das bildnerische Denken. Basel/Stuttgart: Schwabe, 1964.
148 KLINE, MORRIS. Mathematics in western culture. New York: Oxford Univ. Press, 1964.

LITERATUR

149 KLÜVER, HEINRICH. Eidetic phenomena. Psychol. Bull. 1932, Bd. 29, S. 181-203.
150 KLÜVER, HEINRICH. Behavior mechanisms in monkeys. Chicago: Chicago Univ. Press, 1933.
151 KÖHLER, WOLFGANG. Dynamics in psychology. New York: Liveright, 1940.
152 KÖHLER, WOLFGANG und HANS WALLACH. Figural after-effects. Proceedings of the Amer. Philos. Soc. 1944, Bd. 88, S. 269-357.
153 KÖHLER, WOLFGANG. The mentality of apes. New York: Harcourt Brace, 1931.
154 KÖHLER, WOLFGANG. On the nature of associations. Proceedings of the Amer. Philos. Soc. 1941, Bd. 84, S. 489-502.
155 KOFFKA, KURT. Die Grundlagen der psychischen Entwicklung. Osterwieck: Zickfeldt, 1925.
156 KOFFKA, KURT. Principles of gestalt psychology. New York: Harcourt Brace, 1935.
157 KOFFKA, KURT. Über die Untersuchungen an den sogenannten optischen Anschauungsbildern. Psychologische Forschung 1923, Bd. 3, S. 124-167.
158 KOFFKA, KURT. Zur Analyse der Vorstellungen und ihrer Gesetze. Leipzig: Quelle & Meyer, 1912.
159 KORNMANN, EGON. Grundprinzipien bildnerischer Gestaltung. Ratingen: Henn, 1962.
160 KOUWENHOVEN, JOHN A. The beer can by the highway. New York: Doubleday, 1961.
161 KRACAUER, SIEGFRIED. Theory of film. New York: Oxford Univ. Press, 1960.
162 KRAMER, EDITH. The problem of quality in art, II: stereotypes. Bul. of Art Therapy, Juli 1967, Bd. 6, S. 151-171.
163 KRAMPEN, MARTIN. Signs and symbols in graphic communication. Design Quarterly 1965, Nr. 62.
164 KRECH, DAVID und RICHARD S. CRUTCHFIELD. Elements of psychology. New York: Knopf, 1958.
165 KRETSCHMER, ERNST. Körperbau und Charakter. Berlin: Springer, 1921.
166 LANDRETH, CATHERINE. The psychology of early childhood. New York: Knopf, 1960.
167 LANGER, SUSANNE K. Abstraction in art. Journal of Aesthetics and Art Criticism 1964, Bd. 22, S. 379-392.
168 LANGER, SUSANNE K. Philosophy in a new key. Cambridge: Harvard Univ. Press, 1960.
169 LAPORTE, JEAN. Le problème de l'abstraction. Paris: Presses Universitaires, 1940.
170 LASHLEY, K. S. Experimental analysis of instinctive behavior. Psychol. Review 1938, Bd. 45, S. 445-471.
171 LASHLEY, K. S. The mechanism of vision: XV. Preliminary studies of the rat's capacity for detail vision. Journal of General Psych. 1938, Bd. 18, S. 123-193.
172 LASHLEY K. S. und MARJORIE WADE. The Pavlovian theory of generalization. Psychol. Review 1946, Bd. 53, S. 72-87.
173 LEE, DOROTHY. Freedom and culture. Englewood Cliffs, N. J.: Prentice-Hall, 1959.
174 LENNEBERG, ERIC. H. Biological foundations of language. New York: Wiley, 1967.
175 LEONARDO DA VINCI. The notebooks of Leonardo da Vinci. Edward MacCurdy (Hrsg.). London: Duckworth, 1910.
176 LEONARDO DA VINCI. Paragone, a comparison of the arts. London: Oxford, 1949.
177 LESSING, GOTTHOLD EPHRAIM. Laokoon oder Über die Grenzen der Malerei und Poesie. Lessings Werke, Bd. 5. Leipzig: Göschen, 1887.

178 LETTVIN, J. Y., H. R. MATURANA, W. S. MCCULLOCH und W. H. PITTS. What the frog's eye tells the frog's brain. Proceedings of the Institute of Radio Engineers 1959, Bd. 47, S. 1940–1951. Abgedruckt in Evans (64) S. 95–122.

179 LEVERTOV, DENISE. The Jacob's ladder. New York: New Directions, 1961.

180 LÉVY-BRUHL, LUCIEN. L'âme primitive. Paris: Alcan, 1927.

181 LÉVY-BRUHL, LUCIEN. Les fonctions mentales dans les sociétés inférieures. Paris: Alcan, 1918.

182 LEWIN, KURT. A dynamic theory of personality. New York: MacGraw-Hill, 1935.

183 LEWIN, KURT. Principles of topological psychology. New York: McGraw-Hill, 1936.

184 LORD, JAMES. A Giacometti portrait. New York: Museum of Modern Art, 1965.

185 LORENZ, KONRAD Z. The role of Gestalt perception in animal and human behavior. In Whyte (303) S. 157–178.

186 MAHNKE, DIETRICH. Unendliche Sphäre und Allmittelpunkt. Stuttgart: Frommann, 1966.

187 MANDLER, JEAN MATTER und GEORGE. Thinking: From association to gestalt. New York: Wiley, 1964.

188 MANNING, HENRY P. The fourth dimension simply explained. New York: Dover, 1960.

189 MARX, MELVIN H. (Hrsg.). Psychological theory. New York: Macmillan, 1951.

190 MAUSS, MARCEL. On language and primitive forms of classification. In Hymes (129) S. 125–127.

191 MERLEAU-PONTY, MAURICE. Phénoménologie de la perception. Paris: Nouvelle Revue Française, 1945.

192 METZGER, WOLFGANG. Figural-Wahrnehmung. In Metzger (193) Kapitel 18, S. 693–744.

193 METZGER, WOLFGANG. (Hrsg.). Handbuch der Psychologie. Göttingen: Hogrefe, 1966.

194 MICHOTTE, A., G. THINÈS und G. CRABBÉ. Les compléments amodaux des structures perceptives. Louvain: Publications Universitaires, 1964.

195 MICHOTTE, A. La perception de la causalité. Louvain: Institut Supérieur de Philosophie, 1946.

196 MILL, JOHN STUART. A system of logic, ratiocinative and inductive. London: Longmans, 1965.

197 MILLER, DANIEL R. und GUY E. SWANSON. Inner conflict and defense. New York: Holt, 1960.

198 MINSKY, MARVIN L. Artificial intelligence. Scient. Amer., September 1966, Bd. 215, S. 246–260.

199 MODLEY, RUDOLF. Graphic symbols for world-wide communication. In Kepes (143) Bd. 6, S. 108–125.

200 MONDRIAN, PIET. Plastic art and pure plastic art. New York: Wittenborn, 1945.

201 MONTESSORI, MARIA. The Montessori method. New York: Schocken, 1964.

202 MÜHLHER, ROBERT und JOHANNES FISCHL. Gestalt und Wirklichkeit. Berlin: Duncker & Humblot, 1967.

203 MUNITZ, MILTON K. (Hrsg.). Theories of the universe. New York: Free Press, 1957.

204 MUNTZ, W. R. A. Vision in frogs. Scient. Amer., März 1964, S. 111–119.

205 NASH, HARVEY. Freud and metaphor. Archives of General Psychiatry 1962, Bd. 7, S. 25–29.

206 NASH, HARVEY. Mixed metaphor in personality theory. Jour. of Nervous and Mental Disease 1965, Bd. 140, S. 384–388.

207 NASH, HARVEY. The role of metaphor in psychological theory. Behavioral Science 1963, Bd. 8, S. 336–345.

208 NAULT, W. H. Children's map reading abilities – a need for improvement. News Letter of the Geographic Society of Chicago, Januar 1967. Bd. 3, Nr. 5.
209 NAUMBURG, MARGARET. Dynamically oriented art therapy. New York: Grune & Stratton, 1966.
210 NAUMBURG, MARGARET. Psychoneurotic art. New York: Grune & Stratton, 1953.
211 NEISSER, ULRIC. Cognitive psychology. New York: Appleton, Century, Crofts, 1967.
212 NEWMAN, JAMES R. James Clerk Maxwell. Scient. Amer., Juni 1955, S. 58–71.
213 PANOFSKY, ERWIN. Galileo as a critic of the arts. Haag: Nijhoff, 1954.
214 PANOFSKY, ERWIN. Idea. Studien der Bibliothek Warburg. Leipzig: Teubner, 1924.
215 PASSOW, A. HARRY (Hrsg.). Education in depressed areas. New York: Teachers College, 1963.
216 PAULI, W. Der Einfluß archetypischer Vorstellungen auf die Bildung naturwissenschaftlicher Theorien bei Kepler. In: Naturerklärung und Psyche. Zürich: Rascher, 1952.
217 PAVLOV, I. P. Conditioned reflexes. New York: Dover, 1960.
218 PELLET, RENÉ. Des premières perceptions du concret à la conception de l'abstrait. Lyon: Bosc & Riou, 1938.
219 PENFIELD, WILDER und L. ROBERTS. Speech and brain mechanisms. Princeton: Princeton Univ. Press, 1959.
220 PESTALOZZI, JOHANN HEINRICH. Wie Gertrud ihre Kinder lehrt. Leipzig: Siegismund & Volkening, 1880.
221 PFEIFFER, JOHN. Vision in frogs. Natural History, November 1962. S. 41–46.
222 PFISTER, OSKAR. Expressionism in art. New York: Dutton, 1923.
223 PIAGET, JEAN. The child and modern physics. Scient. Amer., März 1957, S. 46–51.
224 PIAGET, JEAN. The child's conception of number. New York: Norton, 1965.
225 PIAGET, JEAN. La construction du réel chez l'enfant. Paris: Delachaux & Niestlé, 1937.
226 PIAGET, JEAN und BÄRBEL INHELDER. The early growth of logic in the child. New York: Harper, 1964.
227 PIAGET, JEAN und BÄRBEL INHELDER. L'image mentale chez l'enfant. Paris: Presses Universitaires, 1966.
228 PIAGET, JEAN. The language and thought of the child. New York: Meridian, 1955.
229 PIAGET, JEAN. La psychologie de l'intelligence. Paris: Armand Colin, 1947.
230 PIAGET, JEAN und BÄRBEL INHELDER. La représentation de l'espace chez l'enfant. Paris: Presses Universitaires, 1948.
231 PIAGET, JEAN. La représentation du monde chez l'enfant. Paris: Presses Universitaires, 1947.
232 PIKAS, ANATOL. Abstraction and concept formation. Cambridge: Harvard Univ. Press, 1965.
233 POINCARÉ, HENRI. Science and method. New York: Dover, 1952.
234 PONCELET, JEAN VICTOR. Traité des propriétés projectives des figures. Paris: Gauthier-Villars, 1865.
235 POSTMAN, LEO (Hrsg.). Psychology in the making. New York: Knopf, 1962.
236 POSTMAN, LEO. Rewards and punishments in human learning. In Postman (235) S. 331–401.
237 PRATT, CARROLL C. Music as the language of emotion. Washington, D. C.: Library of Congress, 1952.
238 PRÉVERT, JACQUES. Paroles. Paris: Gallimard, 1949.
239 PRICE, ROGER. Droodles. New York: Simon and Schuster, 1953.
240 PRITCHARD, R. M. Stabilized images on

the retina. Scient. Amer., Juni 1961, Bd. 204, S. 72–77.
241 PYE, DAVID. The nature of design. London: Studio Vista, 1964.
242 RAPAPORT, DAVID (Hrsg.). Organization and pathology of thought. New York: Columbia, 1951.
243 RAUSCH, EDWIN. Das Eigenschaftsproblem in der Gestalttheorie der Wahrnehmung. In Metzger (193) Bd. 1, S. 866–953.
244 RIBOT, THÉODULE ARMAND. L'évolution des idées générales. Paris: Alcan, 1926.
245 RIESSMAN, FRANK. The culturally deprived child. New York: Harper & Row, 1962.
246 RIGG, MELVIN GILLISON. The expression of meanings and emotions in music. Philos. Essays in honor of Edgar Arthur Singer, Jr. Philadelphia: Univ. of Pennsylvania Press, 1942.
247 ROGERS, CARL R. Some observations on the organization of personality. Amer. Psychologist 1947, Bd. 2, S. 358–368.
248 ROTHACKER, ERICH und JOHANNES THYSSEN. Intuition und Begriff. Bonn: Bouvier, 1963.
249 RUBIN, EDGAR. Visuell wahrgenommene Figuren. Kopenhagen: Glydendal, 1921.
250 RÜSTOW, ALEXANDER. Archaisches Weltbild. Psychol. Beiträge 1962, Bd. 6, S. 564–569.
251 SANDER, FRIEDRICH. Gestaltpsychologisches zur modernen Kunst. In Mühlher und Fischl (202) S. 245–269.
252 SAPIR, EDWARD. Language. New York: Harcourt Brace, 1921.
253 SAUPE, EMIL. Einführung in die neuere Psychologie. Osterwieck: Zickfeldt, 1928.
254 SCHAEFER-SIMMERN, HENRY. The unfolding of artistic activity. Berkeley und Los Angeles: Univ. of California Press, 1948.
255 SCHAPP, WILHELM. Phänomenologie der Wahrnehmung. Erlangen: Philos. Akademie, 1925.
256 SCHLAUCH, MARGARET. The gift of language. New York: Dover, 1942.
257 SCHOPENHAUER, ARTHUR. Die Welt als Wille und Vorstellung. Sämtliche Werke, Bd. 1. Leipzig: Insel.
258 SCHRÖDINGER, ERWIN. What is matter? Scient. Amer., September 1953, S. 52–57.
259 SECHEHAYE, MARGUERITE. Autobiography of a schizophrenic girl. New York: Grune & Stratton, 1951.
260 SEIFFERT, AUGUST. Die kategoriale Stellung des Typus. Meisenheim: Anton Hain, 1953.
261 SELFRIDGE, OLIVER und ULRIC NEISSER. Pattern recognition by machine. Scient. Amer., August 1960, S. 60–68.
262 SELZ, PETER. German Expressionist painting. Berkeley und Los Angeles: Univ. of California Press, 1957.
263 SHERRINGTON, CHARLES. Man on his nature. Garden City: Doubleday Anchor, 1953.
264 SILBERER, HERBERT. Report on a method of eliciting and observing certain symbolic hallucination-phenomena. In Rapaport (242) Kapitel 8.
265 SNOW, C. P. The two cultures and the scientific revolution. Cambridge: Cambridge Univ. Press, 1960.
266 SOKAL, ROBERT R. Numerical taxonomy. Scient. Amer., Dezember 1966, Bd. 215, S. 106–116.
267 STERN, CATHERINE. Children discover arithmetic. New York: Harper, 1949.
268 STRUNK, OLIVER (Hrsg.). Source readings in music history. New York: Norton, 1950.
269 TAYLOR, HAROLD (Hrsg.). Essays in teaching. New York: Harper, 1950.
270 TEALE, EDWIN WAY. Wandering through winter. New York: Dodd, Mead, 1965.

271 TEUBER, HANS-LUKAS. Perception. In Field (66) Neurophysiology III, Kapitel 65, S. 1595-1668.
272 THOMAS, DYLAN. Selected writings of Dylan Thomas. New York: New Directions, 1939.
273 THORNDIKE, EDWARD L. Do animals reason? In Dennis (51) S. 289-301.
274 THORNDIKE, EDWARD L. Animal intelligence. Psychol. Monographs 1898, Nr. 8.
275 THORNDIKE, EDWARD L. Human learning. New York: Century, 1931.
276 TINBERGEN, N. The study of instinct. Oxford: Clarendon, 1951.
277 TITCHENER, EDWARD BRADFORD. A beginner's psychology. New York: Macmillan, 1916
278 TITCHENER, EDWARD BRADFORD. Lectures on the experimental psychology of the thought-processes. New York: Macmillan, 1926.
279 TOLMAN, E. C. A stimulus-expectancy need-cathexis psychology. Science 1945, Bd. 101, S. 160-166.
280 TORRANCE, E. PAUL. Education and the creative potential. Minneapolis: Univ. of Minnesota Press, 1963.
281 TYLER, LEONA E. Tests and measurements. Englewood Cliffs: Prentice-Hall, 1963.
282 UHR, LEONARD. ›Pattern recognition‹ computers as models for form perception. Psychol. Bull. 1963, Bd. 60, S. 40-73.
283 VALÉRY, PAUL. Introduction à la poétique. Paris: Gallimard, 1938.
284 VAN DEN BERG, J. H. The phenomenological approach to psychiatry. Springfield, Ill.: Thomas, 1955.
285 VERWORN, MAX. Zur Psychologie der primitiven Kunst. Jena: Fischer, 1917.
286 VILLARD DE HONNECOURT. The sketchbook of Villard de Honnecourt. Bloomington: Univ. of Indiana Press, 1959.
287 WALEY, ARTHUR. The way and its power. New York: Grove, 1958.
288 WALKUP, LEWIS E. Creativity in science through visualization. Perceptual and Motor Skills 1965, Bd. 21, S. 35-41.
289 WALLACH, HANS und D. N. O'CONNELL. The kinetic depth effect. Jour. of Experim. Psych. 1953, Bd. 45, S. 205-217.
290 WALLACH, MICHAEL A. On psychological similarity. Psychol. Review 1958, Bd. 65, S. 103-116.
291 WEBER, GERT. Kunsterziehung gestern, heute, morgen auch. Ravensburg: Maier, 1964.
292 WECHSLER, DAVID. The measurement of adult intelligence. Baltimore: Williams & Wilkins, 1941.
293 WEINHANDL, FERDINAND (Hrsg.). Gestalthaftes Sehen. Darmstadt: Wissensch. Buchgemeinschaft, 1960.
294 WERNER, HEINZ. Comparative psychology of mental development. Chicago: Follett, 1948.
295 WERTHEIMER, MAX. Drei Abhandlungen zur Gestalttheorie. Erlangen: Philos. Akademie, 1925.
296 WERTHEIMER, MAX. On discrimination experiments. Psychol. Review 1959, Bd. 66, S. 253-266.
297 WERTHEIMER, MAX. Produktives Denken. Frankfurt a. M.: Kramer, 1957.
298 WERTHEIMER, MAX. Über das Denken der Naturvölker: Zahlen und Zahlengebilde. In Wertheimer (295) S. 106-163.
299 WERTHEIMER, MAX. Über Gestalttheorie. Erlangen: Philos. Akademie, 1925.
300 WERTHEIMER, MAX. Über Schlußprozesse im produktiven Denken. In Wertheimer (295) S. 164-184.
301 WERTHEIMER, MAX. Untersuchungen zur Lehre von der Gestalt, II. Psychol. Forschung 1923, Bd. 4, S. 301-350.
302 WHORF, BENJAMIN LEE. Language, thought, and reality. Cambridge: M.I.T. Press, 1956.

303 WHYTE, LANCELOT LAW (Hrsg). Aspects of form. Bloomington: Indiana Univ. Press, 1951.
304 WINDELBAND, WILHELM. Lehrbuch der Geschichte der Philosophie. Tübingen: Mohr, 1910.
305 WINTERNITZ, EMANUEL. Anatomy the teacher: on the impact of Leonardo's anatomical research, etc. Proceedings of the Amer. Philos. Soc., August 1967, Bd. 111, no. 4, S. 234-247.
306 WINTERNITZ, EMANUEL. Leonardo's invention of key-mechanisms for wind instruments. Raccolta Vinciana, 1964, Bd. 20, S. 69-82.
307 WITTGENSTEIN, LUDWIG. Notebooks 1914-1916. Oxford: Oxford Univ. Press, 1961.
308 WITTGENSTEIN, LUDWIG. Philosophische Untersuchungen. Frankfurt a. M.: Suhrkamp, 1967.
309 WOODWORTH, ROBERT S. und HAROLD SCHLOSBERG. Experimental psychology. New York: Holt, Rinehart and Winston, 1954.
310 WOODWORTH, ROBERT S. Imageless thought. Journal of Philosophy 1906, Bd. 3, S. 701-707.
311 WOODWORTH, ROBERT S. Psychological issues. New York: Columbia, 1939.
312 WOOLF, HARRY (Hrsg.). Science as a cultural force. Baltimore: Johns Hopkins, 1964.
313 WORRINGER, WILHELM. Abstraktion und Einfühlung. München: Piper, 1911.

Index

Personen

Ach, N.   102
Alberti, Leon Battista   271
Anaximander   259, 267
Angell, Abigail   120
Appel, Karel   68
Aristophanes   71
Aristoteles   20–23, 100, 168, 173, 259, 261–263
Asch, S. E.   168, 219

Badt, Kurt   54
Balázs, Béla   291
Bartz, Barbara S.   292
Bashō   67
Bass, Saul   145
Baumgarten, Alexander   14
Beckett, Samuel   289
Bentley, Richard   261
Bergson, Henri   156, 157
Berkeley, George   101, 105–108, 152, 164, 173, 174
Binet, Alfred   107, 115
Boas, Franz   161
Boeck, Wilhelm   146
Boethius   30, 165
Böhme, Jakob   265
Bohr, Niels   265, 269
Bouissou, René   163, 164
Braque, Georges   226
Brecht, Bert   213
Britsch, Gustaf   267, 269
Brooke, Anne Gaelen   67, 68
Brown, Roger   215, 237
Brunelleschi, Filippo   271
Bruner, Jerome S.   84, 85, 93, 95
Bruno, Giordano   270
Bühler, Karl   102

Cameron, Norman   183
Camus, Albert   234, 235
Cantor, Georg   270
Caplan, Brina   120, 129
Cassirer, Ernst   223, 224
Castiglione, Graf Baldassare   99
Cézanne, Paul   53, 68, 170
Chagall, Marc   68
Chaplin, Charly   93
Chermayeff   143
Claparède, Edouard   163
Cohen, Morris R.   158
Coomaraswamy, Ananda K.   278
Cornford, F. M.   260
Corot, Camille   254–257
Correggio, Antonio   261
Courant, Richard   270
Courbet, Gustave   114, 139
Cusanus, Nicolas   264, 270, 271

Dante, Alighieri   265
Darwin, Charles   112
Daumier, Honoré   235
Davis, Allison   194
Deans, Edwina   200
Deese, James   230, 238
Demokrit   17, 36, 104, 271
Denis, Maurice   54
Desargues, Gaspard   179
Deutsch, Martin   197
Doblin, Jay   141, 142
Dreyer, Carl   92
Dubuffet, Jean   67, 68, 238
Duncker, Karl   187, 295
Dürer, Albrecht   109

Eddington, Arthur   275
Efron, David   117
Ehrenfels, Christian von   39
Einstein, Albert   271, 275
Epikur   271
Euklid   54, 173, 211

Faraday, Michael 269
Ficino, Marsilio 270
Fischinger, Oskar 110
Forsdale, Joan und Louis 291
Frank, Lawrence K. 290
Frankl 160
Freud, Sigmund 147, 155, 227, 268
Fry, Roger 147

Galilei, Galileo 203, 261, 263, 265, 272
Galton, Francis 110-114, 168, 172, 173
Garrick, David 233
Gattegno, C. 210
Gauguin, Paul 54
Gauß, Karl Friedrich 270
Geismar 143
Gesell, Arnold 162
Giacometti, Alberto 91
Gibson, James J. 49
Gilot, Françoise 62
Goethe, Johann Wolfgang von 69, 146
Gogh, Vincent van 166, 279, 282
Goldstein, Kurt 182, 183, 188-190, 192
Gurwitsch, Aron 55

Hall, Calvin S. 107
Haller, Albrecht von 221
Hals, Frans 109
Hamlet 233
Hankel, Hermann 211, 212
Hanson, N. R. 221, 284
Hardenberg, Friedrich von 268
Hausmann, Gottfried 39
Hegel, Georg Friedrich Wilhelm 146
Heidegger, Martin 202
Helmholtz, Hermann von 26, 47, 274
Hempel, Carl G. 171
Heraklit 17
Herder, Johann Gottfried von 223, 224
Hitler, Adolf 141
Hochberg, Julian E. 83
Hofmann, Werner 139
Hogarth, William 57
Holbein, Hans d. J. 109, 137
Holt, Robert H. 101, 102

Holton, Gerald 271, 272, 289
Honnecourt, Villard de 282
Hoyle, Fred 273
Humboldt, Wilhelm von 223, 228
Hume, David 152, 263

Inhelder, Bärbel 155
Ittelson, William H. 49
Ivins, William M. 177

Jaensch, Erich 104
Jahoda, Gustave 190
James, Henry 234
James, William 35, 95, 153, 154, 162
January 138
Johnson, Samuel 164
Jonas, Hans 28, 167
Jung, C. G. 37

Kandinsky, Wassily 114
Kant, Immanuel 112, 181, 213, 272
Keats, John 147
Kepler, Johannes 179, 261, 264, 265, 267, 272, 281
Kerschensteiner, Georg 280
Klafki, Wolfgang 221
Klee, Paul 239, 280, 287, 288
Kline, Morris 276
Koffka, Kurt 49, 106, 107, 115
Köhler, Wolfgang 34, 35, 65, 70, 71, 76
Kokoschka, Oskar 109
Kopernikus, Nikolaus 94, 95, 265, 286
Kornmann, Egon 267, 269
Kouwenhoven, John A. 166
Kracauer, Siegfried 92
Krampen, Martin 139
Kretschmer, Ernst 168-170, 191

Lange, Konrad 282
Langer, Susanne K. 157, 231, 232
Laporte, Jean 157
Lashley, Karl 74, 160
Lautréamont (Isidore Ducasse) 200
Lee, Dorothy 229
Lehr, Marguerite 204

INDEX/PERSONEN

Leibnitz, Gottfried Wilhelm 266
Lenneberg, Eric 231
Lemaître, Georges 273
Leonardo da Vinci 30, 145, 294–296
Lessing, Gotthold Ephraim 233
Lettvin, J. Y. 32
Leukippos 104, 271
Levertov, Denise 68
Lewin, Kurt 87, 268
Lichtenberg, Georg Christoph 233
Linné, Karl von 192
Locke, John 100, 101, 151, 153, 154, 172, 193
Lord, James 91
Lorenz, Konrad 33, 135
Lorenzetti, Ambrogio 137
Lukretius 271

Magritte, René 139
Mahnke, Dietrich 267, 270
Manet, Edouard 109
Mantegna, Andrea 98
Marbe, Karl 102
Matisse, Henri 63
Maturana, H. R. 32
Mauss, Marcel 229
Maxwell, James Clerk 269
McCulloch, W. S. 32
McLaren, Norman 110
Medawar, P. B. 158
Metzger, Wolfgang 85
Michelangelo 55
Michotte, Albert 66, 88–90, 228, 262, 263
Mill, John Stuart 159
Minsky, Marvin L. 78, 79
Modigliani, Amedeo 68
Modle, Rudolf 140
Mondrian, Piet 136
Montessori, Maria 208
Moore, Henry 255–257
Moses 15
Mussolini, Benito 141

Nault, W. H. 293
Naumburg, Margaret 246, 248

Newton, Sir Isaac 66, 185, 261, 262, 265
Nicolas von Cues 270, 273

O'Connell, D. N. 56
Oppenheim, Paul 171

Palladio, Andrea 64
Panofsky, Erwin 261
Parmenides 16, 263, 267
Pawlow, I. P. 159–161, 281
Pellet, René 151
Penfield, Wilder 105
Pestalozzi, Johann 281, 282
Pfister, Oskar 147
Piaget, Jean 27, 89, 102, 155, 160, 163, 202, 293
Picasso, Pablo 62, 131, 139, 146, 187
Pikas, Anatol 183
Pitts, W. H. 32
Platon 14, 18–20, 22, 30, 71, 210, 225, 267, 272
Plotin 270, 273
Poincaré, Henri 258
Poncelet, Victor 174, 178, 179
Prévert, Jacques 201
Price, Roger 95, 97
Protagoras 19
Pye, David 296

Raffael 99, 114, 227
Rausch, Edwin 176
Rembrandt 67, 68, 114, 145, 252, 253
Renan, Ernest 163
Ribot, Théodule 115
Riekel, August 104
Riessman, Frank 194, 196, 198
Rigg, Melvin G. 142
Robbins, Herbert 270
Robertson, H. P. 275
Roch, Ernst 144, 145
Rodin, Auguste 177
Rousseau, Jean-Jacques 210
Rubin, Edgar 267
Rubinow 160
Rutherford, Ernest 265, 269
Ruttmann, Walter 110

Saint-Saëns, Camille 142
Sapir, Edward 215, 223, 228, 231, 237, 250
Saroglia, Francesco 143
Sarris, E. G. 230
Schaefer-Simmern, Henry 269
Scheerer, Martin 182, 183, 188–190, 192
Scheffler, Johannes 264
Schlauch, Margaret 250
Schmid, Peter 282
Schlegel, August Wilhelm von 164
Schopenhauer, Arthur 13, 112, 142, 177, 211, 213
Schrödinger, Erwin 269
Scotus, Duns 14
Sechehaye, Marguerite 91, 92
Seiffert, August 170, 171
Seurat, Georges 97
Shakespeare, William 53
Sheldon, Alice B. 11
Silberer, Herbert 112, 113
Sizi, Francesco 203
Snow, C. P. 289
Sokrates 18, 19, 210, 225
Spinoza, Baruch de 167
Stern, Catherine 204, 207, 209
Sterne, Lawrence 138
Stevens, Wallace 289

Taylor, Irving 198
Teale, Edwin Way 161
Thomas, Dylan 235
Thomas von Aquino 163, 264
Thorndike, Edward L. 77
Tinbergen, N. 33
Tintoretto 55
Titchener, Edward B. 103, 108–110, 112, 114, 237
Torrance, E. Paul 196
Twain, Mark 166

Uexküll, J. von 268

Valéry, Paul 185
Van den Berg, J. H. 92
Vermeer, Jan 166, 254, 255

Waley, Arthur 16
Wallach, Hans 56, 70
Watkins, Rhona 118–120
Wertheimer, Max 167, 176, 199, 285
Whitman, Walt 166
Whorf, Benjamin Lee 219, 220, 223, 224, 230
Windelband, Wilhelm 60
Winternitz, Emmanuel 294, 295
Wittgenstein, Ludwig 186, 216, 226
Woodworth, Robert S. 102
Worringer, Wilhelm 181, 182
Wright, Thomas 272
Wundt, Wilhelm 95

Zuccari, Federico 99

Begriffe

Abbildungstreue 138
Abstrahieren 137
›abstract ideas‹ 100
Abstraktion 20, 21, 33, 54–59, 73–75, 106, 109, 128, 136, 138, 150–153, 164, 165, 175, 179–181, 183, 186, 189–192, 225, 292
  Primärabstraktion 162
  abstrakte Maximen 193
Abtastmaschine 42
Adoleszenz 131
Akkommodation 27, 36
Aktualgenese 39
Algebra 210, 211, 213
Amateurkunst 147
Analogien 77, 79, 194, 294
Analyse der Figur 41
Anamnesedoktrin 18
Andamanesen 208
Anschauungsbegriffe 37
–modelle 258
–mittel 290
Anthropologie 229
›arché‹ 60
Arithmetik 199, 208, 210–213, 270
Assimilation 27

319

INDEX/BEGRIFFE

Assoziationsgesetze 61
–modelle 66, 87, 112, 257, 286
Ästhetik 14, 15, 181
Atomisten 271
Atommodell 265, 269
Ausdrucksdynamik 145

Behaviorismus 115
Beziehungsmechanismen 61
Bilderlogik 115
Blinder Fleck 88
Buntfarbenveränderungen 293

›certa idea‹ 99
Chaos 260
›complex ideas‹ 100
Cuisenairesystem 206
–stäbchen 210

Deduktion 21
Denkmechanismen 248
–operationen 216
–psychologie 115, 214, 215
–prozesse 215
›differentia specifica‹ 21, 161
Digitaloperation 41
Dinggattungen 216
–irrtum 109
›disegno interno‹ 99
 esterno 99

Eidetik 104, 105
Entelechie 22, 168
Erkenntnismethode 36, 39
–mechanismen 84
–prozesse 182
Erlebnisreaktionen 105
Erschauen der Wahrheit 19
Euklidische Axiome 212
Expressionismus 170

Farbenhören 110
Feldprozesse im Gehirn 38
Feldtheorie 269
Fixationsmechanismus 35

Formkomposition 283
–konstanz 56
–phantasie 296
Funktionswert 295, 296
Fusion 162

Ganzheitsqualität 168
Gebärdenspiel 118
Gedächtnis 85, 87, 93
–bilder 88, 94, 98, 100–106
–speicher 93
Gehirnmechanismen 214
Geometrie 55, 173, 177, 210, 211
 Euklidische 54, 275
Gesichtssinn 61
Gestaltpsychologie 38, 39, 78, 167, 207
Größenwahrnehmung 49
–abwandlung 50

Haiku 67
Halluzination 29, 93, 105
hypnagogische Zustände 112, 113

Ideen Platon 20; Locke 100
Impressionismus 51, 53, 54, 108, 109, 114
Induktion 18, 20–22, 159, 179, 180
Inhomogenität 275
Intelligenz im Sehen 24, 27, 28, 76
–prüfungen 77, 83
Intuition 220, 221

Kabukitheater 175
Kategorisierung 84
kinetische Tiefenwirkung 56
Kompositionsordnung 64, 243
–Strukturskelett 255
Konfusion 162
Konstanzbegriff 49, 52
–erscheinungen 50, 53
Konvergenz 58
Korpuskulartheorie 269
Kosmologien 258
Kosmos-Architektur 260
Kräftekonfigurationen 283, 296
Kritzeltechnik 248
Kubismus 57, 170

320

Kugelmodell 263, 265, 266
Kunsttherapie 120

Lineare Wörterordnung 233
Linguistischer Determinismus 223, 228
Linnésches Einteilungssystem 192

Mannigfaltigkeitsdimension 283
Mathematik 109, 200, 202, 204, 211, 213, 270
Mengentheorie 270
Merkmalshierarchie 74
Metaphysik 23, 113
Monographie 183
Monotonie 31

Naturalismus 54
Normalansicht von der Kunst 278

Ontogenese 183

Parallelismus 120, 294
›perception‹ 26
Photochemie des Auges 32
Photographie 134, 135, 138
Phylogenese 183
physikalischer Sehvorgang 30
Physiologie des Sehens 32
Planetensystem 269
Platonische Philosophie 19
Prägnanzstufen 175, 176
›preperception‹ 95, 96
Problemsituation 77
proteusartige Verwandlungen 56
Psychoanalyse 103, 214
Psychologie, Anfang der 17
experimentelle 108
psychophysischer Sehprozeß 30
Pythagoräer 16, 19, 203, 209
pythagoräischer Lehrsatz 212

Quantitatives 201–203, 206

Raumorientierung 76
Realismus 54, 138
Reiz-Äquivalenz 73, 76
–Generalisation 73

Reiz-Situationen 74, 88, 89, 92–94, 99
Relationsänderung 66
Relativismus 271
Relativitätstheorie 273, 274
›renvois‹ 55, 56
Repliken 104, 138

Schizophrenie 91, 182
Schnellrechner 77–80, 83
Selektion 36, 106
Selektivität 33
›signatura rerum‹ 283
›simple ideas‹ 100
Sinnesstoff 93
Sophisten 17, 19
Strukturprozesse 179
–äquivalente 219
Surrealismus 139
Syllogismus 21, 167
Symbol 136, 137, 139, 195
Symbolismus 54
Symmetrie 69–71, 80, 83, 113, 120, 212
visuelle 207
Synästhesien 110
synoptisches Denken 221

Technik des Figurenlesens 42
›Thematic Appercention Test‹ 136
Tiefenwahrnehmung 48
Tiefgründigkeit 219
Topographie des Geistes 17
Trägheitstheorie 263
Transparenz 43, 44, 249
Traum 105
Tropismus 27
Tunneleffekt 88–90

Universale 21, 22, 152
Universum 271
unmittelbare Schau 19

Vierte Raumdimension 273, 274
visuelles Äquivalent 107
Medium 219
Materialsphäre 219

INDEX/BEGRIFFE

Vorstellungsbild 100
Vorwahrnehmung 95, 96

Wahrnehmung 26, 82–87, 91, 93, 98, 108
  synkretische 163
Wahrnehmungskategorien 37, 215
–mechanismus 45
–psychologie 46

Wahrnehmungstendenz 285
Wechselwirkung im Denken 248
Wiedererkennen 96
Wintun-Indianer 229
Witzzeichnungen 136

Zahlen 203, 204
–strichspiele 204, 205

DUMONT Dokumente: Gesamtübersicht

Albus, Volker / Borngräber, Christian
DesignBilanz
Das neue deutsche Design der 80er Jahre
in Objekten, Bildern, Zahlen und Texten

Arnheim, Rudolf
Anschauliches Denken
Zur Einheit von Bild und Begriff

Baumeister, Willi
Das Unbekannte in der Kunst

Baumgart, Fritz
Stilgeschichte der Architektur

Boulboullé, Guido / Zeiss, Michael
Worpswede
Kulturgeschichte eines Künstlerdorfes

Braunfels, Wolfgang
Abendländische Stadtbaukunst
Herrschaftsformen und Baugestalt

Braunfels, Wolfgang
Kleine italienische Kunstgeschichte

Held, Heinz-Georg
Engel
Geschichte eines Bildmotivs

Held, Jutta / Schneider, Norbert
Sozialgeschichte der Malerei
vom Spätmittelalter bis ins
20. Jahrhundert

Hofmann, Werner
Nana
Mythos und Wirklichkeit

Klee, Felix (Hrsg.)
Paul Klee
Tagebücher 1898–1918

Kiby, Ulrika
Bäder und Badekultur in
Orient und Okzident
Antike bis Spätbarock

Küppers, Harald
DUMONT's FARBEN-ATLAS
Über 5500 Farbnuancen mit Kennzeichnung und
Mischanleitung

Küppers, Harald
Harmonielehre der Farben
Theoretische Grundlagen der Farbgestaltung

Lucie-Smith, Edward
DUMONT's Lexikon der Bildenden Kunst
Begriffe und Stilrichtungen

Maenz, Paul
Art Deco 1920–1940
Formen zwischen zwei Kriegen

Murken, Axel Hinrich
Vom Armenhospital zum Großklinikum
Die Geschichte des Krankenhauses vom
18. Jahrhundert bis zur Gegenwart

Naredi-Rainer, Paul von
Architektur und Harmonie
Zahl, Maß und Proportion in der
abendländischen Baukunst

Emil Nolde   Mein Leben
Herausgegeben von der Stiftung Seebüll
Ada und Emil Nolde

Pawlik, Johannes (Hrsg.)
Goethe   Farbenlehre
Didaktischer Teil
Textauswahl mit einer Einführung und neuen
Farbtafeln

Read, Herbert (Hrsg.) / Stangos, Nikos
DUMONT's Künstler-Lexikon

DUMONT Dokumente: Gesamtübersicht

Reuther, Manfred
Das Frühwerk Emil Noldes
Hrsg. von der Stiftung Seebüll
Ada und Emil Nolde

Rewald, John
Die Geschichte des Impressionismus

Stützer, Herbert Alexander
Die Italienische Renaissance

Thomas, Karin
Bis Heute: Stilgeschichte der bildenden Kunst im 20. Jahrhundert

Vogt, Paul
Geschichte der deutschen Malerei im 20. Jahrhundert

Wescher, Herta
Die Geschichte der Collage
Vom Kubismus bis zur Gegenwart

Wick, Rainer
Bauhaus-Pädagogik

DUMONT Dokumente – Archäologie

Reden, Sibylle von
Die Megalith-Kulturen
Zeugnisse einer verschollenen Urreligion
Großsteinmale in: England – Frankreich – Irland – Korsika – Malta – Nordeuropa – Sardinien – Spanien

DUMONT Dokumente – Musik

Boehmer, Konrad
Das böse Ohr
Texte zur Musik 1961–1991

Klüppelholz, Werner
Mauricio Kagel 1970–1980

Klüppelholz, Werner
Kagel ... / 1991

Schnebel, Dieter
Mauricio Kagel   Musik   Theater   Film

Schnebel, Dieter (Hrsg.)
Karlheinz Stockhausen
Texte zur elektronischen und instrumentalen Musik
Band 1: Aufsätze 1952–1962
zur Theorie des Komponierens

Karlheinz Stockhausen
Texte zu eigenen Werken, zur Kunst Anderer, Aktuelles
Band 2: Aufsätze 1952–1962
zur musikalischen Praxis

Karlheinz Stockhausen
Texte zur Musik 1963–1970
Band 3: Einführung und Projekte, Kurse, Sendungen, Standpunkte, Nebennoten

Karlheinz Stockhausen
Texte zur Musik 1970–1977
Band 4: Werk-Einführung, Elektronische Musik, Weltmusik, Vorschläge und Standpunkte zum Werk Anderer

Karlheinz Stockhausen
Texte zur Musik 1977–1984
Band 5: Komposition

Karlheinz Stockhausen
Texte zur Musik 1977–1984
Band 6: Interpretation